발달정신병리학

Linda Wilmshurst 저 | 최은실 · 김호정 공역

Essentials of Child and Adolescent Psychopathology(2nd ed.)

학지사

Essentials of Child and Adolescent Psychopathology, 2nd Edition
by Linda Wilmshurst

역자 서문

이 책은 Kaufman 박사의 '행동과학 핵심 시리즈*' 중에서 *Essentials of Child and Adolescent Psychopathology*을 번역한 것이다. 행동과학 핵심 시리즈는 각 분야의 방대한 내용을 간결하고 체계적이며 실제적으로 전달하고 있어 해당 분야를 처음 접하는 학생들에게 효과적인 기본 안내서다.

발달정신병리학을 효과적으로 이해하기 위해서는 우선 정상발달에 대한 이해가 필수적인데, 역사적으로 정상발달 과정에서 이탈된 아동을 이해하기 위해 발달정신병리학이 시작되었기 때문이다. 다음으로는 정상발달에서 이탈될 수밖에 없던 상황, 위험 요인, 보호 요인 및 적응유연성 등에 대한 이해와 장애별 특성, 원인, 평가, 치료에 대한 체계적 접근도 필수적이라 하겠다. 이 역서는 이러한 원칙을 충실히 따르고 있으며, 간결하고 핵심적으로 제시되어 학습자의 입장에 최적화되어 있다고 할 수 있다.

발달정신병리(아동 · 청소년 이상심리)에 대한 다양한 저서 및 번역서가 있지만, 이 책은 여러 측면에서 장점을 가지고 있다. 먼저, 이 책은 DSM-5의 개정 내용을 기초로 제시되어 있어 변경되거나 새롭게 추가된 진단 기준에 대한 이

*역자 주: 행동과학 핵심 시리즈는 Alan S. Kaufman과 Nadeen L. Kaufman이 창간한 행동과학과 관련된 각 전문분야에 대한 정보를 제공하는 도서 시리즈다.

해를 높일 수 있다. 또한 각 장애에 대한 임상적 기술과 관련된 특징들, 발달경로, 유병률, 공존질환, 병인론, 평가 및 치료/개입 등을 포괄적으로 다루고 있다. 그리고 책의 구성을 신경발달장애, 내재화 장애, 외현화 장애, 후기 발병 장애로 제시하고 있어 전생애적 접근 방식을 취하고 있다. 마지막으로 핵심적으로 기억해야 할 내용을 '기억할 것'과 '주의'할 것으로 제시하고 있고, 사례에 대한 이해를 높이기 위해 '실제에 적용하기'를 제시하고 있다.

아동·청소년의 부적응과 정신병리 문제는 한 개인을 넘어서 가족, 사회, 국가적인 문제다. 이들의 어려움을 이해하고 돕는 것은 심리학자뿐만 아니라 이 시대 구성원이라면 누구나 관심을 가지고 있는 주제일 것이다. 이 책은 발달심리학, 임상심리학, 상담심리학, 사회복지학, 교육학, 특수교육학, 아동학, 정신의학 등 다양한 관련 분야 전공자들에게 좋은 안내서가 될 것이며, 이 책이 아동상담 및 심리치료를 준비하는 많은 사람에게 널리 유용하게 사용되기를 바라는 마음이다.

역자들은 발달 및 발달임상을 강조해 오신 이화여자대학교 방희정 교수님의 지도하에 아동·청소년 정신병리와 심리치료를 공부해 온 제자들이다. 발달이론을 치료현장에 적용하기 위해 노력하고 있으며, 이 책의 번역도 그 과정의 일부다. 끝으로 이 책의 출판을 맡아 주신 학지사의 김진환 대표님과 완성도를 높이기 위해 애써 주신 편집부의 오희승 선생님 및 다른 관계자분들께 진심으로 감사드린다.

2017년 2월
역자 일동

서 문

'행동과학 핵심 시리즈'는 독자들에게 효과적이고 접근 가능한 방식으로 실제적이고 중요한 정보를 전달하고자 하는 것을 목표로 한다. 이 시리즈는 몇 가지, 예를 들면 통계, 심리-논리적 평가, 연구 설계, 방법론과 같은 다양한 주제에 대해 다룬다. 경험이 많은 전문가에게는 이 시리즈를 통해 축약적이고 최선의 실제를 위한 여러 가지 조언을 포함하여 특정 전문 영역에 대한 리뷰를 할 수 있는 기회를 제공한다. 학생들은 자신이 선택한 영역에 있어서 기술적 · 효과적 · 윤리적으로 실습해야 하는 중요한 주제에 대해 분명하고 축약된 개관을 얻을 수 있다.

핵심을 강조하는 시각적 단서들이 체계적이고 단계적인 안내를 따라 사용되고 있다. 각 장은 집중적이고 간결하다. 특정 주제와 연관된 핵심 자료를 쉽게 이해할 수 있도록 잘 조직화되어 있다. 이론과 연구는 지속적으로 각 권에서 서로 잘 연결되어 있으며, 주제에서 벗어나거나 독자를 압도하기보다는 자료의 실제적 적용을 향상시키도록 도와준다. 이 시리즈는 행동과학에 있어서 독자들이 많은 지식과 실제에 대한 정보를 얻기 위해 갖춰야 하는 자질을 가질 수 있도록 함으로써 최고 수준의 능력을 열망하도록 도전하게 하고 지지한다.

『발달정신병리학』은 규칙의 기원과 영역의 진화에 있어 큰 역할을 한 독특한 역사적 영향에 관한 설명으로 시작한다. 이 책의 증보판은 DSM-5에 기반을 둔 장애의 기준과 개념화에 있어 모든 변화를 포함한다(APA, 2013). 이 책은 6개 부분으로 나뉘어 있다. 제1부에서는 정상 혹은 일탈 행동으로의 발달적 경로를 형성하는 아동과 청소년 특징(예: 가족, 학교, 경제, 문화) 및 기저 과정에 대한 이해를 안내하는 이론적 관점에 대해 소개한다. 전문적 윤리, 연구, 평가, 진단, 치료 영역에 있어서 최근의 흐름과 논의점에 대해서도 언급한다. 제2부에는 3개의 장(지적장애와 발달장애, 주의력결핍 과잉행동장애, 특정학습장애)이 포함되는데, 신경발달적 손상의 범위를 대표하는 장애와 전반적(전반적 발달지연)인 것에서 좀 더 특정한 결핍(실행기능결핍)에 이르는 기능의 장애에 초점을 둔다. 제3부는 내재화 장애(불안장애, 기분장애, 신체증상 및 관련 장애)에 초점을 두며, 제4부는 적대적 반항장애, 품행장애와 같은 외현화 장애에 대해 논의한다. 섭식장애와 물질 관련 장애 같은 아동기 혹은 청소년기 후기에 발병하는 장애들은 제5부에서 논의된다. 제6부는 외상 및 스트레스 관련 장애에 대해 다룬다. 마지막으로 이 책에는 행동에 대한 윤리강령, 평가 도구 및 관련 자료 정보, 「장애인 등에 대한 특수교육법」 등 3개의 부록이 포함되어 있다.

예일대학교 의과대학
예일 아동연구소
창간 편집위원
Alan S. Kaufman 박사
Nadeen L. Kaufman 교육학 박사

차 례

제2부 신경발달장애

제3부 내재화 장애

제1부

개 관

제1장 발달정신병리학 소개: 발달, 이론, 영향

제2장 발달정신병리학의 쟁점: 연구와 실제에서 윤리적 쟁점들

제3장 임상적 의사결정에서의 쟁점: 아동 · 청소년 장애의 진단, 평가, 치료

다음의 3개 장은 아동 · 청소년 정신병리에 대한 기본적인 이해를 돕기 위해 구성되었다. 제1장의 발달정신병리학 소개에서는 역사적으로 아동 · 청소년 정신병리가 단일 분야로 발달하게 된 배경과 초기의 여러 장애물에 대해 설명하고 있다. 사례 예시를 통해서, 발달적 기대와 이론적 관점에 기초하여 정상 대 이상의 연속선상에서 나타나는 아동의 행동에 대한 임상적 결정을 내리는 것에 있어서 발달적 고려사항에 대한 이해를 높일 수 있을 것이다.

제2장에서는 어린 아동, 청소년 연구와 실제에서 직면하게 되는 여러 가지 윤리적 쟁점과 도전에 관한 정보를 제공하고 있다. 비밀보장에 관한 문제에서 임상가들은 18세 이하 아동(임상가가 거주하는 곳에서 정하는 연령)의 법적 보호자가 누구인지 결정해야 하는 과제에 직면하게 된다. 특히 양육권을 가진 부모가 쉽게 접근 가능하지 않을 때 더욱 어려운 문제가 된다. 이 장의 마지막 부분에는 아동의 발달 경로에 영향을 미칠 수 있는 위험 요인과 보호 요인에 대해 다루고 있다.

마지막으로, 제3장에서는 진단, 평가, 치료에 대한 쟁점들에 대해 소개할 것이다. 이들은 각기 다른 분류 체계(경험적 대 범주적)와 관련되어 있다. 특히 최근 개정된 DSM-5가 이러한 문제를 어떻게 다루고 있는지에 대해서도 설명하고 있다. 각기 다른 임상 평가 방법과 개인 평가에서 부모의 동의와 아동의 동의를 얻는 문제에 대해서도 논의하고 있다.

Child and Adolescent Psychopathology

제1장

발달정신병리학 소개: 발달, 이론, 영향

아동 임상 심리학이 단일 분야가 된 지는 30년밖에 되지 않았다. 19세기 말, 사회개혁에서 아동을 노동에서 벗어나게 하고 건강과 교육에 관한 권리를 보호할 필요성이 대두되었다(Culbertson, 1991). 사회개혁의 여파로, 아동 노동법과 의무 교육이 시행되었다. 20세기 들어, Lightner Witmer는 학습장애 아동을 치료하는 첫 번째 심리치료센터를 세웠고, 1909년부터 450사례 이상의 아동이 센터를 방문하였다. 그러나 Witmer는 Terman이 수정한 스텐포드-비네 검사 사용을 거부했고, 행동 장애에 대한 Freud의 이론을 받아들이지 않으면서 동료들의 신임을 잃었다.

Freud 이론에 열광했던 영국 출신의 정신과 의사 William Healey는 1909년 시카고에서 아동생활지도 클리닉을 열었다. 1933년까지 42개의 아동생활지도 클리닉이 청소년 기관, 법원, 병원, 학교, 대학교 등에서 운영되었다. 아동생활지도 클리닉의 인기가 높아짐에 따라, 주 관심사가 비행문제에서 가정과 학교에서 나타나는 문제, 주로 부모-자녀 문제로 바뀌게 되었다.

아동 문제의 근원은 양육과 가족에 있다(Horn, 1989, p. 27). 1948년에 54곳의 아동생활지도 클리닉은 미국소아정신과협회(American Association of Psychiatric Clinics for Children: AAPCC)를 만들게 되었다. Horn은 이것을 문제의 확인에서 교육과 치료로 바뀌게 된 계기라고 하였으며, 이를 통해 정신과 의사, 심리학자, 사회복지사 간의 기준, 역할, 지위에 대해 논의하게 되었다. 역사적 관점에서 본 간략한 연대표가 [참고자료 1-1]에 제시되어 있다.

아동생활지도 클리닉의 인기 상승에도 불구하고, 여러 장애물로 인해 아동 임상심리학이 단일 분야가 된 것은 고작 30년 전이다. 지연이 된 이유 중 하나는 아동 발달 이론이 유전 대 환경 논쟁 때문에 확고하게 자리를 잡는 데 어려움이 있었기 때문이다.

참고자료 1-1 **아동 심리학 역사의 초기 이정표**

1892	미국심리학회 설립; 첫 번째 학회장은 G. Stanley Hall.
1896	L. Witmer가 펜실베이니아 대학에 학습장애와 학업문제가 있는 아동을 위한 첫 번째 심리치료센터 설립.
1897	Witmer의 센터에서 하계 강습으로 아동 심리학 4주 제공.
1905	프랑스에서 아동의 정신능력 측정을 위한 비네-시몽(Binet-Simon) 지능검사 출판.
1907	Witmer는 지체 아동을 위한 기숙학교를 설립하고, 첫 번째 임상 학회지인 *The Psychological Clinic* 만듦.
1908	H. Goddard가 Vineland Training School(뉴저지)에 첫 번째 인턴십 프로그램 실시.
1909	Beers가 심리학자 W. James와 정신과 의사 A. Meyer의 후원을 받아 국립정신건강위원회[National Committee for Mental, Hygiene, 이후에 국립정신건강협회(National Association of Mental Health: NAMH)]를 설립.
1909	W. Healey가 비행 청소년들의 정신질환을 치료하고 예방하기 위해 청소년 정신병 연구소(Juvenile Psychopathic Institute)를 시카고에 설립, 나중에 Institute for Juvenile Research로 명명.
1909	G. Stanley Hall은 Sigmund Freud를 클라크 대학에서 열리는 정신분석 강연에 초청.
1910	Goddard가 비네-시몽 지능검사를 Vineland School의 '정신박약아(feebleminded children)'에게 사용하기 위해 번안함.
1911	A. Gesell이 예일 심리교육 클리닉(Yale Psychoeducational Clinic)의 책임자로 임명

됨, 나중에 아동발달 클리닉(Clinic of Child Development)으로 명칭 변경.

1912 J. B. Watson은 '행동주의자의 관점에서 본 심리학'이라는 논문을 발표함.

1916 Terman은 스탠포드-비네(Stanford-Binet) 지능검사 출판함.

1917 미국심리학회에 임상 심리학 분과 설립.

1920 Watson과 Rayner는 알버트라는 아동을 통해 공포가 조건화될 수 있다는 것을 증명.

1922 NAMH가 여러 도시에 설립된 8개의 아동생활지도 클리닉을 후원.

1926 Piaget가 『아동의 언어와 사고』 출간.

1928 Anna Freud가 『아동 분석 기술에 대한 입문』 출간.

1930 Kanner가 존스홉킨스 대학에 합류하여, 첫 번째 소아정신의학 클리닉인 Harriet Lane Pediatric Clinic을 개소.

1932 M. Klein이 『아동 정신분석』 출간.

1935 Kanner가 첫 번째 아동 정신의학 교과서 출간.

1937 벨뷰 병원에 청소년 정신과 병동 개소.

1944 Kanner는 자폐 행동이 "냉장고처럼 차가운 어머니" 탓이라고 설명.

1945 R. Spitz는 보호 시설에서 생활하는 아동의 부정적 영향에 관한 관심을 불러일으킴.

1948 54곳의 아동생활지도 클리닉이 미국소아정신과협회(AAPCC) 구성.

1950 년대 행동치료가 아동과 가족 문제를 위한 대안적인 치료로 나타남.

1951 Bowlby가 애착에 대해 발표.

1952 미국정신의학회(American Psychiatric Association: APA)는 『정신장애의 진단 및 통계 편람』(DSM)을 출간. DSM은 아동기의 두 장애, 즉 적응 반응과 아동기 정신분열증을 포함.

1953 미국소아정신의학회 설립.

1968 DSM-II 출간. '아동기 과잉행동' 포함.

1977 Thomas와 Chess가 기질의 9개 범주 발표.

1980 DSM-III는 아동기 장애와 관련한 구체적인 발달적 권고사항을 만든 첫 DSM 버전.

1984 Sroufe과 Rutter가 발달 심리학의 분파로 아동정신병리학 분야를 소개; 『발달정신병리 저널』에 소개됨.

1999 아동 임상 심리가 미국심리학회의 53번째 분과가 됨; 아동청소년 임상 심리 분과로 명칭 변경(2001).

주: Nietzel, Bernstein, & Milich(1994), Slaff(1989) 참고.

19세기 말 정신질환이 생물학적 요인에 원인이 있다는 신념이 팽배했고, Emil Kraepelin(1856~1926)은 신체적 질병이 정신적 기능장애를 유발할 수 있다고 주장한 책을 1883년에 출간하였다. 이 질병 모델은 득실이 있었는데, 일부 의사들은 치료법을 찾으려고 노력하는 반면, 다른 의사들은 질환이 타인에게 전염된다는 것 또는 유전적으로 자식에게 전달되는 것을 두려워했다. 두려움과 오해로 인해 다음 반세기 동안 지적장애와 정신질환을 가진 성인과 아동은 보호 시설에 수용되었다.

주의

유전과 환경 논쟁은 수 세기 동안 계속되어 왔다. 17세기 영국 철학자 John Locke는 아동이 빈 서판 상태로 태어난다(백지설)고 제안했다. 그리고 부모의 책임은 적절한 환경적 통제와 훈육으로 서판을 채우는 것이라는 것을 제시했다. 그에 반해서, 18세기 프랑스 철학자인 Jean Jacques Rousseau는 꽃이 저절로 잘 자라는 것처럼 아동에게도 자유방임적 접근이 적절하다고 생각했다. 돌봄, 양육, 그리고 기회는 아동을 성장하게 하기 위한 부모의 선물이었다. 오늘날 대부분의 심리학자들은 유전과 환경의 상호작용을 인정한다.

기억할 것

Henry Goddard는 지적장애인을 위한 가장 큰 학교를 세운 것으로 유명하다. 그러나 학교의 신념체계는 지적장애인에게 위해를 가하는 것이 많았다. Goddard의 신념은 Martin Kallikak의 자손들에 대해 연대순으로 기록한 그의 소설책에 나와 있다.

- 술집 여자와 결혼한 그의 자손은 지적장애, 비행 및 알코올 중독으로 고생했다.
- '좋은 여자'와 결혼한 그의 자손은 모두 훌륭한 시민이 되었다.

아동 임상 심리학이 단일 분야가 되는 데 있어서 또 다른 장애물은 치료에서 문제 확인으로의 강조점 전환이다. 심리학자는 아동의 교육과 성인의 군사 배치를 위한 지적 평가에 점점 참여하게 되었다. 1918년까지 심리학자들은 200만 명 이상의 군인들을 선별해 내었다.

아동의 이상 행동은 성인의 관점에서 계속 해석되었고 아동기 부적응은 성인의 용어로 묘사되고 성인 치료 방법으로 치료되었다(Peterson & Roberts, 1991). 1930년대 중반까지 아동생활지도 클리닉은 아동 문제를 성인 문제와 연관시키면서 확고히 자리 잡았다. 오랜기간 동안 아동 문제를 성인 정신병리학적 관점으로 보았으나, 최근에는 아동청소년 장애와 성인 장애가 세부 특징 면에서 얼마나 많이 다른지 세밀하게 구분하는 추세에 있다. 1970년대부터는 아동청소년 임상 주제만을 다루는 저널이 생겨났다(예를 들면, *Journal of Clinical Child Psychology, Journal of Abnormal Child Psychology, Journal of the American Academy of Child and Adolescent Psychiatry, Journal of child Psychology and Psychiatry and Allied Disciplines*).

1980년대 중반에는 아동 임상 심리 분야에 있어 또 다른 진전이 있었다. 발달정신병리학 분야(Sroufe & Rutter, 1984)가 발달심리학의 분파로 나뉘었으며, 발달정신병리학 저널인 『발달과 정신병리』가 창간되었다. 발달정신병리학적 관점에서 이상 행동이란 정상 발달 경로로부터 벗어났다는 것으로 개념화되었다.

발달정신병리학의 구조적 원칙은 인간 발달을 **전체론적**(아동 전체에 대한 상호적이고 역동적인 개념)이고 **위계적**(복잡성을 증가시키는 방향으로 움직임; Cicchetti & Toth, 1998)으로 고려하는 것이라고 정의한다. 더욱 중요한 것은 부적응적인 행동의 발달을 억제(보호 요인) 혹은 증가(위험 요인)시킬 수 있는 결정 요인을 알아내는 것이다.

기억할 것

개념적으로, 정상과 이상 행동이 같은 발달적 원리에서 발생하였고 같은 연속체의 부분이기 때문에, 더욱 중요한 것은 이상 행동에 대한 이해 이전에 정상 행동에 대한 지식을 가지는 것이다.

실제적인 적용: 아동청소년 발달정신병리학의 사례 연구 실례

다음의 사례들은 아동 및 청소년과 함께 일하는 임상가들이 직면하고 있는 실제적 문제 중 일부이며, 아동 정신병리학을 이해할 때 발달적 맥락과 환경적 영향을 고려하는 것의 중요성을 더 잘 이해할 수 있는 틀을 제공한다.

제이슨, 위니 그리고 브라이언의 사례

심리학자들은 스킬 선생님의 4학년 교실에서 제이슨, 위니 그리고 브라이언을 관찰하도록 요청받았다. 세 아동은 주의를 지속시키는 것에 문제가 있는지, 과제를 위해 필요한 것을 잃어버리는지, 쉽게 산만해지는지, 잘 잊어버리는지, 가만히 있지 못하는지, 다른 사람의 말을 안 듣는 것처럼 보이는지, 질서를 지키지 않는지, 숙제를 완수하지 못하는지, 그리고 시작한 일을 잘 끝내지 못하는지 등의 행동들에 대해서 평가를 받았다. 심리학자들의 아동 관찰은 교사 평정 척도로부터 얻은 자료를 확인해 줄 수 있다. 세 아동 모두 3학년 때 받은 집단 지능 선별 검사에서 평균 범위의 점수를 받았다.

질문: 제이슨, 위니 그리고 브라이언에 대한 주의력결핍 과잉행동장애(ADHD)의 진단은 적절한 분류인가?

DSM-5(APA, 2013)에 따르면, 세 아동 모두 ADHD와 관련된 많은 증상들을 보였다. 심리학자들은 교실 행동 관찰과 교사 평정을 확인하였고, 지적인 어려움에서 기인한 것이 아님을 알게 되었다. 뿐만 아니라, 이러한 문제는 지속적으로 보고되어 왔다.

여기에서 빠진 것은 무엇인가?

심리학자들은 세 아동이 ADHD인지 아닌지 진단하기 위해서 집과 학교를 포함한 몇몇 주요 환경으로부터 정보를 얻어야 한다. 여기서 빠진 것은 가정환경에 대한 정보다. 따라서 심리학자들은 세 아동의 부모 모두와 면접을 추가하여야 한다.

브라이언의 사례

브라이언의 어머니에 따르면, 브라이언은 "늘 이런식"이다. 브라이언의 어머니는 브라이언을 "멍청한 아이"로 묘사한다. 그는 끊임없이 실수하고 가끔 숙제를 하려고 할 때에는 주의가 산만하다. 브라이언은 밥을 서서 먹고, 끊임없이 움직인다. 브라이언의 어머니는 브라이언이 브라이언의 아빠를 닮았다고 하였다. 브라이언의 아빠 또한 가만히 있지 못하고, 활동적이고, 주의가 산만했다. 브라이언은 매우 유능해 보이지만(어머니와 교사 모두 브라이언을 똑똑한 아이라고 느낀다), 주의가 산만해서 과제를 완수하는 데 어려움이 있다. 과제를 수행하는 동안 모든 것이 그의 주의를 끈다.

어머니와 이야기를 나눈 후, 심리학자는 **사례개념화**(왜 문제행동이 존재하고 어떻게 이 문제가 유지되는가에 관한 가설)를 한다. 사례 개념화는 가족력, 상황적 맥락(집과 학교)에 걸친 행동의 일관성, 그리고 문제의 지속성(언제나 그런 방식인지)에서 얻은 정보에 기초한다. 심리학자는 이제 브라이언이 ADHD를 가지고 있고, 아마 주의력결핍 우세형(predominantly inattentive presentation)이라는 제안에 더 확신을 가진다. 그리고 브라이언의 부모와 함께 가능한 개입에 대해 논의했다.

이런 모든 정보에 기초해서 심리학자는 브라이언에게 ADHD, 주의력 결핍 우세형이라는 잠정적인 진단을 내린다.

위니의 사례

위니의 어머니는 딸에 대한 이야기를 듣기 위해 매우 걱정스러운 모습으로 도착했다. 어머니는 위니를 "정말 걱정이 많은 아이"로 묘사했다. 그리고 자신도 그렇다고 인정했다. 위니는 항상 자신감이 없고, 유아처럼 조심스럽고, 두려움이 많고, 소리나 접촉에 예민하고, "타인에게 호감을 가지는 데 시간이 걸린다."고 하였다. 위니는 친한 친구가 거의 없다. 과제를 완수할 때 완벽주의 경향이 있어 숙제가 고통스러운 과정이 되는데, 이는 위니가 지우기를 반복하기 때문이다. 두려움과 불안 정도가 높아 종종 과제에 압도되고 주의를 기울이지 못하며 산만하고 잘 잊어버린다.

위니의 잠정적 진단은 범불안장애(General Anxiety Disorder: GAD)다. 그러나 강박장애(Obsessive-Compulsive Disorder: OCD)의 가능성도 고려해 볼 필요가 있다.

제이슨의 사례

제이슨의 양모는 사회복지사와 함께 도착했다. 현재 제이슨은 과거 2년 동안 네 번째 위탁 가정에서 지내고 있다. 제이슨이 지금의 위탁 가정으로 온 것은 6개월 전이었다. 사회복지사에 따르면, 제이슨은 어릴 때 가정 폭력을 목격했다고 한다. 제이슨의 가족은 사회복지사들에게 유명했다. 제이슨은 과거에 몇 번의 방임과 학대 가능성이 있는 곳에서 보육되어 왔다. 제이슨과 그의 형제는 그들의 부모와 2년 전 결합했다. 제이슨의 아빠는 제이슨과 제이슨의 남동생이 옆방에서 자고 있는 동안, 제이슨의 어머니와 자신을 총으로 쏴 자살했다. 제이슨은 과거 2년 동안 놀이치료를 받았다. 제이슨은 계속 불면증에 시달리고 안절부절못하거나 제대로 쉬지 못했다. 대인관계에서 그는 과도하게 억제되거나(수줍고 위축된) 탈억제(사회적으로 조숙한) 사이에서 갈팡질팡한다. 제이슨은 주의를 집중시키거나 지속시키는 능력이 손상되었고, 종종 잘 잊어버리고 혼란스러워 보인다.

제이슨의 잠정적 진단은 만성적 외상후 스트레스장애(Posttraumatic Stress Disorder: PTSD)다. 그러나 애착장애[반응성 애착장애(Reactive Attachment Disorder: RAD) 혹은 탈억제성 사회적 유대감 장애(Disinhibited Social Engagement Disorder: DSED)]와 ADHD 또한 고려해 볼 필요가 있다.

세 아동 사례의 요약

세 아동은 교실과 가정환경에서 유사한 증상을 보이지만, 세 아동 중 한 아동만이 ADHD인 것으로 보인다.

아동기의 높은 **공존질환**(comorbidity: 장애들이 함께 발생하는 것) 비율과 많은 장애가 유사한 증상을 나타낸다는 것을 고려할 때, 다양한 정보원으로부터 얻은 자료에 기초하여 사례 개념화를 해야 한다는 것은 아무리 강조해도 지나치지 않다.

매튜의 사례

심리학자는 또 다른 4학년 아동을 관찰해 달라는 요청을 받았다. 매튜는 행동문제가 있었고, 정서조절에도 어려움이 있었다. 이 날도 예외가 아니었다. 심리학자가 매튜를 교실에서 관찰하고 있을 때, 그는 바닥에서 구르고, 발로 차고, 울면서 분노폭발하고 있었다.

심리학자는 매튜의 아버지와 만날 약속을 잡았다. 심리학자는 초등학교에서 집으로 가는 길에 자신의 딸 레이첼을 데려오기 위해 어린이집에 들렀다. 당황스럽게도, 레이첼은 바닥에 누워, 발로 차고 소리를 지르고 있었다. 이유는 바로 다른 아이가 레이첼이 제일 좋아하는 장난감을 가져갔기 때문이었다.

심리학자가 매튜의 아버지를 만났을 때 아버지는 매튜의 행동문제가 어렸을 때부터 지속되어 온 것이라고 했다. 매튜는 공격적이거나, 우울하거나, 짜증을 잘 내기도 한다. 분노폭발은 빈번하게, 종종 예측 불가능하게 발생하였다. 매튜는 가정과 학교에 반항적이고 저항적이며, 종종 아주 작은 요구에 응하는 것조차 거부하였다. 종종 매튜는 고의로 다른 사람들을 괴롭히는 것처럼 보인다.

질문: 매튜와 레이첼의 분노폭발은 파괴적 행동장애를 나타내는 것인가?

파괴적 행동장애는 DSM-5(APA, 2013)에서 품행장애(Conduct Disorder: CD)와 적대적 반항장애(Oppositional Defiant Disorder: ODD)로 분류되며, 아동기 및 청소년기에 유병률이 높다. 적대적 반항장애는 공격성, 분노, 불복종 증상이 나타난다. 적대적 반항장애 아동은 권위에 대해 반항하고, 불복종하고, 적대감을 갖는 등 부정적인 행동을 반복적으로 나타낸다(APA, 2013). 매튜에게 잠정적으로 내릴 수 있는 진단은 적대적 반항장애 또는 우울증이다.

레이첼의 사례

심리학자의 3세 딸은 어린이집에서 불만스러울 때 분노폭발을 보인다. 이러한 분노폭발은 지난 6개월 동안 그 빈도가 증가하였다. 어린이집 교사와의 면담을 통해, 심리학자는 한 특정 아동 아티가 레이첼의 분노폭발을 유발한다는 사실을 발견하였다. 아티는 약 6개월 전에 어린이집에 들어왔다. 레이첼은 집에서 분노폭발하지 않으며, 상대적으로 돌보기 쉬운 아동이다. 심리학자는 발달적으로 걸음마기의 분노폭발

기억할 것

매튜와 레이첼은 좌절에 대해 동일한 행동(분노폭발)을 나타내었지만, 발달적인 맥락을 고려할 때 3세에 나타나는 좌절에 대한 표현으로서의 분노폭발은 정상적인 반면, 11세에 이러한 행동을 하는 것은 더욱 일탈적이다.

은 약 3세쯤에 일반적으로 정점에 다다른다는 것을 알고 있다. 어린이집 교사는 이를 염려하지 않았고, 레이첼의 행동은 증가된 좌절에 대한 반응이라고 보았다. 잠정적으로 내릴 수 있는 진단은 좌절에 대한 발달적으로 적합한 반응이다.

정상 행동과 이상 행동의 구별

성인과 아동을 다루는 임상가들이 정상 행동과 이상 행동을 구별하기 위해 필요한 전문적인 기술과 능력을 공유하고 있지만, 아동 임상에서는 성인 임상에서와는 다른 기술과 능력이 요구된다.

행동 패턴이 정상인지 이상인지를 결정하기 위해서는 정상 기대치(normal expectation)와 평균 혹은 정상 범위의 행동 범위에 대한 근본적인 이해가 필요하다. 행동이 정상 범위에서 이탈했는지 여부를 결정하기 위해서, 임상적 판단은 일련의 의사결정 전략을 기초로 내려진다. 정상 기대치와 비교하는 방법 중 하나는 '4D(Deviance: 이탈, Dysfunction: 역기능, Distress: 고통, Danger: 위험)' 행동평가의 지침을 따르는 것이다(Comer, 2013).

심리학자의 3세 딸 레이첼은 어린이집에서 분노폭발을 보였다. 레이첼의 분노폭발 행동의 심각도는 다른 3세 아동 아티의 분노폭발 행동과 비교하여 고려해야 한다.

심리학자는 레이첼의 분노폭발이 아티가 그녀의 가장 좋아하는 장난감을 빼앗았기 때문임을 관찰하였다. 레이첼은 바닥에 드러눕고, 울고, 발로 매트를 찼다. 이러한 행동은 아티가 그 장난감을 가져갈 때마다 발생하였고(약 2주 동안), 교사의 개입이 있을 때까지 지속되었다. 레이첼의 어머니는 이러한 행동을 집에서 본 적이 없었다. 아티는 다른 아이 사라에게도 유사한 반응을 유발하는 아이였다. 아티는 다른 아이들과 끊임없이 싸웠다. 아티는 자기가 원하는 것은 무조건 빼앗았다. 만약 이를 제지하면, 아티는 정상 범위에서 이탈된 분노폭발을 보이며 분노폭발은 30분가량 지속되었다. 아티는 두 번이나 물건을 던져 교사를 다치게 했다. 아티는 좌절하게 되면 주먹을 휘둘렀고, 다른 사람을 물기도 했다. 아티의 어머니는 아티의 행동을 다룰 수 있게 도와달라고 했다. 아티의 어머니는 아티가 새로 태어난 남동생을 다치게 할까 봐 걱정하고 있다.

기억할 것

임상적 결정은 주로 평균과 비교한 행동의 강도, 지속성, 빈도를 기초로 내려진다. 그리고 행동이 여러 상황에 걸쳐 나타나는지 여부를 평가하는 것은 경도, 중등도, 고도의 심각도에 대한 정보를 제공해 준다.

레이첼과 아티의 행동을 평가할 때, 분노폭발 행동이 3세에 정점에 다다르고 학령전기에 깨무는 행동은 흔히 나타난다는 점을 알아야 한다. 그러나 레이첼의 분노폭발 행동은 정상 기대치의 범위 내에 있을 가능성이 크지만, 아티의 행동은 염려스러운 수준이다. 아티의 행동은 강도(intensity, 다른 사람을 상처 입힌 적이 있다), 빈도(frequency, 매우 반복적으로 한다), 지속성(duration, 최소 30분 동안 지속된다)의 모든 기준에서 정상 범주를 벗어났다. 이와 반대로, 레이첼의 행동은 어린이집에서 아티의 특정한 선행행동 후에 한하여 나타난다. 레이첼의 분노폭발은 경도 수준으로 나타나며 아티의 선행행동에 대처하는 것을 도와주는 행동 개입을 하면 나아질 수 있다.

그러나 아티의 행동은 가정에서뿐만 아니라 어린이집에서도 발생하기 때문에 더욱 심각하다고 할 수 있다. 게다가 행동이 주변 사람들에게 위험을 야기하며(교사를 상처 입힘), 아티는 자기통제와 사회적 관계에서의 적절한 기술을 익히지 못하였다(역기능). 아티는 쉽게 좌절하고, 낮은 좌절 인내력을 가지며, 습관적인 분노폭발을 하고 있고, 이런 모습은 높은 수준의 고통을 의미한다. 그리고 아티의 행동은 다른 사람들을 방해하고 괴롭힌다. 따라서 아동의 문제행동을 수정하기 위해서는 더욱 집중적인 치료 프로그램이 필요하다.

주의

이탈된 행동과 정신병리에 대한 문화차를 고려하기 위해서 보다 향상된 인식이 필요하다(Fabrega, 1990; Rogler, 1999). DSM-5(APA, 2013)는 장애를 기술함에 있어 문화 참조 집단과 문화적 요인을 고려하고 있다.

기억할 것

부주의, 주의집중 곤란, 가만히 있지 못함, 안절부절못함, 잘 잊어버림, 혼란스러움의 증상들은 ADHD의 신호일 수 있다. 그러나 불안, 우울, 외상후 스트레스 장애, 아동 학대, 학습문제, 유사한 모습을 보이는 다른 잠정적 문제들과 ADHD를 감별 진단해야 한다.

4D를 사용하여 정상 행동과 이상 행동을 구별할 수 있다.

- 이탈(Deviance): 행동이 규준으로부터 이탈한 정도를 비공식적으로 평가(면접, 관찰, 증상 평정척도)한다. 또는 공식적인 심리검사 배터리를 사용(성격 검사)하여 평가한다. 분류체계는 이탈의 정도를 평가하기 위해 임상가들에게 가이드라인을 제공해 준다. 아동과 성인을 다루는 임상가들은 다양한 장애들이 공통된 특징을 가지고 있으며 특정 장애로 진단 내리기 위해서는 많은 정보를 수집해야 한다는 것을 알고 있어야 한다(감별 진단). 유사한 특징을 공유하는 장애들뿐 아니라, 어떤 장애들은 자주 함께 나타난다. 이러한 상태를 **공존질환**이라고 한다.
- 역기능(Dysfunction): 장애가 확인되면, 장애가 개인의 기능에 미치는 상대적인 영향이 평가되어야 한다. 아동 임상가들은 학교 수행(학업기능) 또는 사회적 기술과 같은 영역에서 역기능의 정도가 어떠한지 관심을 가져야 한다.
- 고통(Distress): 역기능과 매우 관련이 높은 영역이 바로 장애로 인한 고통

의 정도다. 아동은 종종 감정을 명확하게 설명하는 것을 어려워하기 때문에 임상가들이 고통의 정도를 평가하는 것에 있어서 정보를 거의 제공하지 못할 수 있다. 부모 및 교사와의 면접은 추가적인 정보를 제공해 줄 수 있다. 어떤 장애는 개인이 느끼는 고통은 아주 적지만 다른 사람들에게 매우 큰 고통을 주기도 한다.

- 위험(Danger): 아동의 어떤 행동이 개인을 위험에 빠뜨리게 하는지 여부를 결정하기 위해서는 크게 다음의 두 영역이 평가되어야 한다. 하나는 자신에 대한 위험이고 다른 하나는 타인에 대한 위험이다. 지금까지는 희생자 또는 아동 학대(학대 또는 방임)에 대해 관심을 가져왔다. 그러나 최근에는 1999년 콜럼바인 총기 난사 사건이나 학교 폭력에 대한 인식이 증가하면서, 가해자로서의 아동에 대한 관심이 증가하고 있다. 이에 따라 잠재적인 위험 아동을 식별하는 방법 및 효과적인 위험 평가의 수행으로 초점이 옮겨졌다.

정상 및 이상 행동: 발달적 고려사항

발달적 관점에서 정신병리를 평가하기 위해서는 아동의 특성(생물학적 및 유전학적) 및 환경적 특성(가족, 동료, 학교, 이웃)에 대한 정보를 통합하는 것이 필요하다. 그러므로 발달적 관점에서 아동의 정신병리를 이해하는 데에는 인지적·사회적·정서적·신체적 능력 및 한계와 각 발달단계에서의 과업 기대의 특성을 이해하는 것이 필요하다. 이러한 이해는 발달적 쟁점들이 정신병리 및 치료에 어떻게 영향을 미치는지 더 잘 알기 위해 중요하다. 발달 과업, 능력 및 한계에 대한 예시는 [참고자료 1-2]에 제시하였다.

이론적 관점의 영향

정상 행동과 이상 행동을 구별하고 발달적으로 적합한 아동 개입을 선별하기 위해서는 다양한 이론적 틀로부터 얻은 정보가 도움이 된다. 다양한 이론적 관점은 임상가에게 사회적 · 정서적 · 인지적 · 신체적 · 행동적 결과의 기대치에 대한 지침을 제공한다. 그리고 치료자의 이론적 가정은 장애를 개념화하는 방법과 치료의 초점을 어디에 두어야 할지에도 영향을 줄 것이다.

참고자료 1-2 **발달 과업, 능력 및 한계의 예시**

나이 또는 발달단계	과업 또는 한계
출생~1세	신뢰 vs. 불신(Erikson) 안정 vs. 불안정 애착(Bowlby) 자기와 타인 간의 구별 상호 호혜적 사회화(reciprocal socialization) 대상 영속성의 발달(Piaget: 눈앞에 없어도 대상이 존재함) 첫 걸음/첫 단어
걸음마기 (1~2.5세)	자율성 vs. 수치심(Erikson) 독립성 증가, 자기주장, 자부심 자기인식의 시작 사회적 모방 및 공감의 시작 자기통제의 시작 지연된 모방 및 상징적 사고 언어의 증가(100단어) 운동 기술과 탐색의 증가
학령전기 (2.5~6세)	주도성 vs. 죄책감(Erikson) 탈중심화 불능(Piaget: 지각에 대한 논리적 제약; 외양/실재 문제) 자기중심성(정서적 관점 및 물리적 관점: 한 시점에 하나의 감정) 정서조절능력 향상(과소 통제 vs. 과잉 통제) 규칙 및 구조의 필요 증가 정서 인식 가능: 죄책감과 양심이 분명히 나타남 불안, 공포증, 두려움의 출현

학령기 (6~11세)	근면성 vs. 열등감(Erikson) 유능감, 숙달감, 효능감 구체적 조작기(Piaget: 외양에 제한되지 않으나, 추상적인 사고는 불가능) 혼합정서 경험 가능함(애증) 자기개념 및 도덕적 양심 현실적 두려움(상처, 실패)과 비합리적 두려움(쥐, 악몽)
청소년기 (13~19세)	정체감 형성 vs. 역할 혼란(Erikson) 형식적 조작기(Piaget) 자기와 타인에 대한 혼합정서(애매모호함) 자기중심성의 회귀(Piaget/Elkind: 상상의 관중, 개인적 우화) 동료 수용과 능력에 관련된 자기개념

신경생물학적 이론

신경생물학적 및 생리학적 이론은 생물학적 및 유전적 요인이 개인차에 미치는 영향에 관심을 가진다. 유전과 환경(건강, 영양상태, 스트레스) 영향의 상호작용에 대한 인식은 증가해 왔으며, 이 분야에서는 기질, 유전적 전이, 뇌 구조 및 기능과 같은 요인들에 중점을 둔다.

이상 행동을 정의할 때, 신경생물학적 모델은 신체나 뇌의 어떤 부분이 역기능적인지를 찾게 된다. 즉, 유전적인 소인에 의한 것인지 아니면 뇌의 화학적 기능 또는 뇌의 해부학적 구조에 의한 것인지 밝히고자 한다. 쌍생아 연구는 유전의 역할을 고려하는 데 있어 유용한 방법이며, 자기공명영상법(Magnetic Resonance Imaging: MRI)이 개발되어 일부 장애에서 근원적인 뇌 기반 차이가 있음이 밝혀져 왔다.

정신역동이론과 애착이론

Freud는 이상 행동이 이전 발달단계에서 해결되지 않은 갈등 때문에 발생한 고착과 퇴행의 결과라고 생각하였다. 그의 심리성적 발달단계는 특정 병리의 역동에 영향을 미치는 갈등과 무의식적 추동에 대한 잠재적인 통찰을 제공한다. 이러한 무의식적 방어 기제는 취약한 자아를 원초아(원시적 쾌락 원리)와 초자아(도덕적 양심) 간의 갈등으로부터 보호하는 역할을 한다. 이와 같은 방어 기제는 부인과 같은 더욱 원시적인 아동 방어 또는 유머와 같이 더욱 건설적인 방어에 대한 이해를 돕는다.

기억할 것

역사적으로, 정신분석적 적용은 경험적으로 뒷받침하기 매우 어려웠다. Bowlby의 자기발달 및 애착 이론의 영향을 받아, Fonagy와 Target(1996)의 최근 연구에서는 아동을 대상으로 한 정신역동적 발달치료(Psychodynamic Developmental Therapy for Children: PDTC)의 경험적 증거를 제공하였다. 놀이를 사용한 작업을 통하여, 치료자들은 아동의 자기조절 기술 발전과 타인에 대한 인식을 향상시켜 왔다.

Erik Erikson(1902~1994) 또한 단계 개념을 지지하였다. 하지만 그의 심리사회적 발달단계는 일생에 걸쳐 긍정적인 성장을 성취해 나가야만 하는 사회정서적 과업을 바탕으로 이루어져 있다. [참고자료 1-2]에서 보았듯이, 이론가들은 발달 과업과 발달단계의 개념을 각 발달단계의 (사회적 · 정서적 · 인지적 · 신체적) 능력과 한계에 기반하여 다양한 행동을 폭넓게 설명하고 예측하기 위해 적용시킨다.

Erikson에 따르면, 생애 초기 1년 동안 주요 과업은 신뢰 대 불신을 발달시키는 것이다. 안정 애착을 기반으로 한 학령전기 아동은 환경을 자유롭게 탐색할 수 있다. 그 결과 자율성을 획득하게 되지만, 불안정 애착의 아이들은 이러한 경험이 축소되어 수치심 또는 자기의심을 갖게 된다. 학령기 아동은 학업 관련 과목과 사회화를 숙달하게 되는데, 이는 근면성 대 열등감을 발달시킨다. 청소년기에는 정체감 형성 대 역할 혼란이 주요 과업이다.

John Bowlby(1908~1990)의 적응 이론은 Darwin의 진화론과 Freud의 내적 작동 모델에 영향을 받았다. Bowlby는 초기 애착 관계가 인생 전반에 걸쳐 깊은 영향을 미친다고 보았다. 이후 Mary Ainsworth는 낯선 상황 실험을 통해 애착문제를 연구하였고, 안정 애착 유아가 불안정 애착 유아보다 독립적이고 문제 해결 능력도 우수하다는 것을 발견했다. 회피 애착 유아는 양육자와 분리되었을 때 괴로움을 거의 표현하지 않는 반면, 저항 애착 유아는 예측할 수 없는 극단적인 반응(사랑과 분노)을 보이는 양육자와 분리되는 상황에서 매달리며 매우 속상해한다. 1970년대 후반 Main과 Weston(1981)은 학대받는 아동에 대해서 연구하면서 양육자에 대해서 괴로워하고 무서워하는 반응을 설명하기 위해 네 번째 범주인 혼란 애착을 추가했다.

주의

애착 이론은 아동이 구조화된 관계 도식을 발전시키는 방법을 설명하기 위해 발달했지만(내적 작동 모델), Main과 Hesse(1990)는 비구조화된 반응(혼란 반응)은 도식을 구성할 능력이 없기 때문이라고 보았다. 왜냐하면 학대받은 아동의 애착은 경쟁적이고 양립할 수 없는 두 가지 반응 체계[애착(접근)과 공포(회피)]를 활성화시키기 때문이다.

행동주의이론

행동주의이론은 정적 결과(강화) 및 부적 결과(처벌)를 야기하는 연관성(유관성)에 의해 형성된다는 기본적인 신조에 기초한다. 다음 중 하나가 달성되면 정적인 결과를 가져오게 된다.

- 이익이 증가할 때(정적 강화, 예: 학교에서 과제를 다 마치면 10분의 자유 활동 시간을 얻게 된다)
- 부정적인 결과를 제거하거나 피할 때(부적 강화, 예: 학교에서 과제를 다 마치면 방과 후에 남지 않아도 된다)

기억할 것

부적 강화 개념은 처벌과 종종 혼동되기 때문에 정적 강화를 이해하는 것보다 더 어렵다. 처벌은 부정적인 결과를 가져오고 행동을 증대시키기보다는 감소시킨다는 것을 기억하자.

다음 중 하나가 달성되면 결과는 부적인 결과를 가져오게 된다.

- 반대 혹은 부정적인 결과를 가져올 때(처벌)
- 긍정적인 결과를 제거하거나 피하게 될 때(페널티)

어떤 처벌은 행동을 제거할 수도 있는데 이것을 소거라고 한다. 만일 행동이 더 이상 강화되지 않거나, 계속해서 처벌이 되면 소거를 초래한다. 행동이 과다한지, 결핍되었는지 결정하는 것 또한 발달단계에 대한 지식이 필요하다. 최적으로는 행동 계획이 과다 행동을 줄이는 것보다 결핍 행동을 증가시키는 것을 목표로 하는 것일 것이다. 예를 들면, 과제 이외의 행동을 줄이려는 것보다 목표 과제 행동을 증가시키는 것이 더 선호되고, 더 성공적이다. 왜냐하면 긍정적인 행동을 증가시키는 것이 궁극적으로 부정적인 결과를 줄이기 때문이다.

학습된 행동의 대부분이 조작적 조건화나 관찰 학습을 통해서 발생한다고 하더라도,

기억할 것

행동은 과다 행동(외현화, 과격행동)과 결핍 행동(내재화, 철수행동)으로도 분류된다.

주의

부모나 교사는 경고, 처벌, 부정적인 결과를 유발함에도 불구하고 아동이 부정적인 행동을 반복할 때 매우 실망한다. 그러나 모든 잔소리나 회유는 아이에게 정적 강화를 한다는 것을 이해하지 못한 것이다. 왜냐하면 그 결과로 어른의 주의가 증가하는 결과를 가져오기 때문이다. 따라서 잔소리를 더 할수록 행동은 강화되고 지속될 것이다.

행동주의자들은 비합리적인 두려움이나 공포의 발달을 설명하는 데 고전적 조건화의 패러다임을 사용한다. 예를 들면, 한 아동이 매우 큰 소리의 천둥 번개로 인해 잠을 깼다면 혼자 자는 것을 두려워할 수 있다. 심지어 그 두려움은 어두움에 대한 공포나 큰 소리에 대한 공포, 혹은 자신의 침대나 침실에 대한 공포로까지 일반화될 수 있다. 큰 소리와 혼자 자는 것이 짝을 이루면 그 아이의 침대에 대한 두려움에 대한 조건화된 반응을 발전시키는 결과를 가져온다.

인지이론

인지이론가들은 주로 사고와 행동 간의 관계에 관심을 가지며, 잘못된 가정이 자기귀인과 사회적 관계에 어떻게 부정적인 방법으로 영향을 미치는지에 관심을 갖는다. Jean Piaget의 인지 발달단계는 [참고자료 1−2]에 제시되어 있다. Piaget는 인지 발달의 단계를 분류하는 데 매우 큰 영향을 미쳤다. Piaget에 따르면, 전조작기(2~7세)의 아동은 우세한 시각적 특징에 의해 곡해를 하게 된다. 왜냐하면 전조작기 아동은 두 가지 측면을 동시에 분류하지 못하는 분산 불능의 특성을 가지기 때문이다. 어린 아동은 2개의 컵에 똑같은 양의 액체를 담는 것을 보고도 짧고 넓은 잔에 담긴 액체보다 길고 좁은 잔에 담긴 액체가 더 많다고 말할 것이다. 시각 우세는 외양과 실재를 구분하는 데 어려움을 초래한다(고양이 가면을 쓰고 있는 개는 고양이다). 아동의 자기중심성이나 자기초점으로 인해서 타인의 관점이나 견해를 취하는 것이 어렵다. 학령기의 아동(구체적 조작 단계)은 학령전기 아동과 달리 추론하는 능력이 있다. 그러나 이 단계는 구체적인 관찰에 의해 제한된다. 피아제에 의하면 추상적인 사고는 가설적 및 연역적 추론이 나타나는 청소년기 전에는 획득되지 않는다. 피아제가 모든 아동은 고정된 일련의 단계를 거쳐 발달한다고 주장하였으나, 최근 연구에서는 아동의 각각의 능력은 다른 비율로 발달하고, 피아제의 단계 이론이 보편적이지 않을 수 있다는 것을 보여 주고 있다.

기억할 것

삼자상호작용론 개념은 Bandura가 사람, 행동, 환경의 복잡성에 대해 설명하면서 발전된 개념이다. Bandura에 의하면 행동은 주어진 환경이나 상황에 대한 개인의 결과일 뿐 아니라 사람과 환경에 영향을 미치기도 한다.

사람 ⇄ 환경
⇅
행동

사회인지이론. Albert Bandura(1977, 1986)의 사회 인지 분야에 대한 기여는 사회 학습 과정, 관찰 학습 그리고 공격성에 대한 그의 초기 연구로부터 시작된다. Bandura(1977)의 학습의 사회적 측면에 대한 이해는 관찰 학습에 대한 우리의 인식을 증대시키는 데 중요한 역할을 해 왔다. 성인 행동에 대한 아동의 관찰과 모델링은 긍정적인 결과(양육과 공감적 돌봄 행동)나 부정적인 결과(공격적 반응, 예: 가정 폭력 목격)를 가져올 수 있다.

아동의 사회적 관계에 대한 이해 연구는 사회 기술과 사회적 상황에서의 문제 해결 발달에 적용되어 왔다. 이 분야의 연구에서 또래 친구 사이에서 거절당하는 아동이 타인에 대해서 공격적이고, 따지기 좋아하고, 보복적이라는 것이 밝혀졌다(Dodge, Bates, & Pettit, 1990). 게다가, 부정적인 행동은 종종 **적대적 귀인 편향**이나 양면적인 사회적 상황을 적대적으로 잘못 해석하는 경향으로부터 초래된다.

기억할 것

사회인지적 관점에서 공격성은 관찰 학습(아동이 가정 폭력에 대한 잠재적인 증인일 때)이나 적대적 귀인 편향이라고 하는 잘못된 귀인에 근거한 상황 해석에 대한 결과다(Dodge et al., 1990).

인지행동이론. 인지 행동적 접근은 사고와 행동 사이의 연관성을 이해하려고 한다. 따라서 아동의 잘못된 신념체계가 공격, 우울, 불안과 같은 부적응적 행동에 어떻게 기여하는지를 이해하는 데 중점을 둔다. Aron Beck(1976)과 같은 인지이론가들은 우울은 무기력, 절망감 그리고 무가치함의 **인지 삼제**를 만들어 내는 자기귀인에 의해 유지되고 발전된다고 보았다. Seligman과 Peterson(1986)은 학습된 무기력이 무력한 느낌과 통제력 결핍을 만들고 결국 자기충족적 예언이 되어 버리는 반복적인 부정적인 자기귀인에서 발달한다고 제안했다.

양육 방식과 가족 체계 이론

Baumrind(1991)는 **양육 방식** 조사를 통해 아동의 행동에 긍정적 혹은 부정적으로 영향을 미치는 세 가지 접근을 발견했다. 권위주의적인 부모(높은 통제, 낮은 애정)에 의해 자란 아이는 공격적이고 비협조적인 행동 반응을 보이는 경향이 있고, 처벌을 두려워하거나 진취력이나 자존감, 또래유능성이 일반적으로 약한 경향이 있다. 허용적인 부모(높은 애정, 낮은 통제)에게서 자란 아이는 종종 책임감이나 자기통제를 발전시키는 데 실패한다. 권위적인 부모(높은 애정, 높은 통제)는 성장을 위해서 최적의 환경을 제공한다. 그리고 아이는 높은 자립심, 자존감, 그리고 자기통제 수준을 보인다는 것이 입증되었다.

가족 체계 이론은 평가와 중재의 초점을 가족 단위에 두는 다양한 접근 방식을 의미한다. 이 이론적 틀은 가족 체계 자체로, 여러 하위 체계(부모와 자녀, 부부, 형제자매, 확대가족 등)로 이루어져 있다. 가족 안에서 행동은 경계, 지지, 힘을 유지하거나 변화시키는 데 직접적으로 관여한다. 경계는 다양한 하위 체계를 정의하는 가상의 선이다. 가족의 역기능 정도는 경계가 얼마나 비일관적으로 정의되는지 또는 극단적인지(너무 느슨하거나 너무 견고한)에 의해 결정된다. 구조적 가족 치료자인 Salvador Minuchin(1985)은 밀착된 가족(경계의 결핍)들은 아동의 개별화 욕구를 가족 단위를 위협하는 것으로 해석한다고 주장하였다.

기억할 것

가족 체계 관점을 가진 이론가는 아동의 공격적인 행동을 부부 문제의 중요성을 약화시키기 위해 동기화된 행동의 맥락에서 본다. 삼각 관계(triangular relationship)는 힘의 균형을 이동시키는 것으로, 부모-아동 연합(parent-child coalition: 부모와 아동 대 부모), 삼각화(triangulaion: 아이가 두 부모를 붙잡음), 우회(detouring: 결혼 문제를 인정하는 것을 피하기 위해서 문제의 초점을 아이에게 지속시킴)를 포함한다.

기억할 것

발달 경로를 이해하는 것은 다양한 경로가 같은 결과를 생산할 수 있다는 동일결과성(equifinality, 예: 많은 요인들이 아동 우울과 같은 단일 결과를 야기함)과 유사한 위험 요인이 다른 결과를 생산할 수 있다는 다중결과성(multifinality, 예: 아동기 방임은 공격적 행동 또는 위축 행동을 초래할 수 있다)을 이해한다는 것을 의미한다(Cicchetti & Rogosch, 1996).

발달적 변화와 환경적 영향

오늘날 대부분의 임상가들은 아동기와 청소년기 장애를 평가할 때 아동의 특성(기질, 발달단계)을 이해하는 것만큼이나 환경적 영향(가족, 또래, 학교, 지역사회, 경제 그리고 문화)을 고려하는 것을 중요하게 인식하고 있다. 궁극적으로 아동기 및 청소년기 장애를 이해하는 데 있어서 발달적 맥락을 이해하는 것의 중요성은 아동의 현재 고통 수준이나 역기능뿐 아니라 어떻게 이러한 어려움(문제들)을 갖게 되었는지(발달경로) 이해하는 데 핵심적이다.

아동 임상가는 소인, 촉발 요인, 유지(강화) 요인으로서 환경적 영향을 고려해야만 한다. 이론적인 가정이 발달적 변화의 본질을 이해하는 데 도움을 줄 수는 있다 하더라도, 개인차(발달단계, 성격이나 기질)에 대한 지식은 아동의 독특한 본성에 대한 이해를 높인다. 궁극적으로, 이런 영향들이 어떻게 아동의 환경적 맥락에 통합되는지에 대한 우리의 인식과 이해가 아동 정신병리학을 충분히 이해하는 데 핵심이 된다.

Bronfenbrenner(1979, 1989)에 따르면, 발달적 맥락은 동심원에서 가장 중앙을 차지하는 아동으로부터 발현되는 일련의 동심원들로 구성된다. 가장 중앙에는 아동의 개인적인 특징(유전적 구성, 기질, 지능과 같은 생물학적 맥락)이 있다. 바깥으로 갈수록 아동의 현재 상황(미시체계: 가족, 학교, 또래, 지역사회, 이웃), 둘러싸고 있는 사회적 · 경제적 맥락(외체계: 빈곤, 이혼, 가족 스트레스), 문화적 맥락, 신념, 그리고 법(거시체계)이 추가적인 동심원을 이루고 있다. 이러한 이론적 틀에서 아동 정신장애를 이해하기 위해서는 모든 맥락적 변인들의 영향을 고려하는 것이 필요하다. 최근에는, Bronfenbrenner와 Morris(1998)가 생물학적 요소의 중요성을 강조하기 위해 **생물생태학적 모델**을 주장해 왔다. 그리고 Bronfenbrenner는 마지막으로 생애 전반에 걸친 누가적인 경험의 영향을 언급하기 위해 다섯 번째 체계(시간체계)를 포함시켰다.

다양한 수준의 영향을 이해하기 위해서는 영향의 이중적인 특성을 강조하는 것이 필요한데, 왜냐하면 아동과 부모는 서로 상호적으로 영향을 미치기 때문이다. 이런 영향들의 양방향적인 특성이나 **상호결정론**(Bandura, 1985)은 이런 영향들의 상호적인 효과가 어떻게 다른 발달 경로를 형성하는 데 있어서 중요한 역할을 하는지에 대한 해석에 중요한 측면이 된다.

Sameroff의 **교류 모델**(Sameroff & Chandler, 1975)은 아동과 환경 간의 지속적이고 상호적인 발달 변화에 초점을 둔다. 교류 모델은 발달 경로를 추적하고 의미 있는 사례 개념화와 치료적 대안을 만들어 내기 위해 다양한 질병의 역동을 이해하는 것을 중요시한다. 예를 들어, 아동기와 청소년기의 우울증

주의

간과되기 쉬운 한 가지 주요한 영향은 환경 체계 사이의 양립 가능성이다. Bronfenbrenner에 따르면 두 가지 미시체계(예: 집이나 학교 환경) 사이에서의 상호작용을 의미하는 중간체계는 체계가 건강하고 기능적이고 균형 있게 유지될 수 있는 정도를 예측한다.

에 대한 논의에서, Cicchetti와 Toth(1998)는 아동기와 청년기 우울증의 복잡한 특성을 이해하고 질병의 발생에 기여하는 다양한 영향들을 이해하기 위해 생태학적인 교류 모델을 사용할 필요성을 강조했다.

기억할 것

여러 이론들이 개인 및 환경적 영향 사이에 존재하는 복잡한 역동을 이해하기 위해 발전되어 왔다. Bandura는 양방향적 영향을 강조하기 위해서 삼자상호작용론(1977)과 상호결정론(1985)의 개념을 발전시켰다. Bronfenbrenner(1979, 1989)는 아동 내부에서부터 외부 세계(가족, 지역사회, 문화)까지 생태학적 영향을 그려 냈다. Sameroff의 교류 모델(Sameroff & Chandler, 1975)은 어떻게 상호적인 힘이 발달 변화 과정을 형성할 수 있는지에 초점을 두었으며, Cicchetti와 Toth(1998)는 아동기와 청소년기 우울증의 잠재적인 발달 경로를 설명하기 위해 교류 모델을 적용해 왔다.

맥락 이론

발달적 영향의 맥락에서 아동을 바라보는 것은 잠재적으로 이상 행동의 역동에 기반한 향상된 수준의 통찰을 제공하며, 생태학적 타당성을 가진 사례 개념화를 하는 능력을 증가시킨다.

학습 점검하기

1. 단일 분야로서 아동 심리학의 설립에 대한 설명이다. 맞는 것은?

(a) 1990년대 초의 설립되었다.
(b) 사회개혁의 여파로 설립되었다.
(c) 많은 장애물이 있었다.
(d) 지능검사 개발에 의해 촉진되었다.

2. 임상적 의사결정의 4D 중 하나가 아닌 것은?
(a) Dysfunction(역기능)
(b) Distress(고통)
(c) Danger(위험)
(d) Denial(부인)

3. Erikson의 첫 번째 심리사회적 발달단계의 과업은 무엇인가?
(a) 자율성 대 수치심
(b) 신뢰 대 불신
(c) 근면성 대 열등감
(d) 정체감 대 역할 혼란

4. 다양한 경로가 같은 결과를 생산할 수 있다는 것을 무엇이라고 하는가?
(a) 다중결과성
(b) 동일결과성
(c) 삼자결정론
(d) 삼자상호작용론

5. Bronfenbrenner의 문화와 법과 관련된 영향 체계는?
(a) 거시체계
(b) 외체계
(c) 중간체계
(d) 시간체계

6. 부적 강화와 같은 것은?
(a) 처벌
(b) 부정적 결과
(c) 페널티
(d) 회피

7. Piaget는 학령전기 아동이 추론에 실패하는 이유는?
(a) 기억에 한계가 있어서
(b) 한 번에 하나의 시각 형태만 고려할 수 있어서
(c) 시력 정확성이 확립되지 않아서
(d) 주의력이 부족해서

정답 1: c, 2: d, 3: b, 4: b, 5: a, 6: d, 7: b

발달정신병리학의 쟁점: 연구와 실제에서 윤리적 쟁점들

아동 및 가족과 일하는 정신건강 전문가들은 전문가 단체에 의해 개발되고 검토되는 전문적 규준과 윤리적 원칙을 준수한다. 심리학자의 과학적, 교육적 그리고 전문적 활동들은 미국심리학회에 의해 개발된 윤리 규정(심리학자의 윤리 원칙과 활동에 대한 규정)을 준수한다. 가장 최근 개정된 윤리강령 수정판(American Psychological Association, 2010)은 다양한 심리학 분야(임상, 상담, 발달, 학교 심리학)에 실시되는 특정한 규준과 응용 실제(연구, 교육, 검사 구성과 설계, 또는 관리 혹은 감독 능력)뿐만 아니라 일반적인 안내 원칙도 포함한다.

미국상담학회(ACA, 2005), 미국학교상담학회(ASCA, 2010) 그리고 미국전국학교심리학자협회(NASP, 2010)와 같은 전문적 학회들은 학교와 정신건강 장면에서의 전문적 수행을 위한 윤리 지침과 원칙을 개발해 왔다. 앞서 언급한 윤리 강령들은 전부 인터넷상에서 검색 가능하며, 부록 A에 제공된 첨부 정보도 이용 가능하다. 모든 학회의 일반적 원칙은 수혜(beneficence), 비유해성(nonmaleficence), 충실성, 공정성, 자율성이다.

기억할 것

다음의 5개의 일반 원칙들은 이상적으로 요구되는 목표들이다. 비록 이러한 일반 원칙들이 강제할 수 있는 것은 아니지만, 이 원칙들은 심리학자가 윤리에 기초한 결정을 내릴 때 방향을 제공한다. 5개의 일반 원칙들은 다음과 같다.

- 수혜와 비유해성
- 충실성과 책임감
- 진실성
- 공정성
- 타인의 권리와 존엄성에 대한 존중

미국심리학회의 윤리 규준은 12개의 실제 분야에서의 쟁점들(예: 윤리적 쟁점들을 해결하는 것, 능력, 인간관계, 사생활과 비밀유지, 홍보와 공개 진술, 기록 보관과 요금, 교육과 훈련, 연구와 발표, 평가와 치료)을 포함한다.

기억할 것

미국심리학회, 미국상담학회와 미국전국학교심리학자협회의 윤리강령에 대한 일반적인 원칙은 다음과 같다.

- 수혜와 비유해성(해를 끼치지 않는다)
- 충실성(신뢰관계와 윤리준수를 유지한다)
- 공정성 또는 전문성(공정성, 평등함, 선입견에 대한 최소화, 전문적 능력의 한계에 대한 인식)
- 자율성(자기 스스로 방향을 설정) 그리고 타인의 권리에 대한 존중

윤리적 지침과 법 사이의 관계

정신건강 전문가에게 적용되는 주요 정신건강 법과 수준은 형사상의 법이라

기보다는 민사상의 영역에 해당된다. 윤리적 지침은 법이 아니며, 보통 법적으로 구속되는 것도 아니다. 그러나 미국심리학회와 같은 전문적인 기관들은 회원들이 윤리강령을 위반할 경우 처벌하고, 윤리강령을 위반한 사람에 대해 다른 전문적 단체나 주 그리고 연방 연합의 비회원들에게 통보한다.

윤리적 딜레마

윤리 원칙은 전문가가 윤리적 딜레마와 같은 윤리적 난제에 직면했을 때 매우 중요해진다. 전문가들은 둘 또는 그 이상의 윤리 원칙들이 다른 하나와 갈등을 빚을 때 윤리적 딜레마에 직면한다. 이러한 원칙들은 내담자가 아동일 때 더욱 복잡해지며 도전적인 의사결정 선택을 해야만 한다.

실제에 적용하기

충실성(신뢰의 관계를 유지함)에 대한 내담자의 권리와 수혜(이득) 그리고 비유해성(해를 끼치지 않음) 원칙 사이의 균형을 맞추는 것은 아마 치료자가 다음과 같은 딜레마에 직면할 때 발생할 것이다. 한 여자 청소년(15세)이 개인 상담센터에서 상담을 받고 있으며, 그녀의 부모는 회기에 대해 비용을 지불한다. 이 소녀는 17세 남성과 무방비적 성관계를 갖고 있음을 고백했다. 소녀는 상담가에게 부모에게 말하지 말아 줄 것을 요구했다. 소녀의 부모는 딸이 아마 성적으로 개방적일 것이라고 의심은 하지만, 증거를 갖고 있지 않다. 그들은 상담가에게 그들의 의심을 확증할 정보를 제공해 주길 요구했다. 이 경우, 치료자는 '누가 내담자인가?'와 같은 윤리적으로 곤란한 몇 가지 질문들에 직면하게 된다.

아동에 대한 평가, 치료 그리고 연구 수행에서의 윤리적 쟁점

평가, 치료 또는 연구에 참여하는 아동의 동의를 얻기 위한 중요한 임상적 고려사항 중의 하나는 아동이 동의하는 것에 대한 의미와 본질을 이해하는 능력이 있는지를 확인하는 것이다. 아동의 능력이 동의 사항을 어느 정도 이해한다 할지라도, 아동의 능력은 동의를 얻기 위한 선행조건이 되어야 한다(Koocher & Keith-Spiegel,1990). 이러한 관점에서 아동은 동의서를 충분히 이해해야 하며, 이것은 가능한 결과를 따져 보고 가능한 미래 결과를 예상하는 것을 포함한다. 따라서 발달적으로 어떻게 인지적 한계가 의사 결정에 영향을 주는지 이해하는 것은 동의를 얻기 위한 필수적인 선행조건이 될 것이다.

아동 연구 수행에서 윤리적인 고려사항

- 아동을 대상으로 하는 연구에서는 미국심리학회(2010)와 미국전국학교심리학자협회(2010), 그리고 미국 아동발달연구회(2007)와 같은 전문적 집단에 의해 제정된 규준들을 반드시 준수해야 한다.
- 다른 보호 장치로는 인간 대상 연구가 미국심리학회의 지침을 준수하는지 확인하고, 발생 가능한 위험과 이득을 평가하는 윤리 보고 위원회의 평가를 받게 하는 것이다. 만약 윤리 보고 위원회가 없을 경우, 미국전국학교심리학자협회(2010)는 연구 제안과 방법론에 있어 동료 보고(학교 심리학자들)를 사용할 것을 제안한다.
- 작은 체구와 인지적 한계로 인해 신체적 취약성을 가진 아동은 중요한 문제를 이해하는 데 제한이 있을 수 있다. 예를 들면, 아동은 참여의 의미 또는 내재된 특성과 실제 차이를 이해하는 것이 어려울 수 있다.

• 인지적 한계 때문에, 참여에 대한 동의서는 미성년자 아동의 부모에게 받는다. 그러나 이러한 상황에도 불구하고, 아동의 찬성 또는 동의 그리고 참여에 대한 의지는 아동의 발달 수준에 맞는 언어로 과정에 대한 설명을 제공함으로써 얻어야 한다.

기억할 것

미국에서 성인이 되는 연령은 일반적으로 18세이지만(34개의 주), 일부 주에서는 21세이기도 하며(Mississippi, D.C., New York), 캐나다에서는 18세(50% 또는 6개의 지역)에서 19세다. 캐나다심리학회의 윤리강령은 12세 또는 그 이상 연령의 아동이 연구 또는 평가에 참여할 때 동의서를 받을 것을 권장한다.

실제에 있어서 윤리적 고려사항

아동은 자신에 대한 언급을 거의 하지 않기 때문에, 아동 주변 성인(부모, 교사, 보호자)들은 치료자에게 아동을 관찰해 달라고 요청한다. 부모나 보호자가 아동에게 최선이 되도록 행동할 것이라고 추측하지만, 많은 상황에서 치료자는 갈등 상황에 놓이게 된다.

다음에 나오는 '실제에 적용하기' 사례에서는 부모의 바람이 아동에게 최선이 아닐 수 있으며, 아동에게 해악을 끼치지 않고 충실성과 진실성을 가져야 한다는 윤리적 규준에 위반될 수 있다는 것을 보여 준다.

비밀보장에 관한 쟁점

대다수의 사례에서, 18세 이하 미성년자(또는 각 나라에서 정하는 연령)의 부모나 보호자는 자녀의 자료를 공개하는 것에 동의, 아동에 대한 자료를 얻는 것, 아동의 의학 또는 교육 기록과 관련된 자료를 배포하는 것에 대한 권리를 갖는다. 그러나 청소년과 만날 때 비밀보장(confidentiality)의 한계에 관한 문제에서 윤리적 쟁점이 자주 발생한다. 아동 및 청소년과 만나는 임상가는 항상 치료적 관계의 시작 전에 비밀보장의 한계에 대한 정의를 내려야 한다. 비밀보장의 한계는 자신과 타인에게 해악이 되거나 학대가 있을 때 반드시 보고할 윤리적 의무를 포함한다. 그러나 치료 회기 동안 나누는 다른 정보에 대해 부모에게 알리는 것과 관련된 비밀보장의 한계는 훨씬 다루기 어려운 문제다.

실제에 적용하기

조엘의 부모는 최근 이혼했다. 조엘은 부모의 이혼에 적응하기 힘들어했으며, 어머니는 주말에 조엘이 아버지를 만나는 것을 불편하게 생각했다. 어머니는 조엘이 일요일 저녁에 돌아오면 더욱 화를 내고, 아버지와의 만남을 회복하는 데 주중의 거의 모든 시간을 소비하게 된다고 불평했다. 그렇게 주중을 보내고 나면, 다시 주말이 되었다.

어머니는 심리학자가 조엘을 면담하여, 아버지와의 만남이 조엘에게 최선이 아님을 결정해 달라고 요청했다. 또한 어머니는 심리학자가 조엘의 아버지에게 평가에 대한 어떤 언급도 하지 않기를 바라고 있었으며, 법원에 아버지의 면접교섭권 금지를 신청하고자 하였다.

이 경우에 심리학자는 아동에게 최선의 상황이 부모의 바람과 반드시 일치하지는 않는 상황에 직면하게 된다. 그리고 부모는 심리학자에게 윤리 규준과 타협하기를 요구하게 된다.

주의

아동 및 청소년을 치료할 때, 가장 효과적인 방법은 치료 전에 (부모와 아동 간의) 사생활 문제와 비밀보장의 원칙에 대해 토론하고 협상하는 것이다.

주의

부모가 이혼 또는 양육권 소송 중인 아동에 대한 부모 동의를 얻는 과정에 있어서, 치료자는 누구에게 양육권이 있는지 결정하는 것에 세심한 주의가 필요하다.

치료자는 나이 든 아동 또는 청소년 자녀의 부모에게 초기에 아동과 신뢰 관계를 형성해야 하기 때문에 정보를 공개하지 않을 수 있다는 사실을 이해시켜야 한다. 치료자와 아동 사이에 신뢰 관계가 형성되면, 서로 점진적 이해를 발전시킬 수 있게 된다. 그로 인해 부모에 대한 아동의 개인적인 생각과 감정을 공유하게 되고 마침내 부모-자녀 관계를 개선시킬 수 있게 된다.

주의

학대를 보고할 때, 법적인 문제를 고려해야 한다. 예를 들어, 플로리다 주에서 학대를 보고하지 않는 것은 경범죄에 해당되며, 1년의 구금 또는 1000달러 이상의 벌금형을 받는다.

하지만 비밀보장은 치료자의 보고에 대한 의무보다 중요하지는 않다. 정신건강 전문가들의 대다수는 아동 학대, 방임 또는 유기의 문제를 보고해야만 하는 법적 의무가 있다. 학대가 의심되는 사례를 보고하지 않는 것은 종종 법적 문제를 유발할 수 있다.

아동 정신병리학 연구 방법

아동 임상 연구자들은 일반적으로 네 가지 과학적 목적(설명, 예측, 통제, 이해)을 가지고 있으며, 가설 검증 방법에는 두 가지가 있다.

- **상관 연구**로서 변인들(예: 나이, 성별, 공격성, 취미) 간의 관계를 조사
- 둘 또는 그 이상의 변인들(예: 여가 활동이 공격적 경향성에 미치는 영향) 간의 인과관계를 연구

기억할 것

연구자들은 주로 보편적 진실에 대한 해답을 찾는 것에 관심이 있는데, 이것은 아동기 장애의 원인, 특성, 경과 그리고 치료에 대한 것이다.

주의

상관관계가 인과관계를 의미하는 것은 아니다. 상관 연구는 단지 변인들 간의 관계(정적 또는 부적) 확립을 필요로 하지만, 실험 연구는 인관관계를 확인하기 위해 더 힘든 과제를 실시해야만 한다.

기억할 것

실험 연구에서 연구자들은 변인을 조작하고, 한 변인이 다른 변인에게 갖는 효과를 관찰한다. 실험에서 독립 변인(공격적인 TV 프로그램 vs. 비공격적인 TV 프로그램)은 실험자에 의해 조작되며, 종속 변인(공격성의 수준)은 독립 변인의 조작의 결과로 발생하는 변수(행동)다.

실험 연구

실제 실험을 수행하는 것에 있어서, 연구자는 어떤 행동에 대한 가설을 설정한다. 연구자는 무선적으로 참가자들을 두 집단 중 하나에 배정하는데, 그 두 집단은 통제 집단(변인에 노출되지 않은 집단)과 실험 집단(변인에 노출된 집단)이다.

'실제에 적용하기'에 제시된 사례에서, 연구자는 TV 시청과 공격적 행동 간의 관계를 조사하고자 한다. 연구 가설은 TV를 시청하는 것이 공격적 행동을 증가시킨다는 것이다. 이 가설을 검증하기 위해, 연구자는 영가설을 기각하고자 할 것이다. 영가설은 폭력적인 TV 프로그램을 시청하는 아동과 비폭력적인 TV 프로그램을 시청하는 아동을 비교하였을 때, 공격적 행동의 수준에 어떠한 차이도 없다는 것이다. 이 연구 문제를 위한 연구 방법은 참가자들을 무선적으로 '실제에 적용하기'에 제시된 두 조건으로 나누는 것이다.

다양한 연구 문제가 제기될 수 있다.

- 연구는 **내적 타당도**가 있는가? 연구자는 아동이 시청한 TV 프로그램과 공격성 증가를 잘 연결시킬 수 있는가(인과관계)?
- 연구는 **외적 타당도**가 있는가? 이 연구 결과는 임상 실험실을 넘어 일반화가 가능한가?

실제에 적용하기

사회경제적 지위가 낮은 4세 아동 100명을 무선적으로 두 집단 중 한 집단으로 배정하였는데, 그 두 집단은 폭력적인 만화집단과 비폭력적인 만화집단이다. 우선 평가자들은 각 아동들을 놀이실에서 관찰하여(한 번에 25명 아동, 15분 동안) 공격 대 비공격 놀이에 대한 기저선을 기록하였다.

그 이후, 아동들에게 15분의 만화를 보여 주었다. 폭력적인 만화집단은 주인공이 칼, 총, 신체적 폭력을 사용하는 등 많은 싸움 장면을 시청하였다. 반면, 비폭력적인 만화집단은 '위니 더 푸(Winnie the Pooh)'를 시청하였다. 만화 시청 이후 놀이 행동의 관찰은 공격 대 비공격 놀이로 기록되었다. 실험 결과, 폭력적인 만화집단 아동은 공격적 행동이 유의미하게 증가했으며, 이 아동들은 2주 후의 관찰에서도 공격적 행동이 확연히 지속되었다.

내적 타당도

연구자는 외적 혼입의 통제뿐만 아니라, 표본의 나이, 사회경제적 지위(SES), 성별을 맞추려는 시도를 하였다. 목표 측정치는 TV 시청 전후의 놀이 행동이었다. 연구자는 장기 효과를 측정하기 위해 2주 후 반복 관찰을 실시하였다. 내적 타당도 평가에서는 발생 가능한 관찰자/실험자 편향 효과(예: 관찰자는 피험자가 어느 집단 소속인지를 아는가? 평가자 간 신뢰도는 어떠한가?)를 배제하기 위해 어떻게 관찰이 수행되었는지에 대해 아는 것이 중요하다.

외적 타당도

연구 결과가 다른 모집단에도 일반화될 수 있는가? 비록 이 실험 설계가 높은 내적 타당도를 가지고 있다고 해도(실험적 통제), 실험 상황의 인공적인 또는 부자연스러운 특성은 생태학적 타당도(맥락에서의 타당도)가 떨어질 수 있다. 결과의 일반화는 연구가 반복됨에 따라 향상될 수 있는데, 만약 연구 결과가 여성 또는 다른 연령 범위의 남성 또는 낮은 사회경제적 지위가 아닌 집단에서도 유사할 때 외적 타당도가 있다고 할 수 있다.

주의

가설 검증 연구에서도 임상가의 의무와 마찬가지로 수혜, 비유해성, 위해를 끼치지 않아야 하는 윤리 원칙에 위배되지 않아야 한다. 이 연구는 연구자가 폭력적인 만화 상황에 아동을 노출시킨 것은 부정적 행동(공격성)의 결과로 이어졌으며, 이는 장기적으로 부적응적 결과를 발생시킬 수 있기 때문에 문제가 있다.

준실험 설계

임상 연구에서 무선적 배정은 종종 이뤄지기 힘들며, 일부 사례에서는 가능하지 않을 수 있다. 이러한 문제를 해결할 수 있는 방법 중 하나는 대응 통제 집단을 사용하는 것이다.

실제에 적용하기

한 연구자가 어머니의 우울증이 아동 학대에 미치는 영향을 조사하고자 하였다. 학대받은 아동과 동일한 인구 통계적 특성(예: 나이, 성별, 사회경제적 지위, 출생 순서)을 가진 학대받지 않은 아동을 대응시켰다. 두 집단 어머니의 우울증 유병률을 비교함으로써 학대받은 아동의 어머니가 더 우울한지 아닌지를 확인할 수 있다.

경험 기반 치료

특정 문제를 가진 아동에게 특히 가장 효과적으로 작용하는 경험 기반 치료(empirically based treatment)가 점차 강조되고 있다. 1995년 미국심리학회 특별위원회는 심리학적 절차의 증진과 보급을 위해 경험적으로 타당화된 심리치료에 대한 기준을 마련하였다. **잘 확립된 치료**(well-established treatment)는 최소 두 집단 간 실험 연구에서, 다른 형태의 치료 또는 위약효과와 비교하여 효과적인 치료를 의미한다. 그리고 대상의 특성에 대한 명확한 설명과 치료 매뉴얼도 갖추고 있어야 한다. **아마도 효과적인 치료**(probably efficacious treatment)는 대기자 통제 집단보다 우수한 치료임이 증명되어야 한다.

기억할 것

미국심리학회 특별위원회(1995)는 여러 연구 기준에 기초한 치료 효과성을 분류하였다. 치료 종류에는 잘 확립된 치료와 아마도 효과적인 치료, 실험적인 치료(experimental treatment)가 있다.

기억할 것

실험적인 치료는 경험적으로 지지된 치료 접근으로, 비치료 집단 또는 대안적인 치료 통제 집단과 치료 집단을 비교하여 효과성이 타당화된 치료다.

기억할 것

대기자 통제 집단은 준실험 설계 방법에서 사용되는 것으로, 치료를 받기 전 대기자를 대상으로 한다. 치료에서 효과를 보는 아동(실험 집단)과 치료를 받지 않는 아동(대기자 통제 집단)을 비교한다. 이 방법은 윤리적으로 도움을 필요로 하는 아동이 처치에서 제외되지 않기 때문에 적절하며, 일정 기간 대기 이후에 치료를 받게 된다.

단일 피험자 실험

피험자 자신을 통제로 사용하는 중재를 **단일 피험자 설계**(single-subject design)라고 한다. 이 경우 조작되는 변인(독립 변인)은 임상적 개입일 것이다. 그리고 피험자는(기저선 자료를 위해) 개입 이전에 관찰되고, 개입 이후에도 관찰된다. 개입 전후 행동의 비교는 개입이 행동 변화에 대한 영향력의 지표가 된다.

주의

많은 연구자들은 단일 피험자 설계에서 다른 요인에 의한 행동 변화의 가능성을 배제시키기 위해 두 번 측정을 한다. 이것을 역전 설계법(reversal design) 또는 ABAB 설계법이라고 한다.

행동은 중재 전에 측정되고(조건 A), 즉시 중재를 실시한다(조건 B). 중재는 정해진 기간 이후에 제거되고, 중재가 없는 시기 끝에 행동이 다시 측정된다(조건 A). 중재는 재시도되고 행동은 다시 한 번 더 측정된다(조건 B). ABAB 설계법은 중재 기간과 비중재 기간의 행동 변화를 연결시켜 줄 수 있는 이중 안전(fail-safe) 접근법을 사용한다.

상관 연구

함께 변화하는 특성들에 대해 관심이 있는 연구자들은 한 표본(참가자)의 특성이 같은 표본의 다른 특성이나 다른 비교 표본의 특성과 어떤 관련이 있는지 비교하고자 한다. 상관은 −1에서 +1까지이며, +1은 완벽한 정적 상관을 의미하고, −1은 완벽한 부적 상관을 의미한다. 0의 상관이 전혀 없음을 의미한다. 다음 '실제에 적용하기'의 가설 검증 연구에서 연구자는 공부와 성적 간의 관계에 대해 조사하고자 하였다.

실제에 적용하기

한 연구자가 심리학 시험에서 공부시간과 성적 사이에 상관을 연구하고자 한다. 학생들은 무선적으로 3개의 집단 중 하나에 배정되었는데, 집단 1(60분), 집단 2(90분) 그리고 집단 3(120분)이다. 각 집단의 구성원들은 심리학을 공부하였고, 허용된 공부시간이 지난 후에 시험을 보았다. 공부시간이 증가함에 따라, 시험점수도 상승하였다. 연구 1의 결과에서 공부시간과 시험점수 사이에서 강한 정적 상관(.80)이 나타났다. 연구 2에서 학생들의 공부시간을 30분 줄였다. 결과는 줄어든 공부시간과 시험점수 사이의 약한 부적 상관(−.40)을 나타냈다.

이 연구자의 연구에 기초하여 공부가 좋은 학점의 원인이 된다고 말할 수 있는가? 답은 그렇지 않다.

• 외적 타당도와 내적 타당도

상관 연구는 많은 다양한 변수가 큰 표본에서 일반화될 수 있고 큰 표본에서 반복 연구가 가능하기 때문에, 외적 타당도가 높다. 그러나 상관 연구는 변인들 간의 인과관계 추론이 불가능하고 상관 연구의 기술적 특성 때문에, 내적 타당도는 낮다.

역학 연구는 상관 연구의 한 형태에 해당한다. 이러한 연구들은 임상가에게 모집단의 장애 유병률과 발병률에 대한 정보를 제공한다.

• 자연관찰법

실험 연구가 가능하지 않거나 바람직하지 않을 때, 연구자들은 자연스럽게 발생하는 행동들을 기록하기 위해 아동의 집이나 놀이터와 같은 자연스러운 장면에서 관찰하는 방법을 선택하게 된다. 이러한 방법은 연구나 임상 실제에서 사용될 수 있다. 연구 설계 시 중요한 점은 환경을 통제하는 것이 아니라, 행동을 어떻게 (조작적으로) 정의할 것인지와 관찰을 기록하기 위해 어떤 방법을 사용할 것인지를 체계적으로 통제하는 것이다.

주의

상관관계(correlation)는 인과관계(causation)가 아니라는 점을 기억해야 한다. 두 변인은 제3요인에 의해 영향을 받을 수 있기 때문이다. 공부와 성적에 대한 연구에서 불안과 같은 요인이 결과에 영향을 미칠 수 있다. 적은 시간 공부한 학생들은 더 큰 시험불안을 가졌을 수 있으며, 이것은 낮은 성적에 영향을 미쳤을 수 있다.

기억할 것

- 발병률(Incidence rate): 특정 기간 동안, 어떤 장애 진단을 받은 새로운 사례의 수나 비율(예: 한 해에 새롭게 발생한 사례의 수)
- 유병률(Prevalence rate): 측정 시기에 모집단에서 특정 장애의 총 사례의 수나 비율
- 평생 유병률(Lifetime Prevalence rate): 평생 동안 한 번이라도 특정 장애 진단을 받은 사례의 수나 비율

기억할 것

관찰 자료의 신뢰성을 저해하는 문제에는 관찰자 편향(observer bias), 관찰자 변경(observer drift), 코딩 시 범주의 문제, 중앙 집중 경향(central tendency: 행동을 평가할 때 중간에 해당하는 범주를 자주 선택하는 경향)이 있다.

아동 임상 연구에서 발달적 고려사항

시간 흐름에 따른 행동 연구

아동 정신병리학 연구에서 부적응적 행동이 시간의 흐름에 따라 어떻게 변화하는지 또는 정상 발달에 우회하는 발달 경로에는 어떠한 것이 있는지에 대해 관심을 가진다. 이러한 연구들을 통해서 아동 정신병리의 위험 요인과 보호

요인(완충 요인)을 찾아내고, 부적응 행동의 경로를 밝히고자 한다. 다른 연구들은 각기 다른 연령에서 나타나는 부적응적 행동의 다양한 형태(증상과 행동)에 관심을 가지는데, 여러 발달단계에서 부적응적 행동은 다양한 형태로 나타날 수 있다(Sroufe, 2007). 예를 들면, 2세 아동에게서 나타나는 우울은 행동화로 표현될 수 있고, 11세 아동의 우울은 사회적 철회로 나타날 수 있다. 발달 경로에 대한 연구는 **동일결과성**(다양한 요인들이 동일한 결과를 가져올 수 있다는 것)과 **다중결과성**(동일한 경험이 수많은 상이한 결과에 이르게 될 수 있다는 것)에 대해 고려해야 한다는 것을 강조하고 있다.

기억할 것

동일결과성(equifinality)은 다양한 요인들이 유사한 장애를 일으키는 가능성을 말한다. 예를 들면, 우울증의 경로는 매우 다를 수 있는데, 사랑하는 사람의 상실, 학업 실패, 또래 거절 경험 등에 의한다.

다중결과성(multifinality)은 종종 보호 요인과 위험 요인의 맥락에서 가장 잘 이해된다. 두 아동이 또래 거절을 경험했을 때, 한 아동은 우울증에 더 취약할 수 있는데, 이는 다른 위험 요인(낮은 자존감, 빈약한 가족 지지) 때문이다. 반면에 또래 거절을 경험했지만 적응유연성이 있는 아동이 있는데, 이는 부정적 경험에 대해 완충 역할을 하는 보호 요인(학업 성취, 지능, 그리고 가정의 긍정적 지지)이 있기 때문이다.

종단 연구법, 횡단 연구법, 가속적 종단 연구법

한 임상 연구자가 전 생애에 걸친 불안정 애착의 영향에 대해 관심이 있다. 특히 그는 불안정 애착이 유치원, 초등학교 그리고 고등학교 1학년까지 학업 성취와 사회적 인기에 어떠한 영향을 미치는지 관심을 가지고 있다. 오랜 발달 기간을 연구하기 위한 하나의 방법은 **종단 연구법**(longitudinal study)이다. 이 사례에서 연구자는 대략 15년 정도의 자료 수집이 요구되는 연구 프로젝트를 실시할 것이다. 이 연구를 진행하기 위해 연구자는 인구학적 특성(사회경제적 지위, 가족관계 등)을 맞춘 두 집단의 유아들(안정 애착을 가졌던 유아들과 불안정 애착을 가졌던 유아들)을 선별할 것이다. 그리고 연구자는 두 집단 아동들의 발달을 20년 동안 추적하여 특정한 기한에 자료를 수집할 것이다. 이 접근은 매우 가치 있는 것으로 평가받지만, 중요한 결점도 있다. 연구가 지속되는 동안 피험자가 줄어들 수 있고(피험자 감소), 연구 수행에 따른 비용도 많이 든다.

기억할 것

횡단 연구법은 연구자가 발달 정도가 서로 다른 집단으로 구분하여 연구하는 접근방법이다. 앞의 연구 사례에서 연구자가 각 연령 수준에 해당하는 나이인 5세, 8세, 11세, 14세 아동 두 집단을 측정할 수 있을 것이다. 이 접근의 단점은 발달 경로에 대한 정보가 손실되는 것과 코호트 효과(동시대 출생집단효과)의 가능성이 있다는 것이다.

종단 연구법과 횡단 연구법을 조합한 **가속적 종단 연구법**(accelerated longitudinal design)은 동시대 출생 집단효과를 극복하고 연구에 소요되는 시간도 감소시킬 수 있다. 이 연구법은 몇몇 연령 집단을 횡단적으로 연구한 이후에 이 집단들을 몇 년 동안 연구하는 것이다. 예를 들면, 연구자는 세 집단(5세, 8세, 11세)을 연구한 이후에 이 집단들을 3년 동안 연구하는 것이다. 이 방법은 연구자가 의도한 대로, 15년의 연구 기간을 3~6년으로 단축시킬 수 있다.

예방: 위험 요인과 보호 요인

연구 방법의 향상과 기술 발전(뇌 영상과 분자생물학)으로 인해 아동 정신병리의 경로와 역학에 대한 다양한 요인(행동적 · 심리적 · 생물학적 요인)의 역할에 대한 이해도가 향상되었다. 그리고 발달 경로에 긍정적 또는 부정적으로 영향을 미치는 다양한 요인에 대한 향상된 인식은 어떤 위험 요인이 아동을 취약하게 하고, 어떤 보호 요인이 아동을 위해로부터 보호하는지에 대한 이해를 높일 수 있게 하였다.

기억할 것

Bronfenbrenner(1979, 1989)는 발달의 맥락적 특성에 대해 강조하였으며, 발달 경로에서 외적인 힘에 대한 인식을 확장시켰다. 그는 아동의 개인적(생물학적) 특성은 아동의 근접 환경(가족, 학교, 또래, 지역사회, 이웃), 사회경제적 환경과 문화적 환경에 의해 지속적 · 상호적으로 영향을 주고 받게 된다는 것을 강조하였다.

Durlak(1998)은 1,200개 이상의 예방 연구를 검토하여 6개 관심 영역[사회적 또는 행동적 문제, 학업 문제, 아동 학대, 신체적 부상, 약물 사용, 신체적 건강 문제(성, 10대 임신 등)]에서 공유하는 위험 요인과 보호 요인을 분류하였다. Durlak 연구의 주요 공헌점은 영향을 미치는 수준(개인, 가족, 또래, 학교, 지역사회, 기타)에 따라 분류하였다는 것이다. 이 방법은 제1장에서 언급했던 환경적 영향 모델과 일치한다. Durlak의 메타 분석은 행동적 문제와 학업 실패에 영향을 미치는 10개의 공통 위험 요인과 8개의 공통 보호 요인을 제시해 준다. 이 조사 연구를 간단히 요약하여 [참고자료 2-1]로 제시하였다.

참고자료 2-1 **행동적 문제와 학업 실패에 대한 공통 위험 요인과 보호 요인**

환경적 맥락	위험 요인	보호 요인
지역사회	가난한 이웃 비효율적 학교 정책	적절한 사회적 규범 효율적인 학교 정책
학교	낮은 학교 수준	높은 학교 수준
또래	부정적 또래 영향 또는 역할 모델	긍정적 또래 영향 또는 역할 모델
가족	낮은 사회경제적 지위 부모의 정신병리 부부 불화 혹독한 또는 처벌적 양육	긍정적 부모-자녀 관계

개인	문제의 조기 시작 추가적 문제	훌륭한 사회적 기술 자기효능감
기타	직접적 또는 간접적 스트레스 환경	직접적 또는 간접적 사회적 지지

다음은 각기 다른 수준에서 위험 요인과 보호 요인이 어떻게 발달 경로에 영향을 미칠 수 있는지에 대한 설명을 제공해 준다.

핵심층

핵심층(Inner circle)은 아동의 개인적 특성을 만드는 DNA와 같은 생물학적인 부분과 개인적 구성을 나타낸다. 신생아는 다양한 수준의 활동성과 조심성을 나타내며, 일부 연구자들은 이런 특질이 유전적으로 결정된다고 믿는다. 또한 신생아는 다양한 수준의 호기심과 주의집중을 나타내며, 이런 부분은 이후 인지 발달 수준에 영향을 미친다. 핵심층의 위험 요인으로는 남자(male gender), 까다로운 기질, 출생 시 저체중 또는 외상, 지능, 정신병리의 유전 등이 있다. 보호 요인에는 정상적 능력과 건강이 있다.

근접 환경 또는 미시체계

가족 체계는 아동의 세계이며, 위험으로부터 아동을 보호할 수도, 아동의 욕구에 지지와 보호를 제공해 주지 못할 수도 있다. 가정 폭력 또는 비일관적 양육은 빈약한 자기통제 기제, 충동적 반응성, 공격적 반응경향성을 발달시키며, 사회적 접촉에도 영향을 미친다. 공격적인 아동은 종종 또래로부터 거절당한다. 아동이 발달함에 따라, 학교(교사와 또래)와 지역사회는 발달에 더 큰 영향을 미치기 시작한다. 연구에 의하면, 또래관계 문제는 학교 중도 탈락, 비행 및 범죄 행위와 같은 장기적 부적응을 예측한다(Blum et al., 2000; Parker & Asher, 1987).

미시체계(microsystem)의 위험 요인으로는 모성 우울, 불안정 애착, 부적절한 양육 방식, 가정 폭력, 부정적 또래관계와 학업 지연이 있다. 보호 요인으로는 긍정적 또래관계, 교과 외 활동 참여, 지지적인 부모가 있다.

사회경제적 맥락 또는 외체계

가족이 경제적 부담이나 정서적 어려움을 느끼고 있거나, 10대인 어머니가 개인적 어려움을 겪고 있다면, 아동이 심리적으로 힘들 때 위로와 안정을 제공하지 못할 것이다. 가난과 안전하지 않은 이웃은 환경적으로 스트레스 요인이 된다. 뿐만 아니라, 가난한 아동은 기회가 부족하고 구조화된 오락에 참여하기 어려워지며(Jones & Offord, 1989), 건강관리와 영양섭취에 제한을 경험하게 된다(H. R. Rogers, 1986). 부모의 낮은 학력 수준은 아동의 학업 기대를 낮추는 역할을 하기도 한다(Stevenson, Chen, & Uttal, 1990).

문화적 맥락 또는 거시체계

한부모 가족이나 소수 민족은 수입이 낮다고 여겨져 왔으나, 많은 연구에서 이런 요인들의 영향은 일관적이지 않다. 그러나 아동이 소수 민족이면서 가난할 때, 가난한 삶의 장기적 영향은 극적으로 증가한다(Wilson & Aponte, 1985). 문화적으로 가족, 학교, 또래 규준 또는 기대를 포함한 신념체계의 잠재적 갈등을 고려할 필요가 있다. 아동은 환경적 압박에 의해 스트레스를 받게 되는데, 가족, 교사, 또래와 각기 다른 방식으로 행동해야 하기 때문에 어떤 행동을 해야 할지 갈등을 느끼게 된다.

거시체계(macrosystem)의 위험 요인으로는 높은 원주민 자살 비율과 소수 민족의 중도 탈락률이 있다.

위험 요인과 관련된 연구에서 위험 요인이 여러 개가 있으면 그만큼 더 유해한 영향을 미칠 수 있다고 경고하는데, 부정적 학업 수행과 사회적 부적응의 결합은 이후 발달에 더 큰 부정적 영향을 미친다(Sameroff, 1993). 잠재적인 보호요인에 대한 지식은 긍정적인 정신건강을 강화시키고 예방적 개입에 대한 이해를 높이도록 도와준다.

주의

민족성은 아동과 청소년의 정신건강 문제에 많은 영향을 미칠 수 있다. 예를 들면, 정신질환이 무엇인지, 증상이 어떻게 표현되고 억압되는지(내재화, 신체화, 외현화), 정신건강 문제에 대한 도움을 가족 외부에서 구할지 여부에 대한 부모의 믿음이 영향을 미칠 수 있다.

학습 점검하기

1. 다음 중, 미국심리학회의 윤리강령에 대한 일반에 해당하지 않는 것은?

(a) 수혜와 유해성
(b) 충실성과 책임감
(c) 공정성
(d) 진실성

2. 다음 중, 아동 연구 수행에서 참여에 대한 동의를 받는 것에 대한 설명이다. 틀린 것은?

(a) 인지적 한계 때문에, 참여에 대한 동의는 부모에게 받는다.
(b) 참여에 대한 아동의 동의 또는 의지는 확보되어야 한다.
(c) 부모가 이혼 상태일 때, 한쪽 부모의 동의만 받으면 된다.
(d) 임상가는 초기에 아동과 신뢰관계를 형성하기 위해 부모에게 정보를 공개하지 않을 수 있다는 사실을 이해시켜야 한다.

3. 식습관과 비만에 대한 상관 연구에서, 연구자는 바나나를 먹는 것이 남성의 비만 원인이 된다고 결론지었다. 이러한 결론은 왜 적절하지 않은가?

(a) 바나나는 칼로리가 낮기 때문에
(b) 연구자가 피험자의 연령에 대한 정보를 포함하지 않았기 때문에
(c) 연구자가 남성만 연구했기 때문에
(d) 상관 연구는 인과관계를 내포하지 않기 때문에

4. 실험 연구에 관한 것이다. 맞는 것은?

(a) 생태학적 타당도가 좋다.

(b) 내적 타당도가 높다.

(c) 외적 타당도가 높다

(d) 위 세 가지 모두 맞다.

5. 발병률에 대한 설명으로 맞는 것은?

(a) 평생 동안 한 번이라도 특정 장애 진단을 받은 사례의 총수나 비율

(b) 10년 동안 존재한 사례의 총수

(c) 가장 최근에 인용된 사례 수

(d) 특정 기간 동안 어떤 장애 진단을 받은 사례의 수

6. Durlak(1998)의 메타 분석에서 행동적 문제의 위험 요인으로 고려된 가족 특성이 아닌 것은?

(a) 낮은 사회경제적 지위

(b) 부모의 정신병리

(c) 형제자매의 수

(d) 혹독한 부모 양육 방식

정답 1: a, 2: c, 3: d, 4: b, 5: d, 6: c

임상적 의사결정에서의 쟁점: 아동 · 청소년 장애의 진단, 평가, 치료

평가 과정은 특정 정신장애의 징후와 증상을 진단하고 개인차를 결정하기 위해 몇 개의 중요한 단계를 거친다(U. S. Department of Health and Human Services: USDHHS, 1999). 진단(diagnosis)의 목적은 잠재적 병인, 경과 그리고 치료적 대안에 대한 임상적 지식을 적용할 수 있도록 그 문제를 다른 행동 군집이나 장애의 맥락으로부터 적절하게 분류해 내는 것이다. 평가(assessment)의 일차 목표는 가장 적절한 치료가 선택될 수 있도록 문제의 본질을 진단하는 것이다.

기억할 것

평가, 진단, 그리고 치료는 치료계획의 기본적인 단계이다. 모니터링과 계속적인 평가는 성공적인 치료를 위해 중요하다.

평가와 진단의 목표

평가는 과정이다. 초기 단계에서는 감별 진단(다른 장애에 의해 더 잘 설명되지 않는 것)과 관련된 임상적 의사결정을 내리는 것에 초점을 둔다. 이후 단계에서는 평가(무엇이 평가되어야 하고 평가를 어떻게 수행해야 하는지), 진단(어떻게 아동기 장애를 분류하고 범주화할 것인지) 그리고 치료(임상적 개입) 영역에서의 현재 쟁점과 경향에 대해 다룬다.

Kronenberger와 Meyer(2001)는 현재의 문제와 상관없이, 임상가가 반드시 답해야 하는 세 가지 핵심 질문을 중심으로 진단, 평가, 치료에 대한 틀을 제시하였다.

- 아동이 가지고 있는 문제의 특징은 무엇인가?
- 문제에 대하여 깊이 있는 평가를 어떻게 수행해야 하는가?
- 적절한 개입 전략은 무엇인가?

기억할 것

평가를 위한 세 가지 질문

- 아동 문제의 본질이 무엇인가?
- 어떻게 문제를 평가할 것인가?
- 문제를 바로잡기 위해 어떤 개입을 할 것인가?

주의

전문가에 대한 우리의 기대와는 다르게, 전문가의 판단에 성별, 사회경제적 지위(SES), 인종, 나이에 대한 개인적 편향이 반영된다(Rosenthal & Berven, 1999).

아동 문제의 본질: 진단에서의 쟁점

Kronenberger와 Meyer(2001)는 각 질문에는 아동 정신병리의 특성이나 특정한 쟁점이 존재한다고 제안하였다. 임상가는 진단 범주를 사용하여 아동의 문제를 특성화하거나, 증상이나 특징에 대한 정보를 기반으로 사례 개념화나 잠정적 진단을 제공함으로써 첫 번째 질문에 대한 반응을 하게 된다. 진단 방법이 점차 분명해지면서 어떤 종류의 평가를 선택할지에 대해 예측할 수 있다.

임상가는 환자의 진단에 대해 서로 동의하지 않을 수 있다. 또한 심리학이 정확한 과학이 아니고 개인의 의견이나 해석에 따르기 때문에 진단적 명칭으로 인해 부정적인 영향이 있을 수 있다. 이러한 진단적 명칭이 자기 충족적 예언이 될 수 있다는 두려움은 연구에 의해 지지되었다. Rosenthal과 Jacobson(1968)에 의한 전통적 연구는 좋은 예가 될 수 있다(다음의 '실제에 적용하기' 참고).

분류 체계로서의 진단: 증상에 대한 정의 유형

대부분의 임상가는 아동 평가의 주요 목적이 아동이 나타내는 행동이 적응적인지 부적응적인지를 결정하는 것이라는 점에 동의할지라도, 행동의 분류는 사용된 분류 체계에 따라 달라진다.

2개의 주요 체계[범주적 분류 체계와 차원적(경험적) 분류 체계]가 현재 아동·청소년의 장애나 문제행동을 분류하기 위해 사용된다. 각 분류 체계에 대한 주요 특징은 [참고자료 3-1]에 제시되어 있다.

실제에 적용하기

학생의 성취에 대한 선생님의 기대 효과를 증명하기 위해서 Rosenthal과 Jacobson(1968)은 학년 초와 학년 말에 학생들에게 IQ 검사를 실시하였다. 연구자들은 교사에게 20%의 학생들이 다음 학기에 지적인 성장을 보일 우수한 잠재력을 가지고 있다고 말하였다. 사실, 이 학생들은 무작위로 선택된 것이고 IQ 점수와는 관련이 없었다. 그러나 학기가 끝나갈 무렵 우수하다고 했던 학생들이 그렇지 않은 학생들보다 IQ 재검사에서 유의미하게 더 높은 점수를 나타냈다. 연구자들은 부풀려진 교사의 기대가 교실에서 나타난 **피그말리온 효과**(자기충족적 예언)의 원인이라고 추론하였다.

정신질환의 진단 및 통계 편람

역사적 배경과 이론적 지향

미국에서 가장 널리 사용되는 분류 체계는 미국정신의학회(APA)에서 출간한 『정신질환의 진단 및 통계 편람』(DSM) 일지라도 유럽에서는 세계보건기구에서 출간한 *International Classification of Disease*(ICD)가 가장 흔하게 사용되는 분류 체계다. 두 체계는 장애를 증상의 존재 여부에 따라 판단하는 의학적 모델(상호 배타적 경계를 가진 차별적 범주)에 기초하며, 장애를 정의하기 위해 범주적 접근을 따른다. DSM은 1952년에 처음 출간되었다. DSM-5(APA, 2013)는 경험적 자료와 임상적 합의에 기초한 가장 최신의 정신장애 개념화를 제공한다. 임상가는 특정 진단을 확신하기 위해 DSM을 사용하여 증상들이 진단에 해당되는 기준들에 부합하는지의 여부를 평가한다.

기억할 것

DSM에 의해 채택된 분류 접근은 특정 장애에 대한 진단 기준을 개인이 충족시키느냐의 여부를 결정하는 임상적 또는 범주적 접근이다. 많은 특정 증상들이 규정된 기준에 부합하는지에 따라 장애의 존재 여부가 결정된다.

DSM-I(원판)은 단지 2개의 아동기 장애

를 포함하였는데, 적응 반응과 아동기 정신분열증이었다(APA, 1952). DSM-IV-TR(APA, 2000)은 아동기에 처음 나타나는 20개 이상의 장애들을 포함하였다(장애들은 유아기, 아동기, 청소년기에 보통 처음 진단된다).

참고자료 3-1 **분류 체계**

체계	분류의 기초	장애들의 개념화	장점과 단점
범주적 분류 체계 (DSM)	• 관찰 • 증상 기준과 연결시키기 • 의학적 모델: 진단 범주 • 구조화된 면접과 반구조화된 면접(NIMH DISC-IV, K-SADS, CSI-4)	• 장애의 존재 여부 • 동일한 특징을 갖는 질적으로 구별되는 장애 • 상호 배타적: 확실한 경계	• 장점 -임상적 실제(종종 보험회사의 요구)와 임상적 시도(연구)에서 전문가 간의 광범위한 사용 -장애의 특징에 대한 종합적인 문서 • 단점 -주관성 -이분법적(예/아니오) -상호 배타적이면서 공존하는 장애들 -신뢰성과 타당도 문제
차원적 분류 체계 (ASEBA, BASC, 코너스)	• 다면 척도 • 통계적 모델에 기반 한 연구(요인 분석) • 차원들: 수준이나 정도 • 다면 평정척도(예: ASEBA, CRS, BASC)	• 장애의 정도와 연속성 • 적응에서 부적응까지의 범주 • 규범적인 기준점에 기초한 경험적 사용(나이, 성별) • 다면적 형식 • 동시 발생하는 증후군에 초점 • 양적이고 연속적 • 2개의 광대역 증후군 • 외현화와 내재화	• 장점 -현재 상태를 규준 집단에 비교 가능함(차이가 임상적으로 유의미한지의 여부) -치료 전후 변화 정도 비교 가능함(변화가 통계적으로 유의미한지의 여부) -다중평정자 사용 -양적 평정 체계 • 단점 -일부 임상 관련 기관에서 잘 받아들여지지 않음(예: 보험 회사) -다중평정자의 보고를 통합하는 문제 -신뢰도와 타당도 문제

기억할 것

DSM의 많은 장애들은 일찍 발병할 수 있다(예: 우울, 불안, 스트레스 장애, 섭식과 수면 장애). 이러한 경우에 DSM은 특정 문화, 나이, 성별 특징을 다룬 부분에서 나이나 성별 효과에 따라 다르게 나타나는 증상들에 대하여 개관하고 있다.

아동 · 청소년 장애에 대한 DSM 범주적 분류 체계의 적용

구조화된 면접과 반구조화된 면접은 아동 임상가가 아동 · 청소년의 DSM 진단 기준을 확인하는 것을 돕기 위해 발달해 왔다. DSM 분류를 돕는 도구들은 다음과 [참고자료 3-2]에 제시되어 있다.

- 아동용 불안장애 면접 스케줄: 아동용과 부모용(ADIS for DSM-IV; Silverman & Albano, 1996). 반구조화된 면접: 7~17세
- 학령기 아동용 정동장애와 조현병 스케줄(K-SADS; Ambrosini, 2000). 반구조화된 면접: 6~18세
- 미국정신보건원(National Institute of mental health: NIMH)에서 개발한 아동용 진단 면접 스케줄 IV판(NIMH DISC-IV; Shaffer et al., 2000). 구조화된 면접: 6~17세

참고자료 3-2 **구조화된 면접과 반구조화된 면접**

면접	나이	아동용	성인용
아동용 불안장애 면접 스케줄(ADIS)	7~17세	예	예
아동용 진단 면접 스케줄 IV판(DISC-IV)	6~17세	예	예
학령기 아동용 정동장애와 조현병 스케줄 (K-SADS)	6~18세	예	예

주: 모든 평가 도구에 대한 관련 자료에는 부록 2에서 볼 수 있음.

아동을 위한 범주적 체계의 장점

DSM 체계 사용의 이점은 널리 사용되고 있는 정신장애에 대한 통합적인 분류 체계라는 점이다. 이 체계는 진단적 특성, 특정 문화 · 연령 · 성별, 유병률, 경과, 감별 진단 등도 포함하고 있다. 근거 기반 치료의 중요성이 증가하면서 여러 연구들을 아우르는 공통된 분류 체계에 대한 필요성도 높아졌다(Holmbeck, Greenley, & Franks, 2004; Ollendick & King, 2004). 또한 제3지급인(예: 보험회사, 바우처 지급처 등)으로부터 DSM 진단 범주를 확인해 달라는 요청은 임상 실무에서 가장 자주 일어나는 일이기도 하다.

주의

최신판 DSM은 각 장애에 여러 증상들을 포함시킴으로써 증상 발현에서의 개인차 또는 이질성을 받아들여야 한다는 필요성을 인정하고 있다. 이로 인해 일부 하위 증상군을 충족시키는 것만으로도 진단을 내릴 수 있게 되었다.

실제에 적용하기

DSM 장애를 확인할 때, 부모 또는 청소년 중 더 믿을 만한 정보원은 누구인가?

Bird, Gould와 Staghezza(1992)는 부모와 청소년의 DISC 반응을 비교한 결과, 부모는 청소년의 외현화 행동을 더 잘 확인했지만(주의력결핍장애, 적대적 반항장애), 내재화 장애에 있어서는 부모와 청소년 모두 효과적인 정보를 제공했다(분리불안, 과잉불안장애, 기분부전장애).

아동을 위한 범주적 체계의 한계

이전에 논의한 것처럼, 범주적 접근은 여러 자기제한적 특성이 있다. 범주적 체계는 의학 진단(분명하고 상호 배타적)에는 적합하나, 정신장애에는 그렇지 못하다. 개념적으로, 범주적 체계는 아동 · 청소년 모집단의 높은 공존율을 고려할 때 특히 문제가 된다. 아동 · 청소년 장애에 범주적 체계를 적용하는 것의 한계는 [참고자료 3-1]에 요약되어 있다.

발달적으로, DSM의 접근 방식은 여러 가지 부족한 점이 있다. 장애의 특성을 규정하면서 발현되는 증상이 연령에 따라 변화한다는 것을 고려하지 않았다는 점이다(Wenar & Kerig, 2000). 이 문제는 다음 장에서 더 자세히 다룰 것이다.

차원적 또는 경험적 분류 체계

역사적 배경과 이론적 지향

대안적인 분류 및 진단 방법은 차원적 또는 경험적 방식으로, 행동을 '장애이거나 그렇지 않거나(all-or-nothing)'인 불연속적 범주로 보기보다는 연속체라는 관점으로 본다. 차원적 접근 방식의 지지자들은 부적응적 행동을 증상군, 패턴 또는 증후군으로 개념화한다. 통계적으로 두 모집단이 비교될 때(규준 집단과 의뢰된 아동), 의뢰된 모집단에게서 확연히 함께 나타나는 행동들은 임상적 패턴 또는 증상군으로 여겨진다. DSM 분류 체계가 잠재적 진단에 대한 정보를 얻기 위해 구조화되거나 반구조화된 면접에 의존하는 데 반해, 차원적 체계는 행동을 평가척도나 체크리스트를 사용하여 평가한다. 차원적 접근에서 널리 이용되는 세 가지 평가척도에는 **ASEBA**(Achenbach System of Empirically Based Assessment; Achenbach & Rescorla, 2001), **BASC-2**(Behavior Assessment System for Children; Reynolds & Kamphaus, 2004), 그리고 **코너스 평정척도**(Conners, 2008)가 있다. 다양한 정보원을 이용하는 이 평가척도들은 경험적 방법(요인 분석)을 통해 추출된 여러 하위 척도들로 구성되어 있다.

기억할 것

요인 분석과 군집 분석을 통해 밝혀진 행동의 두 가지 광대역 차원은 내재화 행동과 외현화 행동이다. '과잉통제된 행동'라고도 불리는 내재화 행동은 불안, 우울, 사회적 위축, 신체화, 수줍음 같은 행동을 포함한다. '과소통제된 행동'이라고도 불리는 외현화 행동은 공격성, 규칙위반, 비행과 같이 겉으로 드러나는 행동을 포함한다.

ASEBA

ASEBA(Achenbach System of Empirically Based Assessment)는 아동 · 청소년의 문제행동을 확인하려는 연구뿐만 아니라 임상적으로도 가장 많이 사용되는 평가척도 중 하나다. 이 척도는 일련의 병렬적 평가척도를 포함하고 있는데 부모용[아동청소년 행동평가척도(CBCL/6-18)], 교사용(Teacher Rating Form: TRF), 11~18세 청소년용(Youth Self Report: YSR)으로 구성되어 있다. 2001년판 CBCL은 이전 판에서 개정된 것이다(Aschenbach, 1991). 행동 범주, 임상적 절단점, T점수가 2개의 아동 표본 집단으로부터 추출되었다. 하나는 규준 집단(미국 40개주, 콜롬비아 특별구, 호주의 1개주, 그리고 1999년 국가조사에 참여했고 지난 12개월간 행동적 또는 정서적 지원을 받지 않은 영국의 아동을 포함)이며, 또 다른 하나는 20개의 외래 또는 입원 기관에서 정신건강 서비스를 받고 있는 아동 집단이다. 5천 명에 가까운 아동이 이 척도의 규준을 제작하는 데 참여하였다. 내재화척도, 외현화척도, 총문제행동척도, DSM척도뿐만 아니라 증후군 척도도 국가 조사 표본의 규준 자료로부터 얻어졌다. T점수가 40~60점대인 아동은 정상 범위 내의 아동으로 간주된다.

ASEBA는 협대역 척도와 광대역 척도가 있는데, 광대역 척도에는 내재화 문제, 외현화 문제 그리고 총문제행동척도가 있으며 요인 점수를 혼합하여 산출된다. 2개의 추가적인 척도인 적응행동과 사회성은 아동의 학업과 사회적 영역에서의 전반적인 성공 수준에 대한 정보를 제공한다.

기억할 것

T점수는 평균 50, 표준편차 10으로 이루어져 있다. ASEBA에서 T점수 70점 이상인 아동은 비슷한 연령의 같은 성별인 아동과 비교할 때 임상 범위(평균에서 2표준편차 벗어났으며 백분위 98%ile에 해당)에 해당한다. 65점과 69점 사이의 점수는 준임상 범위에 해당한다(평균에서 1.5표준편차 벗어났으며 백분위 93~97%ile에 해당).

차원적 분류 체계의 경험적 근거

아동 · 청소년의 행동적 · 정서적 문제에 관한 다변인 연구들은 문제를 크게 두 집단으로 나눌 수 있다고 제안하는데, 외현화 행동(공격성, 비행, 규칙위반 행동, 과잉행동 같은 파괴적 행동) 문제와 내재화 행동(불안, 우울, 신체적 불평, 위축) 문제다.

외현화 문제를 가진 아동은 내재화 문제를 가진 아동보다 더 자주 의뢰된다. 외현화 문제를 가진 아동은 내재화 문제를 가진 아동보다 지능, 학업, 사회적 수용 측정에서 현저히 낮은 점수를 받는 것으로 밝혀져 왔다.

물론 언급된 행동들이 두 가지 다른 유형의 문제로 나뉠 수 있지만, 최근의 연구에서 아동이 외현화 행동과 내재화 행동을 동시에 나타낼 수 있으며 실제로 나타내고 있음을 보여 주고 있다(Angold, Costello, & Erkanli, 1999; McConaughy & Skiba, 1993; Wilmshurst, 2002).

실제에 적용하기

Wilmshurst(2002)는 온타리오의 정신건강 기관에 치료를 위해 의뢰된, 심각한 정서 문제를 가진 86명의 청소년을 평가했는데, 그 결과 90%의 아동이 외현화 장애에 대한 임상적 상승을 보였고(T점수 70점 이상), 74%는 내재화 장애도 같이 있는 것으로 나타났다. 거의 절반 이상(47%)이 4개의 공존질환을 가지고 있었는데, 가장 공존질환이 많았던 군집은 적대적 반항장애, ADHD, 품행장애 그리고 놀랄 것 없이 우울이었다. 이 연구에서 불안 점수가 높았던 아동들은 가정에서 대안적 치료를 했을 때보다는 입원치료를 했을 때 더 악화되었다.

아동 · 청소년 장애에 CBCL 차원적/경험적 분류 체계 적용하기: 평가척도 사용 시 주의점

일반적으로 평가척도를 사용하는 것에 대한 여러 가지 우려가 있다. 첫 번째는 행동 관찰의 신뢰성에 대한 것이다. 행동 관찰은 수많은 외부 변인(예: 감정, 최근의 사건, 스트레스)의 영향을 받는 평가자의 지각에 의존하기 때문이다. CBCL을 사용한 119개 이상의 연구를 검토한 결과, Achenbach, McConaughy와 Howell(1987)은 유사한 환경의 정보원 간의 일치율(부모 간 일치율, .66)이 서로 다른 환경의 정보원(부모와 교사)으로부터 얻은 관찰 상관치(.28)보다 훨씬 높았다. 이러한 결과는 다양한 환경적 맥락이 행동에 영향을 미치기 때문이다. 따라서 여러 맥락에 걸쳐 정보를 수집하는 것이 중요하다(Frick & Kamphaus, 2001).

또한 평가는 연령 수준, 성별, 문제의 종류에 따라 달라질 수 있다. 관찰이 어려운 내재화 장애보다 문제를 일으키는 외현화 장애를 부모가 더 잘 발견하는 경향성이 있으며, 행동이 관찰 가능하거나 아동의 연령대가 더 높을 때 부모와 아동의 보고가 더욱 일치한다(Offord, Boyle, & Racine, 1989).

주의

성별 효과와 평정척도

부모와 교사는 모든 연령 수준에서 여성에 비해 남성의 문제행동을 더 많이 보고하는 경향이 있다. 하지만 청소년기 여성은 청소년기 남성에 비해 더 많은 문제를 자기 보고하는 경향이 있다(Stanger & Lewis, 1993). 연구에 의하면, 평균에서 벗어나 정서적으로 혼란스러운 청소년들(보통 남성)이 그들 스스로를 사회적으로 적합하다고 평가하는 경향이 있다고 보고된다(Matson & Ollendick, 1988; Versi, 1995).

범주적 체계와 차원적 체계의 정보를 통합하려는 최근의 추세

차원적 체계의 지지자는 아동의 장애를 분류하는 데 있어 유용성을 더욱 인정받았지만, 경험 기반 치료를 확립하기 위해서는 DSM 범주를 엄격하게 사용해야 한다는 주장에도 무게가 실려 왔다(Ollendick & King, 2004). 이런 움직임을 따라, 어떤 체계가 아동과 청소년의 요구를 더 잘 다룰 수 있는가에 대한 논쟁은 어떻게 두 체계의 강점을 통합할 수 있는가에 대한 새로운 논의로 나아갔다.

Rubio-Stipec, Walker, Murphy와 Fitzmaurice(2002)는 경험적으로 추출된 (차원적) 증상 척도를 사용할 때 정신의학적 장애(이분법적 분류)로 분류될 확률을 조사했다. 최종적인 결론은 아동의 정신건강 상태에 대한 완벽한 기술은 아동이 진단 기준을 충족하는가에 대한 이분법적 측정치뿐만 아니라 차원적 상태, 예를 들면 진단 기준을 충족할 확률에 대한 중요한 정보들도 함께 포함해야 한다는 것이다.

ASEBA 최신판은 코너스 척도(2008)와 마찬가지로 DSM 범주와 증후군 척도에 대한 정보도 제공한다. DSM-5는 이러한 우려에 대한 반응으로 분류에서 범주적 측면과 차원적 측면의 통합된 사용을 더 많이 강조하고 있다.

DSM-5: 쟁점과 경향

역사적 개관을 통해 아동 · 청소년의 정신장애의 존재에 대한 자각이 증가하면서 DSM에서 몇몇 장애들(예: 우울, 불안)의 증상이 아동 · 청소년에게 어떤 식으로 나타나는지에 대한 설명이 증가하였을 뿐만 아니라 진단적인 고려사항도 증가하였다. 그러나 DSM 진단기준을 아동 · 청소년 장애에 얼마만큼 적용할 수 있는지에 관해서는 여전히 논쟁 중이다. 주요 논쟁은 발달적 틀(framework) 안에서 개념화된 문제를 범주적으로 접근하는 것에 대한 문제다. 발달 경로에 따라 장애의 증상을 바라보고 심각성의 연속선상의 접근(차원적 분류)을 하는 것이 더 적합하기 때문이다. 게다가 몇몇 임상가들은 DSM의 이전 판들은 아동이 정신병리에 걸릴 위험을 증가시키는 불안정 애착, 가족 역기능, 사회적 기술과 같은 가족과 환경적 요인에 대한 언급을 포함하지 않는다고 주장한다. 그러나 새롭게 개정된 DSM-5(APA, 2013)는 이 문제들 중 일부에 대하여 다루었고(pp. 11-17) 아동기 장애를 개념화하고 증상 기준을 발달적 관점에 적용하려는 시도에서 상당한 발전을 나타냈다. 또한 DSM-5는 다음에서 설명하는 내용에 대하여 강조하였다.

- **발달 및 생애주기에 대한 고려사항** DSM-5에서는 발달상 및 생애주기적 고려사항을 바탕으로 조직되었다. 즉, 초기에 발병하는 장애들(신경발달장애)로부터 청소년기와 초기 성인기에 가장 흔한 장애들(양극성장애, 우울장애, 불안장애) 그리고 마지막으로 성인기, 그 이후의 삶과 가장 관련된 장애들(신경인지장애)을 나타낸다. 그러나 몇몇 사람들은 두 번째로 기술 된 조현병 스펙트럼과 다른 특정 장애의 위치가 실제로 아동기에서 이 장애들의 발병률이 낮기 때문에 적절하지 않다고 주장한다. DSM-5에서 양극성 관련 장애와 우울 장애들을 구분한 것과 양극성장애가 우울장애 이전에 위치한다는 점에 대해서도 엇갈린 평이 있다.
- **내재화와 외현화 차원을 따르는 장애군과 공존질환** 이전 판과 다르게 DSM-5에서는 진단의 범주적 분류(전통적으로는 더 강조되었던 분류)보다 차원적 접근에 대한 강조가 상대적으로 증가되었다. 이 맥락과 함께 DSM-5는 "신경 기질들, 가족 특성, 유전적 위험 요인, 특정한 환경 위험 요인, 생체 표지자, 기질적인 조상, 정서 또는 인지 과정의 이상, 증상 유사성, 질병 과정, 높은 공존율, 공유된 치료 반응"의 영향을 고려한다(DSM-5, APA, 2013, p. 12). 그러면서 내재화 차원(불안, 우울, 신체증상과 같은 반응 결핍)과 외현화 요인(충동적 증상, 파괴적 증상, 물질 사용 증상과 같은 반응 표출)에 따라 장애를 군집화하는 것은 이러한 두 차원에 기반한 환경적 · 유전적 위험 요인에서의 유사성을 지지하는 연구와 일치한다.
- **차원적 교차편집 증상척도를 사용한 진단의 지지** DSM 이전 판의 다축체계 접근으로부터 벗어나면서 개정판은 몇몇 정신병리와 어려움에서 흔한 일반적인 증상들을 측정하는 질문지의 사용을 제안하였다(성인용: 13개 영역, 아동과 청소년용: 12개 영역). 성인용은 자기보고식 측정도구로서 23개의 질문들로 구성되어 있고 응답 범위는 '전혀 아니다(0)'부터 '심각함(4)'

까지로 13개 영역에 대해서 문제들의 정도를 나타낸다. 부모/보호자 증상 측정도구는 6~17세까지의 아동에 대해 부모/보호자가 보고하는 것이다. 추가된 질문지를 통해 발현된 증상과 구체적인 진단 기준을 맞추는 것을 뛰어넘어 중요한 정보를 수집할 수 있도록 해 준다.

- **초기 아동기에 발현하는 몇몇 질병에 대한 독특한 진단 기준과 아동기 정신장애의 재개념화** 이전 판인 DSM-IV-TR(APA, 2000)에서는 아동기 장애들을 따로 구분하여 분류하였다. 이는 보통 유아기, 아동기, 청소년기에 처음 진단되는 장애들로서 지적장애(정신지체), 학습장애, 운동근육기술장애, 의사소통장애, 전반적 발달장애, 주의력결핍 및 파괴적 행동장애, 유아기 또는 초기 아동기의 급식 및 섭식장애, 틱 장애, 배설장애, 유아기, 아동기 또는 청소년기의 기타 장애(분리불안장애, 선택적 함구증, 반응성 애착장애, 상동증 운동장애 등)를 포함하고 있다. DSM-5는 이 범주를 신경발달장애 범주(지적장애, 의사소통장애, 자폐스펙트럼장애, 주의력결핍 과잉행동장애, 특정학습장애, 운동장애, 기타 신경발달장애)로 분류를 변경하였다.

불안장애의 분류에서 많은 변화가 있었다. 이전에는 아동기 또는 청소년기 장애 영역에 포함되어 있던 분리불안장애와 선택적 함구증이 불안장애 범주 안에 재배치되었고 이 영역에 있던 다른 장애들도 다른 곳으로 재배치되었다. 강박장애는 불안장애 영역에서 사라지고 강박 및 관련 장애(신체이형장애, 수집광, 발모광, 피부뜯기장애)라는 새롭게 만들어진 범주 안에 포함되었다. 추가적으로 새롭게 만들어진 외상 및 스트레스 관련 장애 부분에는 적응장애뿐만 아니라 외상후 스트레스 장애(PTSD)와 급성 스트레스장애(이전에는 불안장애 영역에 있었음)를 포함하는 스트레스 장애들이 있다. 장애들의 배치를 재조직한 것에 더하여 DSM-5는 6세 이하 아동에 대한 외상후 스트레스 장애의 독특한 진단 기준을 포함하였다.

다른 새로운 진단들에는 이른 나이에 발병하는 우울장애인 '파괴적 기분조절부전장애'를 포함한다. 이 장애는 매주 3번 이상의 분노폭발(언어적으로 또는 행동적으로)을 특징으로 하고 있는데, 이전에는 이것을 아동기 양극성장애(pediatric bipolar disorder)로 생각했었지만 아동을 위한 대안적 진단으로 만들어졌다. 대부분 초기 아동기에 발병하는 '회피적/제한적 음식 섭취장애'라는 새로운 진단 범주는 섭식장애에 포함되었고 이전 유아기 또는 초기 소아기의 급식장애 진단을 대신하였다.

마지막으로 이전에는 아동기와 청소년기에 처음 진단되는 장애 영역의 파괴적 행동장애로 분류되었던 품행장애와 적대적 반항장애는 간헐적 폭발장애를 포함하는 파괴적, 충동조절 및 품행장애 범주에 포함된다.

- **위험 요인과 예후 요인** DSM-5는 특징, 유병률, 발달, 경과와 관련된 부분 다음에 위험 그리고 예후 요인들에 대한 부분이 추가되었다. 이 부분은 기질, 환경 그리고 유전적 · 심리사회적 요인들의 영향으로 인한 독특한 진단적 고려사항들을 제공한다.
- **임상적 사례개념화** 단순히 진단 기준과 발현되는 증상을 연결시키는 것을 벗어나야 한다는 것을 강조하는 것과 일치되게, DSM-5는 "단순히 진단 기준 내에서 증상을 확인하는 것으로는 충분하지 않다."는 것을 강조하고 있으며, 이는 임상적 사례 개념화(clinical case formulation)의 발전과 관련이 있다. 사례개념화는 정신병리의 발달에 기여하는 성향 · 요인(소인), 촉발 요인, 지속 요인, 보호 요인들을 인식하고 효과적인 치료계획을 위해 이 정보를 어떻게 이용할지를 인식하는 능력이 요구된다(p. 19).

아동 · 청소년 정신병리의 진단 기준에서 하나의 체계가 다른 것들에 비해 우위에 있는가

Coghill과 Sonuga-Barke(2012)는 "아동 · 청소년 정신장애가 차원적 또는 범주적 접근을 사용하여 가장 잘 분류될 수 있는가"(p. 469)라는 의문에 대하여 연구하였다. 그들은 장애들의 유형을 분류함에 있어서 차원적 접근과 범주적 접근이 가지는 상대적 이점에 대해 논의하였다. 그들의 수리분류학적 연구들에 기초하여 "분류적 접근이 더 적절한 상황이 있고 차원적 접근이 더 유용한 상황이 있음을 발달정신병리학 분야 내에서 증명되었으니 둘 다 함께 사용해야 한다."(p. 482)라고 언급하였다. 즉, Coghill과 Sonuga-Barke(2012)는 두 가지 분류 체계가 각각의 장애에 따라 가치가 있다고 결론지었다.

평가에 대한 쟁점: 임상가는 문제를 어떻게 평가하는가

평가는 아동 문제의 본질을 결정하기 위한 일련의 전문적인 과정이다. 평가는 일반적인 평가 도구(예: 인지적 · 행동적 · 정서적 기능 측정)와 특정한 평가 도구(예: 불안, 우울 등 측정)뿐만 아니라 적절한 면접에 대한 지식과 관찰 기술을 요구한다. 이 평가 기술들을 통해 획득한 정보는 임상가가 다른 잠재적 진단들(감별 진단)을 배제하는 데에 충분한 증거들을 제공하면서 특정한 가설을 확인할 수 있도록 도와준다.

개인 임상 평가

제2장에서 논의한 근본적인 이론적 가정들은 일반적이거나 보편적인 수준에서 아동 정신병리를 이해하는 틀을 제공해 주었는데, 임상가는 평가에 있어서 이러한 이해를 특정 아동에게 나타나는 독특한 정신병리학적 특징(이질적인 수준)에 적용시켜야 한다. 아동 임상가에게 있어서 이러한 조사(investigation)는 아동 개인을 평가하는 것뿐만 아니라 중요한 환경적 영향에 관한 정보(예: 아동의 가족, 또래, 학교, 지역사회)를 획득하는 것도 요구된다. 그리고 임상가는 아동의 행동, 사고, 감정의 상대적인 정상성을 평가하기 위해서 반드시 발달적인 고려사항들(예: 아동의 성별과 연령의 영향)도 살펴봐야 한다.

기억할 것

아동 정신병리학에서 평가 과정의 주요한 목표는 가족, 학교, 지역사회 같은 환경적 영향의 효과를 포함하여 부적응적인 행동을 발생시키고 유지시키는 근본적인 영향에 관한 가설이나 사례 개념화를 만들어 내는 것이다.

기억할 것

평가는 다양한 장면(예: 가정과 학교)에서 다양한 절차(예: 면접, 질문지, 평정척도, 표준화된 검사, 자기보고식 검사)를 사용하여 다양한 정보원(예: 부모, 양육자, 교사, 아동, 또래)으로부터 정보를 획득하는 다중양식적(multimodal) 또는 다중기법적(multimethod) 과정이다.

임상 평가 방법

임상 평가(clinical assessment)의 과정은 다양한 방식으로 진행될 수 있으며, 다양한 임상가들은 각자 자신의 이론적 편향과 훈련에 기초하여 접근 방법과 도구를 선택할 것이다.

왜 다중양식적 평가 모델을 사용하는가

아동과 청소년 문제에 대한 평가에서 다중양식적 평가 모델(mutlimodal assessment model)을 사용하는 이유는 문제의 본질(관찰 가능한 부분과 드러나지 않는 부분), 발달적 제약(부모보고와 아동의 자기보고), 상황적 영향 때문이다. 다중양식적 평가 모델은 문제의 본질을 결정하기 위해 견제와 균형적 접근(checks and balances approach)*을 가능하게 한다. 다양한 정보제공자들은 각기

*역자 주-참고: 견제와 균형적 접근이란 특정 부문에 힘이 집중하는 것을 피하고, 서로 억제하면서 균형을 유지하는 것.

다른 상황에서 문제가 어떻게 나타나는지 또는 나타나지 않는지에 대한 다른 관점을 제공한다. 궁극적으로 임상가는 다양한 자원, 상황, 도구로부터의 정보를 통합함으로써 문제의 본질을 정의하게 된다.

임상 면접

임상 면접(clinical interview)이란 임상가와 내담자(또는 내담자의 부모나 교사)의 목표 지향적인 상호작용을 통해 임상가의 의사결정 과정을 도와줄 정보를 획득하는 것이다. 면접은 구조화의 정도에 따라 비구조화된 면접, 반구조화된 면접과 구조화된 면접으로 다양할 수 있다(Edelbrock & Costello, 1988). 임상 면접은 배경 정보를 획득하고 아동 문제의 심각성(지속 기간과 강도)과 만연하는 정도(상황에 따른 존재여부)의 평가를 돕는 맥락 정보를 제공하는 데 아주 유용하다.

기억할 것

정신상태평가(mental status evaluation)는 아동의 기본 성향(이름, 장소, 날짜, 시간), 장기-단기 기억(일반적 정보와 개인사), 통찰(추상적 추론), 집중력이나 주의력을 결정하기 위한 조사로서 일련의 질문들을 사용한다. 이 면접 유형은 종종 뇌의 손상이나 사고장애의 가능성을 결정하기 위해 사용된다.

장점과 단점

면접이 풍부한 정보 출처일 수 있는 반면에, 이 기법의 신뢰도와 타당도에 관하여 몇몇 우려들이 있다. 특히 비구조화된 면접에서 그렇다. 면접자의 이론적 배경에 따라 질문이나 반응의 해석 방향에 편견이 작용할 수 있다. 그리고 정보 제공자들은 질문을 잘못 해석하거나 형편없는 회상에 기초한 불완전한 정보를 제공할 수도 있다.

기억할 것

구조화된 면접은 체계화된 질문들을 사용하여 신뢰도와 타당도를 증가시키는 시도를 한다. 하지만 구조화된 면접의 대부분(DICA-IV와 같은)은 범주적 분류 체계(DSM)를 모델로 한다. 이 체계는 장애가 존재하는지 아니면 존재하지 않는지 둘 중 하나로 구분하기 때문에 적응부터 부적응의 연속성을 따른 증상의 발생 정도와 관련된 정보는 제공해 주지 않는다.

행동 관찰

평가의 목표가 달성되고 나면 임상가는 아동 문제의 심각성과 본질에 관한 몇몇 잠재적인 가설을 세운다. 아동의 행동에 대한 전반적 인상을 획득하는 방법 중 하나는 행동 관찰(Behavioral Observation)을 실시하는 것이다. 관찰에서의 첫 단계가 종합적인 행동(예: 교실 행동)에 대한 전반적 관찰일지라도, 체계적 관찰은 이후 심층 관찰을 위해 특정한 행동들(목표행동들)을 선택하고 사용할 관찰 기술의 유형[예: 시간표집법(time sampling), 사건기록법(event recording)]을 구체화하는 것이 필요하다. 예를 들어, Sattler(2002)는 아동의 행동을 관찰하기 위해 개발한 두 유형 체계(예: 과제 수행행동 대 과제 외 수행행동)로부터 부적절한 교실 행동의 종합적인 10개 유형 목록까지 몇 개의 분류 체계를 제시하였다(완벽한 검토를 위해 Sattler 참고).

임상 검사의 사용: 회고적 관점

임상 검사(clinical tests)와 평가를 동일시하려는 경향은 파급효과를 일으켰는데, 평가와 적성/성취검사를 동일시하려는 경향이 강하게 나타난 것이다. 1910년 Goddard가 '정신박약(feebleminded)' 아동에게 사용하기 위해 비네-시몽 지능검사를 번안한 것을 시작으로 유명한 Larry P. 대 Riles 사건으로 정점에

달한 아동 평가에 대한 논쟁은 여러 수준에서 심리측정 검사에 대한 반대 의견를 불러일으켰다.

> **기억할 것**
>
> 캘리포니아에서 발생한 Larry P. 대 Riles 사건(1972)으로 인해, 흑인 아동에게 교육 가능한 정신지체아(Educable Mentally Retarded: EMR) 프로그램 배치를 목적으로 표준화된 IQ 검사를 시행하기 위해서는 검사 전에 반드시 법원의 승인을 받아야 한다.

> **기억할 것**
>
> 심리측정 평가를 둘러싼 부정적 시각에 대한 또 다른 논쟁에는 아동에게 꼬리표를 붙이고, 범주화하고, 진단 범주로 분류하는 잠재적 낙인효과에 대한 것이 있다.

또한 학교 심리학자들은 **기능적 평가**(개입을 발전시키고 평가하도록 설계된 평가) 대신에 적성 및 성취 검사를 수행하거나 **관리 평가**(administrative assessments)를 하는 데 쏟는 시간(자격, 배치, 진단을 위한 평가)이 월등히 많았기 때문에 검사에 대한 불만이 커졌다(Batsche & Knoff, 1995).

무엇이 평가되어야 하며 어떻게 평가가 시행되어야 하는지에 관한 논쟁

무엇이 평가되어야 하며 어떻게 평가가 시행되어야 하는지에 대한 질문은 분리될 수 없다. 연구 문제가 연구 설계 방법을 결정하는 것과 유사하게 서로 다른 유형의 정보를 얻기 위해서는 다른 절차들이 필요하다. 마찬가지로 평가를 시행하는 방법은 획득하고자 하는 정보의 유형에 따라 결정된다.

주의

기능적 평가(functional assessment)의 목적은 규준 기반 평가(norm-based assessment)의 목적과 다르다는 것을 알아두어야 한다. 규준 기반 평가를 시행하는 임상가는 어떤 행동이 규준으로부터 얼마나 벗어나 있는지에 관심을 두지만, 기능적 평가를 시행하는 임상가는 왜 특정 행동이 나타나는지, 행동을 일으키는 상황 요인은 무엇인지에 더 관심이 있다.

기억할 것

최근 장애인 교육법의 개정 흐름은 응용행동분석에 대한 강조와 표준화된 검사 대신 교과과정기반 측정(CBM)을 강조하고 있다. 이러한 경향은 초기에는 평가에서 상담(문제 해결)으로, 이후에는 개입과 치료 효과를 평가하기 위해 표준화된 검사 사용에서 CBM으로부터의 자료사용으로 강조점이 옮겨지고 있다.

기능적 평가 vs. 규준 기반 평가

1997년에 개정된 장애인 교육법(Individuals with Disabilities Education Act: IDEA)이 1999년 재개정되면서, 정서장애가 있는 학생에게 기능적 행동평가(Functional Behavioral Assessments: FBAs)와 행동개입 계획(Behavioral Intervention Plans: BIPs)은 필수 절차가 되었다. 특수 교육 서비스를 위한 자격을 평가하기 위해 적성검사나 성취검사는 여전히 필요하지만, 문제가 발생하는 맥락에서 아동 문제에 대한 기능을 분석하는 것은 매우 중요하다.

기능적 평가의 지지자들은 문제행동을 일으키고 유지시키는 요인에 대한 생태학적 타당성을 가진 개입 계획을 개발해야 할 필요성을 강조한다. 의뢰 문제에 있어서 문제행동이 왜 일어나고 있는지에 대해 확실하게 언급되어야 한다. 이러한 견지에서 규준 검사를 실시하는 것 또는 문제행동을 분류 체계나 진단 범주에 연결시키는 것은 의미나 가치가 없다고 주장한다.

'수준'에 대한 질문

표준화된 평가 측정(심리측정)도구들은 주어진 행동이 평균에서 얼마나 벗어났는지에 대해 말하려는 경향성이 있다. 즉, 문제의 심각성을 결정하는 것에 관심이 있다. 심리측정 도구들은 여러 영역에서 비슷한 연령대의 아동들에 비교해 대상 아동의 상대적 기능성을 몇 가지 영역에서 평가하는 것이다. 그 영역에는 지적 기능, 신경학적 기능, 행동, 정서 상태(불안, 우울 등), 성격, 그리고 사회적 기능이 있다. 심리측정 검사들은 평가척도나 지필검사의 형태로 실시되거나, 집단 또는 개인 검사 배터리의 형태로 진행된다.

심리측정 평가의 지지자들은 비슷한 연령의 또래와 비례하여 아동의 문제의 심각성에 대한 신뢰성 있고 타당성 있는 지표를 제공할 수 있는 측정도구를 중요시한다. 다양한 도구들을 사용하여 다중양식적 접근을 실시한다. 그리고 다양한 정보원(부모, 교사, 아동의 자기보고 등)으로부터 얻은 평가정보를 비교할 수 있는 도구들도 있다.

심리측정 평가에 대해 부정적인 시각을 가진 사람들은 학교에서 적성 및 성취 검사를 지나치게 중요시하는 세태를 비판해 왔다. 심리측정 평가의 본질적인 약점, 예를 들면 문화적 편향성과 수행 결과에 대한 환경자극의 역할에 대해 많은 비판이 있다. 이런 비판들은 검사의 결과가 '스냅샷(snapshot: 짤막한 정보)' 수준에 불과하다고 주장한다. 검사 결과는 단지 아주 짧은 일부의 시간에 대한 것이며 기껏해야 정의 가능한 범위의 일부에 대한 것이지, (내면에서) 진행 중인 역동적 처리 과정을 보여 주지는 않는다는 것이다. 개념적인 수준에서 비판가들은 문제의 심각성 수준을 아는 것으로는 왜 문제가 발생하며 어떻게 개입할지에 대한 쟁점을 해결하지는 못한다고 주장할지도 모른다.

왜 지능을 측정하는가

역사적으로, 지능검사는 학업 성취도에 대한 표준화된, 타당도 있고, 신뢰도 있는 예측인자로 사용되어 왔다. 가장 유명한 두 지능 검사, 웩슬러 지능검사와 스탠포드-비네 지능검사 모두 최근에 개정판이 나왔다. 아동용 웩슬러 지능검사 4판(WISC-IV)은 지적기능에 대한 전반적인 측정치를 제공한다. 전체 측정치는 언어이해지표, 지각추론지표, 처리속도지표, 작업기억지표의 네 가지 지표를 바탕으로 구성된다. 스탠포드-비네 지능검사 5판은 시각영역과 언어영역에 대한 지수와 전반적 지적 기능에 대한 지수를 제공한다. 지적 평가의 결과는 뇌 기능장애나 사고장애에 대한 단서를 제공하며, 정보처리과정에서의 강점과 약점에 대한 정보도 제공한다.

'왜' 라는 질문

기능적 행동평가(Functional Behavioral Assessments: FBAs)는 주어진 문제행동이 왜 나타나는가에 대한 물음을 해결하고자 한다. 기능적 행동평가를 지지하는 사람들은 행동을 결정하는 상황적 요인에 대해 접근하는 생태학적 타당성을 강조한다. 문제해결 접근의 틀에서, 기능적 행동평가를 시행할 때 몇 가지 단계가 있는데, 문제행동과 관련된 다양한 출처에서 정보를 수집하기, 문제의 기능을 밝히기, 원인에 대한 가설 세우기, 개입과정을 만들고 모니터링하기 같은 것들이 포함된다. 기능적 행동평가의 예는 [참고자료 3-3]에 제시되어 있다.

기능적 행동평가 정보가 완성되면, 행동개입계획(Behavioral Intervention Plan: BIP)이 세워진다. 행동개입계획은 특정 목표와 제안된 개입과정에 대한 틀을, 그리고 계획을 실행할 책임이 있는 사람을 지정한다. 행동개입계획의 예가 [참고자료 3-3]에 제시되어 있다.

기능적 행동평가를 비판하는 입장은 부족한 규준 관련 정보와 평가 절차에

기억할 것

기능적 행동평가는 특정 목표행동과 개별 내담자에게 적용되는 중요하고, 통제 가능하고, 인과적인 기능관계를 밝히는 작업으로 정의될 수 있다(Haynes & O'Brien, 1990, p. 654).

개입될 주관성을 강조한다. 행동을 다양한 관점에서 평가함에도 불구하고, 행동을 상황 결정인과 연결시키면 옳지 않은 가정으로 이어질 수 있다는 것이다. 예를 들면, 어떤 아동은 집에서는 좌절된 아이처럼 행동하지만, 학교에서는 정반대일 수 있다. 다학제간 평가정보를 완전히 이해하고 통합하는 데에는, 그리고 발달적으로 적절한 개입 전략을 선택하는 데에는 고도의 전문지식이 필요하다.

그러나 현재 강조되고 있는 학교에서의 기능적 행동평가에도 불구하고, 행동분석은 다양한 상황에서, 다양한 정보원에 의해 관찰된 아동의 행동, 인지, 정서와 관련된 정보 수집을 필요로 하는 다중상황적 분석이다. 행동평가를 할 때 상황 변수에 주의를 기울이는 것은 중요함에도 불구하고, 아동 평가에서는 그 중요성이 때때로 무시되어 왔다(Mash & Terdel, 1997).

참고자료 3-3 **조시의 기능적 행동평가와 행동개입계획**

조시는 또래에게 공격적이라는 이유로 심리학자에게 의뢰되었다. 조시를 관찰하고 교사와 면담을 한 결과, 심리학자는 다음의 정보를 추가하며 기능적 행동평가를 작성하였다.

특정 문제행동	• 언어적 공격성: 소리 지르기 • 신체적 공격성: 밀기, 밀치기
촉발 조건	• 교사가 다른 학생들과 상호작용(자습시간) • 교사가 숙제를 점검할 때(조시가 숙제를 하지 않았음)
결과	• 교사가 조시를 교무실로 보냄(교실에서 내보냄)
행동의 기능	• 교실에서 내보냄(도피/회피) • 교무실이 행동의 중심에 있음(주의)

기능적 행동분석이 완료되면, 조시에 대한 행동개입계획이 수립된다.

특정 목표	1. 조시의 긍정적 언급이 증가한다. 2. 조시가 매일 숙제를 80%의 정확도로 완료한다. 3. 조시가 자습시간에 자습을 80% 정도 해낸다.
개입	1. 긍정적 언급을 할 때마다 +1 보너스 점수를 줄 것을 약속한다. 2. 부모가 숙제 완료 사인을 한다. 3. 15분 동안 자습을 완료할 때마다(80%의 정확도로) 일과 끝에 자유롭게 컴퓨터를 할 수 있는 시간 3분을 번다.
개입과정을 지켜볼 책임자	• 개입 1: 교사 • 개입 2: 부모 • 개입 3: 교사

아동 치료 개입

치료에 대한 쟁점들: 개입 그리고 예방

많은 성인 치료 방법은 아동에게도 사용한다. 아동에게 사용되는 가장 흔한 치료 기법은 정신역동적(놀이치료), 지지적 · 행동적 · 인지행동적 대인관계(사회적 기술) 그리고 가족 체계 기법이다. 400개 이상의 서로 다른 심리사회적 치료 형태가 존재하고 있다(Comer, 2013). 아동 치료 논쟁에 대한 본질적인 복잡성 때문에 최근의 흐름은 통합되고, 다중양식적인 치료 방법을 사용하는 것을 더 중요시하고 있다(Kazdin, 1996). 치료 효과에 대한 논쟁은 세 가지 수준으로 나타난다.

- 치료가 일반적으로 효과가 있는가?
- 특정 치료가 일반적으로 효과가 있는가?
- 특정 치료가 특정 문제에만 효과가 있는가?(Comer, 2013, pp. 107-109)

치료효과

특정 치료가 일반적으로 효과가 있는가

치료효과에 대한 메타분석은 다음의 요약 결과로 나타난다. ① 치료효과는 특정 문제를 목표로 삼았던 결과 측정치에서 가장 컸다. ② 행동개입이 비행동적 접근보다 효과가 컸다. ③ 효과는 청소년기 여아에게 가장 컸다(Weisz, Weiss, Han, Granger, & Morton, 1995). 그러나 분석된 연구 대부분이 실험실 기반의 개입이었기 때문에 이 결과가 임상적 상황에서 아동과 청소년 치료 실제를 반영하지 못할 수 있음을 경고했다.

기억할 것

치료효과와 도도새 판결

『이상한 나라의 앨리스』에서, 루이스 캐롤의 도도새는 "모두가 이겼어요. 모두가 상을 받아야 해요."(Carroll, 1865/1988)라고 했다. 이 문구는 '도도새 판결'이라고 하는 심리학 글에서 인기 있는 문구가 되었다. 단도직입적으로 말하면, 이 인용은 치료효과의 특정성을 지지하는 연구의 부족을 주장하기 위한 비유로 사용되어 왔다. 아동과 청소년 연구 결과들(Weisz et al., 1995)은 치료가 치료를 받지 않는 집단이나 위약집단보다는 효과가 좋았다고 주장해 왔다.

특정 치료가 특정 문제에만 효과가 있는가

다중체계 치료를 사용하는 가족 개입은 물질 남용을 하는 청소년들에게는 효과적인 치료 접근으로 제시되어 왔고(Henggeler, Melton, & Smith 1992), 정서혼란이 있는 청소년에게 입원치료의 대안으로 제시되어 왔다(Schoenwald, Ward, Henggeler, & Rowland, 2000). 다중양식적 프로그램은 부모 교육, 심리치료(행동 및 유관성 관리), 약물을 통합한 프로그램으로, ADHD 아동에게 효과적인 것으로 밝혀졌다(Barkley, 1997). 인지 행동 훈련 기법은 불안을 감소시키는 유망한 접근들로 여겨진다(Kendall et al., 1992). 반면에, 행동적 방법인 부모 교육은 파괴적 행동장애를 다루는 데 가장 효과적인 치료로 밝혀져 왔다(Spaccarelli, Cotler, & Penman, 1992).

미국심리학회 특별위원회와 근거 기반 치료

근거 기반 치료에 대한 더 설득력 있는 주장이 필요했기에, 미국심리학회는 2개의 특별위원회를 소집했다. 광범위한 연구 검토를 마친 후, 심리학적 개입을 위한 가이드라인 위원회(1995)는 치료 프로그램을 위한 분류를 용이하게 하기 위한 2개의 기준을 마련하였다. 첫 번째 기준은 가장 엄격한 기준으로 **잘 확립된 심리사회적 개입**(well-established psychosocial interventions)에 포함될 치료 프로그램을 분류했다. 두 번째 기준은 조금 덜 엄격한 기준으로 **아마도 효과적인 심리사회적 개입**(probably effcacious psychosocial interventions) 프로그램들을 규정했다(Lonigan, Shannon, Saylor, Finch & Sallee, 1994). 이 기준 내에서, 치료 효능(내적 타당성)과 치료효과 또는 임상적 유용성(외적 타당성)에 대해 치료를 평가하는 것이 강조되었다.

내적 타당도 쟁점에 대해 언급하면서 특별위원회는 임상적 시도 또는 무선화, 대안적 치료 접근들의 비교, 다른 연구팀에 의한 반복 연구를 할 것을 제안했다. 임상적 유용성의 쟁점은 프로그램의 유용성, 일반화 가능성, 비용-이익 분석에 대한 것이다. 특별위원회의 검토 결과는 『미국 아동임상심리학회지(Journal of Clinical Child Psychology)』 1998년 6월호에 '경험적으로 지지된 아동을 위한 심리사회적 개입'이라는 특별 논의에서 찾아볼 수 있다.

전체적으로, 특별위원회는 외현화 장애(품행 문제, ADHD)의 치료를 위한 연구들을 내재화 장애(불안, 우울) 연구보다 더 많이 찾아내었으며, '잘 확립된 심리사회적 치료'의 범주에 속하는 연구보다 '아마도 효과적인 치료' 범주에 속하는 연구들이 현저히 더 많았다.

기억할 것

미국심리학회 특별위원회의 목적은 아동 정신건강에서 가장 자주 맞닥뜨리게 되는 문제(예: 우울, 불안, 적대적 반항장애, 품행장애, ADHD 그리고 자폐스펙트럼장애)를 위한 심리사회적 개입 방법이 무엇인지 밝히는 것이다.

특정 치료는 특정 집단의 아동에게만 작용하는가

Ollendick과 King(2004)에 따르면, 최근 몇 년간 의미 있는 발전은 도도새 판결을 효과적으로 폐기시키고 "특정 행동, 정서, 사회 문제를 보이는 아동을 위한 특정 치료의 효과성"(p. 4)에 대한 연구로 옮겨 간 것이다. 경험적으로 지지된 치료를 검증하기 위한 연구 프로그램에 더 엄격한 과학적 방법, 무선화된 임상적 시행을 사용해야 한다는 것을 강조했다. 아동 및 청소년을 위한 잘 확립된, 그리고 아마도 효과적인 심리사회적 개입에 대해 검토하며, Ollendick과 King(2004)은 몇 가지 계속적으로 관심을 가져야 하는 영역을 지정하였다. 가장 흔히 발생하는 몇몇 장애(불안, 우울)를 위한 확인된 경험적 근거가 없음을 주장했다. 그리고 효과적인 치료에 대한 검증은 인지 행동 치료, 행동 치료에 크게 의존해 왔으며, 반면 다른 이론 기반 치료들(정신역동적, 가족 체계적)은 연구될 기회가 더 적었다. 최종적으로, 과거부터 항상 문제가 되어 왔던 임상가와 연구자들 사이의 논쟁을 세 가지 영역으로 요약했다.

- 어떤 치료는 다른 치료보다 효과적이다.
- 치료의 충실성(항상 똑같이 할 수 있는)을 위해 치료 매뉴얼이 필요하다.
- 실험실의 결과를 실제 임상적 환경에 적용할 수 있도록 간편해야 한다.

최근에는 아동 및 청소년에 대한 공공정책에 사용될 수 있는 연구, 아동 및 청소년 문제를 위한 대안적 치료 연구에 초점이 모아지고 있다.

치료에서의 발달적 쟁점

최근 아동과 청소년을 위한 경험 기반 치료에 대한 연구가 더 많이 이뤄져야 한다는 주장이 매우 강조되고 있지만, Holmbeck과 동료들(2004)은 그만큼 대안적 치료도 발달적 문제에 민감한 방법들이 고려되어야 한다고 주장한다. 그들은 치료적 개입 과정에 직간접적으로 영향을 미치는 여러 가지 발달적 흐름을 지적했다.

주의

Holmbeck과 동료들(2004)은 치료계획을 발달 수준에 무차별적으로 적용하는 것에 대해 여러 번 경고하였는데, 특히 고차원적 사고를 강조하는 인지 행동 프로그램(자기 반성적 사고, 귀납적 사고, 상위인지, 사고에 대한 사고)은 연령이 어린 아동에게 적절하지 못할 수 있다.

인지적 평가 수준과 더불어 장애로 인한 영향(충격)을 세 가지 발달 영역에서 고려해야 함을 강조한다.

- 다른 영역에서 정상적 발달을 저해하는 장애의 역할
- 개입목표에 우선순위를 정하기 위한 발달적 관점의 사용
- 새로운 인지적 관점에서 초기의 문제를 다시 다룰 수 있는 아동 및 청소년의 잠재력 예측하기

학습 점검하기

1. 유럽에서 가장 일반적인 진단 체계는 무엇인가?
(a) DSM
(b) Abridged 정신건강 지표
(c) ICD
(d) DC 0–3

2. DSM의 아동기 장애 사용에 대한 주요한 비판점은 무엇인가?
(a) DSM은 정신장애의 존재 여부를 확인하기 위한 것이다.
(b) DSM은 장애의 다른 발달적 단계 표현에 대한 고려를 하지 않았다.
(c) DSM은 주로 성인 장애 진단을 위해 만들어졌다.
(d) 위 모두에 해당된다.

3. ASEBA에 대한 설명 중 맞는 것은?
(a) 차원적 체계
(b) 범주적 체계
(c) 의학적 모델
(d) 이분법적 체계

4. 아동의 기본 지향, 장기–단기 기억, 통찰, 집중력이나 주의력을 결정하기 위한 조사로서 일련의 질문들을 사용하는 것은 무엇인가?
(a) 투사적 평가
(b) 정신상태 평가
(c) 기능적 평가
(d) 행동계획

5. Larry P. 대 Riles 사례의 결과는 무엇인가?
(a) 캘리포니아주에서 투사적 검사를 금지하였다.
(b) 임상적 아동 면접이 위헌으로 밝혀졌다.
(c) 특수교육 프로그램이 소수 민족에게 제공되지 않았다.
(d) 흑인 아동의 교육적 배치에서 지능검사 사용이 위헌으로 밝혀졌다.

6. 피그말리온 효과에 대한 연구에서, Rosenthal과 Jacobson(1968)은 무작위로 학생들을 선택하여 교사에게 지능이 높다고 하였다. 이들은 학기 말에 어떻게 변화되었는가?

(a) 교사의 기대에 의해 지능 점수가 상승하였다.

(b) 지능이 높지 않다고 한 학생들에게 교사가 집중하여 이들에게는 변화가 없었다.

(c) 한 해 동안 교사의 노력 부족으로 인해 지능 점수가 낮아졌다.

(d) 선택되지 않은 학생들에 비해 또래에게 인기가 없었다.

7. 기능적 행동평가 접근에 대한 비판점은 무엇인가?

(a) 규준 참조 정보의 부족

(b) 다양한 강점의 부족

(c) 상황 결정 요인과 행동을 연결

(d) 연구 지지의 부족

8. 도도새 판결은 무엇을 의미하는가?

(a) 치료효과를 지지하는 연구의 부적절성

(b) 치료효과의 특정성 부족

(c) 다중양식 효과의 부적절한 사용

(d) 부적절한 평가 기술

정답 1: c, 2: d, 3: a, 4: b, 5: d, 6: a, 7: a, 8: b

제2부

신경발달장애

제4장 지적장애와 발달장애

제5장 주의력결핍 과잉행동장애

제6장 특정학습장애

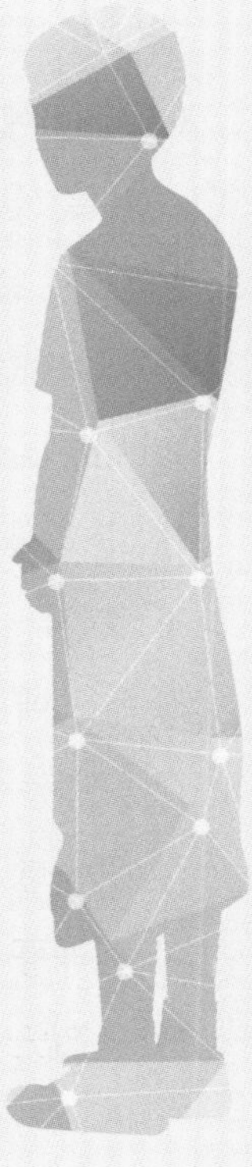

『정신질환의 진단 및 통계 편람 제5판(Diagnostic and Statistical Manual of Mental Disorders)』(DSM-5; APA, 2013)은 이전 개정판(DSM-IV-TR; APA, 2000)에서 많은 변화가 있었다. 아동과 청소년의 정신병리를 어떻게 장애로 개념화하는지에 대한 DSM-5의 변화 중 가장 눈에 띄는 것은 '유아기, 아동기, 청소년기에 보통 처음 진단되는 장애' 범주가 삭제되었다는 것이다. DSM-IV-TR에서는 이 범주 아래에 10개의 하위 장애군이 있었고, 여기에는 정신지체, 학습장애, 운동기술장애, 의사소통장애, 전반적 발달장애, 주의력결핍 및 파괴적 행동장애, 유아기 또는 초기 아동기의 급식 및 섭식장애, 배설장애, 유아기, 아동기 또는 청소년기의 기타 장애(예: 분리불안장애, 선택적 함구증, 반응성 애착장애, 상동증적 운동장애, 달리 분류되지 않는 유아기, 아동기 혹은 청소년기 장애)가 포함되어 있었다. DSM-5에서는 분리불안장애와 선택적 함구증을 불안장애 아래로 재분류하였고, 파괴적 행동장애를 파괴적, 충동조절 및 품행장애로 재분류하였다. 유아기 또는 초기 아동기의 급식 및 섭식장애는 급식 및 섭식장애에 대한 장(chapter)에서 찾을 수 있다.

비록 신경발달장애에 포함된 장애들이 적절히 분류되었다고 받아들여지지만, 개정 작업에 있어 가장 큰 도전과제는 아마 무엇을 이 범주 안에 넣을지, 혹은 제외할지와 관련된 부분이었을 것이다. Andrews, Pine, Hobbs, Anderson과 Sunderland(2009)는 몇 가지 잠재적으로 포함될 수 있는 장애들—품행장애, 분리불안장애, 주의력결핍 과잉행동장애(ADHD), 지적장애(이전 판에서는 정신지체), 전반적 발달장애(자폐스펙트럼장애), 운동장애, 의사소통장애, 학습장애—에 대해 메타분석을 수행하였다. 그 결과, 품행장애와 ADHD의 과잉행동 충동성 요소는 다른 장애들과 이질적이었으며, 다른 장애들은 병인론, 증상 유사성, 발병 연령, 경과 지속성에 있어 공통적인 특징을 공유하고 있었다. 이 결과를 기반으로 하여, Andrews와 동료들(2009)은 신경발달장애에 포함될 수 있는 다섯 가지 잠재적인 장애를 제안하였다. 지적장애, 자폐스펙트럼장애, 운동장애, 의사소통장애, 특정학습장애가 그 장애들이다. 결국 이 다섯 가지에 ADHD까지 포함되면서 신경발달장애에는 여섯 가지 장애가 포함되었다. DSM-5에 따르면, 이 여섯 가지 장애들은 다음과 같은 조건을 만족하였기 때문에 신경발달장애에 포함되었다.

- 이 장애들은 자주 공존한다(지적장애와 자폐스펙트럼장애, ADHD와 특정학습장애).
- 다양한 신경발달적 손상과 일반적인 것(전반적 발달지연)에서부터 특정적인 것(실행기능 결함)까지의 기능 결함을 나타낸다.

이후의 3개의 장에서는 가장 만연해 있으면서 아동기와 청소년기에 명확히 드러나는 신경발달장애인 지적장애와 발달장애(자폐스펙트럼장애), ADHD, 특정학습장애에 대해 다룰 것이다.

각각의 장애를 설명하는 것에 있어서의 변화와 DSM-5의 새로운 부분도 간략히 논의될 것이다. 각 장에서 임상적 기준과 다른 대안적 진단 고려사항도 상세하게 설명할 것이다.

- **지적장애(지적발달장애)와 발달장애(자폐스펙트럼장애)** 지적장애(이전에는 정신지체)에서 지적 기능(경도, 중등도, 고도, 최고도)에 대한 논의가 이전과 비교해 상당히 달라졌다. 현재에는 다음의 세 가지 영역의 적응 기능에서 도움을 필요로 하는 정도에 따라 명시자(경도, 중등도, 고도, 최고도)가 사용된다. 세 가지 영역은 개념적 영역(학업, 문제 해결), 사회적 영역(사회적 판단, 의사소통과 관계), 실제적 영역(생활 기술)이다. 발달 이정표의 습득에 지연을 겪고 있는 5세 이하의 아동을 위해 전반적 발달지연이 추가되었으며, 일정 기간이 지난 후 재평가가 요구된다.
- **기타 발달장애: 자폐스펙트럼장애** 이 범주는 전반적 발달장애(PDD) 범주

가 자폐스펙트럼장애(ASD)로 대체되었고, 자폐스펙트럼장애는 이전에 전반적 발달장애 아래에 있었던 자폐장애, 아스퍼거장애, PDD-NOS와 같은 모든 장애들을 포함한다. DSM-5에서는 이전의 세 가지 진단 범주를 두 가지로 줄였는데, 사회적 상호작용에서의 손상 범주와 사회적 의사소통에서의 손상 범주를 하나로 묶었다. 이 범주 내의 장애들은 두 가지 진단 범주의 특징을 공유하며, ① 사회적 의사소통 및 사회적 상호작용, ② 제한적이고 반복적인 행동이나 흥미, 활동 양상의 두 가지 영역에서의 질적인 손상 혹은 결함으로 기술된다. DSM-5에서는 이전의 자폐장애, 아스퍼거장애, 혹은 PDD-NOS 진단이 자폐스펙트럼장애로 대체된다.

- **주의력결핍 과잉행동장애(ADHD)** DSM-5에서 ADHD 진단 기준의 변화는 없지만, 발병 기준에서 변화가 있다(증상이 나타나는 것이 '7세 이전'에서 '12세 이전'으로 변화). 그리고 17세 이상인 개인을 진단할 때 요구되는 증상의 개수가 줄었다(6개에서 5개로 감소).
- **특정학습장애(SLD)** DSM-5에서 더 이상 지적 기능과 성취 사이의 유의미한 불일치를 요구하지 않지만(이전에는 진단을 위해 2표준편차의 불일치가 요구되었음), 표준화된 평가를 통해 "연령에 기대되는 수준보다 현저하게 낮은" 학습 기술 수준이라는 개념으로 특정학습장애를 설명하고 있다(APA, 2013, p. 67).

지적장애와 발달장애

제4장

이번 장은 지적장애에 대한 논의로 시작해서 자폐스펙트럼장애에 대한 논의로 마무리하고자 한다.

지적장애

임상적 기술과 관련된 특징

배경 정보

이전에는 정신지체(mental retardation)라고 불리던 지적장애(Intellectual Disabilities: ID) 또는 지적발달장애(IDD)는 사실 의학적 상태나 정신의학적 진단이 아니라는 점에 유념해야 한다. 지적장애 옹호집단들은 지적장애를 정신의학적 진단으로 생각하지 않지만, 정신의학적 진단 매뉴얼에는 포함되어 있다(Gillberg & Soderstrom, 2003). 현실적으로 지적장애는 적응 기능에 결함을 가지고 있으며 평균 이하의 지적 기능(일반적으로 IQ 70 이하)을 가진 사람을 지칭하기 위해 흔히 사용되는 관리상의 명칭이다.

Alfred Binet는 프랑스 정부로부터 특수학교 배치의 목적으로 열등한 정신능력을 가진 아동을 선별하는 데 도움을 주는 도구(비네 검사)를 개발하라는 의뢰를 받으며, 20세기 들어 정상지능 미만의 아동을 확인하기 위한 도구로 지능검사가 개발되었다. Binet는 지능을 하나의 점수로 산출하는 것에 대해 경고하였으나(Gould, 1981), Goddard에 의해서 비네 검사가 영어로 번역되었으며, 그 이후에 Terman(스텐포드-비네 검사)에 의해서 개정되었다. Goddard와 Terman은 IQ 점수가 지능의 타당한 척도이며 더욱이 지능은 그 자체로 고정되어 일생 동안 변하지 않으며 유전으로 물려받는다고 가정하였다.

20세기 중반에 들어, 지적장애의 유일한 결정요소로서 IQ 측정도구의 사용이 증가하는 것에 대해 여러 영역에서 반대가 있었다. 미국정신지체협회(American Association on Mental Retardation: AAMR)는 정신지체의 결정에 있어서 다양한 기준을 포함하기 위해서 열심히 노력하였다. 그러나 지능검사는 이후로 몇 년 동안 계속해서 주요한 진단 기준이 되었다. 1960~1970년 동안 특수교육 배치를 위해 학생을 선별하기 위한 IQ검사의 만연한 사용은 많은 논란을 불러일으켰으며, 캘리포니아의 Larry p. 대 Riles 사례에 의해서 종결되었다.

궁극적으로 장애를 가진 아동들을 포함하여 모든 아동들의 자유롭고 적절한 교육을 받을 권리를 위한 로비는 법안 PL 94-142의 통과로 이어졌다. 1992년에 마침내 IQ 수준이 평균에서 2표준편차 아래에 있고(IQ 70 이하), 적응 기능의 결함을 동반하며, 18세 이전에 발병해야 한다는 것을 포함한 기준이 수립되었다(AAMR, 1992).

미국정신지체협회(AAMR)는 2007년 1월에 어떻게 그 장애가 개념화되었는지와 전 세계적으로 사용될 새로운 용어를 강화하는 동시대의 변화를 반영하기 위해서 그 이름을 미국 지적장애 및 발달장애학회(AAIDD)로 바꾸었다. 또한 이러한 움직임에 맞춰 DSM-5에서 정신지체가 지적장애 혹은 지적발달장애로 대체되었다.

지적장애의 현재의 분류

북미의 지적장애의 분류에는 현재 3개의 주요 체계가 사용된다. 3개의 주요 체계는 DSM-5 (APA, 2013), 미국 지적장애 및 발달장애학회(AAIDD, 2009a) 그리고 장애인교육법(IDEA, 2004)이다. 다음에 세 가지 체계의 차이점과 유사점에 대해 간략히 기술하였다. 세 가지 체계 모두 IQ 준거점수와 적응 기능에서의 결함, 발병 연령(18세 이전)을 포함하여 지적장애를 확인할 때 꼭 고려해야 할 세 가지 중요한 요소에 동의한다. 그러나 세 가지 체계 간에는 미묘한 차이가 있다.

미국 지적장애 및 발달장애학회

미국 지적장애 및 발달장애학회(American Association on Intellectual and Developmental Disabilities: AAIDD)의 가장 최근의 분류(2009a)는 개인이 간헐적 · 제한적 · 포괄적 · 전반적 서비스를 요구하는지에 기초해서 지적장애의 특징을 정의하는 것으로서 지지서비스의 성격과 정도를 강조한다. 미국 지적장애 및 발달장애학회 체계는 적절한 도움은 지적장애인들이 효과적으로 기능하게 하고 삶의 질을 향상시킬 것이라는 믿음에 기초한다.

> 지적 기능과 적응행동, 발병 연령은 지적장애를 평가하는 기준으로 여전히 남아 있지만, 지지서비스는 미국 지적장애 및 발달장애학회 정의 체계의 핵심적인 요소다. 미국 지적장애 및 발달장애학회는 일단 지적장애로 진단이 내려지면, 지원계획과 도움의 제공을 통해 개인의 능력과 기술 사이의 차이를 줄이고, 일상생활의 모든 측면에서 성공적으로 참여하게 하는 것이 핵심이라고 보았다(AAIDD, 2009b).

그리고 중요한 점은 미국 지적장애 및 발달장애학회가 IQ의 준거점수를 70에서 75로 올리기 위해 노력해 왔다는 것이다.

정신질환의 진단 및 통계 편람(APA, 2013)

DSM-5에 따르면 3개의 기준이 지적장애 진단을 내리는 데 필요하다.

- 유의미하게 표준미달인 지적 기능[대략 IQ 70 아래, 평균에서 대략 2표준편차 아래, 측정오차에 의한 ±5 차이(예: 65~75)]
- 현재 적응에서의 결함이나 제한, 하나 이상의 생활 활동 영역에서 제한된 기능을 보임(개념적 · 사회적 · 실제적 영역에서)
- 발달시기 동안 발병

'대략 70'이라고 점수가 제시되는 이유는 측정도구의 표준오차를 허용하기 위해서다. 지능검사 점수는 95% 정확하다고 예상된다. IQ 점수가 70인 경우라면 이것은 65~75의 IQ 범위에 속한다고 볼 수 있다.

현재의 기준은 지적장애에 대한 이전의 개념과 다양한 방식에서 다르다. DSM-IV-TR(APA, 2000)에서는 지적 기능의 범위를 필수적 개입과 예상되는 기대수준에 따라 경도-중등도-고도-최고도(mild-moderate-severe-profound)로 분류하여 장애의 특성과 정도를 정의했다.

요구되는 지원 수준에 따라 지적장애를 정의할 것을 강조하는 미국 지적장애 및 발달장애학회와 일치하게 DSM-5에서도 IQ의 범위와 관련된 기능의 수준에 대한 언급을 삭제하였다. 그리고 이것을 적응 기능 수준에 기초한 경도-중등도-고도-최고도로 명시하는 것으로 대체하였다. 이것은 가능한 최선의 기능 향상을 위해 요구되는 지원에 대한 정보를 임상가에게 제공하기 위해 사용된다. 최근의 진단 기준은 이전에 발표된 미국 지적장애 및 발달장애학회에 의해서 지지된 기준과 더 유사하다.

또한 DSM-5에서 새롭게 추가된 것은 5세 이하의 아동들에게만 주어지는 진단인 **전반적 발달지연**(global developmental delay)의 범주다. 이 범주는 아이가 지적발달의 어떤 영역에서 발달적 기대를 충족하지 못함을 나타낼 때 사용된다. 이 범주는 기능에 대한 타당하고 신뢰로운 재평가가 수행될 수 있을 때 바뀔 수 있다. 이러한 첨가는 장애인교육법의 '발달적 처짐(developmental lags)' 개념과 밀접하게 관련되어 있다(2004).

교육 제도(IDEA, 2004)

미국의 「장애인교육법(The Individuals with Disabilities Education Improvement Act: IDEA, 2004)」은 최근에 개정되었다. 이것은 특수교육과 그와 관련된 서비스에 대한 자격이 되는 아동들을 위한 연방 자금 지원을 제공하는 교육법이다. 지적장애는 이러한 장애 서비스를 받을 수 있는 13개의 장애 범주 중 하나다. 비록 교육 체계 또한 지적장애의 사회적·적응적 특징들을 포함할 필요를 인식하고 있지만, 대부분의 주(state) 교육법은 지적장애의 경우 서비스의 자격을 결정하는 데 있어서 IQ 준거점수에 기초하고 있다. 현재는 자격을 결정짓는 데 사용되는 실제 IQ가 주마다 다르지만 대부분의 주에서는 지적장애를 판단하는 데에 70~75의 IQ 준거점수를 수용하고 있다.

기억할 것

PL 94-142법안(모든 장애아동을 위한 교육, 1975)은 장애를 가진 사람들이 보호받아야 할 필요성을 강조했고 아동의 정신지체 진단에 있어서 적응기능 측정도구와 함께 지적 기능 측정도구를 포함해야 한다는 미국정신지체학회(AAMR)의 주장을 지지하였다.

기억할 것

다양한 기술들이 적응 기능에서 고려될 수 있다. DSM-5에 따르면 지적장애를 가진 사람들의 기능을 제한할 수 있는 하나 또는 그 이상의 영역에서의 적응 기술은 가정, 학교, 직장 그리고 사회에서의 일상생활 경험의 질에 영향을 줄 수 있는 의사소통, 사회적 참여, 독립적인 삶을 포함한다.

「장애인교육법」(2004)의 Part C(Sec.631)에서는 장애를 가진 유아와 걸음마기 아동(출생한 지 2년)을 위해 주에 재정 지원이 제공된다고 제시한다. 이것은 발달지연이나 발달지연의 위험에 처해 있는 유아나 걸음마기 아동들의 요구를 충족시키기 위한 규정이다. 이 내용에서 **발달지연**(developmental delays)은 5개의 발달영역(인지, 운동, 말하기와 언어, 사회 · 정서, 적응 기능) 중 1개의 영역에서 35% 또는 그 이상의 지연을 나타내거나 2개 이상의 영역에서 25% 또는 그 이상의 지연을 나타내는 것을 의미한다.

장애인교육법(2004)의 Part B에는 3~21세 연령의 학생들을 위한 서비스에 대해 제시되어 있다. 여기서 장애인교육법은 3~9세의 아동들은 만약 이전에 말한 5개의 영역에서 1개 영역의 발달지연으로 인한 서비스가 필요하다면 특수교육과 그와 관련된 서비스를 받을 수 있다고 명시하고 있다. 그러나 주목해야 할 중요한 점은 서비스가 의무적이지 않고 주(state)의 재량에 맡겨진다는 것이다. 그리고 서비스 자격이 되는 13개의 장애 범주 중 하나로 아직 진단되지 않은 '일시적(temporary)' 범주로 표기된다. 발달지연 부분은 DSM-5에 명시된 **전반적 발달지연**과 유사하다. 이 범주 또한 일시적 범주다.

주의

자극이 부족하거나 인지 기술을 발달시킬 적절한 기회를 빼앗긴 아동들 또한 IQ 검사에서 매우 낮은 점수를 보인다. 그래서 진정한 능력의 제한으로 인한 결함인지 기회의 부족으로 인한 결함인지를 결정하는 것이 필수적이다.

주의

적응 기능은 많은 요인에 의해서 영향을 받을 수 있다. 지적 능력 외에도 동기, 공존질환, 박탈, 지지 서비스 접근 기회, 가족의 지지 등이 있다.

참고자료 4-1 다양한 영역에서의 지적장애 심각도

심각도	개념적	사회적	실제적
경도 (Mild)	학업적으로 도움이 필요함	미숙함; 사회적 단서의 부족	일상생활에 도움이 필요함(쇼핑이나 돈관리)
중등도 (Moderate)	증가된 지지, 학업적 결함	미숙한 사회적 판단과 의사소통	멘토링을 통한 독립적인 고용
고도 (Severe)	제한된 성취와 제한된 이해	최소한의 언어와 제스쳐	모든 일상생활에서 지원이 필요, 자해 행동
최고도 (Profound)	운동 및 감각 손상	제한된 의사소통	타인에게 의존적

기억할 것

미국 지적장애 및 발달장애학회는 지적장애가 정신장애나 의학적 장애가 아니라 지적 기능과 적응 기술의 제한으로 특징지어지는 아동기에 시작되는 기능의 상태라고 강조한다. 가장 최근의 정의에서는 개입을 할 때 다차원적이고 생태학적인 영향을 고려해야 할 필요가 있다고 강조하고 있다. 그래서 미국 지적장애 및 발달장애학회는 생산성을 강화하기 위한 맞춤형 지원에 목적을 둔 개입을 강력하게 지지한다.

유병률과 경과

지적장애의 전체 유병률은 대략 1~3%다. 이 인구에서 남성이 아마 더 높게 나타날 것이다. 지적장애 인구의 85%가 경도 수준이며, 경도 수준의 지원을 요구한다. 정의에 의하면 18세 이전에 발병해야 하고 이른 연령대에서 진단이 되는 경우는 더 심한 형태의 지적장애와 관련이 있다. 경도의 지연은 일반적인 학령전기까지는 탐지하기가 어렵다. 고도 수준의 지적장애 비율은 대략 1,000명 중 6명이다(APA, 2013). 심각성 그리고 성격과 행동적 특징들에 따른 지적장애의 특징들은 큰 차이를 보인다. 발달지연은 장애의 성격이 상당히 다르다. 어

기억할 것

미국 대부분의 주(state)에서 지적장애의 준거로서 IQ 70~75를 수용하지만 아이오와 주의 경우에는 더 높은 준거 기준(IQ 85)을 사용하기도 한다.

떤 사람은 손상된 학업 수행능력에서만 기술 부족을 보이고 반면에 적응 기술은 모든 다른 영역에서 정상적이기도 하다. 또 다른 사람은 그들의 적응 능력의 감소나 제한을 악화시키는 공격적 특징이나 행동을 수반하기도 한다. 더 심각한 문제를 예견할 수 있게 하는 어떤 부정적인 특징들에는 자기파괴적 행동, 공격성, 고정관념적인 행동, 의사소통 문제, 과잉행동성 등이 있다. 인지적으로 심각성에 따라 경도 수준의 지적장애를 가진 사람들은 수정된 목표와 함께 느린 속도로 꽤 적절하게 기능할 수 있는 능력을 가질 수도 있다(기능 수준이 높은 다운증후군을 가진 사람처럼). 전형적으로 인지적 제한은 환경을 구조하고 예상하는 것이 어렵고, 새로운 상황이나 일상생활을 파괴하는 갑작스런 변화에 힘들어한다. DSM(APA, 2013)에 따르면 지적장애를 가진 사람들은 정상인 사람들보다 공존질환을 가질 위험성이 3~4배 정도 높다. 게다가 장애의 특징이 지적장애의 존재에 의해서 변화될 수도 있어 진단이 좀 더 복잡할 수 있다. 가장 흔한 공존질환에는 ADHD, 우울증, 양극성장애, 불안장애, 자폐스펙트럼장애, 충동조절장애 등이 있다.

주의

공존질환인 ADHD의 특징을 고려할 때 많은 지적장애 아동들이 종종 부주의하고 활동적일 수 있다는 점을 기억하는 것이 중요하다. 지적장애와 비교했을 때 중요한 차이점은 ADHD의 진단은 오직 이러한 증상들이 그 아동의 신체연령이 아닌 정신연령에 비해 과도할 때 내려질 수 있다는 것이다.

병인론

생물학적/유전적 요인

지적장애는 **유전자 결함**의 결과일 수 있다. 지적장애의 가장 잘 알려진 유형 중 하나인 다운증후군은 21번 염색체의 비정상성의 결과다(염색체의 숫자가 다르거나, 손상된 염색체, 역자 주: 21번 염색체가 정상인보다 1개 많은 3개). 다운증후군 아동들의 일반적인 특징에는 동그란 얼굴, 작은 키, 아몬드 모양의 눈, 납작한 얼굴 특징 그리고 낮은 근긴장도 등이 있다. 그들은 사회적으로 참여적이고 애정이 많으나 고집이 세다. 조음 문제가 흔하며 건강상의 문제(특히 심장)도 흔하다. 다운증후군을 가진 아동들은 그들의 잠재적 IQ가 상당히 다르다. 어떤 아동들은 낮은 평균 범위의 상위 한계의 점수를 받기도 한다(높은 수준의 다운증후군). 다운증후군의 위험은 산모의 나이 또는 부모의 나이와 함께 증가한다. 45세를 넘은 여성의 위험도는 25명 출생 중 1명꼴이다.

프래더 윌리 증후군은 낮은 근긴장도와 낮은 반사반응 때문에 태어날 때 알 수 있다. 15번 염색체에 장애가 있는 프래더 윌리 증후군은 신체적 특징(작은 키와 작은 손과 발)뿐만 아니라 충동성이나 분노발작, 강박적 식사, 지적장애의 정도(일반적으로 IQ 60~80 범위)에 의해서 학령기에서도 인식될 수 있다.

유럽에서 윌리엄스-보이렌 증후군(Morris, 2006a)이라고도 알려진 윌리엄스 증후군은 대략 7,500명 중 1명에게서 나타나는 유전적 신경발달장애다. 이 장애는 7번 염색체의 일부분이 없는 유전적 돌연변이의 결과다[2개의 7번 염색체 중 엘라스틴(elastin)을 만드는 유전자 중 하나가 없다는 것]. 그러나 윌리엄스 증후군을 가진 사람은 자녀에게 50% 정도 전이된다(Bellugi et al., 2007). 그들이 IQ 점수에서 경도에서 고도까지의 넓은 범위의 지적장애를 가지지만, 윌리엄스 증후군을 가진 대다수의 사람들은 발달지연을 갖는다(95%). 또한 대다수(80%)가 심혈관 문제도 경험한다(Morris, 2006b). 이들은 강점도 있는데 언어적 단기기억력과 두드러진 음악적 재능을 가지며, 매우 사회적이기도 하다. 만약 너무 탈억제적으로 사회적이면 약점이 될 수도 있다(Wang, 2006). 그 외의 약점으로는 시공간능력과 시각운동통합능력의 결함이 있다.

환경적 요인

태아기 발달 동안 환경적 요소는 출생 결함을 야기할 수 있다. **기형유발물질**이라고 불리는 환경적 독소는 태아에게 상당한 해를 입힐 수 있다. 술을 많이 마시는 어머니에게서 태어난 모든 아기들의 대략 33%가 태아알코올증후군을 가지고 태어난다. 태아알코올증후군의 임상적 특징에는 늦은 성장, 중추신경계의 장해(지적장애, 과잉행동, 과민함), 평범하지 않은 얼굴 특징(윗입술이 덜 발달하거나, 납작한 코, 찢어진 눈)이 있다. 비록 안면기형의 특징은 나이가 들면서 덜 두드러지지만 인지적 결함은 남게 된다.

지적장애의 출생 후 나타날 수 있는 다른 원인에는 조산, 출생 시 낮은 산소공급(산소결핍증), 난산(탯줄이 목을 감겨 태어남), 머리 부상, 뇌염이나 뇌수막염 등이 있다. 또한 아동들은 납이 든 페인트에 의해 납 중독이 되거나 환경오염물질로 인해 두뇌 능력이 감소될 수 있다.

평가와 개입

지적장애의 평가에는 발병(18세 이전), 잠재적 병인, 다른 진단과의 구별을 결정하기 위해서 모든 발달적 의료 기록이 요구된다. 언제 중요한 발달 이정표를 성취했는지에 관해서 정보를 얻는 것도 지적장애를 확인하기 위한 면접 과정에서 중요한 부분이다. 왜냐하면 지적장애 아동들 중 대다수가 발달 이정표의 획득에 있어서 발달지연을 보이기 때문이다. 지적 기능과 적응 기능의 개인적 평가 또한 진단과 평가 과정에 있어서 중요한 부분이다.

지적 평가는 나이와 문화에 적절한 도구를 사용해서 수행해야만 한다. 영어를 사용하는 아동들의 지능을 평가하기 위해 흔하게 사용되는 측정도구들이

[참고자료 4-2]에 정리되어 있다. 적응 기능을 측정하는 여러 도구들이 있다. 이러한 도구들은 발달적 기대와 비교했을 때 개인의 적응 기능 수준이 얼마나 되는지에 대한 정보를 제공해 준다. 비록 정보는 구조화된 면접의 형태로 얻어지지만 결과는 지적 수준과 적응 수준을 비교하여 바로 사용할 수 있게 해 주는 표준점수로 제공된다. 또한 측정도구는 발달적 기대를 결정하도록 도와주는 등가연령점수도 제공해 준다. 많이 사용되는 적응 측정도구의 목록이 [참고자료 4-2]에 제시되어 있다.

지적장애 아동이나 청소년들에 대한 개입은 주로 행동적/정서적 개입, 또는 교육적 개입에 중점을 둔다.

행동적 개입

행동적 프로그램은 사회적 · 정서적 · 행동적 문제를 목표로 설정하여 변화시키는 데 매우 성공적이다. 행동적 프로그램의 성공 이유는 문제행동을 구성적인 부분(단순성)으로 나누는 프로그램과 유관성 관리(토큰 경제처럼 강화를 이용하는 행동치료)를 통해서 더욱 사회적으로 적응적인 행동을 형성하도록 하는 것을 연결 지을 수 있기 때문이다.

지적장애인에 대한 행동적 개입에 대한 경험적 지지는 관련 증거가 많다(Handen, 1998). 여러 기술들은 발달 스펙트럼 전반에 걸쳐서 문제행동의 다양성에 적합한 프로그램을 만드는 데 이용 가능하다(행동연쇄, 이차적 보상, 토큰경제). 유관성 관리 프로그램은 과도한 행동(공격성, 불복종)을 감소시키고, 학교나 가정에서 결핍행동(복종, 사회적 기술)을 증가시키기 위해서 개발될 수 있다(Wielkiewicz, 1995).

또한 특수교육 프로그램에 등록한 사람들의 비율(22%)이 상당히 증가하고 있지만(Kiernan & Kiernan, 1994), 지적장애를 가진 아동이나 청소년의 대략 7%가 도전적 행동을 보일 수 있다(Kiernan & Qureshi, 1993).

가장 성공적이었던 프로그램에는 응용행동분석(ABA)에 기초한 기능분석을

> **기억할 것**
>
> 적응 기능은 환경적 요구에 따라 달라질 수 있다. 따라서 적응 기능에 대한 정보는 각기 다른 정보원(가정이나 학교)으로부터 수집되어야 한다고 제안한다.

사용하는 것이다. 이러한 프로그램들은 분노와 파괴적 문제에 간단한 해결책(부정적인 행동을 감소시키기 위해 칭찬을 사용하거나 무시하는 것)을 제공해 줄 수 있기 때문에 성공적이다. 또한 이들은 행동들을 연결시키거나 유관성에 기반한 구성요소를 증가시킴으로써 더욱 복잡하게 만들 수도 있다.

행동치료 프로그램이 결핍행동의 증가와 과도한 행동의 감소를 위해 개발될 수 있지만, 결핍행동을 증가시키는 것을 항상 더 선호한다. 왜냐하면 이것은 정적 강화에 기반하기 때문이다. 토큰 강화(학생들은 긍정적인 행동에 대한 토큰이나 쿠폰을 얻을 수 있다)와 다른 유관성 프로그램의 사용은 특히 지적장애를 가진 유아나 아동들에게 성공적이다.

부모훈련 프로그램

행동적 프로그램에서 부모 구성요소를 포함시키면 가정과 학교 또는 치료시설 간의 효과가 전이되고 일치성이 증가함으로써 성공이 강화될 수 있다(Handen, 1998). 부모훈련 프로그램은 집단 맥락에서 사용되었는지, 개인 맥락에서 사용되었는지에 상관없이 성공적이라고 증명되었다(Clark & Baker, 1983).

참고자료 4-2 **일반적인 지적 평가 도구와 적응행동평가 도구**

도구/나이	평가	측정
유아용 웩슬러 지능검사 (The Wechsler Preschool and Primary Intelligence Test: WPPSI-III) 2세 6개월~7세 3개월 (Wechsler, 2002)	개인	• 전체 지능, 언어성 지능, 동작성 지능

아동용 웩슬러 지능검사 (The Wechsler Intelligence Scale for Children: WISC-IV) 6세~16세 11개월 (Wechsler, 2003)	개인	• 전체 지능, 언어이해지표, 지각추론지표, 작업기억지표, 처리속도지표
스탠포드-비네 지능검사 (The Stanford-Binet, 5th Edition) 2세~85세 (Roid, 2003)	개인	• 전체 지능 • 언어성 지능 • 동작성 지능
차별적 능력검사(The Differential Ability Scales Test: DAS-2) (Elliott, 2007) 학령전기 수준 2세 6개월~5세 11개월 학령기 수준 6세~17세 11개월	개인	• 언어 능력 • 비언어 능력 • 공간 능력 • 일반적 개념 능력
바인랜드 적응행동척도 (Vineland Adaptive Behavior Scales) 출생~18세 11개월 (Sparrow, Balla, & Cichetti, 1984)	면접식 조사용, 면접식-교실판	• 4개 영역(의사소통기술, 일상생활기술, 사회화, 운동기술)에서 적응행동
미국정신지체학회 적응행동척도-학교 (AAMR Adaptive Behavior Scales-School, 2nd Edition: ABS-S2) 3세~18세 11개월 (Lambert, Nihira, & Leland, 1993)	행동평정척도	• 5개 요소 척도: -개인적 자기충족감, -사회적 자기충족감, -개인적-사회적 책임감, -사회적 적응, -개인의 적응.
적응행동평가체계 (Adaptive Behavior Assessment System: ABAS II) 출생~21세까지 (Harrison & Oakland, 2003)	부모와 교사 평정척도	• 10개의 적응 기술(DSM-IV-TR)과 3개의 일반적 영역들(AAMR)을 평가함

주: 모든 평가 도구의 참고 자료는 부록 2에서 볼 수 있음.

교육적 프로그램

지적장애를 가진 아동들이 분리된 특수교육 프로그램에서 더 잘 수행하는지 일반 학급(주류화 또는 통합)에서 더 잘 수행하는지에 대한 논쟁은 지난 20년 넘게 진행되어 왔다. 비록 어떤 연구에서는 특수교육 프로그램이 최소한의 효과를 보여 주지만(Hocutt, 1996), 다른 연구에서는 통합 교육이 학업적 어려움을 충분히 관리해 주지 못한다고 제안한다(Taylor, 1986). 장애인교육법(2004)은 장애를 가진 아동들에게 엄격한 환경이 아닌 아동들이 가능한 학교에 있는 많은 날을 보통의 수업 프로그램에 통합될 수 있는 교육적 서비스가 제공되어야 할 필요성을 강조한다. 최근에는 옹호자들이 Carlberg와 Kavale(1980)에 의해서 수행된 메타분석의 결과를 인용하면서 **완전통합교육**(Full inclusion)을 주장하였다. 결과에 의하면, 경도 수준의 지적장애 아동들은 그들이 일반 학급에 남아 있었을 때 더 나은 결과를 보였다. 그리고 특수교육 프로그램(분리시키는 것)의 배치는 고립의 감정과 정상적인 역할 모델의 부족을 야기했다(Ysseldyke, Thurlow, Christenson, & Muyskens, 1991).

논쟁은 계속되고 있는데, 왜냐하면 Hocutt(1996)와 같은 연구자들은 성공적인 개입에 있어서 중요한 점은 배치보다 프로그램 자체(집중적이고, 개별화된 교육)를 강조하는 것이며, 초기의 연구들에 방법론적인 결함이 있기 때문에 신빙성이 없다고 하였다. 어떤 프로그램이든 교사와 학생의 낮은 비율 환경에서 제시될 때 가장 효과적인 것으로 나타났다.

예방 프로그램

예방 프로그램에는 태아기인식캠페인(약물 남용과 알코올의 영향, 유전상담)부터 헤드스타트 프로그램과 같은 조기 자극 프로그램과 양육 기술을 목표로 하는 조기 개입 프로그램에 이르기까지 모든 수준의 개입이 포함된다. 생후 첫 5년 동안의 조기 개입 프로그램은 인지적 문제를 예방한다고 검증되었다(Guralnick, 1998).

발달장애: 자폐스펙트럼장애

임상적 기술과 관련 특징

DSM-5에서는 자폐스펙트럼장애(Autism Spectrum Disorder: ASD)를 개념화하고 정의하는 방식에 중요한 변화가 있었다. 이전까지는 전반적 발달장애(Pervasive Developmental Disorders: PDD)의 범주는 **제한된 행동 범위**(예: 상동증적 행동, 제한된 관심), **사회적 상호작용의 결여, 의사소통기술의 한계**라는 특성을 공유하는 네 가지 장애들을 설명하는 데 사용되었다. 전반적 발달장애라는 상위 범주에 속하는 네 가지 하위 장애에는 자폐장애, 레트장애, 소아기 붕괴성 장애, 아스퍼거장애가 있다. 진단 기준 전체는 아니지만 일부에 부합하거나 비전형적인 특성을 보이는 사람들은 '달리 분류되지 않는 전반적 발달장애(PDD-NOS)'로 분류되었다.

최근 DSM-5(APA, 2013)에서는 **자폐스팩트럼장애**라는 용어를 다음의 두 가지 광범위한 증상 범주에 부합하는 장애를 나타내는 데 사용하였다.

- 사회적 의사소통 및 사회적 상호작용에서의 결함
- 제한적이고 반복적인 행동 패턴

이전의 분류 체계(DSM-IV-TR; APA, 2000)를 사용할 때에는 자폐로 진단된 사람들의 대다수(75%)가 지적장애의 기준에도 부합하였다. 그러나 이 현상이 현재의 기준에 따를 경우 계속될지는 알 수 없다. 왜냐하면 이전에 아스퍼거장애(덜 심각한 자폐증의 형태)로 진단되던 사람들이 이제는 자폐스펙트럼으로 재분류될 것이기 때문이다. 하지만 DSM-5에서는 자폐스펙트럼장애의 지적 손상 동반 여부, 또는 언어 손상 동반 여부를 명시하도록 되어 있다.

자폐스펙트럼장애는 초기 발달 시기(2세경)에 발현되지만, 경미한 증상을 지닌 사람은 더 늦게, 심각한 증상을 지닌 사람은 일찍 증상이 발견될 수 있다.

기억할 것

이전에는 2개의 분리된 범주로 개념화되었던 것들(의사소통과 사회적 상호작용)이 이제는 하나의 범주로 통합되었다. 이 새로운 범주에서는 세 가지 영역(사회적-감정적 상호성, 비언어적 의사소통, 관계 발전과 유지)에서의 결함이 요구된다.

두 번째 증상 범주(제한적이고 반복적인 행동 패턴)에는 네 가지 증상들(운동 동작, 의식들, 과도한 관심, 감각 정보에 대한 과잉/과소 반응) 중 두 가지가 나타나야 한다.

기억할 것

자폐증과 그 요소들은 연구자들에 의해 다르게 개념화되어 왔다. 아스퍼거장애가 자폐증보다 덜 알려져 있지만, 사실 Hans Asperger는 Kanner의 발표가 있던 다음 해에 비슷한 특징을 나타내는 비전형적인 아이들에 대한 논문을 발표하였다. 그러나 아스퍼거장애가 인정을 받게 된 것은 Wing(1981)이 Kanner 증후군과 아스퍼거 증후군을 구분하는 논문을 내고 나서야 가능하였다. Rutter(1978)는 지난 30년간 여러 다른 진단명들(아동기 자폐증, 아동기 정신병, 아동기 조현병)이 이러한 비전형적 특징들을 설명하기 위해 제안되었으며, Kanner에 의해 설명된 모두, 일부 또는 소수의 특성들을 지닌 아동들에게 적용되었다.

기억할 것

자폐증/아스퍼거장애를 둘러싼 논쟁은 계속되고 있다. 일부 이론가들은 아스퍼거장애가 자폐증의 덜 심각한 유형을 나타낸다고 주장한 반면(Schopler, 1985), 다른 이론가들(Howlin, 1987; Wing, 1981)은 특히 이전의 진단 기준에서 언급된 언어 능력의 차이들 때문에 분리된 범주를 유지할 것을 권장했다.

유병률과 경과

자폐스펙트럼장애의 유병률은 최근에 급격하게 증가하였다. DSM-IV-TR(APA, 2000)에서는 "10,000명당 2~20명"(p. 73)라는 비율의 범위와 함께 "10,000명당 5명이라는 중간 정도의 유병률을 제시하였으나, 남성이 여성보다 이 질병으로 4배 정도 더 많이 진단되는 것을 고려했을 때, 미국질병통제센터(Center for Disease Control, 2009)는 미국에서 1%, 또는 110명 중 1명의 아동이 이 장애를 가지고 있다고 유병률을 보고하였다. DSM-5에서도 1%의 추정치를 인용하고 있지만, "높아진 비율이 DSM-IV 진단 준거를 확장하여 역치 이하의 사례들을 포함시켜서인지, 증가된 인식, 연구 방법의 차이를 반영하는지, 아니면 실제로 자폐스펙트럼장애의 빈도 증가를 방영하는지는 불분명하다."라고 서술한다(APA, 2013, p. 55).

주의

여러 연구에서 이전의 DSM-Ⅳ-TR(APA, 2000) 진단 기준을 지지하지 않는다. 몇몇 연구자들은 언어 문제를 가지고 있으면서도 아스퍼거장애의 기준에 부합하는 아동들을 발견하였다(Eisenmajer et al., 1996; Prior et al., 1998). 한편, 다른 연구자들은 두드러지는 언어 지연을 보이지 않는 자폐 아동들을 발견하기도 하였다(Eisenmajer et al., 1996; Miller & Ozonoff, 2000).

기억할 것

Macintosh와 Dissanayake(2004)는 아스퍼거 집단이 의례적 언어와 이상한 질문을 더 많이 하는 반면, 고기능 자폐(High Functioning Autism: HFA) 집단은 비전형적인 언어 패턴(반향어, 대명사 반전, 비전형적인 동작)을 더 많이 보인다고 제안하였다. 이들은 진단 기준에 기초한 차이는 거의 없다고 설명하였다.

실제에 적용하기

낸시는 초코우유를 좋아한다. 낸시는 언제나 자신의 초코우유를 파란 병에 담아 학교에 가져온다. 오늘 낸시는 우유병을 책상에 두고 교실을 나왔다. 제시카도 초코우유를 좋아하지만, 자기 병에는 흰 우유를 가져왔다. 낸시가 교실을 나간 사이, 제시카는 낸시의 초코우유를 마시고 흰 우유로 바꾸어 놓았다. 낸시의 병은 어두운 파란색이라 우유의 색깔을 정확히 알 수 없다. 낸시가 교실로 돌아왔을 때, 낸시는 파란 병에 든 우유가 초코우유라고 생각할까 아니면 흰 우유라고 생각할까?

이것은 마음이론에 대한 예시다. 약한 정도의 자폐를 가진 아동들은 낸시가 바꿔치기가 일어나는 동안 교실에 없었으므로 병 안에 아직 초코우유가 들어 있을 것으로 생각할 것을 이해할 수 있는 반면, 보다 심각한 정도의 자폐를 지닌 아동들은 이 문제를 풀지 못한다.

기억할 것

Macintosh와 Dissanayake(2004)는 최상의 임상 실제는 두 장애들을 모두 자폐스펙트럼장애의 일부분으로 생각하고, 자폐스펙트럼장애의 하위 유형을 자폐장애나 아스퍼거장애로 세분화하는 것이라고 제안했다. 이는 DSM-5에서 지적 기능과 언어적 기능의 명시자를 포함시킨 것과 매우 유사하다.

참고자료 4-3 **자폐스펙트럼장애(ASD)의 DSM-5기준**

총 5개의 증상이 다음의 목록에서 요구된다.

증상 분류	예시
세 곳의 광범위한 영역(3개 증상들)에 걸쳐 나타나는, 사회적 상호작용과 의사소통의 질적이고 지속적인 손상	사회적 호혜성의 결함: 상호작용을 나누기, 참조하기, 시작하기, 유지하기
	비언어적 의사소통에서의 결함: 눈 맞춤, 동작, 표정의 결여
	사회적 상호작용을 유지하고 발전시키는 것의 결함: 행동을 맥락에 맞게 조정하기, 가상의 놀이, 또래에 참여하기

제한되고 반복된 패턴의 행동, 활동(2개 증상들)	반복적 언어 사용, 기능적이지 않은 활동들(줄 세우기), 반향어
	동일성의 요구, 의례들(rituals)
	사물의 부분이나 주제 또는 테마에 대한 집착과 고착
	감각적 자극에 대한 과다/과소 반응성

기억할 것

발달적으로, 참조적 보기(referential looking; 양육자와 관심이 가는 물체 간에 시선을 왔다 갔다 하는 것)는 6~9개월경에 발생하고, 그 후에 성인들을 호혜적 상호작용에 참여시키기 위한 제스처의 활발한 사용이 뒤따른다.

기억할 것

감각이 압도되었을 때, 이 아동들은 반복적이고 비기능적인 일(트럭의 바퀴 돌리기, 장난감들을 줄 세우기)에 과도하게 집중하는 데에서 안정을 찾거나, 그와 비슷한 것에 집착할지도 모른다.

병인론

일찍이 1960년대 후반에, 자폐증은 차갑고 보듬어 주지 않는 방식으로 아동을 대하는 어머니들에 의해 발생한다고 생각되었다. **'냉장고 엄마'**라는 용어가 자폐 아동의 어머니들을 묘사하기 위해 사용되었다.

생물학적, 신경학적, 신경전달물질 요인

연구들에 의하면, 만약 일란성 쌍생아 중 한 아동이 자폐증을 가지고 있으면, 다른 한 아동도 자폐증을 가질 확률이 적어도 1/3이다. 게다가 그 아동이 자폐증을 갖고 있지 않더라도, 적은 정도로나마 자폐적 특징들을 가진다(Bailey, Phillips, & Rutter, 1996).

아직 어떠한 특정 유전자도 자폐증과 관련이 있다고 밝혀지지 않았다. 신경전달물질인 세로토닌이 원인이라는 것은 밝혀졌다. 그러나 낮은 세로토닌 수준과 연관된 다른 장애들(우울증, 강박장애)과 달리, 자폐증 환자의 약 25%에게서 세로토닌 수준이 증가했음을 연구들에서 알 수 있었다(Klinger & Dawson, 1996).

주의

자폐증 비율의 증가 관점에서 보았을 때, 자폐증이 아동기 백신[특히 홍역 백신(MMR)], 또는 1930년대까지 몇몇 아동기 백신들에 사용된 수은이 함유된 방부제(thimerosal)로 인해 발생하는 것이 아닌가 하는 큰 논쟁과 토의가 있어 왔다. 그러나 증거는 수은이 함유된 방부제(thimerosal)가 자폐증을 유발한다는 것을 지지하지 않는다. Jick과 Kaye(2003)는 자폐증 비율의 증가는 자폐증 진단의 향상과 자폐증에 대한 인식의 증가에 기인한다고 말한다. 하지만 우연히도 MMR 백신이 자폐스펙트럼장애의 증상이 더 분명해지는 시기쯤에 주로 접종된다는 것도 중요한 사실이다(12~15개월과 3~5년차).

평가와 치료/개입

자폐스펙트럼장애의 평가는 증상들이 자폐스펙트럼장애에 해당할 가능성을 평가하기 위해 특별히 고안된 많은 행동평가 척도들을 사용함으로써 도움을 받을 수 있다. 물론 잠재적인 공존질환들을 평가하기 위해 정보를 얻는 것과 함께, 질병의 진행 경로를 도식화하기 위해 의학적 이력과 가족력 또한 필수적이다. 가장 많이 사용되는 평가척도들에 대한 요약은 [참고자료 4-4]에 제시되어 있다.

참고자료 4-4 **일반적으로 사용되는 전반적 발달장애의 평가척도**

도구/나이	평가	척도
길리엄 자폐 평정척도(Gilliam Autism Rating Scale: GARS): 3~22세	행동평가 척도	자폐증 지수, 4개의 척도: 상동증적 행동, 사회적 상호작용, 의사소통, 발달문제
아동기 자폐 평정척도 (Childhood Autism Rating Scale: CARS): 2세 이상	행동평가 척도	경도-중등도-고도의 범위로 자폐 증상들을 분류
아스퍼거 증후군 진단 척도(Asperger Syndrome Diagnostic Scale: ASDS): 5~18세	행동평가 척도	아스퍼거 지수, 5개의 척도: 인지, 부적응, 언어, 사회성, 감각운동
길리엄 아스퍼거장애 척도(Gilliam Asperger's Disorder Scale: GADS): 3~22세	행동평가 척도	4개의 척도

자폐스펙트럼장애를 가진 사람들은 넓은 범위의 기능을 나타낸다. 비록 대부분의 아동들이 핵심 증상 군집들에 해당하는 어려움을 보여 주지만, 장애가 어떻게 나타나는가와 심각도는 분명하게 다양성을 띤다. 그러므로 자폐스펙트럼장애를 가진 모든 아동들에게 어떤 하나의 프로그램을 제안한다는 것은 매우 어렵다. 필요한 영역에 꼭 맞는 평가를 수행하는 것은 중요하며, 적절한 치료 계획을 개발하는 데 있어서 핵심적인 전제다.

자폐증은 미국심리학회 특별위원회(APA Task Force)에서 증거 기반 치료에 대한 검토를 한 아동기 장애 중 하나다. 자폐증 아동들을 위한 프로그램들에 대한 Rogers(1998)의 광범위한 검토에서, 긍정적인 결과를 얻은 8개의 종합 프로그램들을 확인하였지만, 더 엄격한 기준에 맞는 특정한 프로그램을 찾지는 못했다. 이 프로그램들은 집중적(주당 15~40시간을 요구하는)이며, 이른 시기에 개입(5세 이하)하고, 행동적 방법을 사용하였다. 프로그램을 통한 의미 있는 개선점에는 자폐 증상의 감소, 언어적 기술의 향상, 발달적 목표들의 달성, 사회적 관계들이 포함되었다.

Dawson과 Osterling(1996)은 비슷한 메타분석을 수행하였으며, 그 프로그램들에 참여한 아동들의 약 절반은 특수교육을 거치지 않고 일반 초등학교에 등록하였다는 것을 발견했다. Dawson과 Osterling은 특정한 결함(주의, 순응성, 적절한 놀이)을 목표로 하는 것, 낮은 교사 대 학생 비율을 가진 매우 구조화되고 예측 가능한 프로그램의 사용, 여러 상황들(클리닉, 가정, 학교)에 관련한 프로그램들의 통합, 공동치료사로 부모들을 참여시키기는 것, 다른 프로그램으로 전환하는 것에 대한 주의 깊은 관찰 등을 포함하는 성공적인 프로그램들의 몇 가지 공통적/일반적 특성들을 제시하였다.

비록 어느 프로그램이 자폐 아동을 위해 가장 좋은지에 대한 약간의 논쟁이 있긴 하지만, 초기의 개입 이후에서도 교육 프로그램들이 최소한 '학습의 과정에서의 집중적 참여기회, 개인화되고 체계적인 구조, 부모의 관여'를 제공하여야 한다는 데에서는 동의가 이루어졌다(Hurth, Shaw, Izeman, Whaley, & Rogers, 1999).

Lovaas와 UCLA 응용행동분석 프로그램

자폐증 아동들을 위한 개입 프로그램 분야의 선구적인 프로그램 중 하나는 UCLA의 Ivar Lovaas(1987)에 의해 개발된 프로그램이다. 응용행동분석(Applied Behavioral Analysis: ABA)의 원리들에 기반해 구성되어, 이 프로그램은 집중적이고(3년의 기간 동안, 일주일에 40시간), 생활 전반에 걸쳐(가정과 클리닉), 조작적 조건화, 모방, 강화와 같은 행동적 기법들을 사용한다. 프로그램 초반의(첫째 해) 초점은 적절한 행동(와해된 행동을 감소시키고 순응성과 모방을 증가시키는 것)에 맞춰져 있다. 두 번째 해에는 언어 학습(적절한 표현적 언어 사용의 증가)과 사회적 놀이가 강조되었다. 세 번째 해는 학교체계 안에 융합되는 데에 필요한 세부적으로 조정하는 기술들(정서적 표현, 학령전기에 배워야 할 기술 등)을 익힐 기회들을 제공한다. 프로그램에 참여하는 평균 연령은 약 2.5세였다.

이 아동들이 약 7세 정도 되었을 때 가장 집중적인 집단에 등록한 아동들과 덜 집중적인 프로그램을 받은 아동들을 비교하였다. 그 결과, 집중된 집단의 거의 절반(47%)에 해당하는 아동들은 평균 37점의 IQ 점수 상승(이로써 이들은 평균 범위에 위치함)을 보였고, 정규 2학년으로 진급하였다. 안타깝게도, 덜 집중적인 서비스를 받거나 오직 특수교육만 받은 아동들은 전반적으로 최소한의 이점만을 보였다. 이러한 이점들은 6년 후의 추적연구에서도 유지되었다.

TEACCH 프로그램

또 다른 유명한 프로그램으로 '자폐증과 관련된 의사소통장애 아동들을 위한 치료와 교육 프로그램(Treatment and Education for Autistic and Related Communication Handicapped Children: TEACCH)'(Schopler, 1994)이 있다. 이 프로그램은 부모와 전문가들 사이의 긴밀한 협력에 초점을 두며, 아동들이 언어를 배우는 것은 (수단-목표 연합의) 의도적인 의사소통으로써 동기부여가 된다는 믿음에 기반한다. 예를 들어, 아동은 가장 좋아하는 과자를 얻기 위해 '먹다'나 '쿠키'라는 단어를 말하는 것을 배울 것이다. 이 프로그램의 이러한 실용적인 접근은 의미가 있는데, 왜냐하면 언어는 별개의 기술로 학습된다기보다 계속되는 매일의 행동으로 통합되고 맥락화되기 때문이다. 또한 TEACCH 프로그램은 추상적 개념들(예: 시간, 공간)을 사건의 순서를 따라가고 예측할 수 있는 시각적 방법을 아동에게 제공하는 시각적으로 의미 있는 대안들(시각적 계획표나 도표들)로 변환함으로써, 동일성과 규칙에 대한 경직성의 집착에 의해 발생하는 불안을 완화시킨다.

TEACCH 프로그램은 자폐 아동을 정규교실의 활동에 통합시키기는 것을 돕기 위해 전 세계적으로 사용되고 있는 기능적 접근이다(Schopler, 1994). 경험적으로, TEACCH 프로그램은 자해 행동들의 감소와, 고기능 자폐증과 아스퍼거 장애 환자의 기술들을 향상시키는 데에 성공적인 치료법이며(Norgate, 1998), 비특정적인 교육적 대안보다 효과적이라고(Panerai, Ferrante, & Zingale, 2002) 밝혀졌다.

학습 점검하기

1. 미국 지적장애 및 발달장애학회(AAIDD)는 지적장애를 의학적 상태이며 정신과적 장애라고 생각한다. 사실인가?

2. 현재 지적장애에서 지적 능력의 기준은 얼마인가?
(a) 65~70
(b) 75~80
(c) 65~75
(d) 70~85

3. DSM-5의 지적장애 심각도 기준에 대한 설명이다. 맞는 것은?
(a) 지적 결손의 정도에 따라 판단한다.
(b) 간헐적, 제한적, 포괄적, 제한적 수준으로 구분한다.
(c) 경도, 중등도, 고도, 최고도 수준으로 구분한다.
(d) a와 c 모두 맞다.

4. 전반적 발달지연에 대한 설명이다. 맞는 것은?
(a) 지적 평가가 수행될 수 있는 시기 전까지 한시적인 상태에 대해 사용하는 진단명이다.
(b) 운동 발달 이정표에서 지연에 대한 진단명이다.
(c) 경도 수준의 지적장애에 대한 설명이다.
(d) 지적인 지연에 대한 전 세계적인 편견에 대한 설명이다.

5. 윌리엄스 증후군에 대한 설명이다. 틀린 것은?
(a) 80%가 심혈관계 문제를 가진다.
(b) 지나치게 사회성이 높다.
(c) 음악적 재능을 가지고 있다.
(d) a, b, c 모두 맞다.

6. 장애인교육법(IDEA)에 대한 설명이다. 맞는 것은?
(a) 지적장애는 13개의 장애 범주 중 하나로 취급되지 않는다.

(b) 지적장애는 발달지연과 같은 의미다.
(c) 9세 이후가 되면, 지연을 가진 아동이라도 특수교육 서비스를 제공받을 수 없다.
(d) 특수교육 및 관련 서비스가 필요한 지적장애 아동은 21세가 될 때까지 이러한 서비스를 제공받을 수 있다.

7. 자폐스펙트럼장애의 유병률에 대한 설명이다. 맞는 것은?

(a) 10,000명당 25명
(b) 10,000명당 7명
(c) 110명당 1명
(d) 1,000명당 1명

8. UCLA에서 개발한 Lovaas 프로그램에 대한 설명이다. 맞는 것은?

(a) 인지 행동 치료
(b) 의도적 의사소통
(c) 마음이론
(d) 응용행동분석

정답 1: 거짓, 2: c, 3: c, 4: a, 5: d, 6: d, 7: c, 8: d

주의력결핍 과잉행동장애

1930~1940년대에는 지금의 ADHD 증상과 관련된 '가만히 있지 못하고 부주의한' 행동들을 전두엽 뇌 손상에 기인한 미세 뇌기능 장애(MBD)의 결과로 보았다. 그러나 MBD 이론은 그 증거가 불충분하여 더 이상 지지되지 않고 있다.

몇 년 후에 DSM-II(APA, 1968)는 '과잉행동, 차분하지 못함, 부주의' 증상들을 아동기 과잉운동반응(hyperkinetic reaction of childhood)으로 분류하였다. 이 장애는 어떤 아동들에게는 과잉행동과 충동적인 행동을 불러일으키는 반면, 일부 아동들에겐 수동적인 부주의 증상으로 영향을 미치는데, 외견상으로 양립할 수 없는 이러한 증상들의 이질성 때문에 논란과 논쟁이 계속되었다.

DSM의 세 번째 개정판인 DSM-III(APA, 1980)에서 통합된 아동기 과잉운동반응을 주의력결핍장애(ADD)로 불리는 새로운 범주로 교체함으로써 이 장애를 두 가지 형태로 다루려는 시도가 있었다. 주의력결핍장애는 과잉행동을 수반한 유형과 과잉행동을 수반하지 않는 유형으로 구분하여 분류되었다. 그러나 DSM(DSM-IIIR; APA, 1987)이 개정될 때까지 논쟁이 다시 시작되었는데, 하위 유형에 대한 증거 부족으로 인해 이 장애의 명칭을 주의력결핍 과잉행동장애(Attention-Deficit/Hyperactivity Disorder: ADHD)라고 재명명하게 되었다.

임상적 기술과 관련된 특징

DSM-5(APA, 2013)는 이전 판(DSM-IV-TR; APA, 2000)의 장애에 대한 개념화를 유지하고, 두 가지 우세한 증상 범주(부주의 증상과 과잉행동-충동성 증상)에 기초를 둔 증상 제시에 의한 하위 유형을 분류하였다. 현재 증상 군집과 증상의 수에 기초해 주의력결핍 과잉행동장애를 분류하는데, 아동이 장애의 세 가지 핵심 특징들(부주의, 과잉행동, 충동성)을 나타내는 정도에 기초해서 다음의 세 가지 중 하나의 기준에 충족하면 진단될 수 있다.

- 주의력결핍 우세형
- 과잉행동/충동 우세형
- 복합형

진단 기준은 DSM-IV-TR(APA, 2000)에 이어 다음과 같이 수정되었다. ① 증상이 반드시 12세 이전에 나타난다(기존의 7세에서 변경). ② 17세보다 어린 아동과 청소년에게는 6개의 증상이 요구되는 대신에 17세 이상의 개인에게는 5개의 증상만 요구된다.

DSM-5에서의 주된 변화는 장애의 DSM 내 위치다. 이전에는 유아기, 아동기, 청소년기에 보통 처음 진단되는 장애 범주에 있었는데, 장애의 배치에 관한 논란이 많았다. 왜냐하면 이 장애가 주의력결핍 및 파괴적 행동장애 범주에 배치되었기 때문이다. 일부 의사들은 ADHD를 가진 개인이 파괴적 행동장애로 오해될 수 있기 때문에 이러한 배치에 반대하였다. 그러나 DSM-5에서는 신경발달장애 범주에 추가됨으로써 ADHD는 더욱 적절히 배치되었다.

기억할 것

ADHD를 신경발달장애의 범주에 추가하는 것에 대해 DSM 개정에 참여한 연구자들 대부분이 동의하였지만, 어떤 장애가 이 범주에 배치되느냐의 문제는 명확하지 않다. Andrews와 동료들(2009)은 장애들의 공유된 특징들, 발병, 병인론에 대한 메타분석을 실시한 결과, 어떤 장애는 타당화 준거에 기초해 쉽게 결정된 반면, 어떤 장애는 논란의 소지가 많다고 보고하였다. 현재 DSM-5의 신경발달장애의 범주에는 여섯 가지 장애가 포함되는데, 지적장애, 의사소통장애, 자폐스펙트럼장애, 주의력결핍 과잉행동장애, 특정학습장애, 운동장애가 그것이다.

실제에 적용하기

제레미의 4학년 담임선생님은 5분 동안 세 번이나 제레미에게 자기 자리에 앉아서 손을 가만히 하라고 말해야만 했다. 제레미의 발에는 마치 스프링이 달려 있는 것 같다. 그는 걷지 않는다. 뛰어 다니고 자리에 앉지 않으며 꼼지락댄다. 다른 학생들과 다른 점은 단지 활동성만이 아니다. 제레미는 수다쟁이(motor mouth)로 끊임없이 말을 한다. 그는 학급 친구들이 원하든 원하지 않든 자기의 생각을 말하고 싶어 견디지 못한다. 상황과 관계없이 제레미는 생각나는 대로 불쑥 답을 말하고 수업을 방해해서 선생님에게 상당한 스트레스를 주고 있다.

제레미의 반 친구인 레오는 거의 극과 극의 특성을 보인다. 레오에게는 제레미의 우스꽝스러운 행동은 단지 교실 배경처럼 보인다. 제레미와 다르게 레오는 매우 조용하고, 학급 토론이 정말 흥미로운 것이 아닌 한 토론에 좀처럼 참여하지 않는다. 레오는 대부분의 시간에 창문 밖이나 허공을 응시한다. 공상가라는 별명이 레오와 딱 맞는 것 같다.

레오는 항상 다른 사람들에게서 적어도 한발 뒤에 있는 것처럼 보인다. 레오는 거의 과제를 하지 않으며, 과제를 하는 중간에 잠이 든다. 또한 정신 차리라고 말해 줘야 할 때가 많다. 레오는 공부를 못한다. 그는 수업이 진행되는 동안 어떤 것에도 관심이 없다. 컴퓨터 프로그램에 대한 수업을 할 때까지 선생님은 레오를 느린 학습자로 생각했다. 하지만 컴퓨터에 대한 레오의 정교한 지식과 전문 지식에 선생님은 충격을 받았다. 그때서야 선생님은 레오에게 학업 성취를 방해하는 다른 무언가가 있다고 생각하기 시작했다.

이 사례 연구에서 제레미와 레오는 같은 교실, 같은 선생님 이상의 것을 공유한다. 믿을 수 없겠지만, 둘은 아마 주의력결핍 과잉행동장애라는 같은 장애를 공유할 것이다. 어떻게 너무도 달라 보이는 두 아동이 같은 진단 범주에 속할 수 있을까? 이는 지난 100년 동안 이론가들을 괴롭혔던 질문이다. ADHD가 아동기에서 가장 일반적인 장애이긴 하지만 계속 전문가들에게 질문을 던진다. 이것은 특히 자극제 약물의 과다 처방과 관련하여 상당한 논쟁과 논란의 주제가 되어왔다(Diller, 1996).

주의력결핍 우세형

DSM-5는 주의력결핍 우세형에서 일어날 수 있는 9개 증상들에 대해 기술한다.

- 세부사항에 주의를 기울이지 못함
- 지속적인 주의집중을 할 수 없음
- 경청하지 않는 것처럼 보임
- 임무를 수행하지 못함(학업, 숙제, 집안일)
- 체계화하지 못함
- 정신적 노력을 요구하는 과제 참여의 어려움(예: 숙제, 학교에서의 개별적인 수행)
- 필요한 물건들을 자주 잃어버림(예: 연필, 공책, 서류 작업, 숙제)
- 쉽게 산만해짐
- 잘 잊어버림

아동과 청소년은 앞에서 언급된 9개 가운데 6개 이상의 증상을 갖는 것뿐만 아니라 DSM은 또한 증상들이 ① 두 가지 이상의 장면에 걸쳐 나타나고, ② 학업, 사회, 직업과 관련된 수행을 방해하고, ③ 12세 이전에 나타나야 한다고 명시한다.

기억할 것

DSM에서는 증상 발현의 다양성 때문에, 9개의 가능한 증상들 중에 단지 6개의 증상만을 요구한다. 의사들은 드러나는 증상의 수와 그로 인한 손상에 기초해서 경도, 중등도, 고도의 징후인지를 판단한다.

기억할 것

DSM이 증상의 발병과 전반적 특성에 관해 명시자를 추가해야 하는 몇 가지 이유가 있다. 제1장에서 논의된 것처럼 몇몇 장애들은 ADHD와 동일한 특징들을 공유한다. 이러한 추가적인 기준들은 감별 진단에 도움이 된다. 아동기에 늦게(12세 이후) 나타나는 증상들은 학대, 불안장애, 또는 가족 변인에서의 최근 변화들에 대한 정서적 반응으로 나타나는 것일 수 있다. 학교에서만 나타나는 증상들은 더 구체적인 학습장애의 신호일 수 있다.

주의

진단되지 않는 주의력결핍 우세형과 교육의 관계는 높은 콜레스테롤 수준과 심장 문제의 관계와 같다. 즉, 조용히 파괴적인 힘을 가질 수 있다.

활동적이고 매우 눈에 띄는 과잉행동/충동 우세형과는 다르게, ADHD의 주의력결핍 우세형 아동들은 종종 오해받고 진단 내려지지 못할 수도 있다. 이들은 자주 내재화 장애로 인해 힘들어하며 학업 문제를 가진다(Weiss, Worling, &

Wasdell, 2003).

ADHD의 부주의 변인과 관련되는 증상을 검토해 보면, 이 아동들이 왜 학업 문제를 경험하게 되는지 이해하는 것은 어렵지 않다. 학령기 아동의 중요한 발달 과제 중 하나는 유능감, 숙달감, 효능감을 발달시키는 것이다. 그러나 ADHD 아동들은 높은 학업적 그리고 사회적 요구를 받을 때 큰 도전에 직면하게 된다.

Barkley(1998)에 따르면, 주의력결핍 우세형 아동은 '굼뜬(sluggish)' 정보처리 방식(정보를 처리하는 것이 느림)과 초점적 또는 선택적 주의의 문제로 특징지어 질 수 있다. 그러므로 '학업 소음'의 환경에 맞서 중요하지 않은 사항으로부터 핵심 사항을 여과하지 못한다. 세부사항에 대한 주의 부족은 종종 정보 과부하와 주의의 초점을 선택적으로 제한하지 못하게 만든다. 이런 처리 결함은 부주의한 오류로 인해 학업 성적에 부정적인 영향을 미친다. 다른 학업 문제로는 숙제를 끝마치지 못하는 것(지루한 과제에 주의를 지속하는 것)과 동기의 결여가 있다. 흔히 집중적인 부모의 검토하에서 숙제가 끝나면, 아동은 학교에 그것을 가져가는 것을 잊어버리거나 책가방 안의 많은 종이 더미에 섞여서 못 찾을 수 있다. 이러한 학업적인 노력은 아동, 부모, 교사에게 좌절감을 준다.

> **기억할 것**
>
> ADHD 증상은 한 가지 이상의 상황(예: 가정과 학교)에서, 발달적으로 기대되는 수준 이상으로 과도하게 나타나며, 유의미한 손상을 유발한다.

과잉행동/충동 우세형

DSM은 아동기와 청소년기(17세 이하)에 주의력결핍 과잉행동장애, 과잉행동/충동 우세형의 진단을 내리기 위해서는 9개 증상들 중에 6개가 요구된다. 9개 증상들은 6개 과잉행동과 3개의 충동적 증상들을 포함한다. 다음은 과잉행동에 대한 증상들이다.

- 가만히 있지 못하거나 꼼지락거림
- 자리에 앉아 있지 못하는 문제
- 과도한 움직임
- 조용히 놀지 못하는 문제
- 계속 끊임없이 활동함
- 끊임없이 말함

다음은 충동성에 대한 증상들이다.

- 성급하게 대답이나 의견을 말함
- 차례를 기다리지 못함
- 다른 사람들을 방해함

'실제에 적용하기' 사례 연구에서 제레미는 자리에 앉아 있지 못하는 문제, 꼼지락거림, 항상 움직이는 것, 지나치게 수다스러움, 답을 불쑥 말하기, 차례를 기다리지 못하는 문제와 같은 ADHD 과잉행동/충동 우세형의 많은 증상들을 보여 준다. 만약 임상가와의 면담을 통해 제레미가 항상 그렇게 행동하고, 가정과 학교에서의 행동이 똑같으며, 이런 행동이 여러 상황(가정, 학교, 교회)에 걸쳐 문제를 야기한다고 보고된다면, 제레미는 ADHD의 과잉행동/충동 우세형으로 진단될 수 있다. ADHD의 과잉행동/충동 우세형 아동들은 사회적인 문제뿐만 아니라 충동적인 특성 때문에 학업 문제도 경험한다. 이 아동들은 과제를 급히 해치우고 정확성보다 속도를 강조한다. 그들은 모든 지시가 제시될 때까지 기다리지 못하기 때문에 종종 과제에 부정확하게 접근한다.

기억할 것

ADHD의 과잉행동/충동성 문제를 가진 아동들은 사회적으로 위험에 처하기 쉽다. 그리고 순서를 기다리지 못하는 것은 또래에게 호감을 주지 못한다. ADHD 아동들은 일반적으로 사회적 기술이 부족하고, 친구를 사귀고 유지하는 데 어려움을 경험한다. 이러한 아동들은 종종 규칙 파괴와 여러 행동적 문제를 보이는 아동들에게 끌리게 된다.

기억할 것

DSM-5 진단 기준에 따르면 17세 이상 청소년과 성인의 경우에는 과잉행동/충동 우세형으로 진단되기 위해서는 단지 5개 증상만을 만족하면 된다. 또한 유의미한 손상(사회적, 학업적, 또는 직업적)이 두 가지 이상의 상황에 걸쳐서 나타나야 하며, 12세 이전의 발병의 조건을 충족시켜야만 한다.

임상가들은 증상의 수와 심각성, 손상의 정도에 기초해서 경도, 중등도, 고도의 수준으로 분류할 수 있다.

복합형

복합형의 기준을 충족하는 사람들은 주의력결핍 우세형뿐만 아니라 과잉행동/충동 우세형의 기준도 충족시켜야만 하는데, 17세 이전의 아동·청소년들은 적어도 12개 증상들(각 발현 증상에서 6개)이 요구되고, 17세 이상의 개인들은 총 10개 증상(각 발현 증상에서 5개)이 요구된다.

발달적 관점에서의 ADHD

ADHD 아동의 경우, 과잉행동, 충동성, 부주의라는 핵심 특징들은 아동의 각 발달단계에서 강조되는 발달 과제인 학습과 사회적 관계에 영향을 미칠 것이다.

기억할 것

발달단계에 따라 각기 다른 증상들이 나타난다. 3세쯤이면 과잉행동/충동의 증상을 확인할 수 있지만, 부주의 문제는 학령기까지 나타나지 않을 수 있다.

ADHD 과잉행동/충동 우세형의 초기 전조 증상

ADHD는 3세 이전에 진단하기 매우 어렵지만 회고적 부모 면담을 통해 ADHD의 과잉행동/충동에 대한 많은 초기 전조 증상을 확인해 왔다. 까다로운 기질을 가진 영아는 나중에 ADHD로 발달하는 데 더 큰 위험을 갖는 경향이 있다. 다른 초기 위험 요인들로는 과도한 활동, 좋지 못한 수면 패턴, 과민성이 포함된다. 부모들은 이러한 영아들이 ADHD가 아닌 또래들보다 화가 났을 때 진정시키기가 더 어렵다고 보고한다(Barkley, 1998). 걸음마기(1~2.5세)동안 ADHD 아동은 조절되지 않는 행동(자기통제의 부족)을 더 많이 보이고, 학령전기(3~6세)로의 이행에서 ADHD가 아닌 아동이 더 성숙되고, 더 높은 자기통제를 보여 줄 때 계속되는 자기조절의 결핍을 나타낸다. 학령전기 동안 ADHD 아동은 '자유 놀이'나 자율 활동에서 ADHD가 아닌 또래보다 더 요구적이고, 스트레스를 주며, 문제가 많다고 부모와 교사에 의해 묘사된다(Campbell, March, Pierce, Ewing, & Szumowski, 1991).

ADHD와 학령기 아동(6~11세)

'실제에 적용하기'에서 레오와 제레미는 ADHD 아동이 학령기 동안 나타내는 많은 특징적인 어려움들을 보여 준다. 학령기 아동은 유능감과 숙달감을 증가시키는 발달 과제에 직면한다. 그러나 ADHD 아동들은 높아진 학업적 그리고 사회적 요구를 받을 때 커다란 도전에 봉착한다. 모든 ADHD 아동들이 학업적으로 취약하지만 학업 문제의 특성은 ADHD가 나타내는 증상이 어떠한가에 따라 다르다.

ADHD 과잉행동/충동 우세형인 학령기 아동들도 학업적 어려움을 경험하는데 이들의 학업 문제의 특성은 충동성과 효과적인 학습을 방해하는 반응을 억제하지 못하는 것과 관련된다. 모든 지시를 듣기 전에 과제를 시작해 버리고, 속도를 위해 정확도를 희생시키며 과제에 돌진하는 경향성에서 학습 문제가 나타난다. 이 아동들은 종종 낮은 욕구좌절 인내력을 보이고, 즉각적인 해결책이 없는 과제를 포기하는 경향이 있다. 그리고 충동적인 행동으로 인해 잦은 부상을 입게 되기도 한다(Barkely, 1998).

주의

ADHD의 주의력결핍 우세형 아동은 흔히 동기가 부족하다는 오해를 받는다. 주의 지속의 문제, 조직화 기술의 문제, 쉽게 주의가 산만해지는 문제는 교육적으로 부정적인 결과를 가져온다. 이 아동들은 종종 한발 물러서 있는 것처럼 보이고, 과제가 단조롭거나 지루할 때 자주 공상에 빠져든다. 숙제와 자습과제를 잘하려고 하지 않으며, 끝내기 어려워한다. 이러한 아동들은 보통 시험 결과가 좋지 않은데, 중요한 세부사항들을 잊어버리는 경향뿐만 아니라 시간 개념과 시간 관리의 문제도 보이기 때문이다. 많은 ADHD 아동들은 할당된 시간에 시험을 끝내지 못하며, 조직화 기술의 부족도 학업 문제에 영향을 미친다.

ADHD와 청소년(12~19세)

ADHD로 진단된 아동의 최소 절반은 청소년기 내내 장애의 기준에 계속 부합할 것이다. ADHD 청소년들은 증가된 학업량과 독립적인 공부 기술을 강조하는 중학교와 고등학교 교육과정을 이수하는 데 있어 준비가 되어 있지 않다. 이러한 학생들은 자신의 작업 습관이 좋지 않고, 조직화 기술이 부족하며, 마무리를 잘하지 못하는 것이 심각한 학업적 어려움을 유발한다는 것을 알게 된다.

기억할 것

과잉행동/충동 우세형 아동은 사회적으로도 취약하다. 이 아동들은 남의 일에 함부로 참견하고 통제 불가능한 행동들을 하는 경향이 있기 때문에 사회적인 문제를 자주 경험한다.

주의

청소년기의 주요 발달 과제는 또래관계에서의 수용과 유능감을 기반으로 한 자기개념의 공고화를 포함하는 자아정체감을 형성하는 것이다. 학업 수행이 저조하고 사회적인 문제를 경험한 십대들은 불안이나 우울과 같은 내재화 문제(Biederman, Faraone, & Lapey, 1992), 또는 공격성이나 반항, 비행과 같은 외현화 문제(Barkley, Fischer, Edelbrock, & Smallish, 1990)를 나타낼 가능성이 높다.

이 발달단계에서 나타나는 사회적 그리고 정서적 문제로는 부주의로 의한 교통사고 위험의 증가와 ADHD 집단에서 더 높게 보고되는 약물 사용과 같은 고위험 행동이 포함된다(Barkley, 1998).

유병률과 경과

DSM-5(APA, 2013)에 따르면, 전체 학령기 아동 인구의 3~7%가 ADHD로 추정된다. ADHD로 확인된 아동의 90%는 과잉행동/충동 우세형으로 진단을 받게 된다. 그러나 부주의 증상은 감지하기 어려운 속성 때문에 부주의 증상을 나타내는 많은 아동들이 ADHD로 진단받지 않는 가능성을 감안하면 이러한 수치가 실제 유병률을 잘못 추산하고 있을 가능성도 있다.

ADHD와 성별

남성 대 여성에서의 ADHD 빈도는 2 대 1에서 9 대 1 정도로 보고되고 있다. 최근에는 ADHD의 특정 하위 유형에서도 남녀 간 차이가 있는지에 대해 논란이 있다. 연구에서는 ADHD 여성이 ADHD 남성보다 우울, 불안, 자존감 그리고 스트레스 수준과 같은 심리적 기능 영역에서 더 많은 손상을 나타낸다는 사실을 보여 주고 있다(Rucklidge & Tannock, 2001). ADHD로 진단받은 사람들 중 90%는 과잉행동/충동 증상 또는 복합적인 증상을 보이기 때문에 ADHD로 진단받은 여성의 비율은 ADHD의 다른 증상 유형의 발현을 반영하는 것일 수 있다. ADHD의 주의력결핍 우세형 143명과 복합형 133명의 임상적 자료를 연구한 최근 논문에서는 주의력결핍 우세형을 나타내는 아동은 주로 여자였으며(Weiss et al., 2003), 또 다른 연구에서는 여성이 주의력결핍 우세형으로 진단되는 것이 2배 많다는 사실을 보여 주고 있다(Biederman, Mick, & Farone, 2002).

Barkley(1998)에 따르면, 주의력결핍 증상이 잘 감지되지 못할 가능성이 있음에도 ADHD로 진단받을 수 있는 가장 이른 나이는 대략 3세 전후다. ADHD로 진단 받은 초등학교 학령기 아동의 3분의 2는 추가적인 장애를 진단받는다(Cantwell, 1994). 내재화 및 외현화 장애와의 높은 공존율은 ADHD 장애의 예후를 나쁘게 만든다. ADHD는 다른 장애를 공존질환으로 갖는 경향이 있기 때문에 ADHD의 경과는 공존되는 장애의 특성에 기초하여 다양한 발달 경로의 맥락 안에서 고려해야 한다.

기억할 것

유병률은 보고마다 매우 다양할 수 있다. 이러한 비율의 차이는 몇 가지 요인들에 기인하는데, 예를 들어 표본이 임상 전집에서 추출되었는지 혹은 일반 전집에서 추출되었는지의 여부와 장애를 분류하는 데 사용한 방법이나 평가에 어떤 도구를 사용했는지의 여부에 따라 보고되는 유병률이 달라질 수 있다. 따로 언급하지 않았다면 여기에서 보고되는 모든 유병률은 DSM(APA, 2013)에 기재된 자료에 근거한 것이다.

ADHD와 공존질환

학업 및 학습 문제

ADHD 아동은 충동적이고, 세부사항에 주의를 기울이지 못하며, 주의집중과 실행기능의 문제로 인해 학업 수행에서 문제를 나타내는 경우가 일반적이다.

ADHD와 특정학습장애 특정학습장애(Specific Learning Disabilities)와 ADHD의 공존율은 특정학습장애를 어떻게 정의하고 측정할 것인가에 대한 다양한 의견 때문에 정확하게 예측하기 어렵다. 특정학습장애의 정의와 측정 방법을 둘러싼 논쟁은 제6장에서 다룰 것이다. 이 두 장애의 공존율은 16~21%로 추정되고 있다(Frick et al., 1991).

ADHD와 내재화 문제

제8장에서 더 자세히 논의되겠지만, 성인과 아동이 우울장애와 양극성장애에서 보이는 증상은 각기 다르다. 아동의 경우 종종 우울과 양극성장애 증상이 ADHD 증상처럼 보이기 때문에 진단을 어렵게 만든다. 아동이 나타내는 주요우울 증상 중의 하나는 과민함(irritability)이다. 과민한 행동은 안절부절못하고, 초조해하며, 주의집중 기간이 짧고, 집중의 문제, 충동적인 반응을 하는 문제와 같이 ADHD 증상과 유사하다. 성인 양극성장애와는 달리 아동 양극성장애는 기분 전환의 주기가 빠르고(의기양양하다가도 금세 짜증을 부리는 등), 단순하면서 복합적인 기분의 전환을 보인다. 끊임없이 말하고 산만하며 과잉행동을 보이는 양극성장애의 증상은 자주 ADHD 증상으로 오인되곤 한다. 불안의 증상들(산만한 것, 신경적인 초조, 안절부절못함, 집중의 문제) 또한 ADHD 증상과 유사하다.

> **기억할 것**
>
> ADHD 아동의 30%는 유급하고 40%는 특수교육 프로그램에 배치되며 30%는 끝내 고등학교를 마치지 못한다(Barkley, 1998).

기억할 것

내재화 문제는 과잉통제된 반응의 연속선상에서 나타날 수 있다. 이것은 "불안, 우울, 의학적 원인이 없는 신체적 증상, 사회적 위축과 같은 자기 내적인 문제"다(Achenbach & Rescorla, 2001, p. 93).

한 연구에서, Biederman과 동료들(1995)은 우울한 아동의 70%가 ADHD를 공존질환으로 가지고 있다는 사실을 발견했다. 다른 연구에서는 양극성장애로 추정되는 청소년의 30%, 그리고 사춘기 이전 아동의 90%가 ADHD를 공존질환으로 가지고 있다고 제안한다(Geller & Luby, 1997). 다른 연구에서는 ADHD가 아닌 아동보다 ADHD인 아동에게서 과잉불안장애와 신체적 불편감(예: 두통, 복통 등)의 공존율이 더 높다는 것을 발견했다. 또한 많은 ADHD 아동이 잠드는 것과 잠자는 문제로 고통받는다.

주의

ADHD의 세 가지 주요 증상들(부주의, 과잉행동, 충동성)이 우울증, 양극성장애 그리고 불안의 증상과 동일한 특징들을 많이 공유하고 있기 때문에 ADHD와 내재화 장애를 감별 진단하는 것은 복잡한 과정이 될 수 있다. 더군다나 이러한 장애들 사이에는 높은 공존율이 존재하고 있다.

주의

ADHD 아동의 치료를 위해 자극제 약물을 사용하는 것이 이후 약물 남용의 가능성을 증가시킬 수 있다는 우려 때문에 ADHD 치료를 위한 약물 사용에 대한 논쟁이 있었다. 그러나 연구 결과들은 이러한 가능성을 지지하지 않는다. 사실상, ADHD 치료 그 자체가 이후 약물 남용에 대한 보호 요인으로 작용하며 ADHD를 치료하지 못한 성인은 약물 남용을 할 확률이 높다(Biederman, Wilens, Mick, Spencer, & Faraone, 1999).

ADHD와 외현화 문제

ADHD와 파괴적 행동장애(적대적 반항장애와 품행장애)를 공존질환으로 가지고 있는 아동과 청소년은 ADHD 증상만 나타내는 아동에 비해 보다 심각한 부적응(Moffit, 1990)과 유의미하게 좋지 않은 결과를 보이는 경향이 있다(Barkley et al., 1990). 연구들은 또한 ADHD 아동들 중 35%에서 60%가 적대적 반항장애를 가지고 있고, ADHD 아동들 중 50%가 나중에 품행장애를 발달시킨다는 사실을 보여 주고 있다(Szatmari, Boyle, & Offord, 1989).

아동기에 ADHD로 진단 받는 것은 물질 남용의 가족력이 있는 것만큼이나 물질 남용에 대한 강한 예측 요인이 된다. Barkley와 동료들(1990)은 ADHD인 십대들이 그렇지 않은 또래에 비해 훨씬 더 담배와 술을 접하기 쉽다는 사실을 발견했다. ADHD 아동을 청소년기까지 추적한 종단 연구에서는 ADHD가 다른 일반 또래들에 비해 더 높은 물질 남용(모든 물질에 걸쳐) 수준을 보인다는 사실을 발견했다(Brooke & Pelham, 2003).

ADHD와 사회적 관계에서의 문제

ADHD 아동 중 최소 절반은 또래관계에서 어려움을 경험한다. ADHD 아동은 사회적 기술과 인지 능력 간의 상당한 불일치가 있을 수 있다. Greene, Biederman, Faraone, Sienna와 Garcia-Jetton(1997)은 이러한 불일치 규준을 사용하여 '사회적으로 문제가 있는(Socially Disabled) (ADHD+SD)' ADHD의 하위 유형을 명명했다. Green과 동료들은 ADHD만을 나타내는 아동에 비해 ADHD+SD 아동들은 더 높은 수준의 약물 남용, 가족문제, 불안, 기분장애, 품행장애 등을 나타낸다는 사실을 밝혀냈다.

병인론

ADHD가 가장 흔한 아동기 장애임에도 불구하고, ADHD의 정확한 원인이 무엇인지에 대해서는 아직도 논쟁 중이다. 생물학적 요인과 환경적 요인들의 복합적인 상호작용이 ADHD의 병인에 관여되어 있는 것으로 보인다(Wolraich, 2000).

생물학적/신경학적 관점

ADHD에 잠재적인 신경생물학적 원인이 존재한다는 연구들이 증가하면서 뇌의 구조적 영역, 유전, 신경전달물질의 기능, 신경인지적 처리과정 등의 네 가지 영역들이 조명 받고 있다.

뇌 구조

기능적 자기 공명 영상법(Functional Magnetic Resonance Imaging: fMRI)과 단일 광자 단층 촬영법(Single-Photon Emission Computed Tomography: SPECT)이 발달함에 따라 ADHD인 아동이 ADHD가 아닌 아동에 비해 전두엽 영역에서 더 낮은 활동 수준을 보이고 대상회에서 더 높은 수준의 활동을 보인다는 사실이 밝혀졌다.

전두엽 영역이 실행기능을 담당하는 반면, 대상회는 주의집중과 반응의 선택을 지시하는 역할을 담당한다. ADHD에 특별히 문제가 될 수 있는 세 가지 실행기능 영역은 작업기억, 시간에 대한 감각, 그리고 노력의 유지를 담당하는 영역이다. 기저핵에서의 도파민 수치 감소에 기인하는 변형된 시간 지각력은 ADHD 아동에게서 나타나는 시간 관리 능력의 문제와 관련이 있다. 그러나 아직 이 부분에 대해서는 더 많은 연구가 필요하다.

기저핵과 더불어 두정엽 또한 시간에 대한 감각을 관리하기 때문에, 이 영역에서의 기능이상은 시간을 잘못 지각하게 만든다(Rao, Mayer, & Harrington, 2001). 전향적 기억(기억해야 하는 것을 기억하는 것)의 이상은 과제 완수 능력을 손상시킨다(Barkley & Gordon, 2002).

기억할 것

의식적 자각 없이 정보를 처리하는 고차인지기능인 실행기능의 손상이 ADHD와 관련이 있다는 인식이 점차 증가하고 있다(Brown, 2005). 실행기능은 행동을 수정하는 것과 같은 자기지시적 행동을 담당하는 동시에 뇌 활동의 과정을 관리하고 감독하고 통제하는 문제 해결 행동을 시작하고 유지하는 일을 담당한다.

유전

ADHD 아동 중 대략 50%는 부모도 ADHD를 가지고 있고(Biederman et al., 1995), 연구들은 ADHD 병인의 75% 정도가 유전적 요인에 의한 것일 수 있음을 밝히고 있다(Sherman, Iacono, & MaGue, 1997).

신경전달물질

ADHD 아동이 낮은 수준의 카테콜아민(도파민, 노르에피네프린, 에피네프린)을 보인다는 사실이 연구를 통해 확인되었다. 카테콜아민은 주의와 신체 움직임과 관련된다. ADHD 치료에 처방되는 약물인 덱세드린(Decedrine; dextoamphetamine), 리탈린(Ritalin; methylphenidate) 그리고 사일러트(Cylert; pemoline)와 같은 약물들은 뇌의 카테콜아민 수치를 증가시킨다(Barkley, 1998).

신경인지 처리과정

실행기능과 각성 수준이 어떻게 ADHD 아동에게 있어서 인지적, 정서적, 행동적 처리과정에서의 결손을 나타나게 하는지에 대한 관심이 증가하고 있다.

기억할 것

실행기능은 행동의 발생과 억제, 주의 초점 이동에서의 유연성, 필요에 따라 전략들을 감독하고 평가하고 채택하는 일을 담당한다. 실행기능은 또한 그 외 다른 조절 기능들, 이를테면 행동과 정서를 통제하고 동기와 노력을 지속하는 자기조절 능력을 관리하고 통제하는 일을 담당한다(Barkley, 2006b)

실행기능의 처리과정은 유연해야 하고 필요에 따라 전략적으로 과제의 초점을 옮길 줄 알아야 한다. 성공적인 문제 해결을 이끄는 또 다른 중요한 요인은 문제 해결에 사용하는 전략들을 감독하고 평가하고 다시 수정하는 능력이다. 궁극적으로, 문제 해결 과제를 수행하는 동안 정보를 기억 속에 유지하는 것은 **작업 기억**이 담당하게 된다.

걸음마기에서 학령전기로 발달함에 따라 자기조절 기능이 증가한다. 부모가 제공하는 좋은 역할 모델을 내재화하고, 적절한 행동을 이끌고 지시하는 동시에 부적절한 반응은 억제하는 내적 언어를 활용하는 능력이 향상됨에 따라 아동의 자기통제 능력이 증가하게 된다.

기억할 것

Barkley 모델의 주요 특징은 **행동억제**(behavioral inhibition)에 대한 개념이다. Barkley는 행동억제에 대해 반응을 억제하거나(반응을 삼가거나 지연시키는 능력) 활성화된 반응을 멈추거나 지연을 유지시킬 수 있는 능력이라고 개념화했다. 반응의 지연(또는 종결)은 목표 지향적인 행동을 시작하고 유지하기 위해 간섭통제의 방법으로서 필수적이다(Barkley, 1997).

Barkley의 ADHD 모델

Barkley(1997)의 ADHD 모델은 실행기능을 통한 ADHD의 이해에 초점을 맞추고 있다. 이 모델은 **행동억제**라는 장애의 핵심 특성 개념에 기반하여 만들어

졌으며, 행동억제 결핍은 다른 실행기능 결핍과 주의를 유지하는 데 있어서의 문제로 나타난다. Barkley는 ADHD의 과잉행동/충동 우세형에 적용되는 처리과정에서의 결손에 대해 명확히 설명하지만, ADHD의 주의력결핍 우세형은 설명하지 못한다고 강조했다.

기억할 것

Barkley는 행동억제를 문제 해결을 위한 필수적인 첫 번째 단계로 여겼다. 발달적으로, 행동억제는 다른 고차 기능들에 대한 전조라고 할 수 있다. 행동의 지연은 네 가지 주요 영역들에서의 기술을 발달시킬 수 있는 시간을 확보하게 만들고, 이것은 다시 발달에 초점을 맞추게 하여 여러 필수적인 기술들을 정교하게 만들 수 있게 한다.

Barkley의 모델에서는 아동의 행동억제 가능 수준에 따라 다음의 네 가지 주요한 실행기능 과제에 영향을 미친다고 하였다. 네 가지 주요한 실행기능 과제는 ① 작업 기억(연속적인 순서 나열과 계획을 할 수 있게 함), ② 자기조절(목표 지향적인 행동을 시작하고 노력을 지속하기 위해 활동을 조절), ③ 언어의 내재화(반응을 억제하고 내면의 반영을 증진하는 것), ④ 재구성(정보를 분석하고 통합하는 것)이다. 행동억제 능력 결핍은 앞서 언급한 네 가지 주요 처리과정에 의해 발생하는 정보들을 통합하고 조절하는 데 실패하여 문제 해결 전략의 실패를 가져온다. 또한 이러한 영역에서의 결손은 부정적인 학업 성취를 가져올 수 있다. 한 종단연구에서, 과잉행동/충동 우세형 학생 중 3분의 1이 고등학교를 졸업하지 못하고 21%만이 대학에 진학한 반면, 진단받지 않은 학생들의 80%가 대학에 진학하였다고 보고하였다(Barkley, 2006c).

주의

Barkley는 행동억제 모델이 ADHD의 과잉행동/충동 증상들을 설명하기 위해 개발 된 것이지 부주의 증상들을 설명하기 위해 개발된 것이 아니라는 점을 강조해 왔다.

실제에 적용하기

조시는 숙제에 집중하지 못했고, 한 자리에 계속 앉아 있기 힘들었다. 계속 꼼지락거리고 과제(노력이 필요한 과제에 대한 지속적 주의)를 수행하기 위해선 지속적인 감시가 필요했다. 그러나 조시가 비디오 게임을 하는 동안에는 스크린 화면에 시선을 고정한 채 몇 시간 동안이나 게임을 할 수 있었다(자기보상적 과제에 대한 지속적 주의).

Barkley는 질적으로 전혀 다른 두 가지 형태의 부주의, 즉 지속적 주의와 선택적 주의를 구별함으로써 부주의의 역할을 설명했다. Barkley가 선택적 주의(불필요한 자료로부터 필요한 내용을 걸러내는 능력) 능력에서의 결핍이 ADHD의 주의력결핍과 관련이 있다고 본 반면, 과잉행동/충동성은 오랜 시간에 걸쳐 주의를 지속하는 능력이 부족한 것과 관련이 있다고 주장했다. 더 나아가, Barkley는 노력이 필요한 과제에 요구되는 지속적 주의와 '유관성에 기반한 주의' 혹은 자기보상적 주의를 구별했다. ADHD 아동이 보이는 이러한 자기보상적 주의로 인해, 친숙하지 않은 상황이나 낯선 과제 상황에서 ADHD는 눈에 잘 띄지 않을 수 있고, 이로 인해 아동이 원하면 충분히 주의를 유지할 수 있다고 오해할 가능성이 있다(Barkley, 2006a).

평가와 치료/개입

평가 도구에 대한 논의는 이 책의 목적에서 벗어나지만, 반대되는 가설을 배제하기 위해 임상가들이 ADHD의 정확한 임상적 그림을 얻어야 한다. 앞서 논의했듯이, ADHD는 다른 장애들(우울, 양극성장애, 불안, 외상후 스트레스장애)과 많은 특징들을 공유하고 아동기와 청소년기의 문제들(약물 남용, 학대)을 공유할 수 있다.

세부적인 병력 및 발달력

아동의 출생력, 발달 이정표, 병력, 교육력, 사회적 · 정서적 사건, 가족 역동(가족의 스트레스 요인, 임상적 특징, 형제 관계, 확대가족)과 같은 아동의 발달력에 대한 정보를 얻기 위해 부모나 양육자에게 제3장에서 논의된 바 있는 반구조화된 면접을 실시할 수 있다. 아동이 나타내는 문제에 대한 부모의 기대나 인상을 수집하는 일 또한 매우 중요하다.

주의

ADHD로 의심되는 아동을 평가할 때, 임상가는 몇 가지의 중요한 질문을 반드시 해야만 한다. 증상이 다른 장애에 의해 더 잘 설명이 될 수 있는지, 혹은 공존질환이 존재하는지를 확인해야만 한다.

기억할 것

평가는 다양한 정보원과 여러 상황에 걸친 정보를 얻기 위해 다양한 방법을 사용해 이루어져야 한다.

부모, 교사, 청소년 평정척도

ADHD의 중요한 기준(APA, 2013)에 따르면, 이 장애는 가정과 학교 등 여러 상황에서 나타날 수 있다. 그러므로 가정과 학교로부터 정보를 얻어서 다른 상황에서 증상들이 어떻게 나타나는지를 결정하는 것은 매우 중요하다. 뿐만 아니라, 다른 장애와의 공존율이 높기 때문에, 다른 잠재적 진단 영역까지 관련된 정보를 얻는 것도 필수적이다. 그러므로 평가 과정에서 아동과 청소년의 정신병리에 대한 포괄적인 시각을 가지는 것은 중요하다.

ADHD의 특징과 다른 진단 범주를 측정할 수 있는 행동 평정척도에는 여러 가지가 있다. 평정척도는 부모, 교사, 아동에 의해서 평가되는 병렬적 양식을 제공하는데, 이러한 정보원들의 정보를 비교할 수 있게 해 준다. 좀 더 대중적인 행동 평정척도에는 세 가지 있는데, ASEBA(Achenbach & Rescorla, 2001), 코너스 평정척도(CRS-3; Conners, 2008), 아동용 행동평가체계(BASC-2; Reynolds & Kamphaus, 2004)가 있다. 이 세 가지 척도들의 하위 척도는 [참고자료 5-1]에 제시되어 있다.

ASEBA와 코너스 평정척도는 몇 가지 다른 문제 영역의 평가뿐 아니라 ADHD에 대한 차원적 그리고 범주적 접근으로부터 정보를 제공한다. BASC-2는 차원적 분류 체계를 기초로 한 기능적 지수를 제공한다.

행동 평정척도 체계뿐만 아니라, 다른 척도들도 중요한 기능을 평가하도록 설계되었다. 브라운 주의력결핍 장애 척도(Brown Attention-Deficit Disorder Scales, 3~12세)(Brown, 2001)에는 부모, 교사용 설문지와 자기보고(8세~성인) 형식이 있다. 이 척도들은 여섯 가지 영역에서 중요한 기능을 측정하는데, 조직화, 집중, 노력을 지속하는 것, 감정 조절, 작업 기억, 모니터링 또는 평가로 이루어져 있다. 포괄적인 진단 형식 또한 임상가가 병력으로부터 정보를 통합하는 것을 도우며, 공존질환을 감별하는 데 도움을 제공한다.

실행기능 행동 평정척도(the Behavior Rating Inventory of Executive Function: BRIEF; Gioia, Isguith, Guy, & Kenworthy, 2000)도 부모, 교사용으로 평가된다. 이 도구는 두 가지 넓은 범위에서 실행 기능을 평정하는데, 행동 조절(억제하기, 전환하기, 감정 통제)과 상위인지(시작하기, 작업 기억, 계획하고 조직하기, 자료를 조직하기, 관찰하기)가 그것이다. 이 도구는 학령기용(5~18세)과 학령전기용(2~5세 11개월)으로 사용 가능하다.

주의

개인의 평가에서 ADHD의 증상이 감춰질 수도 있다. 왜냐하면 검사 과정이 생소하고 신기함과 관련된 '유관적 주의(contingent attention)' 때문이다(Barkley, 1998).

평가의 다른 영역들

학업 문제는 ADHD 아동이 보이는 문제들 중 하나다. 그러므로 지적장애와 같은 다른 잠재적 진단 범주를 배제하기 위해서 또는 학습장애와 같은 공존질환의 특징을 확인하도록 돕기 위해 개별 지능검사와 학업 평가는 평가 과정의 중요한 부분이 될 수도 있다. 인지 평가도 인지 효율성, 처리속도, 작업 기억 영역에서 처리 문제를 평가하는 데 유용할 수 있다 .

참고자료 5-1 ASEBA, 코너스 평정척도, BASC-2에 의해 평가되는 행동과 장애

ASEBA	코너스 평정척도	BASC-2
DSM 척도	DSM 진단 범주	차원적 척도
정서 문제 불안 문제 신체화 문제 ADHD 반항행동 문제 품행 문제	ADHD 주의력결핍 우세형 ADHD 과잉행동/충동 우세형 ADHD 복합형	외현화 문제: 공격성, 과잉행동, 품행 문제 내재화 문제: 우울, 불안, 신체화 학교 문제: 주의집중, 학습 적응행동: 사회적 기술, 리더십, 학업 기술 기타 행동: 위축, 비전형성
증후군 척도	그 외 문제	
불안/우울 위축/우울 신체증상 사회적 미성숙 사고 문제 주의집중 문제 규칙위반 공격행동 내재화 문제 외현화 문제 문제행동 총점	불안 또는 수줍음 완벽주의 사회 문제 신체화 호소 가족 문제 정서 문제 품행 문제 인지 문제 분노조절 문제 과잉행동 ADHD 지수	

주: 모든 평가 도구의 참고 자료는 부록 2에서 볼 수 있음.

치료적 대안

ADHD의 대안 치료는 관련된 목표(공존질환 특징), 증상, 기능적 손상의 정도와 성격에 따라 다양하다. 이러한 개입은 가정(부모 교육과 가족 개입), 학교(행동관리와 수업 참여 행동 증가), 또래들과의 상호작용(사회적 기술 훈련)에 적용할 수 있다. 근거 기반 연구에서는 대부분 자극제 처방의 효과에 초점을 두고 있다.

자극제 처방

자극제 처방과 행동치료에 대한 대규모 조사 연구 결과, ADHD 아동 장애의 핵심 증상을 경감하는 데 있어서 자극제 처방이 효율적이라고 보고되었다. 그러나 14개월 프로그램 후, 6년/8년의 장기 효과에 대한 추적연구에 따르면, 프로그램 참여여부가 기능상의 수준을 예측하지는 못하였다. 그 대신, 증상의 궤적(symptom trajectory)이 가장 좋은 예측 변인이었다. 즉, 가장 좋은 행동적 그리고 사회인구통계적 프로파일을 보이는 아동이 어떤 치료에서도 가장 좋은 반응을 나타냈다. 비록 ADHD 복합형의 경우에 초기에는 가장 좋은 결과를 보였지만 치료 프로그램에도 불구하고 청소년기에는 최악의 결과를 보였다(Molina et al., 2009).

기억할 것

카테콜아민(도파민, 노르에피네프린, 에피네프린)은 주의집중과 운동 활동과 연관된 신경전달물질이다. 현재 ADHD에 사용되는 세 가지 주된 자극제의 종류에는 암페타민(Dexedrine, Adderall, Dextrostat), 메틸페니데이트(Ritalin, Focalin, Concerta, Metadate, Methylin), 페몰린(Cylert)이 있다. 최근 미국 FDA에서 최초로 ADHD 비자극제 약물인 스트라테라(Strattera)가 승인되었는데, 이는 선택적 노르에피네프린 재흡수 억제자로서 작용한다.

주의

ADHD의 치료에 있어서 의학적 개입을 지지하는 상당한 연구가 있음에도 불구하고, 이 치료가 모든 종류의 공존질환 관련 증상에 동등하게 같은 효과를 나타내는 것은 아니라는 증거가 있다. 대규모 연구에 의하면 행동치료를 받은 불안이 있는 ADHD 청소년은 약물 처방만 받은 불안 청소년과 비슷한 효과를 나타냈다(MTA Cooperative Group, 1999).

자극제는 여러 가지 형태가 있는데, 단기간 작용 약물(Dexedrine, Ritalin), 점진적 효과 약물(Ritalin-SR), 장기간 작용 약물(Ritalin-LA)로 나뉜다. 신경 연구들은 약물치료가 ADHD의 핵심 증상을 통제하는 데 긍정적인 효과를 보인다고 보고한다. 과잉행동/충동 영역에서 집중 지속시간을 늘려 주기, 안절부절못하는 것 감소시키기, 부주의 영역에서 집중을 증가시키기, 과제 외 행동 감소시키기, 학업 결과의 증진시키기가 있을 수 있다(Elia & Rapoport, 1991). 또한 자극제를 통한 행동적 이점으로는 공격성 행동을 줄여 주고(Hinshaw, Heller, & McHale, 1992) 부모-아동의 상호작용을 향상시킨다(Barkley & Cunningham, 1987)는 것이 증명되었다.

그러나 자극제 처방이 일부 개인에게는 키 성장이 안 되는 것과 같은 부정적인 결과가 나타났다. MTA 연구에서 장기간의 추적연구에 따르면 약물 처방을 받지 않은 아동과 비교해서 가장 오랫동안 약물 처방을 받은 아동은 자극제와 관련하여 키 성장의 20%(약 2cm)의 감소를 보였다. 그러므로 10세에서 12세 기간 동안에는 키와 체중에 대한 관찰을 지속하여야 한다(Swanson et al., 2008).

행동 관리 프로그램과 기능적 행동평가

의학적 치료만으로는 적절하거나 충분하지 못하기 때문에, 연구자들은 의학적 치료에 추가적으로 혹은 약물이 허용되거나 권고되지 않는 경우에 적용 가능한 행동적 프로그램을 지속적으로 연구하고 있다. MTA 연구(Molina et al.,

2009)에 참가한 아동에 대한 장기 추적 결과들은, 특히 ADHD 복합형 아동들과 같이 다루기 어려운 집단의 경우에 적용할 수 있는 혁신적인 방법을 개발하는 데 도움이 될 것으로 생각된다.

가정과 학교 환경에서 개입

경험적으로, 부모훈련 프로그램은 부모의 양육 기술을 향상시키고, 부모 스트레스와 ADHD의 핵심 증상, 불복종 행동을 감소시키는 데 효과적이다(Sonuga-Barke, Daley, Thompson, Laver-Bredbury, & Weeks, 2001). 기능적 행동평가로부터 제공된 정보를 기초로 한 유관성 관리 프로그램(contingent management program)을 사용한 개입법은 가정과 학교 환경에서 성공적이었다. 임상가들은 적대적 행동, 사회 문제, 부모-자녀 갈등을 가진 아동의 부모를 위한 프로그램을 개발하는 데 도움이 되는 치료 매뉴얼들을 개발하고 있다(Barkley, 1997; Bloomquist, 1996).

부모훈련 프로그램이 가정에서의 기능 향상을 증명하였지만, 부모훈련 프로그램에 교사와의 협의를 포함하는 것은 더욱 효과적일 수 있다. 부모 교육과 교사 협의의 통합은 가정에서의 행동을 학교 환경에서도 일반화하도록 해 준다. 부모와 교사 간의 협동 작업이 낳는 긍정적인 결과 중 하나는 학교와 가정 간 매일 소통함으로써 의사소통을 증진시킬 수 있다는 것이다(알림장을 사용하여 매일 코멘트를 할 수 있음). 이러한 통합적 접근을 통해서 가정과 학교 행동에서 유의미한 향상을 보일 수 있다는 것이 여러 연구를 통해서 증명되었다(Pelham, Wheeler, & Chronis, 1998).

> **기억할 것**
>
> 유관성 관리 프로그램은 행동의 변화를 보장하기 위해서 긍정적 결과와 부정적 결과들의 구체적 체계를 나타내도록 개발된 것이다. ADHD 아동은 좋은 행동을 했을 때 강화물을 즉각적으로 주고, 명확하게 정의된 목표와 구체적 목표행동을 갖는 프로그램에 가장 좋은 반응을 나타냈다.

대안 치료로서 '코칭(coaching)'의 개

념은 정신과 의사 Ned Hallowell(1995)에 의해서 소개되었는데, 이는 원래 장애를 가진 성인을 돕기 위해 개발된 것이다. 비록 최근까지 이러한 방법의 치료적 효율성에 대한 경험적 연구가 그리 많지는 않다(Goldstein, 2005). 2009년 Edge 재단(https://edgefoundation.org/)은 무작위로 선정된 ADHD 대학생 250명 이상을 대상으로 코칭의 효율성에 대한 국가적 연구를 2년 동안 지원하였다. 이러한 연구에 대한 초기 결과(Parker, Hoffman, Sawilowsky, & Rowlands, 2011)들은 긍정적 결과를 보고하였다.

학습 점검하기

1. 역사적으로 ADHD 증상과 관련되어 있다고 고려되었던 것은 어느 것인가?
(a) 양육의 문제
(b) 전두엽의 손상(외상)
(c) 시각 운동 협응 문제
(d) 교수법의 문제

2. ADHD에 대한 설명이다. 맞는 것은?
(a) 여자보다 남자가 더 많이 진단된다.
(b) ADHD 아동의 90%는 과잉행동/충동 우세형으로 진단될 것이다.
(c) ADHD는 3세경에도 진단될 수 있다.
(d) 위 모두 사실이다.

3. 다음 중 ADHD와 가장 관련이 없는 장애는?
(a) 양극성장애
(b) 적대적 반항장애
(c) 불안장애
(d) 섭식장애

4. Barkley에 따르면, 주의력결핍 증상과 과잉행동/충동 증상 간 차이는 다음 중 어느 것인가?

(a) 주의력결핍 우세형은 주의의 유지에 문제를 보인다.

(b) 과잉행동/충동 우세형은 자기보상적 과제에 대한 주의를 유지하는 데 문제를 보인다.

(c) 주의력결핍 우세형은 선택적 주의의 문제를 보인다.

(d) A와 C 모두 사실이다.

5. 다음 중 Barkley의 네 가지 실행기능 요소가 아닌 것은?

(a) 재구성

(b) 언어의 외재화

(c) 자기조절

(d) 작업 기억

6. MTA 회사의 연구 결과(1999)에 대한 설명이다. 맞는 것은?

(a) 부모훈련 집단은 ADHD 증상 감소에 있어서 약물치료만큼 효과적이었다.

(b) 행동치료를 받은 불안을 동반한 ADHD 청소년은 약물치료만 받은 불안한 청소년만큼의 결과를 보였다.

(c) 약물은 아동의 충동성에 있어 가장 효과가 적게 나타났다.

(d) 행동치료는 사회적 기술 문제와 같은 다른 증상을 호전시키지 못하였다.

7. 다음 중 실행기능이 아닌 것은?

(a) 과제 간 이동하는 능력

(b) 전략을 감시하고 수정하는 능력

(c) 경직성

(d) 작업 기억

8. ADHD의 병인론에 대한 최근 이론은 무엇인가?

(a) 유전

(b) 환경

(c) 생물학적 요인과 환경적 요인 간 복잡한 상호작용

(d) 전두엽의 외상

정답 1: b, 2: d, 3: d, 4: c, 5: b, 6: b, 7: c, 8: c

특정학습장애

이 책에서는 아동기 장애를 정의 내리는 기관과 국가, 문화에 따른 다양한 정의에 대해 지속적으로 논의해 왔다. 특정학습장애(Specific Learning Disabilities: SLD)의 정의는 아마 그중에서도 가장 큰 차이를 보일 것이다. 유병률과 연구 결과에 대한 해석은 이 장애가 어떻게 정의되느냐에 따라 달라진다. 이번 장에서는 현재 논란에 대한 개관과 특정학습장애 진단의 경향을 보여 주는 것에 많은 부분을 할애하고 있다.

임상적 기술과 관련된 특징

특정학습장애의 정의, 진단 그리고 분류에 대한 쟁점

어떻게 특정학습장애를 가장 잘 정의할 수 있을까에 대해, 그리고 세계 각기 다른 곳에서 사용되는 용어에 대해 많은 논의가 존재한다. 정의에서의 차이점은 장애를 정의하는 기관(예: DSM; 미국연방교육청: U. S. Federal Educational Register; 학습장애공동협의체: National Joint Committee for Learning Disabilities) 그리고 국가에 따라 다르다. 전 세계의 많은 나라에서, **학습장애**(learning disability)라는 용어는 지적장애와 계속 동일시하여 사용하고 있다(Demonet, Taylor, & Chaix, 2004). 게다가, **특정학습장애**는 또한 읽기장애를 기술하는 데 사용되는 **발달성 난독증**(developmental dyslexia)과 동일시하여 사용하고 있다.

특정학습장애 정의에서의 변화

전통적으로, 특정학습장애는 불일치 준거(discrepancy criterion)를 사용하여 진단되고 정의되어 왔다. 불일치 준거란 지적 기능(IQ 검사)과 학업 수행(표준화된 학업 검사에서 측정된 읽기, 쓰기, 수학) 간 유의미한 불일치가 있을 때 학습장애로 진단한다. 이 방법에 대한 불만과 진단의 대안적 방법(반응중재기법)의 도입은 특정학습장애의 개념화와 진단에 대한 상당한 논쟁을 불러 일으켰다.

불일치 준거

예전에 학업기술장애(academic skills disorder)라고 불렸던 특정학습장애는 DSM-IV-TR에서 유아기, 아동기, 청소년기에 보통 처음 진단되는 장애군에 학습장애(Learning Disorder)로 분류되었다. 여기서는 불일치 준거를 학습장애 진단에 사용하였고, 표준점수 사용에 근거한 개인의 지적 기능과 학업 기능 사이의 불일치에 기반하여 진단하였다. 만약 지적 기능과 학업 기능 사이에 불일치가 1 그리고 2 표준편차(SD=15)를 초과한다면 학습장애가 있다고 생각되었다. 이는 학습장애에 대한 **연방 정부의 공보**(Federal Register, 公報)의 정의와 일치하는데, 이는 1999년 3월 12일에 **공보**에 발표된 장애인교육법(Individuals with Disabilities Education Act: IDEA)의 개정에 따라 정의된 것이다.

반응중재기법

특정학습장애 학생들을 진단하는 데 있어서 불일치 준거의 독점적인 사용은 다음과 같은 이유로 많은 혼란이 있었다.

- 불일치 기준을 정의하는 것과 적용하는 것에서의 문제(얼마나 큰 불일치가 필요한지에 대한 보편적인 규칙의 부족)
- 나이 많은 아동들과 높은 IQ를 가진 아동들에게 더 유리한 체계
- 실패에 기반한 모델에 대한 우려들

결과적으로, 가장 최근에 개정된 장애인교육법(IDEA)에서는 특정학습장애 학생들을 진단하는 방법으로 반응중재기법(Response To Intervention: RTI)을 추가하였다. 반응중재기법 접근은 경험적으로 지지된 치료의 단계적 체계를 사용하는 것으로, 반응 실패는 더 구체적이고 강도 높은 개입이 요구되는 특정학습장애에 대한 감별 준거가 된다[Federal Register, 2006, 300.307(a), p. 46789].

최근의 상태

특정학습장애의 정의와 진단에 관련된 논쟁들이 계속되고 있지만, Kavale (2005)과 같은 몇몇 전문가들은 "형식적 정의의 변경이 없는 조작적 정의의 변경은 적절하지 않다."고 하였으며, 결과적으로는 "형식적 정의와 조작적 정의 사이의 단절을 가져왔다."(p. 553)고 하였다. 게다가, 반응중재기법 접근은 IQ에 대한 정보가 결여되어 있다는 점을 강조하였고, 이는 적절한 개입을 하지 못하게 한다고 주장하였다(Semrud-Clikeman, 2005). 2010년 미국학습장애협회(Learning Disabilities Association of America: LDA)에서는 56명의 전문가들의 전문지식에 기반한 백서(White Paper)를 발간하였는데, 여기서 적절한 개입을 개발하려는 목적을 위해 강점과 약점을 밝히는 데 필요한 인지적 그리고 신경심리학적 평가를 특정학습장애의 진단 절차에 포함시켜야 한다고 제안하였다(LDA,

기억할 것

학습장애는 만약 주요한 학업 영역(읽기, 수학, 쓰기) 중 하나에서의 성취가 연령에 기대되는 것 보다 상당히 아래에 있다면 분명하나, 이 '상당히 아래에(substantially below)'라는 것이 더 이상 특정적으로 성취와 지능 간 불일치로 정의되지 않는다.

2010).

이런 움직임에도, DSM-5(APA, 2013)는 불일치 준거 참조를 제거하고 "개별적으로 실시한 표준화된 성취도 검사와 종합적인 임상 평가를 통해 생활연령에서 기대되는 수준보다 현저하게 양적으로 낮으며"(p. 67)라는 학업적 기술 참조로 대체시킴으로써 기준을 변경하였다. 이 정의가 「장애인교육법」(2004)의 정의와 뜻을 같이한다는 많은 의견들이 있지만, 반면에 이전에 설명된 방식보다 묘사가 더 애매하고 덜 강력하다고 여겨지기도 한다.

기억할 것

DSM은 특정학습장애를 몇 개의 영역에서 인정하는데, 읽기(정확성, 유창성, 독해력), 쓰기(철자, 문법과 구두법, 구조화), 그리고 수학(수 개념, 수학 공식, 계산, 혹은 수학적 추론)이 그 영역들이다. 비록 DSM은 지각, 언어 처리, 주의, 기억 영역에서의 관련된 결함이 학습장애와 같이 일어날 수 있다고 하였지만, 만약 감각적 결함이 분명하다면 학습장애(진단)는 그 감각적 결함이 있을 때 기대되는 것 이상이어야 한다.

기억할 것

불일치 준거는 지적장애와 특정학습장애를 감별 진단할 때 중요한 정의적 특징을 제공한다. 지적장애가 있는 아동은 비록 학업 성취가 낮더라도 이는 지적 기능의 수준에 비례한다고 생각되지만, 특정학습장애는 IQ와 성취 사이에 유의미한 불일치가 있기 때문에 특정학습장애로 진단받는다.

기억할 것

Kavale, Forness와 MacMillan(1998)은 이론가들이 장애에 대한 생물생리학적인 본질에 대한 관점을 잃어버렸고, 학습장애가 중추신경계 손상에 대한 언급 없이 학업 실패를 의미하는 빈 개념으로 축소되었다고 하였다.

일반적인 유병률과 경과

특정학습장애의 유병률을 결정하는 것은 매우 어려운데, 왜냐하면 특정학습장애를 어떻게 정의하고 측정하였는가에 따라 매우 다르기 때문이다. 예를 들어, **불일치 준거**(IQ와 성취 점수 간의 표준점수 차이)를 사용한 연구에서 살펴보면, ADHD와 특정학습장애의 공존율이 IQ와 성취 점수 간 20점 차이를 준거로 사용한 연구에서는 16~21% 범위에 있었고(Frick et al., 1991), IQ와 표준 읽기 점수 간 10점의 불일치 준거를 사용한 연구에서는 38~45%의 범위에 있었다(Dykman & Ackerman, 1992; Semrud-Clikeman et al., 1992). 전반적으로, 특정학습장애의 유병률은 인구의 2~10%로 추정된다(APA, 2000).

학습장애와 사회적 기술 결함

지난 30년간, 여러 연구들에서 학습장애를 가진 아동들은 학습장애를 가지지 않은 또래들보다 사회적 어려움을 더 많이 경험한다고 보고되어 왔다. 학습장애와 사회적 어려움 사이의 관련성은 너무 일반적이라 Rourke(1989)는 이런 아동들이 "사회적 그리고 다른 적응적 기술들을 숙달하는 데 유의미한 어려움" (p. 215)을 가진다는 것을 정의에 포함시키자고 제안하였다. 학습장애통합위원회(The Interagency Committee on Learning Disabilities: ICLD)는 학습장애와 사회적 기술에 대한 연구들을 평가하여, 사회적 기술 결함이 특정학습장애를 나타낼 수 있다고 결론지었다(ICLD, 1987). 그 결과, 학습장애통합위원회(ICLD)는 학습장애공동협의체(National Joint Committee on Learning Disabilities: NJCLD)의 정의에서 다른 기술 습득 결함(예: 듣기, 말하기, 읽기, 쓰기, 추론, 수학 능력)에 사회적 기술을 포함해야 한다고 제안하였다. 그러나 잠재적으로 특정학습장애를 사회적 결함으로 정의하는 것에 대해 반대하는 측은, 만약 이러한 정의에 따르게 된다면 비록 사회적 특정학습장애로 진단되었지만 학업 결함이 없는 경우가 생길 수도 있다고 우려를 표하였다(Forness & Kavale, 1991).

학습장애를 가진 아동들에 대한 연구에서, Stone과 La Greca(1990)는 특정학습장애 아동들이 학습장애가 아닌 또래들에 비해 사회성 점수(sociometric score)가 유의미하게 낮을 뿐만 아니라 거절되고 무시되는 경향이 있다는 것을 발견하였다. 또한 사회적 기술 결함이 사회적 유능성뿐만 아니라 학업 성취에도 영향을 주는 것을 발견하였다.

기억할 것

아동의 사회적 지위 집단은 인기 있는(popular), 거부된(rejected), 무시된(neglected), 보통(average), 혼합형(controversial)이라는 5개의 뚜렷한 사회적 분류 집단으로 구분된다(Coie, Dodge, & Coppotelli, 1982). 무시된 아동들은 사회적 영향력 점수(낮은 사회적 가시성)가 낮은 반면, 거부된 아동들은 사회적 영향력에선 높은 점수를, 사회적 선호도에선 낮은 점수를 나타낸다.

게다가, 사회적 기술 결함은 특정학습장애 진단 이전에 유치원에서 나타날 수 있고(Vaughn, Hogan, Kouzekanam, & Shapiro, 1990), 성인기까지 지속적이다(Gerber & Reiff, 1994). Gresham과 Elliott(1990)은 사회적 유능성을 약화시키는 세 가지 원인에 대해 기술하였다.

- **기술 결함**: 요구되는 기술을 학습하지 못함
- **수행 결함**: 기술을 가지고 있으나 적용하지 못함
- **자기통제 결함**: 적합한 사회적 기술의 수행과 습득을 방해하거나 경쟁하는 혐오적인 행동을 보임

주의

사회적 기술과 사회적 유능성 간 차이는 다음의 기준에 기반하여 구분될 수 있다. 사회적 유능성은 사회적 과제를 수용되는 방식으로 끝낼 확률을 결정하는 특질이다. 사회적 기술은 사회적으로 수용되는 결과를 생산하는 사회적 상황에서 요구되는 필수적 행동이다(McFall, 1982).

Kavale과 Forness(1996)는 특정학습장애 아동에게서 나타나는 사회적 기술 결함에 대한 152개의 연구에 대한 메타분석을 수행하였다. 6,353명의 학생이 이 분석에 포함되었고, 72%는 남성, 평균 IQ는 95였다. 거의 .75의 학생들(74%)이 사회적 기술에서 부정적인 평가를 받았으며, 이것은 특정학습장애가 없는 또래들과 명백히 구별된다. 연구자들은 **교사들**이 특정학습장애 학생들을 학문적으로 덜 유능하다고 지각하며 특정학습장애가 아닌 또래들에 비해 사회적 상호작용을 덜 한다고 지각하는 것을 밝혔다. 또한 교사들은 특정학습장애 아동의 70%가 불안을 나타낸다고 평가하였다. **또래 평가**(특정학습장애가 없는 또래들)에서 특정학습장애를 가진 10명 중 8명의 학생이 또래들에게 거부되는 것으로 나타났고, 10명 중 7명은 또래들로부터 친구로 생각되지 않았다. 다른 결과들로는, 특정학습장애가 아닌 또래들은 특정학습장애 아동을 장애가 없는 아동들보다 덜 인기 있고, 덜 유능하고, 의사소통을 적게 하며, 그리고 덜 협력적이라고 평가하였다. **자기 평가**에서는 80%가 학업적 유능성이 그들의 가장 큰 걱정이라고 보고했으며, 70%의 특정학습장애 학생들이 자기 평가에서 사회적 기술 결함을 가졌다고 보고하였다. 80%가 사회적 상황을 이해하고 사회 문

제에 대한 적절한 해결책을 만들어 내는 영역에서 사회적 유능성 결함을 보인다고 하였다. 예상되듯이, 70%가 낮은 자기개념과 자존감 결여를 보였다. 외적-내적 통제 소인과 귀인 평가에서 대다수의 특정학습장애 학생들은 외적으로 동기화되고(결과를 자신의 노력보다는 외적 영향에 귀인) 그들의 성공을 자신의 노력보다는 행운으로 귀인하였다. 실패는 노력보다는 능력의 결함으로 귀인되었다.

메타분석 결과를 통해, Kavale과 Forness(1996)는 비록 대다수의 특정학습장애 학생들이 여러 영역에서의 결함으로 인한 사회적 기술 결함을 보이지만, 왜 결함이 나타났는지는 판단할 수 없다고 결론지었다. 연구자들은 사회적 결함과 학업적 결함 사이의 관계뿐만 아니라 그 밑에 깔려 있는 사회적 역기능에 잠재적으로 기여하는 메커니즘(언어, 기억, 지각, 인지)에 대해 앞으로 연구되어야 한다고 주장하였다. 메타분석 결과를 통해, 연구자들은 비록 사회적 결함이 대다수의 특정학습장애 아동에게서 명백하지만(많은 특정학습장애 프로파일에서 연관된 특징으로 보고되지만), 사회적 결함을 특정학습장애의 진단 기준으로 포함시키는 것은 좀 더 지켜봐야 한다고 제안하였다.

학습장애와 하위 유형

학습장애에는 몇 가지 하위 유형이 있다. 여기에서는 그 동안 연구되어 온 5개의 특정 유형, 즉 읽기, 쓰기, 수학 그리고 비교적 덜 잘 알려진 비언어성 학습과 운동기술 결함(협응과 손글씨 쓰기에 관련된)을 포함한 장애들에 초점이 맞추어져 있다. 다섯 가지 특정학습장애 유형은 [참고자료 6-1]에 요약되어 있다.

참고자료 6-1 **특정학습장애**

장애	결함	관련된 특징과 어려움
읽기장애 (dyslexia)	읽기	해독, 이해, 유창성; 좌뇌 기능장애
쓰기장애 (dysgraphia)	쓰기 표현	조직화, 철자법, 문법적 구조, 구두법
수학장애 (dyscalculia)	수학	수 개념, 계산, 문제 해결
비언어성 학습장애 (nonverbal learning disability)	시공간 영역	우뇌 기능장애: 수학 기술 문제, 신체감, 균형, 사회적 화용 능력
통합운동장애 (dyspraxia)	발달성 협응장애 (DCD)	균형, 대근육 및 소근육 과제, 손재간

읽기장애: 난독증

임상적 기술과 관련된 특징

학습장애가 여러 다른 종류의 장애로 이루어진 장애군이라고 알려져 있지만(NJCLD, 1987), 그중에서도 읽기장애는 가장 흔하고(학습장애의 80%) 지금까지 가장 많이 연구된 특정학습장애다. 난독증(dyslexia)을 가진 아동들은 읽기에 어려움이 있는데, **해독**(decoding, 소리를 상징에 연합)하는 데 혹은 읽은 것을 **이해**하는 데 있어서 명백한 어려움을 가진다. 읽기는 매우 노력을 요하기 때문에, **유창성**이 유의미하게 발휘되지 못하고 결과적으로는 그들이 읽은 정보를 응고화시키는 데 어려움을 증가시킨다. 읽기 문제는 일반적인 인지적 제한이나 환경적 요인(부적절한 교수법, 사회경제적 약점) 혹은 감각 결함 때문에 나타나는 것은 아니다. 장애는 단순한 음운론적 처리(소리-상징 연합)에서부터 단어 구별하기와 문단 이해까지의 기본적 읽기 기술의 습득에 영향을 준다.

주의

난독증을 가진 개인은 여러 가지 면에서 문제가 있을 수 있는데, 왜냐하면 읽기가 세상에 대해 학습하는 기초를 제공하기 때문이다. 결과적으로, 유창하게 읽는 사람은 쓰여진 단어를 두고 고군분투하는 사람에 비해 더 많은 주제에 대해 더 많은 정보를 얻을 수 있다. Stanovich(1986)는 능숙한 읽기가 가능한 사람과 어려운 사람 사이에서 증가하는 지식 격차를 나타내기 위해, 이 과정을 '매튜 효과(Matthew effect)'라고 명명하였다. Ferrer와 동료들(2010)에 따르면, IQ 측정이 단어와 일반적 지식의 획득을 평가하는 것을 포함하고 있기 때문에 이러한 격차는 시간이 지남에 따라 점점 IQ 발달에 영향을 미칠 수 있다고 하였다.

난독증의 정의

국제난독증협회(International Dyslexia Association)에서 발간된 최근 논문에서, Lyon과 Shaywitz(2003)는 1994년에 내려진 원래의 정의를 확장시킨 **발달성 난독증**(developmental dyslexia)의 정의를 발표하였다. 최근의 정의는 장애를 신경생물학적 기원으로 구체화하였다는 점에서, 그리고 읽기장애를 일반적인 장애들 중 하나로 보지 않고 한 장애의 특정 하위 유형으로 개념화하였다는 점에서 1994년의 정의와 다르다. 이 정의는 정확히 그리고/혹은 유창하게 단어를 재인하는 것에서의 어려움을 나타내고, 음운론적 인식 결함에서 비롯되는 철자법과 해독 능력의 문제로 특징지어진다. 이 장애는 인지 능력이나 교수법으로 예측되지 않는다. 아마 읽기 결함에서 비롯된 읽기 이해와 빈약한 단어 발달이 관련 특성에 포함될 수 있다. 최근 정의는 난독증의 주요한 그리고 장기적 결과로서의 유창성에 대한 인식을 강조한다. 비록 난독증을 가진 많은 사람들이 개입을 통해 읽기 정확성을 증가시키지만, 유창성의 결여는 노력을 요해야 하고 느리고 고된 읽기의 결과를 가져오는 장기간에 걸친 문제를 유발한다(Shaywitz, 2003). Shaywitz와 Shaywitz(2008)는 미국대학원입학 학력시험(GRE)

과 미국경영대학원 입학시험(GMAT)과 같이 학생들이 치르게 되는 가장 중요한 시험들에서 난독증의 영향력을 파악하는 것의 필요성을 강조하였고 난독증 학생들이 그들의 잠재력을 나타낼 수 있는 추가적인 시간을 제공할 필요성에 대해 주장하였다.

유병률과 경과

난독증은 특정학습장애에서 가장 흔하다. 인구의 5%에서 17%가 이 장애의 기준에 부합한다고 추정된다(Ferrer et al., 2010). 발달적으로, 난독증의 신호는 아동이 학교에 들어가기 전까지 크게 드러나지 않는데, 알파벳을 배우는 것, 숫자와 단어를 인식하는 것, 운율 활동, 지시를 따르는 것, 혹은 자기 이름을 쓰는 것에서의 어려움과 같은 초기 문제들은 난독증의 초기 신호일 수 있다. 어떤 아동들은 강한 기억 기술을 써서 마치 읽는 것처럼 보임으로써 난독증으로 의심받지 않을 수 있다. 어떤 아동들은 수업 시간에 글을 읽어야 하는 불가피한 과제를 피하기 위해 행동문제를 일으킬 수 있다. 난독증 아동들은 ADHD 아동에게서 보이는 많은 실행기능 결함을 자주 보이며 몇몇 연구에서 이 두 장애의 공존율을 높게는 38~45%까지 추정하고 있다(Dykman & Ackerman, 1991).

병인론

생물학적, 신경학적 그리고 유전적 전이

쌍생아 연구에서 난독증이 일란성 쌍생아의 68%에서 나타났으며(DeFries & Alarcon, 1996), 유전적 영향은 낮은 IQ를 가진 아동과 비교했을 때, 높은 IQ를 가진 아동들에게서 더 두드러졌다(Knopik, 2001). 연구자들은 난독증 아동의 23~65%가 난독증 부모를 가졌으며 형제자매 중에 함께 장애를 보일 비율이 40% 정도로 추정된다고 제안하였다(Pennington & Gilger, 1996).

표현언어와 수용언어 처리과정(Pennington, 2009), 언어적 작업 기억(Swanson, 2009), 그리고 실행기능과 처리 속도(Johnson, Humphrey, Mellard, Woods, & Swanson, 2010)를 담당하는 여러 신경학적 체계들이 난독증과 관련이 있다. 기능적 자기공명영상(fMRI)을 사용한 연구에서, Shaywitz와 Shaywitz(2008)는 잘 읽는 독자 대 잘 읽지 못하는 독자의 발달 경로를 추적하였다. 정상적으로 발달하는 뇌에서, 읽기 유창성 증가 경로는 뒤쪽 영역(시각 지각, 글자/단어 명명)에서 앞쪽 영역(이해 담당)으로, 우뇌(공간적)에서 좌뇌(언어적)로 나타난다. 연구 결과, 난독증을 가진 개인은 읽기를 할 때 좌뇌의 후방 뇌 체계가 읽기를 할 때 적절히 반응하지 못하는 것으로 나타났다(Frith & Frith, 1999). 연구들은 2개의 다른 체계가 읽기 능력을 발달시키는 데 필요하다고 결론지었다. 하나는 처음에 음운 지각에 더 노력을 요하는 체계(측두엽 피질 영역)이며, 또 하나는 더 기술적으로 읽는 사람에 의해 사용되는 더 빠른 해독 체계(예: 시각 어휘, 후두측두 영역)다. 분명히 난독증인 사람은 이 두 영역에서 낮은 활성화를 나타내고, 전두회(글자를 소리로 해독)에서 활성화가 증가하는데, 이는 총체적인 해독 부하를 가져온다(Shaywitz, 2003).

난독증인 사람들은, 좌측 후방 체계에서 낮은 활성화 수준을 보이고, 이는 앞쪽 영역으로의 진행이 아닌 두 후방 체계(좌측과 우측) 모두의 사용을 초래한다.

Lyon과 Shaywitz(2003)에 의해 제안된 수정된 정의에서는, 이 장애를 실제 뇌의 특정 위치의 처리 결함과 관련된 신경학적인 기반으로 인식한다. 인지적으로, 언어적 그리고 시각적 부호화 과정은 문어와 구어 사이를 연결하기 위해 협업해야 한다. 인지적 관점에서, 장기 기억과 작업 기억 둘 다 읽기 학습에 관련된다.

> **기억할 것**
>
> 읽기는 일련의 글자들을 의미 있는 것으로 인식하고, 단어의 뜻을 회상(기억)하는 것, 그리고 단어를 더 큰 문맥에 통합시키는 것(이해)과 관련된다.

연구 노력들과 기술적 진보를 통해 언어의 음운론적 요소에서의 결함이 난독증의 기초임을 확인했다. Lyon과 Shaywitz(2003)는 음소 인식이 읽기 부호를 어떻게 나누어야 하는지 이해하는 기초일 것이라고 제안하였다. 이 음운론에서의 결함은 지금까지 난독증을 예측하는 가장 구체적 요인이다(Morris et al., 1998).

평가와 치료/개입

역사적으로, 특정학습장애의 평가는 제거의 과정과 관련되어 왔다. 예를 들어, 평가는 특정학습장애의 병인을 설명하는 경쟁적인 가설들을 제거하는 감별 진단에 의해 진행되며, 특정학습장애에 대해 가능한 다른 설명들을 제거하는 과정이다. 그리고 특정학습장애 평가에 지적 평가, 감각(청각, 시각, 언어) 평가, 가족력 · 발달력 · 정서력 · 학교력(예: 잦은 결석, 학교 출석률, 시도된 개입 등) 평가가 포함된다. 초기에 지적 또는 인지적 평가를 시행하는 것이 중요한지가 특히 반응중재기법(RTI) 지지자들에게는 논란의 중심이지만, 특정학습장애 평가에서 인지적 측정을 처음에 해야 한다고 주장하는 사람들은 적절한 개입을 개발하는 데 도움이 될 수 있도록 기저의 인지 기술(강점과 약점의 프로파일)을 확인하는 것이 중요하다고 강조한다. Johnson과 동료들(2010)은 인지적 평가가 다음 네 가지의 내용을 설명하기 때문에, 난독증을 가진 개인의 확인 과정과 개입 과정에 중요하다고 제안한다.

- 지적 기능의 범위
- 읽기 성취에서의 결함과 결함의 구체적 특성
- 인지 과정에서의 강점과 약점
- 환경 조건에 의해 유발되지 않은 처리 결함

개입

특정학습장애 전문가는 "읽기 문제는 나중에 없어지거나 발달지연이 나타나는 것이다."(Shaywitz, Morris, & Shaywitz, 2008, p. 470)라는 미신을 없애는 것의 중요성을 강조하고, 구체적이고 집중적인 개입이 적용되지 않는다면 난독증은 시간이 흐른다고 개선되지 않는다는 것을 강조한다. 2, 3학년 아동의 난독증에 대한 연구에서, Shaywitz와 Shaywitz(2008)는 소리-상징 연합과 관련된 발음중심 교수법을 매일 50분씩 사용하는 개인교습이 읽기 능력을 향상시킬 수 있을 뿐만 아니라 정상인과 유사한 뇌 활성화 패턴이 증가함에 따라 신경 연결을 증가시켰다는 것을 발견했다.

초기 개입

프로그램이 교실 수업에 포함되든, 개별적인 프로그램으로 진행되든, 2개 모두 실시되든지 상관없이(Fuchs & Fuchs, 2005; Vaughn, Linar-Thompson, & Hickman, 2003; Vellutino, Scanlon, Small, & Fanuele, 2006), 초기(유치원, 초등학교 1학년)의 음소인식(phonemic awareness)과 문맥(context)을 목표로 하는 프로그램은 읽기 문제의 위험을 5% 미만으로 감소시켰다(Shaywitz et al., 2008),

후기 개입

불행하게도, 후기에 적용된 개입은 성공적이지 않다. 비록 음운 처리과정에서의 직접적인 지시와 실습은 해독의 정확성을 향상시킬 수 있지만(Lovett, Barron, & Benson, 2003), 난독증을 가진 개인의 대다수는 진행이 더디고 이해하기 힘들어하는 읽기 문제와 유창성 문제가 지속된다. 이해하면서 읽기를 목표로 하는 프로그램과 반복된 읽기 접근(처음에 이해하려고 노력하면서 같은 단락을 여러 번 읽기)이 읽기 유창성과 비판적인 생각을 성공적으로 향상시켰다는 보고가 있다(Kuhn & Stahl, 2003).

Kim, Vaugh, Wanzek와 Wei(2004)는 특정학습장애 학생들의 이해를 향상시키기 위해서 도식조직자(graphic organizer)를 사용하는 것의 효율성과 관련한 21개의 연구들을 조사하였다. 학생들이 직접 도식조직자를 만들고 도식조직자가 글 이후에 제시되고, 장기간 동안 사용되었을 때 가장 효과적이라는 것을 밝혀냈다(Dunston, 1992). 특정학습장애 학생들이 언어 정보를 조직하고 기억해내는 것에 문제가 있고(Wong, 1978), 공간적 그리고 시각적 추론에 강점이 있기 때문에(Witelson, 1977), 도식조직자의 사용은 특히 특정학습장애 학생들에게 도움이 된다고 주장되어 왔다.

Kim과 동료들(2004)이 수행한 메타분석의 결과는 방법론적 어려움(표준화된 읽기 평가 도구의 부족과 다양한 방법의 사용)에도 불구하고, 난독증 학생의 도식조직자의 사용은 의미조직자(semantic organizer)의 사용을 통해서 읽기 이해를 향상시키는 효과가 있는 것 같다고 제안한다. 도식조직자와 같은 정보의 시각적 제시는 이해와 나중의 회상을 위해서 정보를 조직하는 데 도움을 줄 것이라고 연구자는 결론짓는다. 그러나 지난 10년 동안 이러한 중요한 영역에 대해 단지 3개의 연구만이 진행되었으며, 앞으로 더 깊이 있는 비교 연구가 이루어질 필요가 있다고 강조했다.

쓰기장애: 난서증

임상적 기술과 관련된 특징

난독증에 대해서는 알려진 것이 많은 반면에, 난서증(dysgraphia)이나 쓰기장애에 대해서는 활용 가능한 정보가 거의 없다. 읽기 결함과 수학 결함을 알아내기 위한 방법은 쉽게 활용할 수 있지만, 쓰기장애는 과정을 수량화하기 어렵기 때문에 정의 내리기가 어려운 영역이다. 그 결과, 기저의 신경인지 과정에 대한 정보와 이해가 부족하다(Hooper, Swartz, Wakely, de Kruif, & Montgomery, 2002).

난서증의 정의

쓰기장애가 있는 특정학습장애 아동은 다양한 증상과 프로파일을 나타낸다. 왜냐하면 쓰기과정이 계획, 조직, 수정, 기록 그리고 아이디어를 글로 옮기는 것을 포함하는 수많은 다양한 기술들을 포함하기 때문이다(Reid & Ortiz-Lienemann, 2006). 따라서 어떤 특정학습장애 아동은 칠판이나 다른 것에서 문자를 베껴 쓰는 것의 어려움으로 인해(운동협응 문제 때문이 아닌), 필기하는 데 어려움을 보인다. 다른 특정학습장애 아동은 문자 순서를 정확하게 회상하는 것이 어렵기 때문에 철자 쓰기에 어려움을 경험하고, 문자 반전(reversal)(b/d), 문자 전위(transposition)(first girl 대신에 frist gril), 또는 문자 도치(inversion)(u/n)의 오류를 경험한다. 또 다른 특정학습장애 아동은 더 광범위한 결함으로 인해 문제를 경험하게 되는데, 생각을 조직화하고, 그것을 쓰기 형식으로 변환시키는 것에 어려움을 경험할 수 있다. 다른 특정학습장애 아동은 문법적인 구조와 구두법의 문제가 있을 수 있다. 모든 사례에서, 쓰기 표현 수준은 그들의 성적 수준과 지적 기능 수준에 비해 상당히 낮을 것이고, 이는 환경적인 조건(예: 교수법/학교교육의 부족)의 결과가 아니다.

유병률과 경과

대부분의 아동이 문자 반전과 숫자 반전에 있어서 초기에 어려움을 보인다. 그러나 쓰기장애 아동은 이러한 어려움이 자기수정(self-correct)(대략 8세)을 해야 할 나이를 지나서도 지속될 것이다. 초기 학령기에는 쓰기 표현에 대한 기대가 매우 낮기 때문에, 초기에 난서증을 진단하는 것은 매우 어렵다. 그러나 아동이 노력함에도 불구하고 제시간에 과제를 완성하는 것에 어려움을 겪고, 선 안에 색칠하기와 선대로 자르기, 단어를 베끼는 데 어려움이 있다면, 더 어린 아동에게서도 징후가 명백할 수 있다.

학년이 높아질수록 쓰기 표현 영역에서 기대되는 것이 더 커지기 때문에, 쓰기장애를 갖고 있는 아동의 어려움이 증가한다. 초기 학령기(초등학교)의 난서증 유병률은 1.3~2.7%로 추정되지만, 중학생이 되면 유병률은 6~22%로 증가한다(Berninger & Hart, 1992; Hooper et al., 2002). 난독증과 난서증은 유사한 신경인지 과정과 연관되기 때문에, 아동이 난독증과 난서증을 함께 갖는 것이 일반적이다(Mayes & Calhoun, 2007).

병인론

쓰기장애의 원인에 대해서는 비교적 덜 알려져 있지만, 최근 증가하는 연구 결과들은 기억, 주의, 글을 쓸 때의 근육운동의 결과(graphomotor output), 순차처리와 같은 실행기능들, 높은 수준의 언어기능, 시공간 능력들을 포함하는 신경학적 요인들을 발견하였다고 보고하고 있다(Hooper et al., 2002). 많은 ADHD 아동들이 ADHD가 아닌 또래와 비교해서 필사(필기, 받아쓰기)와 철자 쓰기에서도 어려움을 보이기 때문에(Imhof, 2004), 전전두피질의 역할에 대한 연구가 증가하고 있다.

평가와 치료/개입

이전에 언급된 것처럼, 쓰기 표현의 평가는 읽기능력 평가나 수학능력 평가보다 양적인 평가가 훨씬 더 어렵다. 또한 쓰기 표현 영역 중에, 글 구성의 명확성, 관념화, 표현을 평가하는 것은 철자법이나 문법 오류를 측정하는 것보다 훨씬 더 수량화하기 어렵다. 한 연구에서, Mayes, Calhoun와 Lane은 여러 도구를 사용했을 때 78%의 난서증 아동을 밝혀낸 반면, 하나의 평가 도구를 사용한 경우, 쓰기표현장애 아동의 35%만을 밝혀낼 수 있었다고 보고했다.

기억할 것

난서증은 세 가지의 다양한 쓰기 과정의 양상을 포함하는데, ① 필사(transcription) 과정(한 출처에서 다른 출처로 베끼는 것, 생각을 종이에 옮기는 것), ② 과정의 기계적이거나 기술적인 측면(문법, 구두법, 철자 정확성)이다. ③ 필사하기 위한 정보의 조직화(명확한 표현, 생각의 배열, 흐름)다. 쓰기 표현 영역에서 특정한 장애를 가진 개인은 이러한 모든 영역에서 또는 특정 영역에서 문제를 경험할 수 있다.

특정학습장애의 특징에 따라 활용 가능한 개입의 유형은 다양하다. 어떤 학생들은 쓰기 과정을 어떻게 계획할지에 대해 직접적으로 지시받는 것이 적절하고, 어떤 프로그램은 다양한 연상기호를 사용하고, 과정에 다양한 구성 요소를 포함시킨다(유도된 피드백, 자기조절 절차). 예를 들어, Reid와 Ortiz-Lienemann(2006)은 ADHD 아동의 쓰기에서의 양과 질을 향상시키기 위해서 자기조절 전략 발달(Self-Regulated Strategy Development: SRSD) 프로그램을 사용했다. 더 심각한 문제를 가진 아동을 도와주기 위해서 여러 방법들이 사용될 수 있는데, 받아쓰기를 위해 서기를 사용하거나, 말로 과제를 구술하게 허락하거나 쓰기 시험에서 써야 하는 것을 줄여 주거나(서술시험 대신에 빈칸 채우기), 음성 인식 소프트웨어를 사용하는 것이 사용될 수 있다(Graham, Harris, & Larsen, 2001; MacArthur, 2000).

수학장애: 난산증

임상적 기술과 관련된 특징

난산증(dyscalculia)의 문제를 경험하는 아동은 숫자와 관련된 정보와 산술적인 과정과 관련한 정보를 처리하는 능력에 결함이 있다.

난산증의 정의

수학장애는 수학적 이해에 있어서의 제한을 말하며, 수 감각 이해에 대한 결함으로 가장 잘 묘사될 수 있다. 이러한 결함은 문제 해결이나 수학적 정보(통계)를 회상하는 것과 관련된 수행 능력에 지연을 가져온다. 이 장애는 난독증만큼 연구되지 않았으나, 이 과정과 관련된 신경인지 요인들과 실행기능들이 연구되기 시작했다(Geary, 2004; Swanson & Jerman, 2006).

유병률과 경과

어떤 아동은 특정한 수학 개념(예: 나누기, 기하학)에 문제를 가지고 있고, 다른 수학 개념에는 문제를 가지고 있지 않는 경우가 있기 때문에, 유병률을 확실히 알기 어렵다. 따라서 좀 더 일반적인 것을 평가하는 도구를 사용하는지, 특정한 수학 문제에 초점을 두는 도구를 사용하는지에 따라 유병률이 달라진다. 학교에 다니는 5~10%의 아동이 수학장애의 기준을 충족시킬 것이라고 추정되었다(Barbaresi, Katusic, Collagin, Weaver, & Jacobson, 2005).

수학장애를 가진 개인은 수 감각(계산, 순서 맞추기)과 빈도 계산(calculation frequency)의 영역에서 신경인지 과정에 결함이 있기 때문에, 대다수의 수 개념을 습득하는 데 어려움이 지속된다(Gersten, Jordan, & Flojo, 2005). 어린 연령에서는 숫자 세기, 일대일 대응, 기본적인 통계, 그리고 많고 적은 것과 같은 수량 개념의 이해에 있어서 문제를 나타낸다. 연령이 높아질수록 단어 문제를 이용한 문제 해결과 더 복잡한 산술적 과정이 제시되는 문제가 더 강조되기 때문에 이러한 아동의 문제는 악화된다.

병인론

특정학습장애와 마찬가지로, 수학장애를 가지는 개인은 장애를 물려받는 경우가 많으며(Kovas et al., 2007), 그 비율은 43%나 된다. 난독증(47%)과 비교해도 높은 수준의 유전적 영향을 받는다. 수학장애의 원인에 대한 연구자들의 의견이 나뉘는데, 실행기능 결함과 같은 일반적인 신경인지 과정에 초점을 맞추는 연구자들에 반해, 다른 연구자들은 어림수 파악능력(Approximate Number System: ANS) 같은 내재적인 특정 결함에 초점을 맞춘다.

실행기능 결함과 신경인지 과정 결함

수학장애의 연구에서, Geary(2000, 2003)는 주의와 단기 기억과 같은 실행기능 결함과, 시공간 능력에서의 결함이 수학장애의 핵심이라고 제안한다. 이러한 능력에서 약점을 보이는 아동은 정렬, 자리값, 그리고 도표와 지도의 정보에 주의를 기울이는 것에 어려움을 보인다. 그는 작업 기억 문제의 예로서 숫자 세기를 위해 손가락을 사용하는 아동을 들었다.

수 감각에 대한 연구

Mazzocco, Feigenson과 Halberda(2011)와 같은 연구자들은 더 구체적인 수준으로 어림수 파악능력에 대해 조사하였다. 또한 수 감각의 습득에 있어서 어림수 파악능력의 역할에 대해서도 조사했다. 연구에 따르면, 어림수 파악능력은 우리가 빠른 결정을 내릴 때 암묵적이고 규칙적인 기반에 접근하는 체계다. 예를 들어, 식료품점에서 가장 빠르

> **기억할 것**
>
> Geary(2003)는 수학장애의 핵심은 시공간 처리의 결함이고, 이 결함이 숫자 정렬과 같은 과제에 영향을 미치거나 자리값에서의 오류를 야기한다고 제시했다.

고 짧은 계산대 줄을 확인하는 것이다. 그들의 연구에서, 수학장애를 가진 아동은 정상군 또래와 비교해서 어림수 파악능력이 빈약하다는 것을 발견했다.

평가와 치료/개입

실행기능(주의와 단기 기억)과, 신경인지 과정(시공간 분석)에 결함이 있고, 수 감각의 문제를 가진 아동은 수학 교육과정에 따라 문제가 악화되는 것을 경험한다. 왜냐하면 수학은 누적된 지식이 요구되기 때문이다.

따라서 기초 개념, 수 감각, 그리고 숫자세기와 같은 중요 영역을 평가하는 수 지식 검사(Number Knowledge Test; Okamoto & Case, 1996)와 같은 초기 검사가 중요하다. Bryant와 동료들(2008)은 예방과 개입 프로그램이 성공적이려면, 최적의 효과가 있기 위해서 회기가 집중적이어야 한다고 제안한다(20분 회기를 한 주에 네 번, 23주 동안 실시). 숫자 기능을 향상시키기 위한 수직선 사용, 돈을 거슬러 주고 세는 연습, 그리고 분수를 배우기 위해서 저울을 사용하는 것과 같은 실용적 연습을 결합시키는 것이 효과가 있는 것으로 보고된다.

비언어성 학습장애

임상적 기술과 관련된 특징

많은 사람들이 난독증에는 친숙하지만, 쓰기장애와 수학장애를 아는 사람은 적으며, 비언어성 학습장애(Nonverbal Learning Disabilities: NLD)를 아는 사람은 거의 없다. 이러한 특정한 종류의 장애는 강점과 약점에 있어서 독특한 프로파일을 갖는다. 따라서 특정학습장애를 접해 본 적이 없는 치료자는 이러한 프로파일에 혼란스러울 수 있다. 난독증이 있는 개인은 수행 영역(시각적 분석 기술)

에서의 강점과 언어적 부분(어휘와 이해)에 있어서 약점을 보여 주는 지적 프로파일을 갖는 반면에, 비언어성 학습장애를 가지는 개인은 정반대의 프로파일을 보여 준다. 언어적 영역에서 명확한 강점을 보이고 수행(시공간적인) 영역에서는 명확한 약점을 보인다.

비언어성 학습장애의 정의

비언어성 학습장애는 시공간 처리과정에서의 문제와 관련 있는 우반구 역기능(Mattson, Sheer, & Fletcher, 1992)이 원인이다. 이 분야의 초기 연구자이자 전문가인 Rourke에 따르면, 이 증후군은 "촉각 지각과 시각 지각, 복잡한 정신운동 기술, 그리고 새로운 환경을 다루는 것의 몇 가지 차원에서의 명확한 초기 결함"(Rourke et al., 2002, p. 311)으로 특징지어진다고 하였다. 이 장애는 또한 **발달적 우반구 증후군**(Gross-Tsur, Shalev, Manor, & Amir, 1995), 시공간 학습장애(Cornoldi, Venneri, Marconato, Molin, & Montinari, 2003)라고도 불린다.

유병률과 경과

비언어성 학습장애는 드물게 나타나는 장애로, 유병률이 대략 .1%다. 그러나 많은 사람들이 이 장애에 친숙하지 않고, 증상이 아스퍼거장애와 겹치기 때문에, 유병률은 낮게 추정되었을 수도 있다. 난독증의 대략적인 남녀 비율은 8:1이지만, 비언어성 학습장애에 있어서의 성비는 동등하다.

비언어성 학습장애 아동은 종종 서툴러 보일 수 있고 협응(coordination)의 문제를 나타낼 수 있다. 왜냐하면 자기수용성(공간에서의 신체 위치의 감각) 감각이 떨어지고, 인지적 그리고 운동적으로도 정보처리의 속도가 느리기 때문이다. 비언어성 학습장애는 읽기는 우수할 수 있으나 수학은 잘 못하고(난산증), 얼굴 인식과 다른 시공간 과제에서 약점을 보인다. 이들은 사회적 영역에서 아스퍼거장애와 유사하게 보인다(사회적 단서 감각이 떨어지고 화용론적 대화의 어려움). 청소년기에 비언어성 학습장애는 빈약한 사회적 기술 때문에 고립감을 느낄 수 있으며 우울해지기 더 쉽다(Rourke, 1995).

병인론

특정학습장애의 대다수가 높은 유전적 요소를 가지고 있지만, 비언어성 학습장애를 갖는 개인은 뇌의 역기능과 더 관련이 있다. Rourke(1995)에 따르면, 장애의 결함 정도는 우반구의 손상 정도와 우반구의 백질의 양과 관련이 있다고 한다. 손상은 후천적 또는 선천적인 뇌졸중 형태로 인한 것 같다고 Rourke는 제안한다.

기억할 것

Rourke와 동료들(2002)은 비언어성 학습장애를 설명하는 데 있어서 백질 모델을 제안했다. 이 모델은 우반구 뇌졸중의 결과로(후천적이거나 선천적이거나), 백질의 양이 감소되고 좌반구와 우반구의 연결이 끊어져서, 결국 좌반구와 우반구가 소통하지 못하게 된다고 제안한다.

평가와 치료/개입

정의에 의하면 비언어성 학습장애는 뇌 역기능과 관련된 신경학적 장애이기 때문에 신경학적 측정의 중요성을 강조할 필요가 있다. 이러한 평가들에는 가족력, 병력, 지능평가가 포함될 수 있으며, 학습적이고 행동적인 측정 외에도 갖춤새 전환(set shifting (category test)), 손가락 두드리기, 선로 잇기와 같은 신경심리적 기능의 평가와 같은 측정이 포함될 것이다.

또한 비언어성 학습장애와 관련된 장기적인 문제를 고려해 볼 때, 비언어성 학습장애로 진단된 아동의 경우 점점 증가하는 고립감과 잠재적인 우울로 진행하는 경향성을 예방하고 기술을 향상시키도록 돕기 위해 사회적 기술과 관련된 능력을 평가하도록 권고된다.

발달성 협응장애: 통합운동장애

임상적 기술과 관련된 특징

난서증을 갖는 아동은 한 출처에서 다른 곳으로 정보를 옮기는 것이 어려운 반면에(생각을 글로 옮기는 것, 한 출처로부터 다른 출처로 정보를 베끼는 것), 통합운동장애(dyspraxia)나 발달성 협응장애(Developmental Coordination Disorder: DCD)는 소근육 운동과 대근육 운동의 미성숙을 보이며, 이것이 쓰기에 영향을 미칠 뿐만 아니라 부드러운 근육 움직임을 수반하는 다른 행동에도 영향을 미친다.

발달성 협응장애의 정의

통합운동장애나 발달성 협응장애로 진단된 아동은 자세, 움직임, 협응에서의 문제를 경험한다. **통합운동장애**는 유럽과 영국에서 가장 일반적으로 사용되는 용어이지만, 발달성 협응장애는 북아메리카에서 흔하게 사용되는 용어다. DSM-5는 발달성 협응장애를 신경발달장애로 간주하고, 더 구체적으로 잘 협응되지 않는 운동기술(어설프고, 물건을 떨어트리거나 물건에 부딪히고, 잡기와 자르기 또는 베끼는 것에서 느리거나 부정확한 시도)에 의해 특징지어지는 운동장애라고 하였다. 장애는 일상생활을 방해하고 학문적 그리고 사회적으로도 성공을 어렵게 한다.

유병률과 경과

발달성 협응장애의 유병률은 5~11세 아동의 5~6%로 추정된다. 여성보다 남성에게서 더 빈번하게 발생한다(2:1 vs. 7:1) (APA, 2013). 발달성 협응장애, 난서증, 그리고 ADHD와의 공존율이 높게 나타난다(Sugden, Kirby, & Dunford, 2008). ADHD와 발달성 협응장애의 공존율은 몇몇 연구에서 50% 정도라고 추정되었다(Kadesjo & Gillberg, 1998).

발달성 협응장애 아동은 운동 움직임을 계획하는 것과 실행하는 것에 어려움을 나타내기 때문에, 초기 경고 신호로 단추 잠그기나 신발 끈 묶기에서의 어려움, 제한된 운동 능력(공 잡기나 던지기), 그리고 자르거나 색칠하는 것과 같은 정밀함을 요구하는 과제를 완성하는 것에서의 어려움 등이 나타난다. 또한 운동 발달에 있어서 지연이 나타난다(예: 늦은 기기, 걷기).

병인론

발달성 협응장애의 정확한 원인이 밝혀지지는 않았지만, 잠재적인 몇 가지 중추신경계 역기능이 제안되었다. 미숙아로 태어났거나 출생 시 산소의 부족(산소 결핍, anoxia)과 같은 출산 문제, 그리고 감각통합 문제들(Vaive-Douret et al., 2011)이 해당될 수 있다. 또한 운동 문제를 가지는 대학생의 반 이상이 명확한 필사(handwriting)의 문제와 시간관리, 조직화, 의사결정 영역에서 실행기능 문제도 보고했다(Kirby, Sugden, Beveridge, & Edwards, 2008).

평가와 치료/개입

발달성 협응장애가 주로 작업치료사들의 전문 지식 영역에 포함되기 때문에, 관심 있는 독자들은 발달성 협응장애의 선별과 평가에 대한 Barnett(2008)

의 문헌을 찾아보기를 바란다. 이러한 선별과 평가 도구들은 발달성 협응장애와 관련된 장애의 정도와 특성을 평가하고 개입 전략의 개발을 위한 프로파일을 제공하기 위해서 개발되었다. 발달성 협응장애 아동에 대한 초기 개입과 목표에 있어서, Sugden과 동료들(2008)은 학교 과제, 또래 활동과 여가 활동, 자조기술에 초점을 맞추는 활동에 발달성 협응장애 아동이 참여하고 관여하도록 해야 한다고 강조했다.

학습 점검하기

1. 특정학습장애의 가장 흔한 형태는?
(a) 수학장애
(b) 비언어성 학습장애
(c) 읽기장애, 난독증
(d) 발달성 협응장애(DCD)

2. Kavale, Forness와 McMillan에 의하면, 특정학습장애의 최근 정의는 중추신경계의 역할을 인정하지 않았다고 한다. 사실인가?

3. 불일치 모델(discrepancy model)은 최근에 비판을 받게 되었다. 그 이유는?
(a) 중간 정도의 IQ 점수에 잘 적용되지 않아서
(b) IQ가 높은 아동에게 유리하게 편향되어서
(c) 기저의 절차 문제로 인해
(d) B와 C 모두

4. 사회적 유능감의 결함은 학습장애에 관한 국제합동위원회(National Joint Committee on Learning Disabilities)에 의해 최근에 특정학습장애의 하나로 여겨지고 있다. 사실인가?

5. 다음 중 어느 것이 사실인가?
(a) 특정학습장애 아동은 항상 또래관계 문제를 갖지 않는다.
(b) 특정학습장애 아동은 교사에 의해 너무 사교적이라고 지각된다.
(c) 특정학습장애 아동은 특정학습장애가 아닌 또래보다 사회적으로 덜 유능하다고 평가된다.
(d) b, c 모두 해당된다.

6. 비언어성 학습장애(NLD)를 가진 아동들에 대한 설명이다. 맞는 것은?
(a) 교육 체계에 의해 특정학습장애로 인지된다.
(b) 전형적 유형의 특정학습장애 또래에 비해 더 사회적으로 적응적이다.
(c) 수학을 잘한다.
(d) 개입이 제공되지 않으면 자살과 우울 위험이 높다.

7. 난독증을 가진 아동 연구는 다음과 같은 사실을 밝혀냈다. 맞는 것은?
(a) 유창성 문제는 난독증의 주된, 장기적 결과다.
(b) 난독증을 가진 개인은 음운과 시각 인식과 관련된 뇌 영역의 활성화가 잘 안 되는 것으로 나타난다.
(c) 읽기 실패는 집중적이고 효과적인 초기 개입에 의해 감소될 수 있다.
(d) (a), (b), (c) 모두 사실이다.

8. Stanovich(1986)가 주장한 매튜 효과에 대한 설명이다. 맞는 것은?
(a) 읽기 기술 결함의 누적된 효과
(b) 잘 읽지 못하는 사람은 더 잘 듣는 것으로 보상하는 경향이 있다.
(c) 난독증 아동의 대다수는 남자다.
(d) 난독증 아동의 대다수는 가난한 환경 출신이다.

정답 1: c, 2: 사실, 3: d, 4: 거짓, 5: c, 6: d, 7: d, 8: a

제3부

내재화 장애

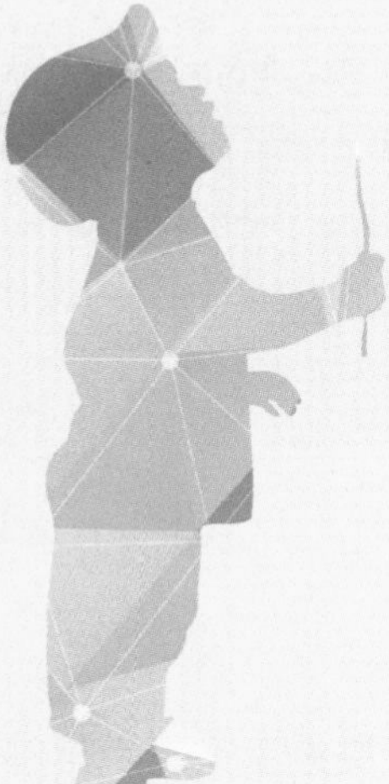

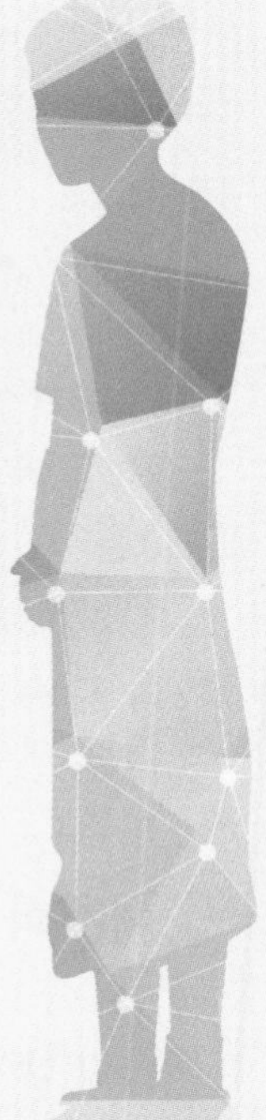

내재화 장애(internalizing disorders)는 외현화 문제 혹은 통제 결여 행동과는 반대되는 **과잉통제된** 행동의 결과다(Achenbach, 1966; Cicchetti & Toth, 1991). 내재화 행동은 "불안, 우울, 신체적 불편감, 의학적 원인에 기인하지 않는, 사회적 접촉으로부터 위축과 같이 자기 내부의 문제들이다."(Achenbach & Rescorla, 2001, p. 93) 정의에서도 의미하듯이, 내재화 문제는 특성상 잘 드러나지 않기 때문에 추적하거나 평가하기가 더 어렵다.

내재화 장애

불안, 우울, 신체적 불편감이 내재화 장애에서 다뤄지는 실제적 이유가 몇 가지 있는데, 높은 공존율, 부정적 정서성의 공유, 평가의 어려움 공유 그리고 사회적 위축, 또래 거절, 낮은 자기효능감, 낮은 자존감과 연관된 공통된 문제 영역들이 포함된다.

기억할 것

신체형 장애뿐 아니라 불안장애, 우울장애, 양극성장애는 내적으로 향하는 증상을 공유한다. 우울한 기분 상태, 불안하고 억제된 반응, 정서적 고통을 신체적 증상으로 표현하는 경향이 해당된다. ASEBA의 증후군 척도 요인 분석 결과(Achenbach & Rescorla, 2001), 내재화 차원은 불안/우울, 위축/우울, 신체적 불편감의 3개의 증후군으로 구성되어 있다.

내재화 장애의 유병율

어린 남아와 여아가 내재화 장애에 있어서 비슷한 유병율(7~9%)을 보이는 데 반해, 청소년(12~16세)에서는 여자(15.7%)가 남자(3.9%)보다 대략 4배 정도 더 높다(Offord, Boyle, & Szatmari, 1989). 또한 다음의 패턴들도 나타난다.

- 10~15%의 아동과 청소년이 우울 증상을 경험한다(Smucker, Craighead, Craighead, & Green, 1986).
- 1년에 13%의 아동이 불안장애로 진단된다(Costello et al., 1996).
- 병원에 두통과 무기력으로 내원한 아동의 약 25%는 신체형 장애를 보인다(Garber, Walker, & Seman, 1911).

실제에 적용하기

케리는 아주 조용하고 어린 소녀이며 성적이 좋지 않은 학생이다. 선생님은 케리가 가끔 과제에 집중하지 못하기 때문에, 과제에 압도된 느린 학습자일 것이라고 생각한다. 케리는 종종 복통과 두통을 호소하며, 한 달에 네 번 정도는 몸이 아파서 결석을 한다.

로버트는 케리와 같은 반인데, 케리와는 다르게 교실에서 말썽을 피우는 학생이다. 로버트도 성적이 좋지 않지만, 선생님은 로버트가 집중만 한다면 성적이 좋아질 것이라고 생각한다. 로버트는 자기마음대로 하고, 학급 수업과 활동을 방해한다. 선생님이 다음 팀 회의에서 논의할 학생들의 이름을 선택해야 했을 때, 산만하고 수업에 방해가 되는 로버트와 다른 두 명의 남학생의 이름이 바로 떠올랐다. 하지만 케리의 이름은 생각나지 않았다. 2년 뒤 케리는 5학년을 유급할 가능성 때문에 심리학자에게 의뢰되었다. 심리평가 결과, 케리는 밝은 아이지만, 걱정, 두려움, 부적절감에 압도되어 있다고 나타났다. 케리는 점점 커지는 불안과 우울을 다루기 위해 회피행동을 발달시켜 왔다. 그 결과, 두려움, 신체적 불편감이 증가하였으며 결석도 잦았다.

> **기억할 것**
>
> 불안과 우울 간 공존율이 60~70%로 높게 나타나고 있다. 발달적으로 불안이 발병하게 되면, 우울이 뒤따라 나타나게 된다(Kovacs & Devlin, 1998)

불안과 우울의 높은 공존율에 대해서, 불안과 우울이 구별된 범주로 진단되어야 할지 또는 부정적 정서성의 광범위한 개념으로 설명되는 것이 나을지에 대해 지난 20년간 유의미한 논쟁이 지속되어 왔다. 1991년에 Clark와 Watson은 불안과 우울의 3요인모델(tripartite model)을 제안하면서, **부정적 정서성**을 불안과 우울의 공통된 기저 증상으로 개념화하였다. 반면, 우울은 낮은 긍정적 정서성이 특징이고, 불안은 생리적 각성이 특징이다.

하지만 후속연구들은 첫 두 가설만을 지지하였는데, 이러한 가설 중 우울에 대한 설명만이 지지되었는데, 생리적 각성이 모든 유형의 불안에서 명백하게 나타나지 않았기 때문이다. 연구에서는 부정적 정서성이 불안과 우울의 공통 특징인 데 반해(Chorpita, 2002; Chorpita, Plummer, & Moffit, 2000), 낮은 긍정적 정서성(무쾌감증, anhedonia)은 불안장애와 우울장애를 구별해 줄 수 있는 요인이라고 설명하였다(Lonigan, Carey, & Finch, 1994). 불안과 우울은 어린 아동에게서 종종 같이 나타나는데, **부정적 정서성**은 '슬픔, 두려움, 죄책감, 분노의 기분상태처럼 정서적 고통의 광범위한 기질적 요인'으로 여겨지며, 이에 반해 **긍정적 정서성**은 고양감 혹은 열정의 기분상태를 지칭한다(Ebesutani, Smith, Bernstein, & Chorpita, 2011).

> **기억할 것**
>
> 3요인모델에서는 우울과 불안에 관한 논쟁을 세 가지로 설명하고 있다.
>
> - 불안과 우울의 공통 특징(부정적 정서성)
> - 우울의 독특한 특징(낮은 긍정적 정서성)
> - 불안의 독특한 특징(생리적 각성)

정서조절, 행동억제, 내재화 장애

아동 및 청소년기 우울 발달에 대한 논의에서, Cicchetti와 Toth(1998)는 Bronfenbrenner(1979)의 생태학적 교류 모델의 틀 안에서 애착이론에 기반한 복잡한 모델을 제안하였다. Cicchetti와 Toth는 유아기와 아동기에 자기조절이 어떻게 발달하는지에 대해 설명하였다. 이러한 능력은 안정 애착 관계 내에서 민감한 양육에 대한 반응으로 나타나며, 생물학적 · 사회정서적 · 인지적 체계에 걸쳐 발달하게 된다. 안정 애착 관계에서 아동에게 민감하게 반응하는 어머니의 능력에 기반하여 아동은 자기를 진정시키고, 체계 안에서 긴장을 줄이고, 평정심을 유지하는 방법을 배우게 된다. "영아의 뇌가 발달함에 따라 영아는 점점 생리적 긴장에 의해 만들어지는 각성을 조절하는 데 있어서 자기충족적이 된다."(Cicchetti & Toth, 1998, p. 228) 만일 부모가 아동에게 민감하지 않고 반응적이지 않다면, 아동은 부모에 대해 불안정 애착을 형성하게 되고, 아동의 정서조절 체계는 적절하게 발달하지 못하게 된다. 좌뇌는 정상발달에서 부정적 각성을 억제하는 기능을 하는데, 정서조절 체계의 이상으로 인해 좌뇌보다 우뇌의 활성화가 증가하게 되면, 부정적 정서 표현이 유발된다. 정서조절은 사회적 상호작용과 자기의 긍정적 표상 모델의 발달에 있어서 성공적으로 적응하기 위한 필수적인 기술이다(Macklem, 2008). 반면, 정서적 역기능은 우울의 증가와 같은 내재화 문제 발달과 연관된다(Ciccheti & Toth, 1998).

불안 민감성 혹은 불안 편향 경향을 조사하는 연구자들은 불안 반응에 영향을 미치는 요인으로 인지적 (편향 혹은 부정적 사고 처리) 요인과 생물학적(투쟁-도피 반응(Barlow, 2002)으로 나타나는 것과 같은 신경발달적, 호르몬 결정체) 요인에 대해 연구해 왔다. 불안에 민감하게 반응하는 개인은 불안이 유발되는 상황이나 사건을 심각하고 부정적인 결과의 가능성을 갖는 것으로 지각하고 있어 불안장애의 위험이 높다(Reiss, 1991). 인지적 관점에서는, 성인과 청소년이 잠재적 스트레스 요인에 직면했을 때 인지적 재평가(과정의 초기에 발생하며 위협 평가를 잠재적으로 중요하지 않게 여기는 형태로서)와 **억압**[생리적 또는 행동적 반응들을 억제함으로써 정서적 영향 조절(Gross, 2002)]의 두 가지 중요한 인지 전략을 사용할 수 있다. 반응을 억제하는 이러한 능력은 침착해야 하고 사회적으로 적절한 반응을 요구하는 상황일 때에는 유용할 수 있지만, 극한 상황에서는 적응적이지 못한 반응과 성공적이지 못한 적응을 야기할 수 있다(Bonanno, Papa, Lalande, Westphal, & Coifman, 2004).

예를 들어, 행동억제와 같은 아동 기질 요인은 불안장애에 대한 위험 증가와 관련되어 있다(Perez-Edgar & Fox, 2005). 행동억제 경향이 있는 영아는 우뇌의 활성화 증가(새로운 반응 처리와 관련된)를 나타내며, 행동억제 경향이 있는 걸음마기 아동은 새롭거나 익숙하지 않은 사회적 상황에 노출 시 위축되는 경향이 있었다. 이는 궁극적으로 회피행동의 증가를 가져오게 되고, 또래 거부로 이어지며(Fox & Pine, 2012), 초기 청소년기에 사회 불안의 토대가 된다(Fox, Henderson, Marshall, Nichols, & Gihera, 2005). 인지 신경과학 관점에서는, 경계의 증가 또는 위협에 대한 주의 편향은 편도체의 과잉활성화를 유발시키며 복측 전두피질에 입력된 위협에 더 주의를 기울이게 한다(Pine, Helfinstein, Bar-Haim, Nelson, & Fox, 2009). 연구들에 의하면 조절되지 않은 정서를 가진 아동은 내재화 문제의 위험성이 높고, 자신의 감정(특히 분노나 슬픔 같은 부정적 정서)을 적절하게 표현하는 데 어려움을 보이고(Zeman, Cassano, Perry-Parrish, & Stegall, 2006), 정서조절 문제를 보이지 않는 또래와 비교하여 우울증을 발달시키기 쉽다(Hsieh & Stright, 2012).

신체적 불편감은 12~16세 아동과 청소년기 남자의 4%, 여자의 11%에서 자주 보고되는 신체적 고통이다(Offord et al., 1987). 가장 흔한 증상은 두통(25%), 기운 없음(23%), 복통(15%)이다(Eminson, Benjamin, Shortall, Woods, & Faragher, 1996). 신체화 장애로 진단 받은 아동의 대략 1/3에서 1/2가량은(제9장에서 길게 논의됨) 불안이나 우울과 같은 다른 내재화 장애 준거에 부합한다(Garralda, 1999). Zolog와 동료들(2011)은 10~12세 아동 1,500명 이상의 지역사회 표본에서 신체화와 불안/우울 증상 간 유의미한 정적 상관을 발견하였다.

아동 정신병리 연구에서 아동과 청소년에게 내재화와 외현화 문제라는, 2개의 광대역 범주의 사용을 지지해 왔다(Cosgrove et al., 2011). 내재화 문제 연구에 가장 자주 포함되는 장애는 “주요우울장애, 범불안장애, 분리불안장애, 공황장애, 공포증”과 관련된 “불안, 두려움, 고통”의 특징을 갖는다(Mikolajewski, Allan, Hart, Lonigan, & Taylor, 2012, p. 411). 최근 연구자들은 내재화와 외현화 요인이 2개의 독립체이지만, 2개 영역은 서로 연관될 수 있다고 주장한다(Cosgrove et al., 2011). 여기서는 이 책의 목적과 표현의 명확성을 위해 가장 공통적으로 사용되는 2개의 체계를 사용하고자 한다.

다음 3개의 장에서는 내재화 차원과 관련된 장애 범주인 불안장애, 우울장애, 신체화 장애에 대해 살펴볼 것이다. 각 장애는 아동 및 청소년의 정신병리에 대해 다룰 것이며, 이러한 장애들이 발달적으로 어떻게 나타나는지와 DSM-5 진단 기준에 대해 논의하고자 한다.

불안장애와 강박 및 관련 장애

제7장

불안장애

불안장애는 아동 및 청소년기에 흔히 나타나며, 12개월 유병률은 13% 정도로 높게 추산된다(Costello et al., 1996). 불안장애는 현재나 미래 사건에 대한 만성 걱정을 특징으로 하며, 행동적(도피와 회피), 인지적(부정적 자기평가), 생리적(불수의적 각성: 심박 증가, 빠른 호흡, 떨림, 근육긴장) 증상들과 같은 몇 가지 반응 패턴을 나타낸다.

DSM-Ⅲ에서는 세 가지 아동기 불안장애(분리불안장애, 회피장애, 과잉불안장애)를 포함시켰고, DSM-IV-TR(APA, 2000)에서는 분리불안장애를 유아기, 아동기, 또는 청소년기에 보통 처음 진단되는 장애 범주에 분류하였으나, DSM-5에서는 모든 불안장애를 진단받는 연령에 상관없이 불안장애 범주에 포함시켰다. DSM-5 불안장애 범주의 최근 목록은 [참고자료 7-1]에서 확인할 수 있다.

기억할 것

Spence(1997)는 아동에게 나타나는 여섯 가지 불안 형태를 분류하였다. 공황-광장공포증, 사회공포증, 분리불안, 강박 문제, 범불안, 신체적 두려움은 개별 장애로 분류되지만 서로 연관성을 나타낸다.

주의

DSM-Ⅳ-TR(APA, 2000)에 익숙한 독자는 불안장애로 여겨지던 두 가지 장애[강박장애와 스트레스 장애(외상 후 스트레스 장애와 급성 스트레스 장애)]가 불안장애 범주에서 사라지고 다른 범주에 포함되었다는 것에 주목해야 한다. 강박장애는 현재 강박 및 관련 장애에 포함될 수 있으며, 반면에 스트레스 장애는 외상 및 스트레스 관련 장애 범주로 이전되었다.

그러나 이 책의 목적에 따라 연속성을 위해 강박장애는 이 장의 마지막에 논의되고 외상후 스트레스 장애는 제6부의 특별 주제들에서 다루게 된다.

발달적 관점에서의 불안장애

분리불안장애, 선택적 함구증 그리고 특정공포증은 발달적으로 가장 이른 시기에 나타나는 불안장애다. 범불안장애는 8세에서 10세에 발병되는 경향이 있고, 청소년기에는 사회불안장애와 공황장애가 많이 발병하는 경향이 보인다(검토를 위해 Saavedra & Silverman, 2002 참고). 이 장에서는 불안장애를 DSM-5에 제시된 순서대로 다루고 있다.

참고자료 7-1 **DSM-5 불안장애 범주**

분리불안장애 (SAD)	• 주양육자 혹은 집과 분리되는 것에 대한 지나친 걱정을 보임 • 적어도 4주 이상 지속, 심각한 고통과 손상을 초래함

선택적 함구증	• 특정 상황에서 말하는 것의 실패, 언어 장애가 원인이 아님 • 높은 수준의 사회 불안이 특징
특정공포증	• 사물이나 상황에 의해 유발된 특정 불안과 두려움, 결과적으로 회피행동을 야기함
사회불안장애 (사회공포증)	• 사회적 상황 혹은 수행 기대와 관련된 특정 상황에 대한 불안과 공포
공황발작	• 신체적 증상(숨이 가쁨, 심계항진)을 동반한 집중적이고 갑작스런 두려움, 공포, 걱정의 감정 발생 그리고 인지 왜곡(도피하고 싶음, 미쳐버리지 않을까 하는 두려움)
공황장애	• 공황장애가 찾아올 것에 대한 두려움
광장공포증	• 공황장애를 떠올리게 할 수 있는 장소나 상황에 대한 두려움
범불안장애 (GAD)	• 만연하고 지나친 걱정과 불안, 예: 유동 불안(free-floating anxiety)

기억할 것

불안장애들 사이에는 공존율이 높다. 처음에 불안장애로 진단받은 아동은 빈번하게 다른 불안장애를 보인다.

분리불안장애

임상적 기술과 관련된 특징

분리불안장애 아동은 최소한 4주 이상 계속해서 발달적으로 부적합하고 극심한 고통을 경험한다. 분리불안장애(Separation Anxiety Disorder: SAD)는 6세 이전에 발병하기도 하며, 18세 이전에 나타난다(APA, 2013).

기억할 것

DSM-5(APA, 2013)는 분리불안장애의 진단 기준으로 양육자로부터 분리되는 것에 대한 극심한 걱정이 다음과 같은 방식 중 세 가지 이상 나타날 것을 요구한다. 양육자가 사고를 당하거나 해로운 일을 당할지 모른다는 공포, 미래에 예상되는 분리에 대한 극심한 걱정, 등교 거부, 양육자 없이 혼자가 되는 것에 대한 공포, 혼자 자는 것이나 집 아닌 곳에서 자는 것에 대한 거부, 분리에 대한 악몽, 분리가 일어나거나 일어날 것 같을 때 반복적으로 신체적 불편을 호소(두통, 복통)하는 것

양육자와 근접성을 계속 유지하고자 하는 것은 사회적 · 학업적 기능에서 유의미한 손상을 유발한다. 분리불안장애 아동은 익숙한 공간에서 나오도록 요구받으면 극심한 불편감을 경험한다. 스트레스 증상은 확연한 복통이나 구토 같은 신체 증상의 원인이 될 수도 있다. 분리불안장애 아동의 부모는 종종 아이를 부담스럽고 침습적이라고 여긴다.

분리불안장애는 양육자와의 예견된 분리에 대한 생각에 있어서 아동이 경험하는 극심한 공포와 불안으로 인한 수많은 잠재적 증상과 연관된다. 장애는 일상생활에서 심각한 고통과 손상을 유발한다. DSM-5에서는 다음의 증상이 적어도 4주 이상 지속되며 세 가지 이상 나타나야 한다고 규정한다.

- 양육자와 분리될 것에 대한 극심한 스트레스
- 양육자가 잠재적으로 다칠지 모른다는 극심한 걱정
- 양육자와의 분리를 야기하는 미래의 곤란한 사건(납치)에 대해 과도한 걱정
- 일, 학교 등에 참석하기 위해 친숙한 공간에서 나와야 하는 것에 대한 거부
- 혼자 자는 것이나 집 이외의 장소에서 자는 것에 대한 거부
- 혼자 있거나 집이나 다른 장소에 양육자 없이 혼자 있는 것에 대한 거부
- 분리에 대한 악몽
- 분리가 예상될 때 신체적 불편(두통, 복통)을 반복적으로 호소(APA, 2013)

유병률과 경과

일반인구 기준 분리불안장애의 유병률은 상대적으로 낮지만(대략 4%), 임상군에서는 거의 10%로 높게 나타난다. 분리불안장애는 남자보다 여자에게서 더 자주 나타나며, 범불안장애, 우울, 신체 증상과 종종 공존한다(Last, Hersen, Kazdin, Orvaschel, & Perrin, 1991). 분리불안장애의 증상은 스트레스 환경에서 재발하는 경향이 있다. 이 장애는 성인 여성의 우울증과 불안장애, 그리고 공황발작의 발병과 광장공포증의 위험을 높이는 전조 증상일 수 있다(Albano, Chorpita, & Barlow, 1996).

병인론

생물학적, 유전적, 기질적 요인의 역할

여러 연구에서 분리불안장애나 범불안장애 아동의 80% 이상이 어머니가 불안장애 병력이 있으며(Last, Hersen, Kazdin, Finkelstein, & Strauss, 1987), 불안 민감성이 유전과 연관이 있다는 것(Stein, Jang, & Livesley, 1999)을 밝혀냈다.

양육과 행동 모델링

과잉보호와 아동의 회피행동에 대한 강화는 분리불안장애를 유지하는 데 영향을 줄 수 있다(Hudson & Rapee, 2000). 어떤 가족에서는 어머니의 우울과 가족 역기능(family dysfunction)이 아동의 과잉보호(overparenting)를 야기하며, 이로 인해 아동은 자신이 부모를 지킬 수 없을 것이라는 공포 때문에 집을 떠나는 것을 거부하게 된다.

평가와 치료/개입

불안장애에 대한 평가 도구는 [참고자료 7-3]에 제시되어 있다.

인지행동개입

분리불안장애의 치료에 인지행동개입을 사용하는 것은 효과적이다(Ollendick & King, 1998 참고). Coping Cat 프로그램(Kendall, 2000)은 무선적 임상 실험을 통해 개인 인지행동훈련(Kendall, 1994), 집단 훈련(Flannery-Schroeder & Kendall, 2000)이 아동의 불안을 줄이는 데 효과적이라는 것을 입증하였다.

이 프로그램은 대처 기술의 발달과 연습에 초점을 두었다. 프로그램은 체계적 둔감법을 사용하여 공포 유발 상황에 대한 상상과 실제 노출을 하는 것과 같은 행동주의적 요소들을 주로 이용한다.

기억할 것

75%의 분리불안장애 아동이 등교거부를 한다. 그러나 등교거부를 하는 아동들의 1/3만이 분리불안장애를 보인다. 등교거부는 장기결석(예: 병을 앓았던 기간)으로 인해 등교를 주저하는 경우, 전학, 혹은 따돌림과 괴롭힘에 대한 공포 등 다양한 이유에서 나타날 수 있다.

기억할 것

부모가 높은 애정과 구조화를 제공하면 아동은 자신감과 자립심이 높아지게 된다(Baumrind, 1991). 반면, 애정이 적고 높은 통제를 보이는 부모(권위주의적인 양육 방식)의 자녀는 더 많은 공포를 보이고 낮은 자존감과 낮은 결단력을 나타낸다(Hudson & Rapee, 2000).

기억할 것

등교거부에 대한 치료는 분리불안장애 아동 치료의 중요한 요소다. 성공적인 분리에 대해 적절한 보상을 제공하고 회피행동에 대해 강화를 제거하는 규칙을 사용하는 구조화된 유관성 관리 프로그램(structured contingency management program)은 등교거부 개입에 성공적이다(Black, 1995).

선택적 함구증

임상적 기술과 관련된 특징

선택적 함구증(selective mutism)을 보이는 아동은 말하는 것이 기대되는 상황(질문에 답하기, 또래와의 상호작용 등과 같은 학교 관련 활동)에서 말로 표현하는 것을 거부하는 것이 적어도 한 달 이상 지속되는 것이다. 아동은 친숙한 공간(집이나 친한 친구)에서는 말로 표현하는 것이 가능하기 때문에 이러한 행동은 취약한 언어 기술의 문제나 말하기 문제로 인한 반응이 아니다.

유병률과 경과

DSM(APA, 2013)에 의하면 선택적 함구증은 광범위하게 연구되지 않았기 때문에 유병률에 대해 알려진 것이 거의 없다. 유병률은 .03%에서 1%로 추정되며, 임상군에서는 좀 더 높게 나타난다. 장애의 지속에 대한 정보가 거의 없으나, 증상이 연령 증가에 따라 사회불안장애로 나타날 수 있지만 대부분의 아동은 연령이 증가하면서 장애가 없어지는 것으로 보인다.

병인론

발병은 정식 학교 교육의 시작과 관련된다(약 5세경). 그러나 만약 아동이 홈스쿨링을 한다면 나중까지 표면화되지 않을 수 있다. 장애를 어떻게 개념화 할 것인지에 대해 지속적인 논란이 있다. 선택적 함구증을 사회불안장애의 전조라고 생각하는 관점과 이 장애를 가진 30~38%의 아동이 말소리장애(speech disorders)나 언어장애(language disorders)를 같이 경험하기 때문에 언어장애의 특정 형태라고 주장하는 관점이 존재한다(Steinhausen & Juzi, 1996). 사회불안, 사회적 고립, 혹은 수줍음의 가족력 등의 지표뿐 아니라 부정적 정서성을 갖거나 행동억제(Behavioral Inhibition: BI)를 잘하는 아동도 장애의 위험이 높아질 수 있다(APA, 2013).

평가와 치료/개입

모든 불안장애의 평가 도구는 [참고자료 7-3]에 제시되어 있다. 선택적 함구증의 낮은 유병률 때문에, 대부분의 치료 연구는 개별 사례 연구다. 행동 조형, 체계적 둔감법, 모델링을 포함한 행동 방법을 사용한 치료법이 성공적이었다고 보고된다(Pionek-Stone, Kratochwill, Sladezcek, & Serlin, 2002).

공포증과 두려움

임상적 기술과 관련된 특징

두려움(fear)은 아동기에 흔히 나타나지만, 두려움의 특성과 수는 연령에 따라 변한다. 두려움이 실제로 있거나 혹은 지각된 즉각적인 '위험이나 위협'과 관련되어 있는 반면, 걱정(worry)은 '사회적 혹은 인지적 불편감'과 관련되어 있다(Laing, Fernyhough, Turner, & Freeston, 2009). 아동은 발달단계에 따라 나타나는 각기 다른 종류의 걱정이나 스트레스 요인의 특성에 기반하여 두려움을 나타낼 수 있다. 대부분의 연구에서 연령에 따라 두려움의 수는 감소한다고 보고한다.

[참고자료 7-2]는 공포의 종류에 대해 요약하였다.

참고자료 7-2 **아동의 일반적 두려움에 대한 발달적 특징**

연령	일반적 두려움
걸음마기	낯선 사람, 배변활동, 개인 상해
학령전기	상상 속 존재, 괴물, 어둠, 동물
초등학생 시기	작은 동물, 어둠, 천둥번개, 신변안전의 위협
중학생 시기	건강(치과 치료), 교장실에 불려 가는 것
청소년기	신체 질병, 의료 절차, 공개연설, 성 문제, 정치적/경제적 조건, 재앙(전쟁)

출처: Barrios & Hartmann (1997).

7세 이후에 두려움은 감소하는 경향이 있지만, 80%의 아동에게서 걱정은 점점 증가하는데(Muris, Luermans, Merckelbauch, & Mayer, 2000), 이는 거의 대부분 수행이나 사회 문제에 대한 걱정과 관련된다(Laing et al., 2009). 모든 연령에서 여아가 남아보다 걱정과 두려움을 더 많이 보고하는 경향이 있다(Ollendick, 2001).

특정공포증은 타당한 근거 없이 사물이나 장소에 대해 갖게 되는 지속적이고 심각한 공포다(APA, 2013). 성인과 나이 든 아동은 이 공포가 비합리적이라는 것을 알지만, 어린 아동은 인지하지 못할 수 있다. 공포를

주의

특정공포증의 진단은 공포증이 일상 기능을 상당한 수준에서 침해하며, 적어도 6개월 이상 지속되어야 진단 내릴 수 있다(APA, 2013).

느끼게 되는 사물이나 사건에 대한 회피는 자주 나타난다. 공포를 느끼게 되는 사물에 노출되면 어지럽고 호흡이 가빠지고 심박이 증가하고 심지어 기절하게 되는 것과 같은 생리적 반응이 나타날 수 있다. 어린 아동은 공포증을 "울음, 발작, 얼어붙는 것, 매달리기"의 형태로 표현할 수 있다(APA, 2013, p. 197).

공포의 핵심은 여러 가지 방법으로 나타날 수 있는 위해를 예상하는 것이다(예: 개를 무서워하는 것은 물리는 것을 무서워하는 것). 불안반응은 아동이 공포를 느끼는 사물에 가까이 갈수록 증가한다. 도망가고 싶은 강한 소망이 절박하지만 도피할 수 없다고 느꼈을 때 각성이 높아지게 된다(공황). 특정공포증을 갖고 있는 것은 다른 공포증을 가질 가능성을 증가시키고, 특정공포증은 종종 다른 불안장애나 기분장애와 공존하기 쉽다. 가장 일반적인 특정공포증에는 동물형(예: 거미, 개), 자연환경형(예: 고소공포증, 번개), 혈액-주사-손상형(주사바늘), 상황형(예: 밀폐된 장소, 비행기)이 있다. 공포증의 증상은 공포스러운 사물이나 상황에 맞닥뜨렸을 때 극심한 반응을 보이고, 다음과 같은 유발된 반응들이 나타날 수 있다.

- 즉각적 공포, 불안
- 회피(능동적 회피)
- 평가된 위험에 비해 과도한 반응
- 지속성

주의

아동기는 예방주사가 필요한 시기다. 피를 보거나 주사를 맞는 것에 대한 가장 흔한 공포 반응은 기절이다. DSM-5에서는 아동에게 특정공포증에 대한 진단을 내려야 할 때, 아동의 발달단계와 비교하여 상대적인 손상의 정도와 공포/불안의 지속 기간에 무게를 두어야 한다고 경고한다(APA, 2013).

기억할 것

아동에게 발병하는 불안장애는 유전 요인, 기질(행동억제), 부모의 정신병리, 기타 가족 요인(의사소통 유형, 양육 방식, 애착 역사) 등을 포함하는 광범위한 영향들과 관련되어 있을 수 있다.

실제에 적용하기

글로리아는 천둥번개를 굉장히 무서워한다. 천둥이 치던 어느 날 밤, 거대한 천둥소리가 집에 울려 퍼졌고, 그 소리가 굉장히 강력해서 가구들이 흔들리는 것처럼 보였다. 바로 그때 전화벨 소리가 울렸다. 전화벨 소리마다 천둥소리가 동시에 울렸다. 그 후로, 전화벨 소리가 울릴 때마다 글로리아는 천둥이 칠 것 같은 공포에 펄쩍펄쩍 뛰었다. 글로리아는 전화벨 소리에 대한 공포에 조건화된 것이다.

유병률과 경과

불안장애를 가지고 있는 아동들의 약 15%가 특정공포증을 가지고 있다. 여아가 남아에 비해 더 많이 공포를 느낀다고 보고된다(Silverman & Nelles, 2001). 청소년(13~17세)의 공포증 유병률이 약 16%인 데 반해, 아동의 유병률은 약 5%다(APA, 2013).

특정공포증 외에, 청소년기 중기에 발병하는 공포증 유형에는 사회불안장애, 공황장애, 광장공포증이 있다. 특정공포증, 사회불안장애, 광장공포증과는 달리, 범불안장애는 비특정적 걱정과 유동불안을 나타낸다.

아동기와 청소년기에 발달하는 대부분의 공포증은 평균 10세에 발병하고 발병의 중앙값은 7세와 11세 사이에 있다. 특정공포증이 어떻게 발병하는가를 알아내는 것이 항상 가능한 것은 아니지만, 특정공포증 상황형은 자연환경형이나 혈액-주사-손상형에 비해 늦게 발병하는 경향이 있다(APA, 2013).

병인론

행동 요소와 조건화의 영향

특정공포증의 병인론은 보통 개인적인 조건화 경험과 연결되어 왔다(Muris, Meesters, Merekelbach, Sermon, & Zwakhalen, 1998). **고전적 조건화**는 사람들이 어떻게 공포 반응을 발달시키는지에 대한 이해의 틀을 제공한다. 예를 들어, 난기류에 흔들리는 비행기는 미래에 비행 공포를 유발할 수 있다. 그러나 고전적 조건화는 어떻게 공포증을 발달시키는지에 대한 설명뿐만 아니라 해결책도 제공해 줄 수 있다. 행동적 접근법이 공포 반응의 소거에 성공적으로 적용될 수 있다. 이런 체계적 둔감화에 대한 설명은 치료 부분에서 논의될 것이다.

고전적 조건화뿐만 아니라 관찰이나 모델링, 조작적 조건화와 같은 다른 행동적 접근도 가능하다. 몇몇 아동의 불안과 공포 반응을 어머니의 공포 모델(fearful maternal model)과 연결해 온 연구들이 있다(Pickersgill, Valentine, Pincus, & Foustok, 1999). 행동주의자들은 **조작적 조건화**를 사용하여 공포가 어떻게 회피행동을 발달시키는가를 설명한다. 앞의 '실제에 적용하기'를 살펴보면, 만일 글로리아가 전화기 플러그를 뽑아 버렸다면 전화벨 소리에 대한 공포 형성을 피할 수도 있었을 것이다. 그러나 회피행동은 적응행동을 방해할 수 있고(글로리아는 어떠한 전화도 받지 않을 것이다), 공포는 다른 유사 자극들에 일반화되면서 삶을 점령할 수 있다(예: TV에서 나오는 전화벨 소리, 알람 시계 소리).

> **기억할 것**
>
> 발달적으로, 공포증과 분리불안은 불안의 가장 초기 형태다.

주의

불안정 애착은 스트레스 상황에 있어서 비일관적이거나 과잉보호하는 양육으로 인해 발달한다. 두 경우 모두 유아는 스트레스 상황에서 어떻게 대처해야 하는지에 대한 방법을 내재화하는 것을 배울 수 없게 된다. 시간이 지나고 나면 아동은 많은 외적 단서들을 잠재적인 위협으로 해석하게 될 것이고, 이는 특정공포증과 범불안장애 발달의 토대가 된다(Kendall & Ronan, 1990).

양육과 애착이론

아동의 불안 발달에 영향을 주는 애착에 대한 연구에서 유아기 때 불안정하게 애착이 형성된 청소년(불안정 저항 애착)이 안정 애착 또래에 비해 불안장애가 발달하기 더 쉽다는 것을 밝혀냈다(Warren, Huston, Egeland, & Sroufe, 1997).

생물학적, 유전적 요소

특정공포증의 병인론에 대한 일반적 견해는 기질, 가족 특성, 조건화 경험에의 노출을 포함하는 다중 경로의 관점이다. 불안장애 아동의 부모는 아동이 유아기였을 때 까다로운 기질을 가졌고(울고 신경질 내기, 짜증 내기, 달래기 어려움), 걸음마기에는 두려움을 더 많이 경험했으며, 불안장애가 없는 다른 아이들에 비해서 일상적인 일들의 변화에 적응하는 데 더 어려움을 겪었다고 보고한다(Rapee, 1997).

평가와 치료/개입

모든 불안장애에 대한 평가 도구는 [참고자료 7-3]에 제시되어 있다.

아동의 공포증에 대한 경험적으로 지지된 2개의 치료법으로 참여 모델링(participant modeling)과 강화된 연습(reinforced practice)이 있다(Ollendick & King, 1998). 참여 모델링은 실시간 관찰이나 비디오테이프를 보여 주는 방법을 사용하며, 또래부터 어른까지 다양한 범위에서 모델링 대상을 선택할 수 있다. **심상 노출**에 비해 **실제적 노출**(실제 모델)이 더 효과적이라고 지지되고 있다. 강화된 연습은 단어가 의미하는 그대로, 조작적 조건화의 사용을 통해서 공포스러운 상황을 성공적으로 직면하게 하는 행동을 강화시키는 것이다.

Wolpe(1958)에 의해 처음 개발된 **체계적 둔감화**(systematic desensitization)에 기초한 다양한 기법들이 프로그램 개발에도 사용될 수 있다. 이 패러다임에서 내담자는 이완 기술을 배우게 되며, 심리치료사가 함께하는 상황에서 공포 목록(공포 위계, 가장 작은 공포에서부터 가장 큰 공포까지)을 작성한다. 각 위계 단계에서 더 이상 공포를 느끼지 않을 때까지 불안과 이완 반응을 짝짓게 된다.

사회불안장애

임상적 기술과 관련된 특징

사회적 상황이나 수행 상황을 자주 회피하게 만드는 당혹감이나 수치심에 대한 만연한 공포가 사회불안장애(또는 사회공포증; social anxiety disorder)의 핵심이다. 그들이 평가 받거나 다른 사람에게 관찰된다고 느껴지는 하나 혹은 그 이상의 사회적 상황에서 불안이 현저하게 나타난다. 이러한 사회적 상황에는 사회적 상호작용(사람들과 만나거나 인사하기)을 포함하여, 사람들이 있는 데에서 활동에 참여하기(먹기, 마시기) 또는 수행(발표하기) 등이 포함된다.

이런 상황에서 과도한 공포와 불안은 다음과 같다.

- 실제적인 위협 이상으로 과장됨
- 끊임없이 지속됨
- 심각한 고통과 손상을 초래함

나이 든 아동은 공포가 합당하지 않다는 것을 인식할 수 있지만 통제할 수는 없다. 공개적으로 먹는 것, 마시는 것, 글씨 쓰는 것 등과 관련해서 당혹감을 느낄 수 있다. 공포의 핵심은 다른 사람들이 그들이 불안해서 떨거나, 얼굴이 붉어지는 것, 숨쉬기에 문제가 있는 것 등을 알아차리느냐에 있다. 아동에게 사회불안장애 진단을 내리려면, 그런 불안이 성인과 있는 경우뿐만 아니라 또래들과 있을 때에 나타나야 하며, 최소 6개월 이상 명백하게 나타나야 하고 기능에 현저한 손상이 나타나는 경우여야 한다.

아동과 청소년은 사회불안에 대한 반응으로 회피 반응(학교 출석 문제), 도피 행동(점심시간에 식당으로 가는 대신 도서관으로 가기), 부정적인 자기평가, 생리적 각성의 증가(불편감과 신체적 불편감)을 나타낼 수 있다. 당연히, 그들의 사회적 기술은 좋지 않다.

기억할 것

어린 아동의 경우에 증상이 발작, 울음, 얼어붙음, 매달리기, 친숙하지 않은 사람과 사회적 상황에서 어울리는 것을 거부하기로 표현될 수 있다. 그리고 DSM에서는, 첫째, 친숙한 사람과의 정상적인 사회적 상호작용이 가능해야 하고, 둘째, 성인과 또래 상황에 걸친 만연한 공포를 나타내야 한다.

기억할 것

Elkind는 개인적 우화(personal fable: 자신이 경험하는 것을 다른 누구도 경험하지 못할 것이라 느끼는 경향)와 상상의 청중(모든 사람들이 자신을 쳐다보고 있다)이 특히 이 시기의 사회불안장애 발달과 관련되어 있다고 설명한다.

유병률과 경과

사회불안장애의 평생 유병률은 3~13%로 추정되나 아동기 유병률은 1~2%

로 낮게 추정된다(Beidel, Turner, & Morris, 1999). 임상 연구에서 범불안장애를 가진 아동의 27%와 분리불안장애를 가진 아동의 5%에게서 사회불안장애가 공존한다고 보고하였다(Bernstein & Borchardt, 1991).

사회불안과 어린 아동

단일 공포증이나 특정공포증을 가진 아동과 비교했을 때, 사회불안장애를 가진 아동은 연령이 더 높고, 더 높은 수준의 심각성을 보이고 나중에 우울해지기가 더 쉽다(Last, Perrin, Hersen, & Kazdin, 1992). 이러한 발견에도 불구하고 선택적 함구증(특정한 사회적 상황에서 말하기를 지속적으로 실패하는 것)이 아동기 장애의 분리된 범주로 유지되어야 할 것인지, 불안장애(특히 사회불안의 형태)로 개념화되어야 할 것인지에 대해서는 심각한 논란이 있다. 그러나 DSM-5에서는 선택적 함구증이 별개의 장애로 분류된 채 유지되어 있다. 발달적 관점에서 행동억제 경향을 가진 아동은 새로운 자극에 고양된 반응(우뇌 활성화)을 보이고, 걸음마기의 행동억제 경향은 아동을 덜 주장적이게 하고, 친숙하지 않은 사회적 상황에서 위축되는 경향을 갖게 한다(Fox & Pine, 2012).

사회불안과 청소년

사회불안장애의 발병이 청소년기와 연관이 있다고 일관적으로 보고되는 것은 또래의 수용과 사회적인 압력을 신경 쓰는 청소년의 특성을 고려할 때 결코 놀라운 일이 아니다(Beidel et al., 1999). 발병 시기의 중앙값은 13세이며, 사회불안장애를 가진 사람들 대다수(75%)가 8세에서 15세 사이에 발병한다(APA, 2013). 청소년기 유병률은 성인 유병률과 비슷하게 약 7%다. 사회불안장애는 학교 중퇴에 대한 높은 위험 요인이며, 낮은 삶의 질과 관련이 있지만 장애를 가진 아동의 절반만이 치료를 받고자 한다(APA, 2013). 사회적 상황과 사회적인 관계가 관련된 스트레스 요인을 회피하는 경향성 때문에 행동억제(BI)를 보이는 아동들은 시간이 지남에 따라 더 많은 사회적 거절을 경험할 것이다. 그 결과, 이런 아동들은 회피 대처 메커니즘을 발달시킬 위험이 크고, 이것은 청소년기에 사회불안장애를 갖게 될 전조가 된다(Fox & Pine, 2012).

수행과 관련된 사회불안만으로 고생하는 사람들은 그런 문제가 그들의 직업적인 삶(예: 음악가, 운동선수, 댄서)에 영향을 미치기 때문에 직업적인 면에 지장을 주게 된다. 종종 수행 관련 문제를 가진 사람들은 수행과 관련되지 않은 상황에서는 사회불안을 경험하지 않는다(APA, 2013).

병인론

Biederman과 동료들(1993)은 행동억제 기질을 가진 아이들에게서 일반적으로 불안장애, 특히 사회불안장애에 대한 위험이 높다는 것을 밝혀냈다. 앞에서 논의하였듯 부모와의 의사소통, 애착, 양육 방식이 아동의 공포 반응과 두려움 발달에 관련되어 있다. 유전적으로 부모, 형제 중에 장애를 가진 사람이 있다면 사회불안장애에 대한 높은 위험 요인이 된다(Fryer, Mannuzza, Chapman, Liebowitz, & Klein, 1993).

평가와 치료/개입

모든 불안장애에 대한 평가 도구는 [참고자료 7-3]에 제시되어 있다.

앞서 논의된 특정공포증의 치료/개입과 더불어, 사회적 기술 훈련은 모든 개입 프로그램에 있어서 반드시 포함되어야 할 요소다. 사회적 기술 개입은 특히 사회불안장애를 가진 아동의 문제에 기술 인식, 상황 인식, 실습과 역할놀이에 초점을 맞추고, 다루도록 개발되어 왔으며(Francis & Ollendick, 1988; LeCroy, 1994), 궁극적으로는 참여 모델링 기법을 사용한 실제적 적용을 목표로 한다.

공황발작과 공황장애

공황발작

임상적 기술과 관련된 특징

공황발작(panic attack)은 감정, 감각에 침투하는 강력하고 압도적이고 피할 수 없는 공포의 결과다. 발작은 갑작스럽고 극심하며, 10분 이상 지속된다. 심계항진, 발한, 몸이 떨리거나 후들거림, 숨이 가쁘거나 답답한 느낌, 질식할 것 같은 느낌, 가슴 통증, 메스꺼움 또는 복부 불편감, 현기증, 춥거나 화끈거리는 느낌과 같이 많은 신체 증상이 나타나기 때문에, 성인의 경우 발작을 종종 심장마비로 오해한다. 인지적으로는 자기통제를 상실할지도 모른다는 것에 대한 공포, 이인증, 미칠 것 같고, 탈출하고 싶은 강한 욕구를 갖는다. 발작은 최소 4개에서 13개까지의 신체적 그리고 인지적 증상들과 동반되어 나타난다. 공황발작은 예기치 못하거나 또는 상황(군중, 높고, 막힌 공간)에 의해 촉발될 수 있으며, 불안 장애를 동반할 수 있다. 공황발작이 그 자체로 진단이 가능한 장애는 아니지만, 공황 발작은 굉장히 고통스럽고 개인에게 신체적으로, 감정적으로, 인지적으로 극심한 불편감을 초래한다. 공황 발작은 다음의 증상들을 포함하며, 사실상 대부분 신체적 증상이다.

- 심계항진(심장이 평소보다 빠르게 뜀)
- 식은땀(진땀을 흘림)
- 몸이 떨림
- 숨이 가쁨
- 질식할 것 같음
- 가슴 통증

- 메스꺼움과 복부 불편감
- 어지럽거나 쓰러질 것 같음
- 한기를 느끼거나 열이 남
- 감각의 이상
- 이인증
- 통제 잃음에 대한 두려움
- 죽을 것 같은 두려움

발작은 예상되거나(명백한 단서 또는 계기) 또는 예상하지 못한 반응으로 나타날 수 있다. 아동도 공황발작을 경험할 수 있지만, 청소년에게 더 빈번하게 나타난다.

공황발작은 불안장애와 연관이 있기 때문에, 공황발작의 각성 상태는 특정공포증에 의해 촉발될 수 있거나, 또는 주 양육자를 볼 수 없는 분리불안장애 아동이 심하게 고통스러울 때 나타내는 반응일 수 있다. 공존질환으로 갖는 내재적 정신병리와는 독립적으로, 최근 연구에서 공황발작은 다른 불안장애, 우울장애 발달 위험을 증가시키는 것으로 나타난다(Goodwin & Gotlib, 2004). 청소년 공황발작의 평생 유병률은 3.3%(Goodwin & Gotlib, 2004)에서 11.6%(Craske, Kircanski, Epstein, Wittchen, & Pine, 2010)인데, 아동(9~13세)은 청소년(14~16세)에 비해 낮은 유병율을 보고하였다. 공황발작의 발병 시기는 보통 후기 청소년기인데, 15~19세에 정점을 찍는다(Ollendick, Mattis, & King, 1994). 청소년 시기에 공황발작 발병 위험은 불안, 우울, 부정적 정서, 불안 민감성, 분리불안과 같은 내재화 문제와 관련이 있다(Hayward, Wilson, Lagle, Killen, & Taylor, 2004).

실제에 적용하기

쇼핑몰에는 사람이 매우 많았으며, 사라는 쇼핑하는 것이 지겨워졌다. 갑자기 바닥이 꺼지는 듯 했다. 사라는 갑자기 극심한 공포와 두려움에 압도당했다. 그녀는 마치 자신이 폭발할 것처럼 느껴졌다. 심장은 두근거리기 시작했고, 귀는 윙윙 울렸다. 천장이 핑핑 돌고 기절할 것 같은 기분이 들었다. 갑자기 미쳐 가고 있다는 생각이 들었고, 벽이 양쪽에서 점점 다가와 자신을 압사시킬 것만 같았다. 누군가 그녀에게 말을 걸었지만, 사라는 탈출하기 위해 가게를 뛰쳐나가 주차장으로 갔다. 그녀는 산소가 필요했다. 숨이 막히는 것을 느꼈고 숨을 쉴 수가 없었다. 5분 후에 모든 것은 제자리로 돌아온 것처럼 보였는데, 그녀는 마치 자신이 다른 행성에 갔다가 돌아온 것처럼 느껴졌다. 사라는 외계인에게 납치되었던 것일까?

공황장애

임상적 기술과 관련된 특징

만약 누군가 반복적으로 공황발작을 경험하고, 공황발작에 대한 두려움에 집착하게 된다면 공황장애 진단을 내릴 수 있다. DSM-5에서는 1회 이상의 공황발작 이후에 1개월 이상 다음과 같은 증상이 나타난다면 공황장애(panic disorder)로 진단한다.

- 추가적인 공황발작을 경험하는 것에 대한 지속적인 두려움(예: 통제를 잃는 것, 미치는 것에 대한 두려움)
- 공황발작을 피하기 위해 시도된 결과로 나타나는 유의미한 행동 변화(회피전략, 발작을 피하기 위해 개인의 삶을 재구조화)

Kearney, Albano, Eisen, Alaln와 Barlow(1997)는 8세에서 17세 청소년기에 가장 빈번하게 경험하는 증상은 구토, 심계항진, 숨막힘, 떨림 그리고 체온 이상(고열 또는 저체온)이라고 주장하였다. 게다가 공황장애가 있는 청소년들은 우울 증상이 있으며 불안에 극도로 예민한 경향이 있다. 공황발작의 빈도(매주, 매달), 지속 기간 그리고 심각성(4개 이상의 증상)은 여러 불안장애의 맥락 내에서 다양하게 나타날 수 있다.

유병률과 경과

지역사회 표본에서 공황장애의 평생 유병률은 3.5%로 높게 나타나며, 주로 후기 청소년기에서 30대 초반 사이에 시작된다. 공황장애 발병 연령의 중앙값은 약 20세에서 24세다(APA, 2013). 여자의 경우 남자보다 공황장애를 보일 가능성이 두 배 높다. King과 동료들(1997)이 조사한 연구에 따르면, 600명 이상의 청소년들 중 16%가 적어도 하나의 공황발작을 보고하였다. 이 연구에서 여성(21.3%)은 남성(10.8%)보다 두 배 많은 발작을 보고하였다. 청소년기에 공황장애가 시작되면, 만성적인 경향이 있고, 종종 우울, 불안, 양극성장애와 동반되는 경향이 있다(APA, 2013). 1,500명 이상의 청소년을 대상으로 한 네덜란드 종단 연구(시작 연령: 10~12세, 자료수집 연령: 18~20세)에서, 연구자들은 연구를 진행하는 동안 피험자의 19.8%는 최소한 하나의 공황발작을 경험했고, 1.2%는 공황장애 기준에 해당되었다고 보고하였다(Mathyssek, Olino, Verhulst, & van Oort, 2012).

기억할 것

장애는 종종 다양한 경로와 원인을 갖는다. Ollendick(2001)은 공황장애는 기질(높은 고통 반응성, 행동억제)과 애착 문제(분리에 대한 고통)의 상호작용으로 나타난다고 제안하였는데, 이것들은 아동을 공황장애에 취약하게 만드는 요인이 된다.

기억할 것

연구에서 공황장애와 분리불안장애 사이에 높은 공존율을 보고하고 있다. 비록 아동기에 심한 분리불안장애가 나중에 나타나는 공황장애의 전조가 될 수 있지만, 위험에 대한 영향은 일관적이지 않다.

병인론

생물학적, 유전적, 신경전달물질 기능

20세 이전에 공황발작이 나타나는 사람들은 부모, 형제가 공황장애를 가지고 있을 가능성이 20배 정도 높다. 쌍생아 연구에서도 유전적 관련성을 보고하고 있다(APA, 2000).

신경전달물질인 노르에피네프린의 불규칙적 활동이 공황장애를 발생시키는 원인이 된다. 따라서 뇌의 청반에 대한 연구가 진행되고 있는데, 뇌의 청반 부분은 노르에피네프린의 주요 공급처로, 정서 반응을 촉발하는 편도체에 메시지를 전달하는 역할을 하고 있으며, 청반의 기능 이상으로 인해 공황장애가 발생할 수 있다고 본다(APA, 2013).

인지 왜곡

인지이론가들은 공황발작이 신체 감각의 잘못된 해석으로 인해 발생한다고 주장한다. 공황 경향이 있는 개인의 증가된 인식은 종종 **불안 민감성**과 관련되어 설명된다. 불안 민감성은 잘못된 평가와 신체감각에 과도하게 반응하는 경향으로 나타나는데, 이로 인해 궁극적으로 비논리적인 결론에 이르게 된다.

평가와 치료/개입

[참고자료 7-3]에 모든 불안장애에 대한 평가 도구가 제시되어 있다.

약물치료

항우울제(대부분 노르에프네린을 적정 수준으로 회복하게 함)는 공황발작을 성공적으로 완화시킬 수 있다. 또 다른 연구에서는 선택적 세로토닌 재흡수 억제제(SSRIs)가 청소년과 아동의 공황 증상을 경감시킬 수 있다고 제안한다(Renaud, Birmaher, Wassick, & Bridge, 1999).

인지행동치료

인지행동치료 프로그램 중 청소년을 위한 공황통제치료(Panic Control Treatment for Adolescents: PCT-A; Hoffman & Mattis, 2000)는 청소년들이 미래에 공황발작을 방지할 수 있는 대처 기술을 발달시키는 데 성공적으로 도움을 주고 있다. 여기에는 인지적 평가, 교육적 인식, 공황 반응을 줄일 수 있는 상황에 대한 노출 등이 포함된다.

광장공포증

임상적 기술과 관련된 특징

광장공포증(agoraphobia)은 기존의 DSM(DSM-IV-TR; APA, 2000)에서는 그 자체로 진단될 수 있는 장애가 아니었으나, DSM-5에서는 광장공포증을 그 자체로 불안장애로 진단한다. 광장공포증은 어원이 그리스어 '광장 두려움(fear of marketplace)'에서 유래하며, 2개 이상의 상황과 관련된 극심한 공포와 불안을 동반한다.

- 대중교통 사용(배, 버스, 자동차)
- 개방된 공간(주차장, 다리)
- 폐쇄된 공간(엘리베이터, 영화관)
- 줄을 서 있는 것
- 혼자 외출하는 것

이 장애를 갖고 있는 사람은 어떤 상황에서 자신이 도망칠 수 없다고 느끼게 되면, 이러한 상황을 회피하고자 할 것이고, 공황 증상이 나타날 수 있다. 그러한 상황들은 실제 위협에 비해 과도하고 지속적인 불안과 공포를 느끼게 한다. 광장공포증을 가지고 있는 사람은 또한 공황장애의 기준에도 부합하며, 이러한 경우에는 광장공포증과 공황장애 둘 다 진단될 수 있다.

기억할 것

기존 DSM-IV(APA, 2000)에서는 공황장애를 광장공포증을 동반하거나 또는 동반하지 않는다고 생각했지만, 실제로는 자주 동반하여 나타난다. 개방된 공간으로 가는 것에 대한 두려움은 결과적으로 개인을 '바깥 출입을 못하는 사람'이 되게 한다. 최근 DSM-5에서는 분리되어 나타나든지, 동반되어 나타나든지 상관없이 둘 다 불안장애로 인식한다. 비록 아동과 청소년에서 공황장애와 광장공포증이 동시에 나타나는 것에 관한 연구 결과들이 거의 없지만, 부모로부터 아동에게 이 장애가 전달되는 가족 전이가 의심된다(Last et al., 1991).

유병률과 경과

여성은 남성보다 대략 두 배 정도 광장공포증으로 진단될 가능성이 높고, 12개월 유병율은 대략 1.7%다. 광장공포증은 아동에게 나타날 수 있지만, 이 장애는 대부분 후기 청소년기 또는 초기 성인기에 시작되고, 평균 시작 연령은 17세다. 대부분의 광장공포증은 공황발작이나 공황장애 이후에 발생하는데, 지역사회 표본에서 공황발작이나 공황장애 이후 광장공포증 발병이 약 30%, 임상 표본에서는 50%로 나타났다(APA, 2013).

병인론

생물학적, 유전적, 기질적 요인

광장공포증은 공포증 중에서도 유전적 요인에 가장 취약하고, 병인의 61%의 설명력을 가지고 있다(APA, 2013).

양육과 행동 모델링

아동기의 광장공포증은 부정적인 생활사건과 연관이 있거나(예: 죽음 또는 분리로 인한 부모의 상실), 또는 다른 스트레스 상황(유괴, 강도)과 관련이 있다. 가족과 관련된 요인들은 종종 따뜻함이 부족한 환경과 부모의 과잉보호로 설명된다.

평가와 치료/개입

모든 불안장애를 측정할 수 있는 도구는 [참고자료 7-3]에 제시되어 있다.

공황장애 치료는 다른 공포증 치료와 유사한 방법을 사용하는데, 예를 들면 체계적 둔감화, 참여 모델링 그리고 강화된 연습이 포함된다. 이 치료 방법들은 특정공포증에 설명되어 있다.

범불안장애

임상적 기술과 관련된 특징

공포증이나 분리불안장애와 달리, 범불안장애 아동은 특정 걱정거리를 가지고 있지 않다. 대신 그들은 가족, 친구, 학교, 건강, 그리고 수행 문제에 걸쳐 일반화된 광범위한 걱정을 보고한다. 걱정을 통제할 수 없다는 느낌과 결부된 과도한 걱정과 불안은 가장 기본적인 범불안장애(Generalized Anxiety Disorder: GAD)의 특징이다.

DSM-5에서는 성인과 아동의 불안장애를 구별하지 않는다. 그러나 성인은 과도한 걱정에서 나타나는 증상이 세 가지 이상 요구되지만, 아동은 오직 하나의 증상만 요구된다. 기분은 반드시 6개월 이상 나타나는 만연한 기분이어야 한다. 이 장애는 반드시 학업적, 사회적 또는 가족관계 영역에서 중요한 적응기능의 결함을 초래해야 한다.

과도하게 동조하거나 열심히 하려는 태도 때문에 범불안장애 아동은 거의 치료에 의뢰되지 않는다(Last et al., 1991). 범불안장애 아동은 학교와 또래관계 문제, 건강상의 문제, 모호한 국제 문제에 관해서도 걱정한다(Strauss, Lease, Last, & Francis, 1988).

주의

범불안장애 아동은 매우 순응적이고 활동에 참여하는 것을 망설일 수 있다. 완벽주의 경향 때문에 자신의 수행에 대해 다른 사람들로부터 과도한 확인을 요구할지 모른다. 또한 세계/세상에 대한 걱정으로 잠재적인 재앙(재난)에 대해서도 심사숙고하는 경향을 보인다.

실제에 적용하기

제이슨은 면접을 하는 동안 안절부절못하는 것처럼 보였다. 왜 학교에 잘 적응하지 못했냐고 묻자, 제이슨은 학업에 집중하는 것이 힘들었다고 보고했다. 그는 아주 많은 것을 걱정하고 있다고 말했다. 혹시 집에 강도가 들지는 않을지, 자신의 자전거를 훔쳐 가지 않을지 걱정했다. 그는 이번 여름에 야구팀에 들어갈 수 있을지에 대해서 고민하고 있었다. 그의 머리는 걱정해야 할 것에 대해 항상 생각하고 있는 것 같다고 하였다. 때때로 공부했던 것을 기억하지 못할 수도 있다는 두려움 때문에 시험 전에 실제로 배가 아프기도 하였다.

기억할 것

DSM-5에서는 범불안장애 아동과 개인에게 나타나는 불안 증상의 신체적 특성에 대해, 과도한/만연한 걱정 외에 다음의 증상들 중 하나를 포함해야 한다고 기술하였다. ① 안절부절못함, ② 쉽게 피곤해짐, ③ 주의집중 문제, ④ 과민성, ⑤ 근육의 긴장, ⑥ 수면 교란(잠이 들거나, 유지하는 것) 등이다. 이러한 증상들을 고려해 볼 때, 왜 범불안장애 아동이 ADHD로 잘못 진단되는지 이해하는 것은 어렵지 않다.

유병률과 경과

평생 유병율에 있어서 인구의 2~5%가 범불안장애 진단을 받게 된다. 범불안장애의 발병 시기는 8~10세로, 다른 불안이나 우울장애와 비교하였을 때 이른 편이다(Last, Perrin, Hersen, & Kazdin, 1996). Strauss와 동료들(1988)은 범불안장애 청소년이 종종 우울(47%) 또는 특정공포증(41%)를 가지고 있는 데 반해, 범불안장애 아동의 70%에게서 분리불안장애가 공존한다고 보고하였다.

병인론

생물학적, 유전적, 기질적 요인

쌍생아 연구에서 불안의 전이는 30~40% 가까이가 유전적 요인에 의한 것이라고 제안하였다(Eley, 1999). 신경전달물질인 GABA(Gamma-AmnioButyric Acid)가 위협에 대해 흥분 반응을 증가시키도록 메시지를 전달하지만, GABA의 역기능으로 인해 필요할 때 반응을 억제하도록 하는 메시지를 보내지 못하게 된다. 따라서 지속적인 발화와 흥분이 나타날 수 있다(Lloyd, Fletcher, & Minchin, 1992).

정서적 정보에 대한 정보처리와 인지적 편향

인지이론에 따르면, 불안한 개인은 모호한 사건에 대해 부정적인 방법으로 예상과 해석을 한다. 또래와 비교하여 불안한 아동은 사건에 대해 더 부정적으로 해석하고, 더 쉽게 자기비난을 하는 경향이 있다. 또한 사건에 대한 긍정적인 측면보다는 부정적인 측면에 초점을 맞춘다(Silverman & Ginsburg, 1995).

주의

불안 아동과 적대적 반항장애 아동 모두 모호한 정보를 부정적이고 위협적인 방법으로 해석하는 경향이 있지만, 적대적 반항장애 아동은 공격성으로 반응하고, 불안 아동은 회피전략으로 반응한다(Barrett, Rappee, Dadds, & Ryan, 1996).

양육과 행동 모델링

연구 결과에서는 불안한 부모가 자녀의 불안과 회피행동을 사실상 증가시킨다는 것을 보여 준다(Barrett et al., 1996). 또한 불안한 부모의 자녀는 부모가 인지행동훈련에 함께 참여하지 않는 한 불안을 감소시키는 인지행동훈련의 효과를 보지 못할 수 있다(Cobham, Dadds, & Spence, 1998).

평가와 치료/개입

Coping Cat 프로그램은 분리불안장애를 가진 아동에게 성공적이며(분리불안장애 부분에 나와 있는 프로그램에 대한 설명 참고), 범불안장애 아동에게도 효과적이다.

기억할 것

Coping Cat 프로그램은 신체적 반응을 인식하는 것과 대처를 위한 문제해결전략을 발달시킴으로써 아동이 불안을 감소시키도록 돕는다. 'FEAR' 약자에 따른 방법을 사용한다.

F–Feel frightened? (두려운 느낌이 드나요?)

E–Expect the worst? (최악의 상황이 예상되나요?)

A–Attitude/Actions that can help (도움이 될 수 있는 태도/행동을 개발하기)

R–Result and Rewards (결과 및 보상)

실제에 적용하기

에스더는 칠판을 보며 노트에 필기하고 있는 동안, 반 친구가 그녀의 손이 떨리는 것을 볼 수도 있다는 생각에 두려움을 느꼈다. 그녀는 왼손으로 오른손을 잡았고, 아무도 그녀가 필기하는 것을 보지 못했다. 만약 누군가 봤다면, 자신이 떨고 있다는 것을 눈치챘을 거라 확신했다. 어느 날, 극심한 두려움을 느꼈고, 에스더는 펜을 떨어트리며 교실을 뛰쳐나갔다. 그녀의 심장이 쿵쾅거렸고, 죽을 것만 같았다. 에스더는 다음날 아파서 결석했다.

아동기 불안장애의 평가

Silverman과 Saavedra(2004)는 증거 기반 치료 연구에 사용된 평가 및 진단 도구에 대해 평가하였다. 그들은 타당도를 높이기 위해서는 비구조화된 면접

보다 구조화된 또는 반구조화된 면접 사용의 중요성을 강조하였다.

불안장애 아동을 평가할 때 카파(kappa) 점수에 기초하여, DSM-IV의 불안장애 면접 스케쥴(아동용, 부모용)을 사용할 것을 권유하였다(ADIS for DSM-IV: C/P; Silverman & Albano, 1996; Sliverman et al., 2001). 또한 부모평가 척도로 Achenbach가 개발한 CBCL 척도의 불안과 우울과 같은 내재화 장애 척도를 추천하였다. 아동기, 청소년기 불안 평가를 위한 보다 일반적인 측정 도구는 [참고자료 7-3]에 제시하였다. 여기에서는 불안장애 평가에 도움이 될 수 있는 일반적인 도구 목록을 제공한다. 이 목록에서 Silverman과 Saavedra(2004)는 증거 기반 실제에서 사용할 수 있는 세 가지 도구를 추천하였다. 그 도구로는 레이놀즈 아동불안척도(Revised Children's Manifest Anxiety Sclae: RCMAS), 상태불안 및 특성 불안척도(State-Trait Anxiety Inventory for Children: STAIC), 아동용 두려움척도(Fear Survey Schedule for Children-Revised: FSSC-R)가 있다.

치료와 개입

공포장애 아동에 대한 경험적으로 지지된 치료에 관한 연구에서, Ollendick와 King(1998)은 **참여 모델링과 강화된 연습**을 '잘 확립된 치료방법(well established treatment method)'으로 제안한다. 참여 모델링과 같은 치료 개입은 관찰학습의 원칙을 기초로 한다(Bandura, 1977). 연구 결과, 참여 모델링이 녹화된 모델을 사용하는 것이나 참여만 하는 것보다 우수하다고 증명하고 있다. 강화된 연습도 조작적 조건화와 유관성 관리와 같은 행동이론에 뿌리를 둔다. 연구에서 강화된 연습을 단독으로 실시하는 것과 강화된 연습과 자기지시를 같이 실시하는 개입법은 자기지시만 실시하거나 모델링과 강화된 연습을 같이 실시한 것보다 우수하였다고 보고하였다(Ollendick & King, 1998, for a review 참고).

Ollendick와 King(1998)은 연구를 통해, '아마도 효과적인 치료방법(probably efficacious treatment method)'에 속하는 몇 가지 기술을 발견하였다. 여기에는 상상을 통한 둔감화(imaginal desensitization)와 실제적 둔감화(in vivo desensitization), 녹화된 모델링(filmed modeling), 자기지시 훈련을 사용하는 인지행동개입이 포함된다. **체계적 둔감화** 기술은 두려워하는 물건 또는 사건에 개인을 점진적으로 노출시킴으로써 두려움을 감소시키는 데 사용된다. 그리고 두려움과 양립할 수 없는 정서(이완)를 대체시킴으로써 정서(두려움)와 사건 사이의 연합을 깨트린다. 이 기술은 어린 아동의 학교 공포 같은 비합리적인 공포나 두려움을 극복하는 데 있어서 도움이 될 수 있는 형태로 수정하여 사용할 수 있을 것이다. 두려운 자극과 이완 반응을 짝짓는 방법에 의해 체계적 둔감화를 구분해 볼 수 있다. 이러한 짝짓기는 **실제로** 혹은 상상으로 가능하다. 연구 결과들은 실제로 짝짓는 기술은 단지 상황을 상상하는 것보다 효과적이었다고 보고하였으며, 상상을 통한 둔감화는 치료를 하지 않는 것보다는 효과적이라고 하였다.

참고자료 7-3 **청소년기와 아동기의 불안 평가 도구**

도구	대상 연령	내용
레이놀즈 아동불안척도 (Revised Children's Manifest Anxiety Scale: RCMAS-2; Reynolds & Richmond, 2008)	6~17세	• 전체 불안, 생리적 불안, 걱정/과잉 민감성, 사회적 걱정(염려), 주의집중, 타당화 척도 포함
벡불안척도 (Anxiety Scale of the Beck Inventories for Youth; Beck, Beck, & Jolly, 2005)	7~12세	• 20개 항목의 5개 척도 중 하나 – 자기개념, 우울, 불안, 분노, 파괴적 행동평가
아동용 다차원적 불안척도 (The Multidimensional Anxiety Scale for Children: MASC; March, 1997)	8~19세	• 척도와 하위 척도 – 신체 증상(긴장/신체화) – 손상 회피(완벽주의/불안 대처) – 사회적 불안, 분리/공황

아동용 두려움척도 (Fear Survey Schedule for Children-Revised: FSSC-R; Ollendick, 1983)	7~18세	• 다섯 가지 두려움 척도 – 실패/비판의 두려움 – 알 수 없는 두려움 – 위험/죽음에 대한 두려움 – 부상의 두려움 – 의학적 상황에 대한 두려움
상태 및 특성 불안척도 (State-Trait Anxiety Inventory for Children: STIAC; Spielberger, Edwards, Lushene, Montouri, & Platzek, 1973)	6~18세	• 2개의 20항목 척도 – 상태(상황적)와 특성(일반화된) 불안
아동용 사회공포 및 불안 척도 (Social Phobia and Anxiety Inventory for Children: SPAI-C; Beidel, Turner, & Fink, 1996)	8~17세	• 자기주장, 일반적인 대화, 신체적 그리고 인지적 증상, 회피, 공연 포함
아동용 불안장애 면접 스케줄 (Anxiety Disorders Interview Schedule for DSM-IV, Child and Parent Versions: ADIS-IV; Silverman & Albano, 1997)	7~17세	• 부모용과 아동용 이용 가능 • 불안과 관련된 장애들 평가

주: 모든 도구의 참고자료는 부록 2에서 볼 수 있음.

기억할 것

Wolpe(1958)는 두려운 반응에 대해 점진적으로 역조건화시키는 체계적 둔감화 절차를 개발하였다. 이완과 불안은 양립할 수 없는 반응이라는 근본적인 전제를 기초로 이 프로그램은 불안 감소를 위한 체계적인 단계를 제공한다.

- 1단계: 내담자는 근육을 충분히 이완할 수 있는 수행 방법을 훈련 받는다.
- 2단계: 두려움에 대한 단계를 구성한다. 두려움 수준이 가장 낮은 것부터 가장 두려운 것까지 상황을 제시한다(예: 비행에 대한 두려움을 유발하는 사고의 위계는 짐을 싸는 것부터 시작해서 비행기 탑승으로 끝난다).
- 3단계: 내담자가 근육 이완 반응을 하는 동안, 두려움 위계에 대한 항목들이 점진적으로 제시된다.

강박 및 관련 장애

임상적 기술과 관련된 특징

DSM-5에서는 강박장애가 불안장애의 범주로부터 분리되어 강박장애, 신체이형장애, 수집광 그리고 발모광(털뽑기장애), 피부 뜯기 장애와 같은 신체-초점적 반복 행동을 포함하는 강박 및 관련 장애(obsessive-compulsive and related disorders)의 범주에 포함되었다.

이런 범주의 모든 장애들은 강박사고와 반복적인 강박행동의 특징을 공유한다. 신체이형장애의 경우에는 외모의 결점에 대한 강박사고가 있고, 수집광의 경우 사용에 제한이 있거나 가치가 없는 소지품을 버리지 못하고 계속 가지고 있으려고 하는 강박이 있다. 발모광과 피부 뜯기 장애는 신체에 집중된 반복 행동을 포함한다. 강박장애는 종종 강박사고(오염에 대한 두려움, 안정과 대칭에 대한 갈망)와 이것이 만들어 내는 강박행동(청소, 줄을 세우는 것, 잠그는 것에 대한 반복적인 확인 등)을 모두 포함한다. 강박행동은 종종 강박사고에 의한 불안을 중성화시킨다. 행동은 과잉적이고(하루에 한 시간 이상), 일상생활에 상당한 지장을 줄 수 있다.

유병률과 경과

강박장애의 유병률은 인구의 대략 1% 정도로 추정된다. 남성이 아동기에 일찍 발병되는 경향이 있지만 남성보다 여성이 조금 더 많다(APA, 2013). 신체이형장애의 경우 유병율은 2% 정도이며, 남성과 여성의 비율에 있어서 거의 비슷하다. 피부과 환자(9~15%)와 성형수술 환자(7~8%) 집단에서의 비율은 유의미하게 높다. 수집광의 증상은 초기 청소년기(11~15세)부터 증상이 나타날 수 있지만, 아동보다는 성인에게 더 흔하다. 발모광과 피부 뜯기 장애는 남성보다 여성에게 유의미하게 더 많으며(발모광은 1:10, 피부 뜯기 장애는 여성이 75%다), 둘 다 인구의 대략 1~2%에서 나타난다.

기억할 것

청소년기의 신체 불만족이 여성의 섭식장애와 잠재적으로 연관되는 경향이 있지만, 과거 15년 전에 비해 남성의 신체 불만족 비율도 상당히 증가되었다(Youth Risk Behavior Survey; CDC, 2005). 신체이형장애의 특정한 하위 유형인 근육이형증(근육몰두)은 아도니스 콤플렉스(Adonis complex)라고 알려져 있으며 서양 남성에게서 현저히 증가하고 있다(Pope, Phillips, & Olivardia, 2000b).

병인론

강박장애 연구에서 생물학적, 행동적, 인지적 그리고 양육 이론들이 강박장애의 발병과 관련이 있다고 보고한다. 유전적 관점에서 뚜렛장애의 가족력을 갖는 아동은, 특히 남자의 경우 강박장애의 아동기 발병에 대한 높은 위험을 갖는다(Tucker, Keckman, & Seahill, 1996). 신경학적 관점에서는 강박장애는 낮은 수준의 세로토닌과 관련 있고, 미상핵의 기능저하(과잉활성)를 포함하는 안와전두피질영역의 문제와 연관된다(Saxena, Brody, & Maidment, 1999).

평가와 치료/개입

DSM-5 이전의 불안장애 척도들은 강박장애 행동과 관련된 문항들을 포함한다. 예를 들면, 예일-브라운 강박척도(Children's Yale Brown Obsessive Compulsive Scale: CY: BOCS; Goodman, Rasmussen, & Price,1988)는 아동용(6~18세) 평가척도로서 강박장애의 여러 차원, 즉 심각성, 소모되는 시간, 고통 그리고 일상기능 지장의 차원에 대해 평가한다. 강박장애에 대한 치료는 행동 프로그램 또는 의학적 관리를 주로 기초로 한다.

의학적 관리

선택적 세로토닌 재흡수 억제제(SSRIs)는 청소년기와 아동기의 강박장애 치료에 효과를 보여 왔다(McClellan & Weery, 2003). 클로미프라민(clomipramine) 또한 효과적이었지만 청소년기와 아동기에서는 부작용을 보일 수 있기 때문에 사용에 있어 주의를 요한다(Geller, Biederman, & Stewart, 2003).

행동적 그리고 인지행동적 방법

불안장애를 다루는 데 성공적인 행동적 방법들은 강박장애 치료에도 매우 성공적이다. Rachman(1993)이 개발한 고전적인 기술인 노출과 반응방지법(ERP)은 반응을 차단하면서(씻기 등) 불안을 야기하는 상황(오염 등)에 노출하는 패러다임을 사용한다. 예를 들어, 치료자는 내담자가 몹시 두려워하는 상황에 내담자를 노출시키고(바닥에 더러운 것을 던지기) 더러운 상태를 청소하려는 내담자를 저지시킨다. 시간이 지남에 따라, 내담자는 인내력을 발달시키고, 유사한 상황에서 대처하는 능력을 증가시키게 된다. 노출과 반응방지법은 청소년기와 아동기의 강박장애 증상의 경감에 대한 효과성을 입증하고 있다(March et al., 1997).

FOCUS(Freedom from Obsessions and Compulsions Using Special tools) 프로그램으로 알려진 가족기반 인지행동치료(CBFT)와 같이 가족 구성원을 포함한 인지행동 프로그램의 성공 비율이 높게 보고되고 있다(Barrett, Heraly-Farrell, Piacentini, & March, 2004).

학습 점검하기

1. 다음 중 내재화 장애에 해당하지 않는 것은?
(a) 불안장애
(b) 신체화 장애
(c) 섭식장애
(d) 우울장애

2. 6세 아동이 집에서는 부모나 형제에게 말을 할 수 있음에도 불구하고 공개적인 자리에서 말하기를 거부한다. 이것은 다음 중 어느 불안장애에 대한 증상인가?
(a) 범불안장애
(b) 특정함구증
(c) 선택적 함구증
(d) 분리불안장애

3. 치료자는 두려움 위계를 만들고 근육 이완과 관련된 이미지를 제시한다. 이러한 기술을 무엇이라고 하는가?
(a) Rachman의 절차
(b) 체계적 둔감법
(c) Coping Cat 프로그램
(d) 생체 감작

4. 반복적 공황발작에 대한 두려움은 바깥으로 나가는 것을 두려워하게 만들 수 있다. 이것은 어떤 장애인가?
(a) 유동불안
(b) 거미공포증
(c) 사회공포증
(d) 광장공포증

5. 다음 중 공황발작 증상이 아닌 것은?
(a) 심계항진
(b) 식은땀

(c) 현실감 상실
(d) 오염 두려움

6. 다음 중 어느 것이 발달적으로 가장 먼저 나타나는가?
(a) 특정공포증
(b) 공황장애
(c) 사회공포증
(d) 범불안장애

7. 다음 중 분리불안장애의 가장 흔한 증상은 무엇인가?
(a) 혼자 자지 못함
(b) 어둠에 대한 두려움
(c) 학교 거부
(d) 섭식 문제

8. 대부분 신체 불만족은 여성과 관련되지만, 신체이형장애를 보이는 남자와 관련된 증상은 무엇인가?
(a) 체중에 대한 집착
(b) 사회공포증
(c) 아도니스 콤플렉스
(d) 날씬해지고자 하는 강한 욕망

정답 1: c, 2: c, 3: b, 4: d, 5: d, 6: a, 7: c, 8: c

제8장

기분장애: 우울증과 양극성장애

흥분되는 소식을 들었을 때 고양된 기분이 들거나, 가끔은 과민한 기분이 들거나, 불행한 느낌이 들거나, 화가 나는 것은 흔한 일이다. 하지만 우울증과 양극성장애를 가진 개인에게는 우울하거나 고양된 상태가 심할 수 있으며 오래 지속되면서 일상 기능에 문제를 야기할 수 있다.

두 가지의 주요 기분 상태가 존재한다. 우울감은 낮은 긍정적 정서이며, 정반대로 조증은 극도로 행복한 상태다. DSM-5(APA, 2013)는 증상 발현의 심각성과 발달적인 시작점에 기반하여, 정신병리의 연속성을 더욱 강조하려는 시도를 해 왔다. 이와 같은 맥락에서, DSM은 장애의 증상 발현을 재배치하려는 시도를 해 왔으며, 그 결과 양극성장애가 DSM에서 우울장애보다 앞에 기재되었다. 이러한 재배치의 이유는 양극성장애를 우울장애와 분리하면서, 조현병과 우울장애의 중간에 위치시키자 하였기 때문이다. 이러한 방식으로 양극성장애는 주요우울장애보다 훨씬 심각한 것으로 간주되었는데, 그 이유는 양극성장애가 다른 장애들과 공존율이 높으며 지속기간이 더 길기 때문이다(Angst, 2007). 또한 양극성장애는 "가족력과 가장 강한 관련"을 갖는 장애 중 하나이며,

유전적인 원인을 갖는 것으로 여겨지기 때문이다(APA, 2013, p. 123). 따라서 DSM-5는 이전에 기분장애 범주에서 논의되었던 이 두 장애를 분리하였다.

하지만 장애들을 소개하기 위한 이 책의 목적에 따라 기분장애 개념으로 설명하는 것이 더 적절할 것이다. 따라서 설명의 명확성을 위하여 우울장애를 양극성장애 이전에 배치하여 설명하였다. 주요우울 삽화(Major Depressive Episode: MDE)에 대한 이해와 지식이 두 유형의 장애를 이해하는 데 필수적이고, 이것이 주요우울장애(Major Depression Disorder: MDD)의 문맥 안에 제시되었을 때 쉽게 연관되어 이해되기 때문이다.

주요우울장애, 지속성 우울장애(Persistent Depressive Disorder: PDD), 물질/약물 치료로 유발된 또는 다른 의학적 상태로 의한 우울장애, 그리고 새롭게 포함된 파괴적 기분조절부전장애(Disruptive Mood Dysregulation Disorder: DMDD)와 같은 여러 장애들이 DSM-5의 우울장애 범주 안에 포함된다.

우울장애를 경험하는 개인은 단극성 우울이란 특징을 나타내는데, 이는 전반적으로 부정적 기분 상태로서 개인이 주요우울 삽화를 경험할 때 명백하게 나타난다. 이것은 낮은 긍정적 정서(아동의 경우 과민함으로 나타나기도 남), 흥미나 즐거움의 상실, 많은 **정서적**(죄책감, 상실감, 무관심), **신체적**(섭식, 수면 또는 정상 체중 유지 문제들), **행동적**(에너지 손실), **인지적**(집중, 주의, 동기의 결여) 결핍의 증상들을 야기할 수 있다.

양극성장애를 경험하는 개인은 우울한 상태와 고양된 기분 간의 변동을 거듭한다. 그들은 주요우울 삽화(조증 삽화 이전 또는 그 이후) 외에 조증 삽화 증상이 존재하느냐에 따라 양극성장애를 가진 것으로 간주된다. 양극성장애 증상은 조증 삽화 경험 시 증상의 심각도와 기간에 따라 다양한 범위의 특징들을 나타낸다. 그 결과, 증상의 수와 기간에 따라 다양한 유형의 양극성장애가 존재한다. 증상들은 주요우울 삽화 동안 경험하는 것과 반대이며, 과대감과 고양감을 포함할 수 있는데, **정서적**(자기에 대한 확장되고 고양된 감각, 아동의 경우 과민함), **행동적**(다중 작업, 고위험/즐거움 추구 행동), **신체적**(적은 수면 욕구) 또는 **인지적**

(산만, 집중 문제, 사고의 비약, 말이 많아지거나 끊기 어려울 정도로 계속 함) 과잉 측면에서 명백하다.

기억할 것

우울장애는 양극성장애와 구분되는데, 양극성장애는 우울한 기분 상태뿐만 아니라 고양된 기분 구성요소(조증, 경조증)를 포함하며 이러한 결합은 이중 상태를 의미하는 양극성장애(bipolar disorder)의 'bi'라는 접두사에 반영되어 있다. 반대로, 우울장애는 낮은 긍정적 정서라는 단일한(단극) 정서 상태로 나타난다.

실제에 적용하기

크리스티는 이유 없는 잦은 결석을 이유로 학교 사회복지사에게 의뢰되었다. 사회복지사가 가정 방문을 하였을 때, 크리스티의 어머니는 아이가 자주 복통을 호소하여 결석을 하였다고 보고하였다. 크리스티의 어머니는 크리스티가 2년 전에 자전거 사고를 경험했다고 하였다. 그 당시 그녀의 가슴이 자전거 손잡이와 부딪히면서 갈비뼈가 부러졌다고 하였다. 이 때문에 크리스티는 학교를 한 달 이상 쉬었고, 따라서 한 학년을 유급해야 했다. 크리스티의 어머니는 그 해 크리스티를 사립학교로 전학시켰다.

크리스티의 친구들은 모두 다음 학년으로 진급했다. 그 사고 이후로, 크리스티는 종종 기분이 좋지 않음을 토로했다. 그녀는 매우 말랐고, 선생님은 크리스티가 점심 급식에 전혀 손을 대지 않는 것을 종종 목격했다. 집에서 크리스티는 자주 짜증을 냈으며 기분의 변화가 심했다. 그녀는 무엇에도 좀처럼 관심을 갖지 않는 것처럼 보였다. 가족들은 상당한 재정적 어려움을 겪고 있으며, 대가족이 함께 살고 있다. 크리스티는 여동생과 방을 같이 써야만 했는데, 여동생은 현재 크리스티와 같은 학년이며 사이가 좋지 않다.

지난주에, 여동생과 심한 말다툼을 벌인 뒤 크리스티는 울면서 집을 뛰쳐나갔고 자살할 것이라고 했다고 보고되었다. 그녀의 어머니는 크리스티가 단지 주의를 끊기 위해 그렇게 했다고 생각하는데 이는 크리스티처럼 어린아이가 실제로 우울해질 수 있다는 것을 믿지 않기 때문이다. 어머니는 크리스티가 빨리 회복하기를 원하고 있다.

주요우울장애와 지속성 우울장애

임상적 기술과 관련된 특징

성인의 경우, 주요우울 삽화는 그 기분이 2주 동안 지속되어야 한다. 성인과 아동에 있어 평균 지속기간은 4개월이다. 주요우울장애의 진단은, 첫째, 우울한 기분 상태, 성인의 쾌감 상실(낮은 긍정적 정서) 또는 아동의 과민함, 혹은 둘째, 일상 활동에서의 흥미 혹은 즐거움 상실로 내려진다(APA, 2013). 이러한 기준뿐만 아니라, DSM-5는 진단을 위해 다음의 7개 잠정적 증상 중 4개의 부가적인 증상을 규정하고 있다. 7개의 잠정적 증상은 눈에 띄는 체중 증가 또는 감소(아동의 경우 체중 증가가 기대치에 미달), 불면증 또는 과다수면, 정신운동 초조 또는 지연, 피로, 무가치함, 집중 문제, 반복적인 자살사고(思考) 등이다. 감정이 만연하고 증상은 강한데, 몇몇 증상들은 매일 일어나기도 한다.

지속성 우울장애는 다음의 조건들이 충족되면 진단 내려진다.

- 만연한 우울 기분(흥미의 상실, 무쾌감증) 또는 과민함(아동의 경우)이 적어도 2년간(아동의 경우 최소 1년간) 명백하게 나타난다.
- 우울한 기간 동안 6개의 증상 목록 중 적어도 2개의 증상을 동반한다.
- 2년(성인) 또는 1년(아동)의 진행과정 동안, 두 달 이상 증상이 없었던 기간이 존재하지 않는다.
- 2년 동안 주요우울장애를 만족하는 증상이 지속적으로 나타날 수 있다.

유병률과 경과

대략적으로 아동과 청소년 일반인구의 5%가 우울증으로 고통 받고 있다. 하지만 Costello와 동료들(2002)은 아동기(2%) 유병율이 청소년기(4~7%)에 두 배로 증가하며, 이 발달단계에서는 멜랑콜리아 양상(무쾌감증)의 비율이 높다는 것을 발견했다. 연구에서 어린 나이에는 백인 남아와 여아가 동등한 비율로 우울증이 발병되지만, 청소년의 경우 남자 청소년보다 여자 청소년이 두 배 더 높게 나타난다(Fleming & Offord, 1990; Hankin & Abramson, 2001). 다양한 공존질환이 존재하지만, 특히 우울증과 불안장애 사이에서 더 자주 나타난다.

우울증의 경과는 길고 오래 간다. 비록 주요우울 삽화를 진단하기 위해 2주의 기간만이 요구되지만, 주요우울장애의 평균 기간은 대략 4개월이다. Kovacs, Akiskal, Gatsonis와 Parrone(1994)은 조기 발병 지속성 우울장애를 가진 아동의 76%가 나중에 주요우울장애를 발달시킨다는 것을 발견했다.

우울장애는 미래의 대인관계 및 심리적 문제에 장기적인 영향을 가질 뿐만 아니라, 다른 장애를 발달시킬 위험을 증가시킨다. 주요우울장애를 가진 6~12세 아동에 대한 추적연구에서, 30%는 나중에 양극성장애를 발달시켰다(Geller et al., 1995).

발달적 적응

주요우울장애의 핵심적인 임상 특징이 아동, 청소년, 성인 간에 비슷하지만, 이러한 증상들은 연령 수준에 따라 다르게 나타난다. 또한 발달단계에 따른 환경적인 스트레스 요인에 의한 변화를 예측해 볼 수 있다(예: 과민함은 아동 증상에서 흔한 것으로 아동의 '슬픔'을 대체하는 것임). DSM-5는 아동의 증상 출현에 있어 진단에 필요한 기간을 구별하여 명시하였으며(지속성 우울장애 아동의 경우 1년, 성인의 경우 2년), 또한 발달 수준에 따라 나타나는 전형적 증상의 다양한 특징

기억할 것

진단 기준에서 '과민함'이란 아동의 짜증나는 기분으로 묘사되며, 이는 분노폭발과 낮은 좌절 인내성으로 나타날 수 있다.

기억할 것

Spitz(1946)는 시설에 있는 아동들을 관찰했는데, 그 아동들은 생리적 욕구가 충족되었음에도 불구하고, 애정 어린 양육의 결핍으로 인해 쇠약해지는 것처럼 보였다(marasmus라고 불림). 무기력함과 만성적 흐느낌 같은 극단적 특성으로 인해 Spitz는 이러한 반응을 의존성 우울(anaclitic depression)이라고 불렀다.

들에 대한 정보를 제공한다.

우울증의 증상과 특징은 아동의 발달 수준에 따라 달라질 수 있다. 따라서 아동 및 청소년 우울증과 관련된 특징의 논의는 발달적 초점을 따르게 될 것이다.

걸음마기와 학령전기

최근 연구자들은 3세 정도의 학령전기 아동도 주요우울장애의 전형적 증상과 특징(무쾌감증, 슬픔 또는 과민함, 자율신경계 신호)을 나타낸다는 것을 밝혀냈다. 걸음마기 아동들은 식욕저하, 수면 부족(생장 증상), 발달 이정표 습득 지연(걷기, 말하기, 배변훈련), 그리고 악몽과 야경증의 경험 같은 우울증의 증상을 나타낼 수 있다. 이러한 연령에서는 과도한 헤드뱅잉 또는 흔드는 행동으로 동요된 표현을 나타낼 수도 있다.

연구자들은 또한 놀이의 주제가 이러한 연령 수준의 아이들에게 나타나는 우울 증상의 특성에 관해 유용한 정보를 제공한다는 것을 발견했다(Luby et al., 2003, 2006).

기억할 것

학령전기 아동의 주요우울장애 연구 결과를 통해, Luby와 동료들(2003, 2006)은 DSM 기준을 어린 아동들에게 적용하는 데 있어 현재 기준이 아동에게 지나치게 엄격하기 때문에 과소 진단될 가능성이 있다고 지적하였다. 따라서 이 시기의 아동에 있어서 DSM 기준의 수정이 필요하다고 주장하였다.

아동기

유전적 전이가 청소년 우울증의 강력한 요인이 될 수 있지만, 아동기(사춘기 전) 우울증은 유전적이라기보다 환경적일 수 있다(Thapar, Harold, & McGuffin, 1998). 이 연령 단계의 환경적 스트레스 요인에는 가족 갈등, 양육 방식의 문제, 또래 거부가 포함된다. 아동기 우울증의 증상은 신체적 호소, 과민함 그리고 사회적 위축으로 나타날 수 있다. 이 연령 범위의 일반적인 공존질환으로는 행동장애, ADHD, 불안장애가 있다(APA, 2013). 우울한 아동은 종종 낮은 자존감을 가지며, 자기 비판적일 수 있다. 이 연령 단계에 우울증은 아마 저조한 학업 성취와 사회적 관계의 문제로 나타날 수 있다. 행동적 측면으로는 행동화(분노), 위축(슬픔) 사이에서 다양하게 나타날 수 있으며 낮은 좌절 인내성도 나타난다.

청소년기

청소년의 경우, 우울증의 멜랑콜리아 양상 동반이 높은 비율을 차지하고, 높은 자살 시도와 함께 사춘기 전의 아동보다 높은 치사율을 갖는다(Ryan et al., 1987). 청소년 우울증은 성인 우울증과 연속선상에 있다(Ryan et al., 1987). 그리고 성인 우울증과 마찬가지로 유전적 요인과 강하게 관련되어 있다. 청소년기에 흔히 나타나는 증상들로는 정신운동 지연/과다수면과 망상(특히 환청)이 있다. 이 연령 범위에 흔한 공존질환으로는 행동장애, ADHD, 불안장애, 물질장애 그리고 섭식장애가 포함된다(APA, 2013).

주의

이 연령 수준에서는 신체상에 대한 높은 민감성 때문에, 부정적 사고가 못생겼다거나 매력적이지 않다라고 여기는 신체적 특징과 신체 유형(청소년은 자신을 과체중이라고 여길 수 있다)에 기반한 부정적 자기평가로 바뀔 수 있다. 부정적 사고 패턴들은 낮은 자존감, 저조한 학교 성취, 사회적 위축 또는 비행행동, 성적인 행동화 또는 물질 남용에서 나타나는 위험 감수 행동의 증가로 일반화될 수 있다. 주요우울장애를 가진 청소년은 높은 임신율과 높은 자살 위험을 갖는다(Ryan et al., 1987).

주의

자살은 1997년 청소년과 초기 성인기(10~19세) 사망원인의 3위였다(Shaffer & Craft, 1999). 1979년과 1997년 사이에 15~19세 범위의 청소년 자살 비율이 13% 증가한 반면, 10~14세의 자살 비율은 두 배로 증가했다(Guyer, MacDorman, Martin, Peters, & Strobino, 1998).

위험 요인과 보호 요인

아동기와 청소년기의 우울장애 발달에는 수많은 위험 요인들이 관련된다. 예를 들면, 학대 또는 방임, 부모 또는 사랑하는 대상의 상실, 공존질환(ADHD, 품행장애, 학습장애), 연인과의 결별, 만성적인 질병(예: 당뇨병) 그리고 자연 재해와 같은 외상(NIMH, 2000b)이 여기에 포함될 수 있다.

가족 위험 요인

기분장애를 가진 사춘기 전 아동과 청소년의 부모, 형제 사이에는 높은 알코올 중독 유병률이 보고되어 왔다(Puig-Antich, Geotz, & Davies, 1989). 또한 가족의 빈곤과 부모 간의 갈등은 부모뿐만 아니라 아동의 우울증에도 위험 요인으로 거론되어 왔다(Hammen, 1991).

기억할 것

McDermott와 Palmer(2002)는 어린 아동들이 자연 재해(호주의 산불)라는 외상에 우울 증상으로 반응한다는 것을 밝혀냈다. 반면, 나이 든 아동들(중학생)은 PTSD의 증상과 더욱 유사한 정서적 고통을 나타냈다.

기억할 것

우울한 어머니의 자녀는 우울하지 않은 어머니의 자녀들보다 우울해질 확률이 두 배가량 높다. 우울한 어머니의 자녀 중 40% 이상은 아동기 우울증으로 진단받는다.

우울한 어머니의 양육 방식에 대한 연구에서, Malphurs와 동료들(1996)은 우울한 어머니들이 더 위축적이며(정서적으로 자녀에게 가용적이지 않음), 침습적(통제하고 짜증을 잘 내며 참을성이 없는)이라는 것을 발견했다. 다른 연구에서 우울한 어머니의 영유아, 어린 아동들이 불안정 애착을 발달시킬 확률이 높고, 정서조절이 어려우며, 딸인 경우 우울감을 갖게 될 위험성이 증가된다는 것을 밝혀냈다(Cicchetti & Toth, 1998).

또래 영향

사회적 유능감의 부족, 낮은 또래 지지와 거절 또는 또래의 무시는 아동과 청소년 우울증의 위험 요인이다(Harter & Marold, 1994). 우울한 아동은 종종 민감해지기도 하고, 사회적 기술이 부족하며, 부정적이거나 공격적인 상호작용을 하기가 더 쉽다.

우울 증후군과 증상

우울한 기분을 경험하는 모든 사람이 DSM에 명시된 우울장애 임상적 진단 기준을 충족시키는 것은 아니다. 아동, 청소년 그리고 성인 모두 우울한 기분을 경험할 수 있고, 가끔 우울하다. 때때로 이러한 느낌은 특정한 스트레스 요인에 대한 반응이며, 어떤 때에는 향수나 우울감이 슬픈 감정을 야기할 수 있다. 반면, 어떤 때에는 기분이 생리적인 (호르몬) 변화 또는 약물에 의해 유도되는 변화(예: 알코올은 진정제 역할을 한다)에 의해 영향 받을 수 있다. 하지만 우울한 기분은 일시적이며 변화 가능하다. 우울 증후군은 증상들의 군집으로, Achenbach와 Rescorla(2001)이 밝혀낸 **불안/우울 증후군**(주로 부정적 정서로 특징지어짐)과 **위축/우울 증후군**(낮은 긍정적 정서와 사회적 위축)이 있다.

기억할 것

유전적이며 환경적인 영향 모두가 주요우울장애 발달의 원인으로 간주되었지만, 환경적인 영향이 아동 우울증을 야기할 가능성이 훨씬 더 높다. 반면, 청소년의 주요우울장애 발달에 있어서는 유전적인 요인들이 훨씬 더 두드러진다.

병인론

유전적인 배경과 신경전달물질 기능

우울증의 가족력을 가진 아동, 청소년 그리고 성인은 우울증에 걸릴 위험이 높다. 하지만 양육 방식과 같은 가정에서 작용하는 다른 요인들 또한 유전적 전이만큼 중요할 수 있다. 쌍생아 연구 결과는 아동보다 성인과 청소년에게 유전적 영향이 훨씬 더 강하다는 것을 제시한 데 반해, 아동의 경우 환경적인 요인으로 더 잘 설명된다고 하였다.

신경전달물질의 기능 신경내분비 불균형(코르티솔 호르몬)이 성인 우울증과 연관된다는 증거가 있지만, 이것은 아동의 경우 입증되지 않았다. 성인 우울증에서 낮은 세로토닌 신경전달물질 수준을 증가시키는 데 필수적인 항우울제는 아동에 대해서는 혼재된 결과를 갖는다. 몇몇 연구에서는 항우울제가 아동의 우울 증상을 감소시키는 데 효과적이지 않음이 발견되었다(Fischer & Fischer, 1996).

주의

FDA는 공중보건권고문(Public Health Advisory; March 22, 2004)를 통해 항우울제 약물 제조사에게 상표에 경고문을 제시하도록 요구했다. 경고문의 내용은 성인, 아동과 청소년의 우울증 악화 가능성과 항우울제 약물을 처방 받는 환자들의 자살 가능성을 면밀히 관찰하라는 것이다.

인지행동 모델

인지 모델을 지지하는 이론가들은 단극성 우울증의 원인을 부적응적 사고 과정과 연결 짓는데, 부적응적 사고 과정이란 사건을 부정적인 방식으로 해석하는 것이다. 가장 영향력 있는 두 가지 인지적 설명으로는 **부정적 사고**와 **학습된 무기력** 모델이다.

부정적 사고 Beck(1997)에 따르면, 부정적 사고(negative thinking)는 세상에 대한 우리의 인식에 영향을 미친다. 부정적 사고들은 비관적이고, 컵에 물이 반 정도 남았다고 보기보다 반 정도나 빈 것으로 보는 것이다. 부정적 도식들은 궁극적으로 Beck의 **부정적 인지삼제**로 발달하게 되는데, 자신의 경험, 자기 개념, 그리고 미래를 부정적인 방식으로 해석한다.

사고의 다양한 오류는 부정적인 도식의 결과로서 발생하는데, 이는 부정적인 사고 과정을 영속화하며 긍정적인 것은 축소하고 부정적인 것은 확대 또는 과잉일반화 한다.

기억할 것

인지삼제(cognitive triad)는 절망감, 무기력감, 그리고 무가치함이란 세 가지 만연한 사고로 구성되어 있다.

학습된 무기력 Seligman(1975)은 본래 실험 장면의 동물들이 반복적으로 전기 쇼크를 받은 후, 다음날 뛰어넘으면 안전한 곳으로 갈 수 있는 낮은 벽을 제공하였음에도 도망가지 않는 반응을 묘사하기 위해 학습된 무기력(learned helplessness)이라는 개념으로 설명하였다. 실험에서 대부분의 개들은 도망가지 않고 포기했다. Seligman은 개들이 전기 쇼크가 자신의 통제하에 있지 않음을 학습했고, 결과에 영향을 미치는 데 무기력감을 느꼈기 때문에 문제 해결 행동에 참여하지 않았을 것으로 추론했다.

실제에 적용하기

샐리와 제나는 같은 심리학 시험을 보았다. 샐리는 시험을 잘 봤지만 제나는 그렇지 못했다. 귀인이론에 따르면, 샐리는 긍정적인 귀인을 할 수 있다[예: 그녀 스스로 자화자찬하며, "내가 똑똑하기 때문에 잘했다."(내적 귀인)고 말하고 "내가 열심히 공부하니까 나는 항상 좋은 성적을 받을 것이다."(안정적 귀인)라고 할 수 있다].

반면, 제나는 체면을 지킬 필요가 있으므로, 시험이 공정하지 않았다고 생각할 수 있다(외적 귀인). 더 나아가, 교수가 항상 공정하지 않은 시험을 낸다고 하든지(안정적) 또는 교수가 보통 공정한 시험을 내는데, 무엇인가 그 교수를 집중하지 못하게 했다고(불안정적) 생각할 수 있다.

이러한 시나리오에서, 샐리는 긍정적으로 반응한 반면, 제나는 자신에 대해 부정적으로 생각하는 것으로부터 자신을 보호하기 위해 방어적인 책략을 발달시켰다. 제나는 그녀의 실패를 공정하지 않은 시험에 의한 것으로 결론지었다.

최근 들어, **귀인이론**(attribution theory: 사고를 결과와 연관 짓는 것)은 왜 특정한 몇몇 사람들만 스트레스 요인에 절망감으로 반응하는지를 설명하기 위하여 학습된 무기력 개념을 사용하였다.

가족과 또래 영향 모델

우울증에 대한 가족 과정 역할 청소년 우울증에서 가족 과정(family processes)의 역할에 대한 분석에서, Sheeber, Hops와 Davis(2001)는 우울증 발달에 대한 청소년의 취약성에 영향을 미칠 수 있는 가족 역동의 네 가지 측면을 제안하였다. 적대적인 가정 분위기(높은 스트레스 또는 낮은 지지), 부정적인 강화 모델, 자기충족적 예언, 그리고 정서조절에 대한 모델링의 어려움이다.

주의

공격성은 우울증이 될 수 있다. Patterson과 Capaldi(1990)의 모델에서는 언어적으로 또는 신체적으로 공격적인 경향이 있는 아동들은 궁극적으로 또래들에게 점점 거절당한다고 제안했다. 몇몇 아동들은 거부에 대해 반항 행동과 강한 거부로 응답하는데, 이는 낮은 자존감으로 이어져 결국 우울증이 된다.

우울증 중재에 있어서 또래 영향력 Sheeber과 동료들(2001)은 청소년 우울증에서의 가족 과정의 영향력을 고려한 반면, Patterson과 Capaldi(1990)는 훨씬 더 초기의 영향력에 초점을 두는 모델을 개발했다. 연구자들은 부정적인 가족 환경에서 양육된 아동들은 낮은 자존감, 부족한 대인관계 기술, 공격적으로 반응하는 경향성(언어적으로 또는 신체적으로), 그리고 부정적인 인지 양식을 가지고 사회적 장면에 들어가게 된다고 제안한다.

생태학적 교류 모델

Cicchetti와 Toth(1998)는 아동과 청소년 우울증의 잠재적인 경과와 결과를 논의하는 것에 있어 **다중결과성**(multifinality)과 **동일결과성**(equifinality)의 개념을 고려할 필요가 있다고 강조하였다.

연구자들은 초기 개체발생 발달(각성 조절에 대한 생리적 체계의 초기 발달과 애착관계)부터 우울증 발달에 영향을 주는 '강화와 보상' 과정에 있어서 미시체계, 외체계, 거시체계의 영향력에 대한 고려가 필요하다고 하였다. 이러한 모델 안에서 개입은 사회적 맥락의 영향력뿐만 아니라 발달 단계에 따른 요구와 가족 영향을 목표로 개발될 수 있다.

우울장애에 대한 평가와 치료/개입

내재화 장애의 측정을 위한 구조화된 그리고 반구조화된 면접을 사용하는 것은 이전에 논의되었다(3장 참고). 그리고 많은 일반적인 행동 평정척도와 개인 성격검사는 우울증의 측정을 포함한다. 우울증 측정에 흔히 쓰이는 도구들은 [참고자료 8-1]에 제시되어 있다.

약물치료

우울증 치료에서 약물의 역할과 최근의 쟁점들에 대해 이전에 논의되었다. 그러므로 여기서는 언급하지 않는다.

경험적으로 지지된 치료들

아동과 청소년 우울증의 임상적 치료에 대한 논문에서, Kaslow와 Thompson(1998)은 미국심리학회 지침에 따라 아마도 효과적인 치료(probably efficacious treatment)의 기준을 충족하는 아동과 청소년 프로그램에 대해 논의했다. 그 프로그램들은 모두 인지행동치료를 사용하는데 그중 하나는 Stark, Swearer, Jurkowski, Sommer과 Bowen(1996)에 의해 개발된 아동 기반 프로그램이며, 다른 하나는 청소년 프로그램으로 Lewinsohn, Clarke, Rhode, Hops와 Seeley(1996)에 의해 개발되었다.

인지행동치료

성인의 우울 증상 감소를 위한 인지행동치료의 사용은 유의미한 성공을 거두었다. Beck(1997)은 구조화된 20회기 프로그램을 개발했는데, 점진적으로 활동을 증가시키고 자동적 사고에 도전하기, 부정적 사고 확인하기, 부적응적 사고에서 적응적 사고로 재구조화시키기 등을 통해 기분을 고양시키는 것을 목표로 하였다. Lewinsohn과 동료들(1996)은 청소년을 위한 인지행동치료 프로그램을 개발했는데, 이는 Beck의 프로그램을 응용한 것으로 부모 프로그램을 포함한다.

참고자료 8-1 **아동과 청소년 우울증의 평가를 위한 일반적인 평가 도구**

도구	대상 연령	간단한 설명
벡우울척도 (The Depression Scale of Beck Youth Inventories 2nd ed.; Beck, Beck, & Jolly, 2005)	7~14세	• DSM-IV에 기반한 우울증을 평가하는 30문항 척도 • 4지선다형 • 자기, 세상 그리고 미래 기대와 연관된 부정적 사고를 측정
아동용 절망감척도 (The Hopelessness Scale for Children; Kazdin, 1986)	6~13세	• 참/거짓 반응 형식의 17개 질문들로 절망감 평가(우울, 자살사고와 높은 관련성)
아동용 우울척도 (Child Depression Inventory-2; Kovacs, 2003)	6~17세	• 5개의 하위 척도뿐만 아니라, 전체 우울 점수 제공: 부정적인 기분, 대인간 문제, 비효율성, 무쾌감증, 부정적인 자존감
청소년 우울 및 불안 척도 (Depression and Anxiety in Youth Scale; Newcomer et al., 1994)	6~18세	• DSM-III-R 분류에 기반한 주요우울장애와 과잉불안장애 평가 • 자기보고, 부모용, 교사용 이용 가능
레이놀즈 청소년 우울척도-2 (Reynolds Adolescent Depression Scale-2; Reynolds, 2002)	13~18세	• 4지선다형 • 자기 보고 • 전체 우울 점수 산출

레이놀즈 아동 우울척도 (Reynolds Child Depression Scale-2; Reynolds, 1989)	3~6학년	• 자기보고 측정이 어린 아동을 위한 그림 선택 형식(행복한 것부터 슬픔까지 범위를 갖는 5개의 측면)을 제공 • 전체 우울 점수 제공

주: 모든 도구의 참고자료는 부록 2에서 볼 수 있음.

주의

우울증은 내재화 장애이기 때문에, 관찰 보고나 척도에 기반한 평가로 측정하기가 훨씬 더 어려울 수 있음을 기억하라. 또한 청소년들은 그들이 느끼는 것이 우울증임을 알아차리지 못할 수도 있다. 또는 자신의 감정을 적절하게 표현하지 못할 수도 있다. 아동의 우울증이 종종 과민함으로 표현된다는 것도 기억하라. 이는 언어적으로 그리고 신체적으로 공격적인 반응으로 나타날 수 있으며, 품행 문제로 오진될 수도 있다.

Stark와 동료들(1996)은 우울한 아동과 그들의 부모를 위한 인지행동치료 프로그램을 개발했다. 초기에 이것은 학교 기반 치료적 접근으로 사용되었지만, Stark는 개인과 집단 구성방식을 포함하는 것으로 프로그램을 수정했다. 프로그램은 초기에는 긍정적인 기분의 발달에 초점을 두었으나, 궁극적으로 아동에게 부정적 사고 패턴을 재구조화하도록 가르치는 것을 목표로 하였다.

파괴적 기분조절부전장애

임상적 기술과 관련된 특징

DSM-5에서는 아동기 우울장애에 대한 새로운 분류를 시도했는데, 이에 대한 논쟁은 지속되고 있다. 이러한 새로운 분류를 넣은 이유는 지난 10년 동안 계속 증가해 온 소아 양극성장애의 진단률을 감소시키기 위해서다.

아동과 청소년 양극성장애 진단은 주의력결핍 과잉행동장애, 외상후 스트레스 장애, 불안장애와 같은 다른 장애들이 양극성장애의 많은 증상적 특징을 공유하기 때문에 문제가 되어 왔다. 파괴적 기분조절부전장애(Disruptive Mood Dysregulation Disorder: DMDD)의 새로운 분류는 "지속적이고 심각한 과민함"(APA, 2013, p. 157)을 증상으로 나타내는 아동과 양극성장애의 전형적인 삽화 증상을 보이는 아동을 구별하기 위해서 도입되었다.

파괴적 기분조절부전장애는 불쾌감을 동반하는 분노조절곤란 장애로 알려져 있는데, 이는 다양한 상황에서 나타나는 반복적이고 심각한 수준의 분노폭발(일주일에 3회 이상)로 특징지어진다. 그리고 지속적으로 부정적인 기분상태가 동반된다. 만약 이러한 행동들이 적어도 12개월 동안 지속된다면 파괴적 기분조절부전장애로 진단될 수 있다. 이 장애는 6~10세에 진단될 가능성이 높다. 장애 진단 기준 외에, DSM-5는 다양한 예외 기준도 포함시켰다. 예를 들어, 조증 증상이 나타난다면 진단을 할 수 없으며 만약 아동이 파괴적 기분조절

주의

아동과 청소년의 양극성장애 유병률을 조사한 결과, 다음과 같은 사실을 발견하였다. 1996년에서 2004년 사이에 성인이 양극성장애로 진단되는 비율은 3.5% 증가하였다. 반면에 같은 시기에 아동과 청소년의 유병률은 아동의 경우 53.2%, 청소년의 경우 58.5% 증가하였다(Brotman et al., 2007).

기억할 것

아동과 청소년의 양극성장애의 진단률이 높아지는 것에 대한 우려가 커지면서 논란이 시작되었다. 양극성장애의 증상이 좀 더 세밀하게 정의되어야 하는 것인지(제1형 양극성장애 유병률은 대략 .5%), 아니면 증상들이 광범위하게 양극성장애 스펙트럼에 속하는 것으로 고려되어야 하는 것인지 논란이 되었다. 하지만 이렇게 된다면 유병률이 10배는 증가하게 될 것이다(Hirschfeld et al., 2003).

부전장애와 적대적 반항장애의 기준에 모두 부합된다면 파괴적 기분조절부전장애로 진단 내려야 한다.

파괴적 기분조절부전장애가 DSM-5에 소개되면서 연구자들은 몇 가지 중요한 질문을 던지게 되었다. "파괴적 기분조절부전장애가 아동에게 양극성장애로 잘못 진단을 내리는 확률을 감소시킬 것인가?"(Margulies, Weintraub, Basile, Grover, & Carson, 2012) 또는 새로운 진단이 "오진의 문제를 해결하지 못하고, 아동들에게 항정신병약을 과잉 사용하는 문제를 심화시킬 것인가?"(Frances, 2011). 반면에 이 장애를 도입하는 것에 대해 연구자들은 경험적인 근거가 부족하다고 의문을 제기한다(Stingaris, 2011). 아동에게 파괴적 기분조절부전장애나 양극성장애를 진단 내릴 때 임상가들이 겪게 되는 문제는 증상들이 다른 장애와 중복되는 경향이 있고, 몇몇 장애에서 아동들은 증상들 중 하나로 과민함을 보인다는 것이다. Leibenluft(2011)는 중증의 파괴적 기분조절부전장애로 진단되는 과민함을 지니는 청소년들이 조증이나 경조증 증상을 보이는 청소년들보다 양극성장애로 발전할 위험이 낮다는 것을 발견했다. 이는 두 가지의 다른 장애가 존재한다는 것을 지지한다.

기억할 것

과민함이 DSM에서 아동들(우울증, 외상후 스트레스 장애, 적대적 반항성장애)을 진단하는 기준으로 자주 사용되는 하나의 증상이지만, 부정적 기분 상태라고 하는 것 외에는 명확하게 정의되지 않는다. 심각한 과민함을 지닌 청소년을 대상으로 한 연구에서 Deveney와 동료들(2013)은 과민함을 좌절 경험에 반응하여 부정적 감정을 경험하는 것에 대한 낮은 역치를 지니는 것으로 정의하였다.

유병률과 경과

최근 연구에서 Copeland, Angold, Costello와 Egger(2013)는 유병률, 공존질

환, 다른 장애와 상관관계에 대해서 2~17세의 지역사회 아동 3,258명을 대상으로 조사하였다. 결과는 파괴적 기분조절부전장애가 초기 아동기를 지나게 되면서 많이 없어지게 되며, 3개월 유병률은 .8~3.3%의 범위에 있음을 밝혔다. 다른 장애와의 공존율은 62~92%에 해당했으며 우울장애와 적대적 반항장애가 대표적이다. 파괴적 기분조절부전장애에서 정서적이고 행동적인 문제를 모두 야기할 확률은 32~68%다. 연구자들은 파괴적 기분조절부전장애가 "심각한 정서 및 행동 조절 곤란 증상을 갖는 아동들의 집합을 나타내는"(p. 178) 범주라고 결론지었다. 그리고 연구자들은 앞으로 파괴적 기분조절부전장애 증상들이 어떤 것인지 연구해야 하며, 다른 정서 및 행동장애와 어떤 면을 공유하고 있는지 살펴보아야 한다고 하였다.

병인론/치료와 개입

파괴적 기분조절부전장애의 병인론과 치료에 대해서는 잘 알려져 있지 않다. 하지만 Deveney와 동료들(2013)은 최근의 한 연구에서 뇌와 관련된 연구들에 대한 통찰이 도움이 될 것이라고 주장하였다. Deveney와 동료들은 fMRI를 사용하여 심각한 과민함을 보이는 19명의 청소년들(심각한 기분조절부전)과 23명의 통제집단을 두고 좌절-유발 과제(frustration-evoking task)에 대한 두뇌 관련 반응을 비교하였다. 그 결과, 연구자들은 통제집단에 비해서 심각한 과민성을 지닌 아이들이 두정엽, 해마 곁, 시상/대상회 피질/뇌지층 부분에서 활동량이 현저하게 저하되었다는 것을 발견했다. 이런 활동량의 감소는 부정적인 피드백이 야기되는 부분에서만 눈에 띄게 나타났다. 연구자들은 또한 전두엽에서도 차이점을 보일 것이라고 가정하였으나 연구에서 이 가설은 지지되지 않았다. 하지만 연구자들은 이 점에 대해서 집단의 크기 때문에 통계적 민감도가 떨어졌을 것으로 해석하였다. 관련 정보가 부족하고 기저 과정의 속성이 복잡하기 때문에 뇌와 관련된 반응에 대한 더 깊은 연구가 이루어지는 것이 향후 파괴적 기분조절부전장애의 정의, 치료, 개입에 대한 실체를 밝히는 데 매우 중요할 것이다.

양극성장애

임상적 기술과 관련된 특징

DSM-5에서는 양극성장애(bipolar disorder)의 조증 삽화, 혼재성 삽화, 경조증 삽화에 대한 기준을 제공한다. 조증 삽화는 비정상적이고 의기양양하고 과대적 또는 민감한 기분 상태가 적어도 일주일 이상 지속되는 것이라고 정의될 수 있다. 이는 눈에 띄는 손상을 야기하며 적어도 다음의 일곱 가지 증상 중 세 가지 증상을 동반한다.

- 증가된 자존감 또는 과대감
- 수면에 대한 욕구 감소
- 언어 압박 또는 평소보다 말이 많아짐
- 사고의 비약
- 주의산만
- 목표 지향적 활동(심리운동 초조, 성적 행위, 사회적 활동) 증가
- 위험한 활동에 지나치게 몰두(과도한 쇼핑, 성행위, 도둑질 등)

제1형 양극성장애의 경우 한 번 이상의 조증 삽화가 나타날 때 진단된다. 제2형 양극성장애의 경우 한 번 이상의 경조증 삽화와 한 번 이상의 주요우울 삽화가 나타날 때 진단된다.

순환성장애는 기분의 만성적인 동요가 일어나는 것으로 과거 2년 동안 지배

적인 감정이 경조증 증상과 우울 증상에 해당될 때 진단된다(조증 삽화, 경조증 삽화, 주요우울 삽화의 진단에는 맞지 않음).

기억할 것

단극성 우울증과 관련되는 낮은 긍정적 정서 외에 양극성장애를 경험하는 아동과 청소년은 조증(또는 경조증) 상태도 경험한다.

주의

조증 삽화(일주일)와 경조증 삽화(4일)의 차이점은 지속기간과 심각성이다. 경조증 삽화의 경우 적어도 4일 동안 지속되며 덜 고양되고 과장된 기분 삽화를 나타낸다(이는 심각한 기능의 손상을 야기하지 않는 것을 의미한다). 두 가지 삽화는 모두 앞의 목록에서 세 가지 이상의 증상을 나타낸다. 제2형 양극성장애는 주요우울 삽화와 경조증 삽화가 모두 나타나는 경우에 진단된다.

Geller와 Luby(1997)는 지난 10년 동안 양극성장애를 지닌 아동과 청소년을 대상으로 한 연구를 분석하였는데, 아동기에 양극성장애가 시작될 경우에 좀 더 심각하고 만성적이고 급속순환성 양상을 띠는데, 이는 훨씬 심각하고 종종 치료 저항적인 성인 양극성장애의 형태와 비슷하다. 급속 순환성 양상은 단기적이고 복합적인 삽화처럼 나타날 수 있으며 하루에도 셀 수 없을 정도의 변화를 겪는 것을 말한다.

Geller와 Luby(1997)는 문헌연구에서 조증 삽화의 주요한 특징이 어떻게 아동과 청소년에게 뚜렷하게 나타나는지 예를 제시하였다. 다음 요약 내용은 그들의 연구에 기초한 것이다. 아동기에는 분리된 삽화를 경험하는 것보다 의기양양함과 과민성 사이의 급격한 기분 변화를 더 잘 경험하게 된다. 논리적이지 않은 아동의 과대감 또는 고양된 자존감과 같은 느낌은 아동에게 그들이 잘못

주의

DSM에서 아동기 우울장애(주요우울장애, 지속성 우울장애)에 대한 관련사항과 증상 특징을 추가하였음에도 불구하고, 사실상 아동에게 어떻게 양극성장애가 발현되는지에 대한 언급은 없다. 하지만 아동기에 발현되는 양극성장애와 관련된 '양극성장애 특정형'은 급속 순환형으로 네 가지 이상의 기분 삽화가 12개월 이내에 나타날 때 진단 내려진다. 이러한 특정형이 대략 10~20%의 성인 인구에서 나타나지만, 최근 연구에서 이 특정형이 아동이 양극성장애의 주된 특징이라고 제안하였다. DSM-5에서는 양극성장애에 대한 명시자의 수를 증가시키고 있다. 예를 들어, 불안증 동반, 급성 순환성 동반, 멜링콜리아 양상 동반 명시자처럼 이 장애의 속성에 대한 좀 더 명확한 정의를 뒷받침하고자 하였다.

실제에 적용하기

아서가 크게 소리 내어 웃으며 복도를 뛰어다니자 교사는 그가 학교 규칙을 어겼다고 주의를 주었다. 아서는 자기 책상으로 돌아가 책을 바닥에 던지며 항의하였고 쿵쾅거리며 발을 굴렀다. 타임아웃 되었으나 기분이 바뀌지 않았으며 구석에서 씩씩거리는 동안 친구를 노려보기도 하였다. 타임아웃을 시행하는 동안 교사 몰래 아서는 연필로 자기 팔을 찔렀다. 2분이 지나 아서는 수업활동에 다시 참여할 수 있는지 물어보았다. 자리로 돌아와 교사의 수업을 들으며 교사가 제시한 영상을 보다가 갑자기 히스테리적으로 웃기 시작하였다. 아서는 수업내용에 대해 계속해서 말했고, 교사의 설명에 반기를 들었다. 파괴적으로 무례한 태도 때문에 교장실로 불려갔으며, 교장선생님에게 담당 교사를 고용한 것에 대해 비난하고 자기가 더 잘 가르칠 수 있다고 이야기했다.

이 사례에서 아서는 아동기 양극성장애의 전형적인 증상들을 많이 보여 주고 있다.

가르침을 받고 있으며 법 위에 군림한다고 믿게끔 만들 수 있다. 어떤 아동들은 재능이 거의 없는데도 유명한 운동선수나 음악가가 되고, 학업에는 실패하면서도 우주비행사가 되어 보는 조증 상태를 경험하면서 과장된 영감을 얻을지도 모른다. 수면에서 보이는 문제도 명백하다. 어린 아동들은 밤새 텔레비전을 시청하거나 잠을 자는 대신 가구를 재배치하기도 한다. 그리고 청소년은 늦은 밤까지 파티에 몰입하기도 한다. 평소보다 말이 많아지거나 사고의 비약은 성인 증상과 유사하지만 그 내용은 아동 또는 청소년의 관심에 한정되어 있다. 아동과 청소년은 높은 수준의 운동과 목표 지향적 활동, 그리고 다중 과제에 몰입하기도 한다(그림을 그리고 카드를 분류하는 동시에 전화를 시도한다). 무분별한 성행위, 과속운전, 홍청망청 돈 쓰기, 도둑질과 같은 위험 감수 행동이 눈에 띄게 나타난다.

유병률과 경과

아동 인구를 대상으로는 유병률이 잘 알려져 있지 않다. 하지만 청소년 유병률은 인구의 1% 정도다. 정확한 유병률을 파악하기 어려운 이유는 양극성장애가 다른 아동과 청소년 장애(ADHD, 적대적 반항장애)와 공통 특징을 공유하기 때문에 진단 내리기 어렵기 때문이다. 게다가 의기양양함, 과대감, 또는 목표 활동의 증가라는 정의는 연령에 따른 적절한 활동과 구별하기 매우 어렵다. 이는 청소년이 가끔 '과도하게 행복하고, 멍청하고, 바보' 같을 수 있기 때문이다. 과대감은 아동들이 자신의 능력을 과대평가하는 경향성과 구분하기 어렵다(Birmaher, 2013).

병인론

생물학적, 유전적 배경

가족력은 양극성장애와 높은 관련이 있다.

기억할 것

공격적인 행동은 양극성장애의 대표적인 특징 중 하나다. Steiner(2000)에 따르면, 양극성장애와 관련되어 있는 공격성은 주로 급속 순환형에서 나타난다.

기억할 것

유전은 양극성장애와 관련이 높다. 연구들에서 한 부모가 양극성장애일 때 유전될 확률은 30~40%이며, 두 부모 모두 기분장애일 때 50~70%까지 유전확률이 높아진다(Levine, 1999)

평가와 치료/개입

감별 진단

양극성장애는 주의력결핍 과잉행동장애나 품행장애와 종종 혼동되는데 이는 중복되는 증상 때문이다. 우울해 보이며 동시에 주의력결핍 과잉행동장애의 증상과 유사하나 이보다는 심한 증상(지나친 분노폭발, 급격한 기분전환)을 보이는 아동과 청소년들은 특히 가족력이 있을 경우에 양극성장애가 있는지 평가해야 한다(NIMH, 2000a).

Geller(2001)에 따르면 아동들을 양극성장애로 진단하는 데 있어 가장 큰 문제는 조증이 있는 아이들과 주의력결핍 과잉행동장애를 가진 아이들을 구별하는 것이라고 하였다(p. 4). 조증의 진단 기준에 부합할 때 거의 기준의 반(감소된 수면, 지나치게 말을 많이 하는 것, 주의산만함, 과민한 기분) 정도가 주의력결핍 과잉행동장애와 공유하는 증상이라는 것은 명백한 사실이다. 이에 Geller와 동료들(2001)은 DSM의 조증 정의에 있어서 가장 근본적인 두 가지 특징에 주목하였다(의기양양함, 과대감). 그리고 이 두 가지 특징을 하나의 필수 기준으로 통합했다. Geller와 동료들은 이런 범주를 사용하는 것이 양극성장애와 주의력결핍 과잉행동장애를 구별하는 데 도움을 줄 것이라고 확신하였다. 덧붙여, 조증의 과잉성욕 증상은 과거의 성적학대 경험이 없는 경우 양극성장애의 43%에게서 나타났다.

대안 치료

아동과 청소년의 양극성장애의 복잡한 속성 때문에, 약물치료와 심리치료 개입을 병행하고, 재발을 예방하는 데 중점을 두는 복합모델적인 치료가 제안되어 왔다(AACAP, 1997). 아동과 청소년의 양극성장애 치료에서 사용되는 기분

기억할 것

성인 양극성장애 증상에서의 희열감과는 다르게 아동에게서 나타나는 조증은 과민성과 파괴적인 분노폭발처럼 나타날 수 있다. 조기에 발병하는 양극성장애 아동은(사춘기 이전) 급속 순환성과 과민성으로 특징지어지며, 아마 품행장애와 ADHD가 자주 함께 나타날 수 있으며, 이 두 장애를 비슷하게 따르는 증상을 가진다. 후기에 발병하는 양극성장애 청소년은 갑작스럽고 급격하게 발병하는 경향이 있으며, 조증 삽화와 함께 시작되고 ADHD나 품행장애와는 낮은 공존율을 나타낸다(NIMH, 2000).

주의

양극성장애를 가진 사람의 우울증을 치료하기 위해 항우울제를 사용하는 것은 기분안정제 없이 복용하게 된다면 조증 문제가 발생할 수 있다. 그리고 양극성장애를 지닌 아동의 ADHD 유사 증상을 치료하기 위해 자극제를 사용하는 것은 조증 문제를 촉진시킬 수 있다(NIMH, 2000).

안정제인 리튬 사용에 대한 보고에서, Tueth, Mruphy와 Evans(1998)는 아동과 청소년이 리튬을 잘 견뎌 냈다고 주장하였다. 하지만 청소년기에 위장장애, 구역질, 과식, 체중 증가, 떨림, 야뇨증, 여드름과 같은 많은 부작용들이 보고되고 있다. 약물을 거부한 청소년을 대상으로 한 연구 결과, 90%의 아이들은 18개월 안에 재발하였다(Strober, Morrell, Lanpert, & Burroughs, 1990).

자살: 임상적 기술과 관련된 특징

자살사고가 있는 아동과 청소년은 강렬한 우울, 분노, 무기력감, 불안, 무가치함을 경험한다. 이들은 종종 심리적으로 고통스러운 상황을 변화시키는 데 무력하거나 소용이 없다고 느낀다. 자살을 생각하는 아동과 청소년은 자살생각, 즉 **자살사고**를 갖는다. 자살을 생각하는 모든 아동들이 자살시도를 하는 것은 아니다. 다행스럽게도 모든 시도가 생각했던 자살로 이어지지도 않는다. 여성이 남성보다 자살을 시도할 가능성이 높으며 남성은 자살에 성공하는 확률이 높다.

자살시도와 그 성공 사이에서 일어나는 불일치의 이유는 사용된 도구의 치명성에 있다. 여성은 약물 남용을 통해서 자살을 하는 경우가 높은 반면, 남성은 총을 사용하여 자살을 시도한다(60%의 남성이 스스로 자초한 총상으로 죽는다)(Garland & Zigler, 1993).

기억할 것

남성보다 3배 많은 여성이 자살을 시도하지만, 4배 이상의 남성이 자살에 성공한다.

자살의 위험 요인

물질 남용, 공격적 또는 파괴적인 행동, 우울은 아동과 청소년에게 있어 가장 강한 자살시도의 예측 변인으로 알려져 왔다. 물질 남용과 알코올은 대략 자살의 50%와 연관이 있기 때문에 청소년의 자살률이 높아지는 것은 알코올 남용률이 높아지는 것과 관련이 있다는 주장이 제기되었다(Brent, 1995). Lewinsohn, Clarke, Seeley와 Rohde(1994)는 과거에 자살시도를 한 청소년은 자살시도를 하지 않은 청소년에 비해서 18배 이상 다시 자살시도를 할 가능성이 높다는 것을 발견했다.

더 나아가, Shaffer와 동료들(1996)은 자살을 한 사람들 중 66%는 적어도 자살시도 경험, 물질 또는 알코올 남용, 기분장애 증상 등 세 가지 주요 위험 요인 중에 하나는 가지고 있었다는 것을 밝혀냈다. 또한 연구자들은 일반적인 생활스트레스 요인이 자살시도를 촉발한다는 것을 발견했다.

주의

우울증이나 양극성장애는 자살의 주요 위험 요인이 된다. 주요우울장애 청소년의 7% 이상이 성인 중기에 이르기 전에 자살을 시도한다(Weissman et al., 1999).

주의

미래의 자살시도를 예측해 주는 가장 강력한 요인은 이전의 자살시도다. Shaffer와 동료들(1996)은 자살을 시도했던 청소년의 30%가 적어도 이전에 한 번 이상 자살을 시도한 적이 있다는 것을 밝혀냈다(Shaffer et al., 1996).

주의

청소년 자살시도를 촉발하는 일반적 생활스트레스 요인에는 관계의 상실, 십대 임신, 신체적 또는 성적 학대, 학교징계 또는 학교나 법적인 문제, 부모와의 갈등, 부모 간의 갈등, 자살에의 노출(전염 효과) 그리고 최근의 이사가 있다.

자살과 보호 요인

Borowsky, Ireland와 Resnick(2001)은 흑인, 히스패닉, 백인 청소년에 있어서 자살시도를 막을 수 있는 보호 요인을 조사하였다. 인종에 상관없이 공통적으로 해당되는 보호 요인에는 교육적 성취, 부모/가족/학교와의 유대감이 있다고 보고하였다. 덧붙여서 정서적인 안녕감(모든 여성)과 높은 평균 성적(모든 남성) 또한 보호 요인이었다. 추가 분석을 통해 세 가지 보호요인이 존재하는 것이 자살위험을 70~80%까지 줄여 주는 것으로 나타났다. 이 연구에 기초하여 Borowsky와 동료들은 부모양육기술을 향상시키고, 부정적이고 강압적인 양육 방식을 감소시키고, 가족의 응집성과 유대감을 강화하는 데 초점을 두는 다중체계치료(Multi-Systematic Therapy: MST)를 사용하는 자살예방 프로그램의 역할을 평가하는 것이 필요하다고 주장하였다.

자살예방 프로그램

자살위험에 대한 학교 기반 검사와 예방 프로그램이 많이 사용됨에도 불구하고, 긍정적인 결과를 가져오는 경우는 거의 없으며, 몇몇은 심지어 **의원성 효과**(iatrogenic effect: 치료가 해가 될 때)라고 알려진 위험을 증가시켰다. Overholser, Hemstreet, Spirito와 Vyse(1989)는 연구에서 가장 보호되어야 할 학생들이 프로그램을 참여하고 나서 오히려 더 스트레스를 받고 희망이 없다고 느꼈다고 응답했음을 보고했다.

매우 성공적이었다고 경험적으로 지지된 프로그램으로, Signs of Suicide (SOS) 예방 프로그램이 있다. 이 프로그램에 참여한 학생들의 자살시도가 40%나 감소한 것으로 나타났다(Aseltine, 2003; Aseltine & DiMartino, 2004; Aseltine, James, Schilling, & Glanovsky, 2007). 이 중·고등학교 프로그램은 자살사고를 의료적 응급상황으로서 여기고, 학생들이 위험신호를 인식하여 ACT에 있는 방침을 따라 대응하도록 훈련을 받는다. 그 내용은 신호를 인정하고(**A**cknowledge the signs), 사람들에게 네가 도움이 필요한 것을 알리며(let them know you **C**are), 책임이 있는 어른에게 말하는(**T**ell a responsible adult) 것이다. 이 프로그램은 2004~2005년 동안 650개 이상의 학교에서 시행되었다.

학습 점검하기

1. 아동에게 있어서 우울한 기분은 다음 중 어떻게 표현되기도 하는가?
(a) 울기
(b) 과민함
(c) 만연한 슬픔
(d) 피곤

2. DSM에 따르면 아동기에 있어서 지속성 우울장애는 다음과 같은 기간 동안 증상이 나타나야 한다.
(a) 2개월
(b) 2년
(c) 1개월
(d) 1년

3. 최근에 아동기 우울은 ___에 의해 생기고, 청소년기의 우울은 ___에 의해 야기된다고 한다.
(a) 상황적 영향, 유전적 영향
(b) 유전적 영향, 상황적 영향
(c) 상황적 영향, 상황적 영향
(d) 유전적 영향, 유전적 영향

4. ___가 더 자살시도를 많이 하지만, ___가 더 많이 성공한다.
(a) 남자, 여자
(b) 여자, 남자
(c) 아동, 청소년
(d) 남자, 남자

5. 인지이론가들은 우울을 인지삼제에 귀인한다. 다음 중 어떤 요인이 삼제에 해당하지 않는가?
(a) 절망감
(b) 무기력감

(c) 무모함
(d) 무가치감

6. Cicchetti와 Toth는 어떠한 이론(또는 모델)에 근거하여 우울 이론을 개발하였는가?
(a) 인지적 귀인이론
(b) 생태적 교류 모델
(c) 정신역동모델
(d) 내재화-외현화 모델

7. 성인에 비해 양극성장애를 가진 아동은 다음과 같은 주기를 갖는 경향이 있다.
(a) 더 길고 덜 강한
(b) 더 짧고 덜 강한
(c) 짧고, 강하고, 빠른 주기
(d) 성인의 양극성장애와 동일하다.

정답 1: b, 2: d, 3: a, 4: b, 5: c, 6: b, 7: c

신체증상 및 관련 장애

제9장

아동들이 의학적 근거 없이 아픔이나 고통을 호소하는 것은 흔한 일이다. 사실, 의학적으로 설명되지 않는 증상들인 기능적 신체적 호소는 소아과를 방문하는 아동의 거의 20%를 차지한다(Robinson, Greene, & Walker, 1988). 심각한 신체질병에 걸린 아동이나 청소년들은 학교 수행, 건강, 신체적 안녕감이 점진적으로 악화된다. 반면, 신체화 증상을 보이는 아동들은 좀 더 급속하게 발병하고 비슷한 증상을 나타내는 가족 구성원이 있는 경향이 있으며 신체적 호소에 아무런 신체적 근거가 없다.

신체증상장애

임상적 기술과 관련된 특징

신체증상 및 관련 장애는 DSM-5의 새로운 범주다. 이전 버전에서는 신체형

장애로 알려졌는데 이 범주에 있는 장애들은 현저한 고통과 손상이 나타나는 신체증상들의 두드러진 특징을 공유한다. 이 범주에는 신체증상장애, 질병불안장애, 전환장애, 인위성장애가 포함된다([참고자료 9-1] 참고). DSM-5에서는 신체적 원인 또는 의학적으로 설명되지 않는 증상의 발현보다는 이러한 증상에 동반되는 비정상적인 생각, 감정, 행동에 더 초점을 둔다.

신체증상장애로 진단되기 위해서는 다음과 같은 기준을 충족해야 한다.

- 현저한 고통이나 기능의 손상을 유발하는 하나 또는 그 이상의 신체증상의 출현이 6개월 동안 지속된다.
- 증상과 관련된 사고, 감정, 또는 행동이 다음과 같이 나타난다.
  - 출현하는 증상의 심각성에 대한 편중되고 지속적인 생각
  - 과도한 불안을 나타냄
  - 건강 및 신체증상에 대해 과도한 시간과 에너지 소비(p. 311)

만약 증상이 통증(두드러진 통증)을 나타내거나 지속(6개월 이상)될 때 구별을 위해 명시자가 추가될 수 있다.

새로운 분류 체계는 아동 문제와 관련된 진단 목적에 있어서 이전 버전의 신체화 장애보다 적절한데, 신체화 장애 진단 기준에는 발달상으로 적절하지 않는 성적 기능 이상 증상을 하나 이상 포함하는 것이 요구됐기 때문이다. 아동과 청소년의 신체화 장애에 대해 조사한 Garber와 동료들(1991)은 테네시에서 540명의 학령기 아동과 청소년들이 아동용 신체화 척도

주의

환경 스트레스 요인에 의해서 촉발된 신체적 호소의 대부분은 단기적이며 보통 스트레스 요소가 사라지면 소멸되는 데 반해, 신체 증상이 초점이 되고 관계(가정이나 학교)나 학업 수행에 악영향을 주게 되는 신체화의 경우에는 장애로 나타날 수 있는 반복적이고 약화시키는 조건이 될 수 있다.

(Children's Somatization Inventory: CSI)에 응답한 자료를 분석했다. 그 결과, 설문지에 응답한 50%의 아동과 청소년들은 최소 1개의 신체적 호소를 보고했고, 15%는 4개 또는 그 이상의 증상을 보고했으며, 1%는 12개 또는 그 이상의 증상을 보고했다. 다양한 증상들에 대한 보고는 연령이 높아질수록 증가했다. 이 조사에서는 대략 11%의 남자 청소년들과 15%의 여자 청소년들이 다양한 신체적 호소를 보고했다.

이 범주에 속하는 장애들은 의학적 · 신체적 근거를 가지고 있지 않는 신체적 불편감과 호소를 보이고 있고, 신체적 불편감이나 통증으로 인해 정서적 고통을 경험한다. 대체로 신체적 호소의 발병과 심리사회적 스트레스 요인의 출현 간에는 관계가 있다. 이 장애를 가진 사람들의 대부분은 아픈 척을 하거나 병을 꾸며 내지 않지만, 인위성장애를 가진 사람들의 경우 그들 자신이나 타인(타인에게 부여한 인위성장애)에게 위장된 질병을 부과한다. 하지만 꾀병과는 다르게 물질적인 보상을 위해 병을 위장하지 않으며 오히려 이런 속임은 '아프'거나 '부상'당한 것처럼 보이고 싶은 욕망 때문에 나타난다. 아마도 의학적 질병이나 부상으로 인해 실제로 입원한 것에 이어서 발달할 수 있다. 대부분의 신체증상장애를 가지고 있는 사람들은 그들을 고통스럽게 하거나 일상생활 기능을 방해하는 불편감을 가지고 있고, 개인이 느끼는 고통은 자의적인 통제 아래 있지 않으며 반응들은 잠재의식 수준에서 발생한다. 하지만 인위성장애를 가진 사람들의 경우 타인이 증상의 존재를 믿어 주지 않으면 고통을 느끼며 실제로 자해를 해서 의학적 주의를 요구하는 질병을 만들어 낼 수도 있다.

DSM-IV-TR(APA, 2000)에서는 신체형 장애가 두 가지 범주 안에서 6개의 다른 하위 유형으로 분류되었다.

- 히스테리성 장애들(신체화 장애, 감별불능성 신체형장애, 전환장애, 통증장애)
- 집착성 장애들(건강염려증, 신체변형장애)

DSM-5에서는 히스테리성 장애들의 하위 유형을 삭제하고 증상장애의 수를 줄였으며, 신체변형장애를 강박 및 관련 장애 범주에 재배치하였다(제7장 참고). 건강염려증은 심각한 질병에 대한 두려움에 집착하는 사람들의 의학적 진단을 지지하는 증거가 부재하는 상황에서 질병을 가지는 것에 집착하는 유형과 그 심각도에 따라서 신체증상장애 또는 질병불안장애로 분류된다.

참고자료 9-1 **신체증상 및 관련 장애**

장애	신체적 기능의 실제 손상이나 변화
신체증상장애	• 현저한 고통이나 기능 손상을 야기하는 하나 또는 그 이상의 증상 • 증상과 관련된 사고, 감정, 행동에 대한 과도한 집착
질병불안장애	• 지금이나 미래의 어느 시점에 심한 질병에 걸릴 거라는 두려움에 집착 • 잠재적인 건강 문제와 관련된 과도한 불안 • 질병과 관련된 행동(반복적인 확인/회피)
전환장애	• 의학적 근거가 없고 인식된 상태와 불일치한 기능(운동/감각)의 손상 • 현저한 고통과 손상 유발
스스로에게 부여된 인위성장애	• 개인은 아픈 것처럼 보이려고 하며, 질병이나 부상의 증상들을 위장함 • 꾀병과 달리 물질적인 보상을 위해서가 아님
타인에게 부여된 인위성장애	• 타인에게 부상이나 질병의 징후를 허위로 조작하지만 물질적 보상 때문은 아님(부모가 아동에게 질병을 유도)

발달적 관점에서 본 신체증상

건강관리서비스를 이용하는 아동과 청소년을 대상으로 한 연구에서 Schor(1986)는 스트레스성 생활사건에 대한 아동들의 반응이 정점을 찍는 시점이 초등학교 입학과 중학교/고등학교 진학이라는 두 가지 과도기라는 것을 발견했다. 신체적 불편감은 과도기 동안 건강관리서비스의 이용을 증가시켰으며 신체적 불편감의 원인과 특성을 알아보고자 하는 목적이었다. 연구에서 스트레스가 신체적 호소를 야기하고 아동의 정서적 건강에 영향을 준다는 것이 밝혀졌다(Garber et al., 1991).

또한 신체적 호소는 아동/청소년의 불안, 우울과 관련되어 왔다. 이는 많은 측정 도구들이 신체 증상(두통, 복통, 구역질 등)과 우울, 불안을 함께 평가하도록 개발되었기 때문에 이 관계의 특성은 명확하지 않다. 스트레스성 환경적 결정 요인이 유전적 요인보다 어린 아동의 우울을 촉발하기 쉽다는 사실은 상황을 더욱 복잡하게 만든다(Thapar et al., 1998). 신체적 호소(예: 몸의 상태가 좋지 않음, 두통, 복통)는 아동에게 증상들로 나타날 수 있고 또는 우울이나 불안 증상들과 함께 나타난다. 신체증상들은 종종 환경적 스트레스 요인에 의해 촉발된다. 스트레스 상황을 겪는 아동은 그렇지 않은 아동에 비해 높은 비율의 신체증상들을 보고한다(Campo & Fritsch, 1994).

> **기억할 것**
>
> 불안, 우울 증상과 신체적 호소 사이의 관계는 문헌에 잘 정리되어 있으며, 이러한 증상군의 증상들은 내재화 문제 차원으로 묶을 수 있다(Achenbach & Rescorla, 2001).

Garber와 동료들(1991)은 소아과 환자군에서 두통, 피로, 근육통, 복통, 등 통증, 시력 저하를 포함한 많은 공통적인 신체적 호소를 발견했다. 가장 빈번하게 보고되는 증상들은 두통, 에너지 저하, 근육통, 구역질, 소화불량 등과 위장 통증이었다. 높은 신체화를 보이는 아동(대부분의 증상 반응 보임)들은 두통(25%), 에너지 저하(21%), 근육통(21%), 복통(17%)과 같은 신체증상을 나타내는 경향을 보인다. 아동용 신체화 척도(CSI) 반응들을 요인 분석한 결과, 유사신경학적 증상, 심혈관, 위장, 통증/허약함의 4요인이 나타났다.

통증 증상들을 호소하는 아동에 대한 연구들은 아동의 신체적 호소의 종류를 예측하는 발달 과정을 보여 준다. 처음에 아동은 하나의 두드러진 증상을 나타낸다. 사춘기 전 아동에게 있어 가장 흔한 신체적 호소는

> **기억할 것**
>
> 발달상으로 복통은 두통에 선행하는 것으로 보인다. 연구들은 반복적인 복통(RAP)은 아동과 부모의 정서적 증상들과 자주 관련이 있다는 것을 발견했다(Garber, Zeman, & Walker, 1990).

기억할 것

발달상으로 어린 아동은 주로 하나의 증상(단일증상)을 보이고 연령이 높아질수록 다양한 증상(많은 증상)들을 보고한다.

주의

인위성장애와 꾀병 간의 차이점 중 하나는 동기다. 비록 두 상태 모두 아파 보이려는 의도를 가지고 있지만 인위성 장애의 의도는 일차적 이득 없이 환자 역할로 위장하는 것에 있다. 꾀병 또한 질병이 위장될 수 있지만 동기는 일차적 이득을 위한 것이다.

두통과 복통이다(Garber et al., 1991). 또한 연구들은 아동기에 설명되지 않는 증상들과 성인기에 겪는 증상들 사이의 연관성을 증명했다(Hotopf, 2002). 나중에 발생하는 증상(청소년기)들은 극심한 통증, 근육통, 피로, 신경학적 증상들이 있다(Walker, Garber, & Greene, 1991).

비록 아동들이 종종 스트레스 증상을 신체적 불편감으로 전환하기는 하지만, 이것이 힘든 과제(숙제, 학교 시험)를 피하기 위한 위장된 질병인지 구별하는 것은 중요하다. 만약 아동이 '환자 역할'로 위장하기 위해 의도적으로 질병의 증상들을 만들어 냈다면 이 장애는 스스로에게 부여된 인위성장애로 진단되는 것이 더욱 적절하다. 만약 질병이 과제를 피하기 위해 꾸며 낸 거라면 꾀병으로 불리는 것이 더욱 적절하다. 인위성장애를 가진 사람들은 종종 무의식적인 이차적 이득(즉, 아파서 관심을 받게 되는 것)에 강화된다. 반면, 꾀병의 경우 일차적 이득으로 동기화된다. 즉, 아픈 척하는 것에는 숨은 동기가 있다.

아동이 심리사회적 스트레스 요인에 신체적 불편감이나 호소로 흔히 반응하지만 과거에 아동의 신체화 장애는 드물게 진단되었다. 그 이유는 다음과 같다.

- 기준이 성인 위주로 만들어졌다.
- 보통 몇 년이 되는 기간의 이력(의사 쇼핑)을 가지고 있어서 발병이 늦다.
- 성적 증상을 포함한 여덟 가지 다른 증상들이 요구된다.

결과적으로 신체증상장애 범주의 새로운 틀이 발달적 대상군에 더 적합하다고 볼 수 있다.

> **기억할 것**
>
> 신체증상장애의 증상들은 반드시 아무런 의학적 근거가 없거나 또는 의학적 문제가 있더라도 그 문제로 인해 기대되는 것보다 증상이 반드시 과도해야 한다.

아동의 신체적 호소의 역사와 특성에 관한 문헌 연구에서, Fritz, Fritsch와 Hagino (1997)는 아동과 청소년의 신체화 장애 진단이 흔하지 않은 것은 장애가 성인기에 발병한다기보다는 '발달상으로 부적절한' 기준의 특성이 반영된 것이라고 설명하고 있다. 신체화 장애의 심각한 형태를 보이는 성인 환자들의 보고들은 위의 제안을 지지하는데, 이들은 종종 아동기에 이러한 병이 시작되었다고 보고하고 있다(Hotopf, 2002).

실제에 적용하기

사라는 집에서 다루기 매우 어려운 아이였다. 사실, 사라는 어머니에게 매우 큰 부담이었다. 어머니는 새로운 남편과 살기 위해 조지아로 가면서 사라를 조부모님과 살도록 뉴욕으로 보냈다. 사라는 진단이 되지 않는 질병(두통, 복통, 몸살, 피로) 때문에 학교를 많이 결석하였다. 그녀의 조부모는 결국 계속되는 진료와 의료비용을 감당할 수 없게 되었고, 사라를 그녀의 어머니에게 돌려 보냈다. 중학교 때까지 매우 밝은 학생이었음에도 불구하고 사라는 지난 2년 동안 특수교육 프로그램을 받았는데, 이는 그녀가 정서적으로 산만하고 결석을 너무 많이 하였기 때문이었다. 사라는 불안과 우울증으로 진단되었고 여러 가지 약을 복용했다. 교사는 어머니를 불러서 사라가 거의 매일 수업 중 잠을 자고 피로, 두통, 위통을 호소한다고 말했다. 사라는 머리를 들기 '너무 피곤해서' 대부분의 오후를 양호실에서 잠을 잤다. 수많은 의학검사와 진료에도 불구하고 사라의 신체적 불편감에 대해 어떠한 신체적 원인을 찾을 수가 없었다.

명시자: 통증이 우세한 경우

신체증상장애가 고통과 기능적 손상을 유발하는 높은 수준의 통증과 동반되어 나타날 때 명시자로 '통증이 우세한 경우'를 추가하기도 한다. 이 장애는 심리사회적 요인으로 촉발된다고 생각되지만 통증은 꾀병에 의한 것이 아니다. 통증은 주관적인 특성을 가지고 있기 때문에 측정되기 어려운 문제다. 아동의 경우 측정의 상황은 더 복잡해지는데 어린 연령일 때 자기보고 사용의 한계가 있기 때문이다. 어린 아동이 처음에는 자신, 나중에는 타인의 통증이나 아픔을 인식할 수 있다는 것을 보여 줄 수 있어도 통증의 강도(수준)와 그와 관련된 느낌에 대해 분명히 표현할 수 있는 것은 학령기에나 가능하다.

반복적인 복통

반복적인 복통(Recurrent Abdominal Pain: RAP)은 임상적으로 셋 이상의 통증 삽화를 3개월 이상 보이는 것으로 정의된다. 이때 통증은 일상 기능에 중대한 지장을 줄 정도로 심한 수준이어야 한다. 의학적 검토를 통해서도 반복적인 복통 사례들의 대다수에서 통증의 신체적 원인을 밝히지 못했다.

소아과 환자군에서 반복적인 복통은 높은 발생률을 보이며 잠재적으로 심각한 장애를 초래할 수 있다. Garber와 동료들(1991)은 10~30%의 아동과 청소년들이 반복적인 복통을 보인다는 것을 발견했다. 또한 연구에서는 반복적인 복통이 장기적인 상태가 될 수 있음을 제안했다. 4세 때 반복적인 복통을 보고한 아동의 경우 지속적인 패턴을 보이기 쉽고 6년 뒤 또래에 비해 반복적인 복통이 나타날 수 있는 가능성이 3배 이상 높다(Borge, Nordhagen, Botten, & Bakketeig, 1994).

유병률과 경과

기존의 진단 기준과 관련된 어려움으로 인해 아동기와 청소년기의 신체증상장애 유병률은 거의 알려져 있지 않다(Fritz et al., 1997). 하지만 신체화 증상에 대한 Offord와 동료들(1987)의 연구에서 11%의 여성(12~16세)과 4%의 남성(12~16세)이 반복적이고 고통스러운 신체적 호소를 가지고 있는 것으로 확인되었다. 청소년군의 데이터들은 신체적 호소와 관련된 증상들, 예를 들어 두통, 복통, 어지러움, 통증이 상대적으로 빈번하게 발견된다고 하였다(Taylor, Szatmari, Boyle, & Offord, 1996). 독일 브레멘에 살고 있는 1,035명의 청소년들(12~17세)을 대상으로 한 Essau, Conradt와 Petermann(2000)의 연구에서는 표본의 11%가 감별불능성 신체형장애 기준에 해당된다고 보고했다. 감별불능성 신체형장애는 덜 엄격한 진단 기준을 가지고 있으며 신체증상장애의 현재 기준과 비슷하다.

이 연구에서 Essau와 동료들은 표본의 최소 3분의 2가 6개월간 지속된 하나의 증상을 가지고 있다고 보고하였다. 가장 흔하게 보고된 증상에는 두통(15.5%), 목 안의 이물감(14.4%), 복통(12.4%)이 있다. 또한 그들은 결과에서 성차도 발견했다. 소년들은 어린 나이에 두통을 더 많이 보고하는 반면에 소녀들은 십대 때 두통을 더 많이 보고한다(Abu-Arefeh & Russell, 1994). 이 장애는 가족과 성별에 따른 경과를 가지고 있는 것으로 보이는데, 10~20%의 여성들이 가까운 친인척 또는 이 장애를 가지고 있는 가족 안에서 장애를 발달시킨다(APA, 2000). 또한 여성들은 남성보다 더 많은 신체적 호소를 느끼는 경향이 있음이 지지되었다(Garber et al., 1991).

Barkmann, Braehler, Schulte-Markwort와 Richterich(2011)는 독일 아동과 청소년 1,027명(11~18세)에서 심리사회적 스트레스가 만성적인 신체적 호소(Chronic Somatic Complaints: CSC)의 단일하고 가장 높은 예측 요인이라는 것을 발견했다. 이 표본에서 보고되는 가장 빈번한 불편감은 피부 문제, 차가운 손,

> **기억할 것**
>
> 신체적 호소가 있는 여성의 경우 불안이나 우울을 가지고 있는 경향이 있다. 반면, 장애를 가진 남성의 경우 약물 문제에 대한 위험성을 가지는 경향이 있다(Essau et al., 1999). 신체적 호소와 불안, 우울 간의 관계는 높은 상관을 보인다(Zolog et al., 2011).

피로였다. 또한 만성적인 신체적 호소는 여성에게서 더 많이 나타났다. 게다가 이들의 부모들이 만성적인 신체적 호소를 유의미하게 저평가하며, 특히 대상이 아들일 때 더욱 저평가한다는 것을 발견했다. Zolog와 동료들(2011)은 4학년에서 6학년의 스페인 아동을 대상으로 조사한 결과, 가장 일반적으로 보이는 증상으로 복통(11.2%)과 다음으로 두통(10.1%)임을 발견했다. 이 대상군에서 가장 가벼운 수준의 신체적 불편감을 보고한 아동의 경우보다 많은 불안과 우울 증상들을 가지고 있었고 가정, 학교, 또래들과의 관계에 있어 전반적인 손상을 보였다.

병인론

연구들에서는 부모의 이혼(Zoccolillo & Cloniger, 1985), 부모의 질병(Hotopf, 2002), 아동기 성폭행 경험(Kinzl, Trawegert, & Biebl, 1995) 등을 포함하는 신체증상과 관련된 몇 가지 위험 요인에 대해 조사해 왔다. 아동은 그들의 기질이나 가족 지지체계의 성격이나 정도에 의해 다양한 방식으로 스트레스에 반응할 수 있다. 그들은 종종 스트레스를 신체적 증상으로 변환한다. 어린 시절에 특히 스트레스가 될 수 있는 몇 개의 촉발적 상황에는 새로운 학교 프로그램, 부모의 이혼, 이주나 이사, 학업적으로 압도되는 것 등이 포함된다. 신체화는 아동들이 인생의 스트레스를 다루기 위한 하나의 방법일 수 있으며, 부적응적 결과를 낳을 수 있다.

생물학적, 유전적 요인

Wender와 Klein(1981)은 신체증상장애 발병에 있어 큰 위험 요인은 반사회성 성격장애, ADHD, 알코올 중독 그리고 다른 신체증상장애를 가진 가족들이라고 밝혔다. 쌍둥이 연구는 명확한 결론을 도출하지 않는다. 기질에 대한 연구는 왜 억제된(수줍어하거나 걱정이 많은) 아동들이 심각한 환경적 요구를 다루기 더 힘든지에 대해 설명을 제공하였다. 이 아동들은 정서적으로 더 민감하고 그들의 불확실성에 대한 낮은 역치, 좋지 않은 대처방략으로 인해 문제를 내재화시키는 경향이 있다.

정신역동적 관점

정신역동이론가들은 일차 그리고 이차 이득의 관점에서 히스테리를 논의한다. 정신역동 용어에서 신체적 호소는 무의식적 갈등의 표현일 수 있으며, 따라서 신체적 고통은 정신적 고통을 의미한다. 예를 들어, 배가 아픈 것은 그 상황을 더 이상 참을 수 없음을 반영하는 한편, 상대하기 어려운 사람과의 관계에서 문자 그대로 목이 뻣뻣해지는 증상이 나타날 수도 있다.

일차 그리고 이차 이득은 다음과 같은 방식으로 설명될 수 있다. 일차적 수준에서는 히스테리적 또는 신체적 증상은 지속적으로 갈등을 의식적 인식 밖으로 끄집어낸다. 정신적 고통 대신 신체적 문제에 집중할 수 있다. 이차적 수준에서는 신체적 문제로 인한 쇠약이 그 사람에게서 불쾌한 임무에 직면하는 책임을 없애 준다.

주의

친한 친구를 해고하기 싫은 관리자가 다음날 아침에 손에 마비가 왔다. 그 결과, 그는 계약종료 서류에 도장을 찍지 못했다(전환장애).

실제에 적용하기

완다는 몇년 만에 만난 대학시절 룸메이트와 수다를 떨며 즐거운 오후를 보내고 있다. 대화가 얼마간 지속되자, 완다의 딸인 5세 에이미는 이 지루한 애프터눈 티 파티를 참을 수 없게 되었다. 어머니의 주의를 끌려던 몇 번의 시도가 실패로 끝나자, 에이미는 "몸이 좋지 않다."며 어머니에게 불평하기 시작하였다. 에이미는 배가 아프다며 지금 집에 가도 되냐고 물었다.

기억할 것

5세 정도의 어린 아동들의 고통의 강도를 관찰하고 측정하는 방법 중 하나는 그래픽 형태로 제시된 눈금기법을 사용해서 아동들에게 강도의 수준을 고르도록 하는 것이다. 예를 들면, 일련의 얼굴표정이나 올라가는 온도계 등이 있다(Biere, Reeve, Champion, & Addicoat, 1990).

주의

반복적인 복통(RAP)을 경험하는 아동들은 높은 신체 인식이나 과잉민감성을 가질 수 있다는 추측이 존재한다. 반복적인 복통을 경험하는 아동이나 청소년들에게 잦은 결석이 나타나며, 결석이 학급일수의 10% 정도에 해당할 정도로 높다고 보고된다(Liebman, 1978).

기억할 것

다른 신체증상장애의 조사 결과와 마찬가지로, 가족 요인이 아동의 반복적인 복통의 출현에 중요한 역할을 하는 것으로 보인다. 조사자들은 반복적인 복통을 가진 아동과 그 어머니에게서 높은 비율의 불안과 우울을 발견했다(Garber et al., 1990). Walker, Garber와 Greene(1991)은 반복적인 복통을 경험하는 아동 특성에는 통제집단과 비교해서 유의미하게 더 정서적이고 신체적인 불편감을 포함하며, 가족 특성에는 가족의 질병에 대해 강조를 하는 경향이 있다.

행동주의적 관점

신체증상장애에 대한 행동주의적 설명은 아플 때 받은 강화, 또는 만성적으로 아팠던 가족구성원을 모델링함으로서 학습된 행동과 연결된다. 또한 여기서 아픈 것의 이차 이득은 증가된 주의와 기대의 감소일 것이다.

인지적 관점

인지적 관점은 어떻게 부적응적인 사고들이 신체적 증상으로 변환되는가를 탐색한다. 임상가들은 아동들이 신체적 증상을 통해 그들의 부모와 상호작용함으로써 관심에 대한 욕구를 표현한다고 제안하였다.

가족과 양육

만성적 신체 질병을 가진 부모를 둔 아동은 신체증상장애에 취약할 수 있다(Garber et al., 1990; Hotopf, 2002). 가족 체계 이론은 표면적으로 가족 내에 아픈 아동이 있는 것은 다른 가족 문제로부터 가족의 초점을 돌리는 것을 도울 수 있다고 예상한다. 이 체계에 따르면, 가족 구성원은 가족이나 결혼생활 영역의 다른 잠재적 갈등으로부터 회피하는 한편, 그들의 역할을 아픈 아동에 관심을 갖는 것으로 재정의할 수 있다. 또한 신체화하는 아동들은 종종 불안과 우울 특징을 공유하는 가족을 갖고 있다(Garber et al., 1990).

문화적 관점

성인들은 신체증상장애의 비율과 유형에서 세계적으로 많은 차이점을 보인다(APA, 2000). 예를 들어, DSM-IV-TR(APA, 2000)에서는 아프리카와 남아시아에 특정적인 증상을 언급한다. 이러한 증상에는 손발이 타는 듯한 감각과 피부 밑이나 "머릿속을 벌레가 기어 다니는 듯한 감각"(p. 487)이 포함된다.

아동청소년의 문화 간 비교 연구가 부족하지만 신체적 호소의 비율(유형은 보고되지 않음)은 보고되었다(Bird, 1996). 한 비교문화 연구는 러시아 아동들은 미국 아동들보다 CBCL의 신체증상 척도에서 더 높은 점수를 보였다(Carter, Grigorenko, & Pauls, 1995). 그러나 문화적으로 보고된 비율의 차이에도 불구하고, 연구들은 신체적 호소와 불안 및 우울 증상 간의 강한 연관성은 문화 보편적이라고 보고하고 있다(Carter et al., 1995; Garber et al., 1991).

전환장애

임상적 기술과 관련된 특징

모든 신체증상 관련 장애들 중에서 전환장애는 아동에게 있어서 가장 빈번하고 흔하게 연구되는 분야다(Regan & Regan, 1989). 전환장애는 두 번째 개정된 DSM(APA, 1968)에서 처음에는 히스테리 신경증(전환 유형)이라 불렸으며, 국제 질병 분류의 열 번째 개정판인 ICD-10(WHO, 1993)에서는 해리(전환)장애라고 불렸다.

전환장애는 보통 정상 운동/감각기능에 영향을 주는 단일한 신체증상으로 구성되는 질환이며, 심리적 갈등이 극적으로 신체적 증상으로 나타날 때 일어난다. 이때 신체적 증상은 심신을 쇠약하게 하지만 의학적이나 신체적으로 근거가 없다. 증상들은 의학적 또는 신경적 근거를 제시하지만(가성신경적), 조사결과 음성인 것으로 나타난다. 이 장애는 스트레스 상황 직후 또는 지연을 두고

주의

개인이 손의 마비(장갑 무감각증) 또는 발의 마비(발 무감각증) 등의 마비를 주장할지라도, 증상은 보통의 신경학적 경로를 따르지 않는다(예: 마비가 손목이나 발목에서 멈춤, 이는 해부학상으로 불가능함). 또한 전환증상은 모순적이다. 주의가 분산되면 마비되었다고 보고된 팔다리를 움직일 수 있다.

나타날 수 있다.

이 증상이나 결함은 고의적으로 만들어진 것이 아니지만, 질환을 발생시키거나 증가시킬 수 있는 스트레스 요인이나 심리사회적 갈등에 의해 유발된다. 장애의 몇 가지 징후들에는 균형 잡기의 문제, 국소적 쇠약이나 마비, 삼킴 곤란(목 안의 이물감), 감각의 상실(촉각), 복시(double vision), 눈이 멀거나 또는 귀가 먹는 것, 경련(발작), 환각 등이 포함된다.

증상에 대한 관심 결여(la belle indifférence: 만족스런 무관심)부터 극적이거나 히스테릭한 방식으로 증상을 보여 주는 것까지 기능 상실에 대한 반응의 극단적 변화를 보여 주는 몇 가지 특징들이 있다. 10세 이하의 아동들에게는 전환장애가 보행의 문제나 발작으로 나타날 가능성이 높다(DSM-5; APA, 2013). 아동과 청소년들에게서 더 많이 보고되어 온 증상은 가성발작, 보행장애, 마비 등이 있다(Leslie, 1988).

유병률과 경과

전환장애는 10세 이하에서는 거의 진단되지 않고, 보통 아동기 후반에서 초기 성인기에 진단된다(APA, 2000). 학령전기의 흔한 현상으로 작은 부상 후의 절뚝거림이나 가성마비가 나타내는 경향성이 있다. 절뚝거림은 몇 시간에서 하루 동안 지속될 수 있다(Fritz et al., 1997). 이 행동이 지속되는 것에 대한 가장 가능성 있는 설명은 이차 이득으로서 받는 관심으로 보인다. 전환장애의 가장 흔한 형태는 가성발작이며, 이것은 15%에서 50%의 전환장애 환자에게서 나타난다(Fritz et al., 1997). 가성발작은 매우 진짜 같을지라도 EEG 결과를 보면 실제 발작 활동이 없음을 알 수 있다.

기억할 것

병인의 조사는 스트레스 요인의 유형과 아동을 전환장애의 더 큰 위험에 빠뜨릴 수 있는 상황에 초점을 맞춰 왔다.

병인론

제한된 자료에 기반한 연구들은 전환장애의 위험 요인이 가족일 수 있음을 시사한다. 그러나 이 설명은 이란성 쌍생아에게는 적용되지 않고 일란성 쌍생아에게만 한정되어 적용된다(APA, 2000). 유전적 전이에 대한 제한적 지지에도 불구하고, 가족 요인과 같은 환경적 위험 요인은 장애가 표현되고 지속되는 방법에 기여하는 것으로 여겨져 왔다.

위험 요인과 보호 요인

스트레스 요인

전환장애를 갖는 대다수의 아동들이 스트레스 상황을 경험했다고 추정되는데, Siegel과 Barthel(1986)은 전환장애를 갖는 90%의 아동이 가정이나 학교에서 최근의 주요한 스트레스 요인에 직면했다는 것을 발견했다.

가장 흔한 스트레스 요인에는 또래관계의 어려움, 가정불화나 부모의 문제, 학업 곤란, 경제적 곤란 또는 가족의 실직이 있다(Lehmkuhl, Blanz, Lehmkuhl, & Braun-Scharm, 1989).

기억할 것

전환장애 아동의 가족은 주로 같은 특성을 공유하는데, 질병에 대한 집착, 질병과 상실에 초점을 둔 대화, 신체기능과 장애에 대한 민감성과 과도한 인식이다.

가족 특성

가족 구성원이 만성적 질병을 갖고 있는 경우 아동들이 그와 비슷한 증상을 모델링하는 경향이 있다는 연구 결과가 있다(Siegel & Barthel, 1986). Seltzer(1985)는 전환장애 자녀에 대한 반응으로 구분하는 가족 유형을 제안하였다. 그 가족 유형은 불안한 가족(질병에 집착함), 혼란스러운 가족(신체화가 양육과 관심의 근원이 됨), 보상적 가족(아픈 아동을 가족 문제를 외면하기 위해 사용함)이 있다.

이전 질병

조사자들은 전환장애는 실제 질병을 앓았던 아동들에게도 발병한다고 보고한다. Fritz와 동료들(1997)은 전환장애를 가진 아동 중 10%에서 60%의 아동이 이전에 질병을 앓았다고 보고했다.

질병불안장애

임상적 기술과 관련된 특징

질병불안장애를 갖는 개인은 자신이 심각한 의학적 질병을 앓고 있다고 잘못 믿는다. 신체적 증거들은 그들이 가진 다중 증상을 입증하기 부족하기 때문에, 자신의 주장을 지지해 줄 의사를 찾기 위해 소위 '의사쇼핑'을 하기도 한다. 그들의 심각하게 아프다는 믿음은 스스로 통제할 수 없으며 꾀병도 아니다.

질병불안장애는 건강염려증을 대체하며, 미래에 혹은 지금 병을 앓을 수 있다는 강한 집착을 특징으로 하는 질병을 분류하기 위해 사용된다. 이 장애는 과도한 건강 걱정으로 진화하는 생각, 감정(불안) 그리고 행동(반복해서 건강 상태를 확인하고 위태로운 상황을 피하려 함)으로 특징지어진다. 만약 개인이 실제로 건강 문제를 갖고 있다면 집착, 고통, 걱정 등은 그 건강 문제에 의한 것보다 현저히 지나친 것이어야 한다. 또한 이 장애는 심각한 고통과 역기능을 유발한다.

주의

가짜 질병에 대한 집착과 강박은 강박장애의 증상과 같은 기저역동을 가질 수 있다. 두 장애의 공존율은 8% 정도로 나타난다(Barsky, 1992). 그러나 강박장애 환자들이 자신의 강박사고와 행동에 대해 그것이 비이성적임을 알고 있는 반면, 질병불안장애 환자들은 그들이 심각한 질병을 갖고 있다고 진심으로 믿는다는 것이 차이점이다.

기억할 것

Elkind와 Bowen(1979)은 청소년의 두 가지 흔한 집착에 대해 설명하였다.

- 개인적 우화: 자신이 특별하다는 생각
- 상상 속의 청중: 다른 사람들이 자신의 행동을 주시하고 있다고 생각하는 것

평가와 치료

신체증상 및 관련 장애의 특성으로 인해, 평가는 신체적 원인을 배제하기 위해 상당한 의학적 노력을 필요로 한다. 게다가, 신체증상 및 관련 장애 환자들은 고통이 의학적 원인과 관련되어 있다고 믿기 때문에 치료적 개입에 대한 필요성을 이해하지 않으려 하거나, 이해하지 못할 수 있다. 아동청소년 장애 간의 높은 공존율과 신체화와 우울, 불안, 강박장애 간의 공존율이 보고되었기 때문에, 신체증상 및 관련 장애가 의심될 때 감별 진단이 수행되어야 한다.

아동청소년의 신체증상 및 관련 장애에 대한 평가와 개입에 대해 입증된 것은 거의 없으나, 임상적 경험들을 통해 구조화되거나 반구조화된 면접의 사용을 제안한다. 또한 몇 개의 평가척도와 성격검사는 구성요소로서 신체화 척도를 포함하는데, [참고자료 9-2]에서 이 도구들을 제시하고 있다.

아동청소년의 신체증상 및 관련 장애의 치료에 대한 경험적 증거들은 많지 않으나, 임상적 경험을 통해 장애의 교육적 인식과 체계적 둔감화의 요소를 통

합하는 행동적 또는 인지행동적 방법을 제안한다.

참고자료 9-2 **신체적 호소를 측정하는 척도를 포함하는 도구**

도구	대상연령	척도
청소년용 성격검사 (Personality Inventory for Youth: PIY; Lachar & Gruber, 1995)	7~17세	• PIY 신체적 염려 척도는 3개의 하위 척도를 포함 – 정신신체화 증후군 – 근육긴장과 불안 – 질병에 대한 집착
ASEBA(Achenbach & Rescorla, 2001)	6~18세	• 신체증상 척도와 신체화 문제 척도가 ASEBA의 모든 세 가지 버전에서 이용 가능(부모용, 교사용, 청소년용)
코너스 평정척도 (CPRS-R:L; Conners, 1998)	3~17세	• 부모 평정척도에 정신신체화 하위 척도 포함
BASC-2(Reynolds & Kamphaus, 2004)	3~17세	• BASC-2의 모든 세 가지 버전(부모용, 교사용, 아동용)은 신체화 척도 포함

학습 점검하기

1. 신체화 장애는 아동기에서 드물게 진단되었다. 그 이유는 무엇인가?

(a) 아동들은 신체증상을 경험하지 않는다

(b) 아동들은 신체증상에 대해 설명하지 못한다

(c) 아동들은 의식적 수준에서 신체화 걱정을 인식하지 못한다.

(d) DSM 범주가 발달적으로 부적절하였다.

2. 질병불안장애는 기존의 어떠한 장애를 대체하였는가?

(a) 신경성 히스테리

(b) Briquet 증후군

(c) 건강염려증
(d) 가성정신질환

3. 신체증상장애라는 새로운 장애와 기존의 신체화 장애 간의 차이점은?
(a) 증상들의 절반만 요구된다.
(b) 5개의 일반화 증상들만 요구된다.
(c) 오직 1개의 신체적 불편감이 최소 6개월 이상 지속된다.
(d) 오직 1개의 신체적 불편감이 최소 1년 이상 지속된다.

4. 아동기와 청소년기 신체증상 간의 차이점에 대한 설명이다. 맞는 것은?
(a) 청소년들은 하나의 주된 증상을 보이는 데 반해 어린 아동들은 다중 증상을 보인다.
(b) 십대들은 어린 아동보다 항상 신체적 호소를 덜 보인다.
(c) 어린 아동에 있어서 가장 흔하게 보고되는 증상들은 두통과 복통이다.
(d) 아동에게 나타나는 반복적인 복통(RAP)은 부모나 가족의 의학적 증상과 전혀 상관이 없다.

5. 관심의 증가와 같이 이차 이득을 얻기 위해 의도적으로 만들어진 질병 증상을 표현하는 단어는?
(a) 꾀병
(b) 인위성장애
(c) 전환장애
(d) 대리인에 의한 인위성장애

6. 조나단은 마라톤에 참여하려고 계획하는데, 전 여자친구도 마라톤에 참여한다는 사실을 알았다. 마라톤 경기 아침에 조나단은 발목 아래를 움직일 수가 없었다. 조나단은 무슨 진단을 받을 수 있을까?
(a) 신경쇠약
(b) 가성발(pseudopedia)
(c) 전환장애
(d) 신체이형장애

7. 반복적인 복통(RAP)에 대한 설명이다. 맞는 것은?

(a) 반복적인 복통은 소아 인구에서 잘 나타나지 않는다.

(b) 5~10%의 아동과 십대가 반복적인 복통을 보인다.

(c) 반복적인 복통을 보이는 개인은 학급일수의 10%나 결석을 하는 것으로 보고된다.

(d) 가족 요인은 반복적인 복통을 가진 아동에 영향을 주지 않는다.

정답 1: d, 2: c, 3: c, 4: c, 5: b, 6: c, 7: c

제4부

파괴적 행동장애

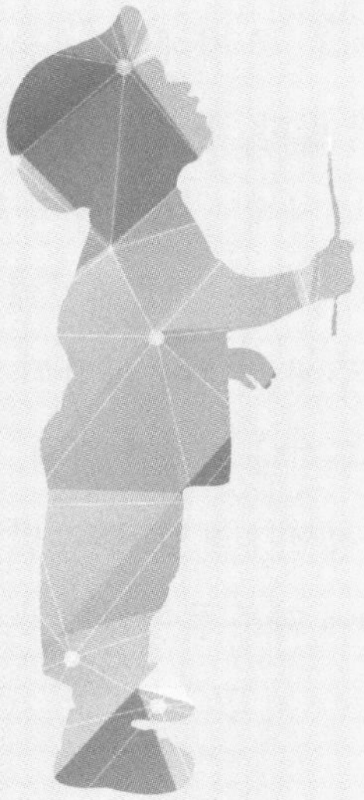

내재화 장애가 잘 드러나지 않는 내적 특성 때문에 진단 내리기 어려운 데 반해, 외현화 장애는 침입적이고 파괴적이며 신체적/언어적 위협과 같은 공격 반응과 관련되어 있다. 부모나 교사가 전문가에게 이러한 어려운 행동을 다루도록 도움을 청할 때까지 아동이 통제되거나 통제되지 않는 상황이 반복되며 지속된다.

종단연구(Tremblay et al., 1999)에서 일반적으로 공격행동은 2세 때 최고점에 이르다가 아동이 사회화되면서 연령에 따라 감소한다. 그러나 모든 아동이 이러한 발달 경로를 따르지는 않는다. 어떤 아동은 공격성이 중학교에서 청소년기까지 지속되는 안정적 패턴을 보인다. 이런 증가된 공격 반응의 패턴이나 발달 궤도는 특히 연령이 어렸을 때 증상이 시작된 경우에 더 오래 간다(Aguilar, Sroufe, Egeland, & Carlson, 2000). Aguilar와 동료들은 생후 첫 3년 동안 회피 애착, 양육자 우울, 스트레스, 낮은 사회경제적 지위(SES), 양육자 민감성, 양육의 질 등의 문제와 같은 가족 특성이 아동의 파괴적 행동장애를 발달시키게 하는 가장 큰 위험 요인이 된다고 하였다.

DSM-5는 이 범주 안에 여러 장애를 포함시켰는데, 공통된 특성으로 자신의 감정이나 행동 표현을 조절하는 능력에 있어 문제가 있다. 이러한 감정이나 행동의 표현을 조절하는 능력의 문제는 타인(개인 혹은 재산 피해)의 권리 침해를 가져오고 권위 대상, 사회적 규범과 갈등에 처하게 만든다. 이 장에 있는 장애에는 적대적 반항장애, 간헐적 폭발장애, 품행장애, 병적 방화, 병적 도벽이 있으며 아동과 청소년 정신병리와 관련된다. 반사회적 성격장애는 이 범주와 성격장애 범주에 이중으로 해당되지만, 진단 기준의 발병 시기가 발달 시기에서 벗어나기 때문에 여기서는 다루지 않는다. 품행장애 범주에 새로이 '제한된 친사회적 정서' 명시자가 포함되었는데, 이러한 정서에는 후회나 죄책감 결여, 공감의 결여, 수행에 대한 무관심, 피상적이거나 결여된 정서가 포함된다. 발병 연령(아동기 발병형, 청소년기 발병형, 명시되지 않는 발병)에 따른 품행장애의 하위 유형도 명시된다.

파괴적 행동장애

제10장

적대적 반항장애

임상적 기술과 관련된 특징

적대적 반항장애(Oppositional Defiant Disorder: ODD)의 특징은 권위자를 향한 지속적이고 부정적 행동 패턴(최소 6개월 동안)으로서 분노/과민한 기분, 논쟁적/반항적인 행동, 보복적 특성 등 세 가지를 포함한다(APA, 2013). 이런 행동들을 고려해 볼 때, 적대적 반항장애 아동이 순응적이고 규칙을 잘 지키는 행동이 기대되는 환경에서 강한 스트레스를 받는 것은 놀라운 일이 아니다.

실제에 적용하기

데이빗은 항상 다루기 힘든 아동이었다. 아주 어릴 때부터 데이빗은 대부분 저항적으로 행동하였다. 심지어 그가 말을 하기 전부터 데이빗은 어머니가 하자고 하는 것을 따르지 않고, 고집을 부리며 땅바닥에 앉아 버티는 경우가 많았다. 말을 하고 부터 "싫어요, 난 안 해요."부터 시작해 논쟁적이고 방어적인 패턴으로 진화되었다. 아무리 많은 단어들을 알아도, 순응이라는 단어는 데이빗이 배운 적이 없는 단어였다. 모든 요구에서 어머니는 매번 졌으며, 모든 싸움은 그의 의지의 전쟁으로 끝났다.

반항적 행동의 패턴은 지속적이고 감소되지 않는다. 적대적 반항장애 아동들은 여러 개의 행동적 증상을 보이는데, 행동의 대립적 특징 때문에 다루기가 매우 어렵다.

적대적 반항장애의 진단은 다음 8개 증상 목록 중 4개 증상 이상이 부합되어야 한다.

- 분노/과민한 기분
  - 자주 화를 냄
  - 과민하고 쉽게 짜증을 냄
  - 자주 화를 내고 분개함
- 논쟁적/반항적 행동
  - 성인과의 논쟁
  - 반항적으로 권위자의 요구를 무시하거나 거절함
  - 고의로 타인을 성가시게 함
  - 자신의 실수나 문제를 남의 탓으로 돌림
- 보복적 특성
  - 앙심을 품거나 보복하려 함(APA, 2013, p. 462)

이런 행동들은 아동의 연령과 발달 수준에서 기대되는 것보다 심각하고 더욱 빈번하게 나타나야만 한다. 이러한 행동의 유형과 빈도 및 강도를 고려해 볼 때, 가정(가족관계), 학교(사회적, 학문적), 직업(파트타임 등)에서 큰 지장이 나타날 것이 예상 가능하다.

초기 사례 연구에서, 데이빗은 적대적 반항장애와 관련된 많은 임상적 특징을 보였다. 적대적 반항장애 아동은 고집스럽고 불순응적인 편이다. 그들은 타인에게 매우 버릇없고 논쟁적이다. 그들은 빠르게 타인에게 비난을 돌리며 자신의 행동을 타인의 비합리적 요구에 대해 필요한 것이라고 방어를 한다. 이러한 아동들은 또한 반복되는 지시 따르기 요구를 체계적으로 무시함으로써 수동공격적인 듯 보이기도 한다. 적대적 반항장애 아동은 타협하지 않고 심지어 조금도 굽히지 않는다. 그들은 타협에 대해서 완고하게 거절하기를 고수한다.

적대적 반항장애 행동은 집에서 시작되고 친숙한 성인과의 관계에서 경계선을 넘고 한계를 시험하기도 한다. 이러한 아동들은 고의적으로 타인을 괴롭히는데, 특히 잘 아는 또래와 형제들이 그 대상이다. 또한 위협과 언어 폭력도 지속적이다.

기억할 것

적대적 반항장애 진단은 18세 이전에 내려져야만 하고, 증상은 품행장애나 반사회성 성격장애로 더 잘 설명되어서는 안 된다. 다시 말해서, 임상가는 적대적 반항장애와 품행장애를 감별 진단해야 한다는 것이다. 왜냐하면 품행장애는 적대적 반항장애보다 심각한 장애이기 때문에, 증상이 품행장애의 진단 기준에 부합한다면 적대적 반항장애보다 우선적으로 진단되어야 한다.

주의

진단을 내릴 때, 연령과 발달단계에 따른 영향을 고려하는 것은 항상 중요하다. 반항적 행동이 발달의 어떤 단계에서는 정상적이라는 것을 기억해야 한다. 그러므로 유아기와 십대(두 끔찍한 시기)에서 나타나는 것처럼 일시적인 반항적 행동이 강도와 지속기간이 이례적이지 않다면, 적대적 반항장애 진단을 내리기는 어렵다(APA, 2013).

적대적 반항장애 아동은 낮은 자기개념 또는 과장된 자존감을 나타낸다. 데이빗처럼 적대적 반항장애 아동은 자주 부모와 싸우게 되는데 이 싸움은 부모와 아동 양측에 모두 높은 수준의 감정적 혼란을 야기한다. 부모들은 궁극적으로 아동의 공격적이고 반항적인 행동에 대해 강압적이고 부정적인 양육 방식을 채택하는 경우가 많다. 그러나 이러한 부정적이고 강압적인 방식은 문제를 영구화시킨다고 보고되고 있다(Patterson, Capaldi, & Bank, 1991).

주의

적대적 반항장애 행동은 학교 또는 지역 사회에서 명백하게 나타나지 않으며, 임상적 면접에서도 나타나지 않을 가능성이 있다. 이러한 아동은 익숙한 영역 안에서 경계선을 넘을 때 가장 편안한 듯하다. 적대적 반항장애 행동들이 만약 몸에 깊이 배었거나 자동적이거나 그리고 선생님이나 또래에 의해서 강화된다면 적대적 반항장애 행동은 학교 상황으로 확대될 수 있다.

유병율과 경과

유병율은 인구의 1%에서 11% 사이로 나타나는데 평균 3.3%이며 임상 표본 또는 지역사회 표본을 포함하느냐에 따라 다르게 나타난다(APA, 2013). 사춘기 이전까지는 여아보다 남아에게 적대적 반항장애 진단이 더 많이 내려진다. 그러나 이러한 비율은 청소년기에 가서는 동등해진다. 적대적 반항장애는 품행장애와 학습장애, ADHD와 공존율이 높게 나타난다. 적대적 반항장애 진단을 받은 80% 아동의 경우 ADHD가 공존하였으며, 반면에 ADHD 아동의 65%는 적대적 반항장애를 가지고 있다.

경로분석에 따르면, 일련의 순서로 부정응적 행동이 나타나는데, 먼저 ADHD로 시작해서 적대적 반항장애로 발달하고 궁극적으로는 품행장애(Loeber, Green, Lahey, Christ, & Frick, 1992)로 최고점에 달하는 순서에 따른다고 한다. 이러한 것에 대한 증거가 존재하나, 더 가벼운 형태의 부적응적 행동 양상에서는 비연속성에 대한 증거(예를 들면, 행동이 나이가 들면서 소멸되는 것을 들 수 있다)도 존재한다(Loeber & Stouthamer-Loeber, 1998).

주의

Patterson의 강압이론(Patterson et al. 1991)은 자녀와 적대적이고 부정적인 상호 교류가 높은 부모는 실제로 아동의 공격적이고 반항적인 행동을 증가시킨다고 하였다. 적대적이고 부정적인 상호작용의 패턴은 실제로 공격적이고 반항적인 행동의 수준을 강화시키고 유지한다.

품행 문제와 품행장애

품행 문제(conduct problems) 개념은 파괴적 행동 스펙트럼의 좀 더 심각한 행동들과 연관된다. 더 심각한 파괴적 행동장애에 대해 DSM-5에 사용되는 진단 범주는 품행장애(Conduct Disorder: CD)다.

임상적 기술과 관련된 특징

DSM-5(APA, 2013)에 따르면, 품행장애의 주된 임상적 특징은 사회적 규범 또는 타인의 권리를 침해하는 것과 관련된 반복적이고 지속적인 행동 양상이다. 품행장애 진단 기준은 공격적 행동, 연령에 적절한 사회적 규범 및 규칙 위반에 대한 네 가지 범주에 포함되는 증상들을 기초로 한다.

개인이 최근 12개월 안에 다음 증상 중 최소한 세 가지 경우에 해당되며 최근 6개월 안에 최소한 한 가지는 나타나야 한다.

- 사람과 동물에 대한 공격성
  - 다른 사람을 괴롭히거나 위협함
  - 신체적인 싸움을 도발함
  - 타인에게 손상을 일으킬 수 있는 무기를 사용함

- 타인에게 잔인하게 대함
- 동물에게 잔인하게 대함
- 피해자 앞에서 도둑질을 함
- 타인에게 성적 행위를 강요함
- 재산의 파괴
  - 손상을 입히려고 일부러 방화를 함
  - 타인의 재산을 파괴함(방화 제외)
- 사기 또는 도둑질
  - 타인의 자동차, 집을 망가뜨림
  - 타인을 속임
  - 도둑질(예: 상점 절도, 위조)
- 규칙 위반
  - 밤 늦게까지 집에 들어오지 않음
  - 가출
  - 빈번한 무단결석

만약 18세 이상의 청소년의 경우, 반사회적 성격장애가 더 적절할 진단이 아니라면 품행장애로만 진단 내려질 수 있다. 위의 행동 중, 자주 밤늦게까지 집에 들어오지 않기나 빈번한 무단결석과 같은 행동은 13세 이전에 발생되었다는 증거가 있어야만 한다.

품행장애를 가진 청소년은 자주 공격적 행동을 시작하고 신체적인 다툼을 하거나, 타인을 위협하거나 괴롭히고 협박하는 경우가 많다. 이런 청소년은 거짓말을 하고 약속이나 의무를 따르지 않음으로써 타인을 속이는 능숙한 능력을 통해서 타인을 교묘하게 조종한다. 규칙 위반은 13세 이전의 어린 나이에 시작한다. 청소년은 오랜 기간 동안 가출(최소한 두 번)하기도 한다.

품행장애를 가진 청소년은 후회나 공감을 거의 보이지 않고 타인에 대한 생각과 감정에 대해선 최소한으로 관심을 보인다. 공격적 성향은 좀 더 애매한 상황에서 고조되는데 이는 타인의 의도를 적대적으로 읽는 편견을 가지고 반응하기 때문이다.

품행장애를 가진 청소년은 가혹한 처벌을 피하기 위해서 또는 자신의 동료에게 비난을 돌리기 위해서 후회하거나 죄책감을 가진 척한다. 다른 관련된 특징으로는 고위험 행동이 있으며, 여기에는 사고 위험성 증가, 물질 사용 및 남용, 성병, 십대 임신이 포함된다(APA, 2013).

> **기억할 것**
>
> DSM의 진단 기준에 따르면, 심각도에 따라 가장 덜 심각한 것이 적대적 반항장애이며, 그다음 품행장애, 가장 심각한 장애가 반사회적 성격장애(APD)의 순이다. 적대적 반항장애와 품행장애의 진단 기준을 모두 충족하는 경우에는 두 진단을 모두 내릴 수 있다. 그리고 반사회적 성격장애는 18세 이하의 개인들에게 진단 내려지지는 않는다.

발병 연령(아동기 발병, 청소년기 발병, 명시되지 않는 발병)에 기반한 장애의 세 가지 하위 유형, 장애의 심각도에 대한 명시자(경도, 중등도, 고도: 타인에게 중대한 해를 야기하는 기준), 그리고 '제한된 친사회적 정서'와 관련된 것에 따라 장애의 명시자가 있다.

제한된 친사회적 정서

'제한된 친사회적 정서'에 대한 명시자는 DSM-5에서 새로 추가된 것인데, 다음의 특성 중 최소한 두 가지에 의해서 특징지어지는 상호작용(최소한 12개월 이상)의 지속적인 패턴을 나타내는 데 사용된다.

- 후회나 죄책감의 결핍
- 냉담함/공감의 결핍
- 수행에 대한 관심 부족
- 피상적이거나 정서 결핍(APA, 2013, p. 471)

> **기억할 것**
>
> 사회인지이론가들은 일부 아동들의 공격적 행동은 적대적 귀인 편향에 의해 활성화 된다고 주장한다. 애매모호한 행동이나 표현을 적대적인 의도를 가진 것으로 해석하는 경향을 위협으로 지각하여 반응한다는 것이다.

> **주의**
>
> 아동기 발병형 품행장애는 최소한 한 가지 기준 증상이 10세 이전에 나타난다면 적용 가능하다. 반면에 청소년 발병형 품행장애는 어떠한 증상도 10세 이전에 나타나지 않아야 한다.

연구에 따르면, 정서 결여적(Callous-Unemotional: CU)이고 공격적인 특징을 나타내는 아동은 생리적 반응을 덜 보이는 방식으로 정서 기반 정보를 처리한다고 한다. 이들은 가혹한 양육에 대해 반응을 덜 보이는 경향이 있고 고위험 행동에 연루될 가능성이 더 높으며, 정서적 통제나 두려움 반응을 통제하는 편도체에서 낮은 반응성을 나타낸다(Jones, Laurens, Herba, Barker, & Viding, 2009; Marsh, Gerber, & Peterson, 2008). 정서 결여적인 특성을 보이는 파괴적 행동을 하는 아동들은 높은 수준의 유전적 영향을 갖는 경향이 있으며, 반면에 정서 결여적 특징이 없는 아동은 환경적 요인에 의해서 좀 더 영향을 받는 경향이 있다(Viding, Jones, Frick, Moffitt, & Plomin, 2008).

유병율과 경과

품행장애의 유병율은 약 2~10%로 추정된다. 품행장애의 유병율은 지난 과거에 비해서 많이 증가하고 있다(APA, 2000). 품행장애는 정신건강 영역에서 가장 빈번하게 발생하는 청소년 문제 중 하나다. 남성이 여성보다 많으며 성차에 의해 행동적 결과가 다르게 나타난다. 남성은 공공기물 파손, 신체적 다툼, 도둑질과 같은 증상을 보이는 경향이 있으며, 학교 규율 위반과 같은 문제를 더 보인다. 품행장애 여성은 가출, 물질 남용, 무단결석, 성매매와 같은 증상들을 나타낸다(APA, 2013).

적대적 반항장애와 함께 품행장애는 높은 공존율을 보인다. 품행장애 청소년은 물질 남용, 우울과 높은 상관을 나타낸다. 품행장애 청소년의 반 정도는 물질 남용 문제를 가지고 있다(Reebye, Moretti, & Gulliver, 1995).

파괴적 행동장애의 영역 안에서 품행 문제는 가장 심각하고, 복잡하고, 문제가 많은 행동들을 나타낸다. 많은 연구들이 품행장애의 발병 시기에 의해 설명되는 주된 경로에 초점을 맞추어 왔다. 아동기 발병은 **조기 시작자**(early starter)라고도 하며, 청소년기 발병은 **후기 시작자**(later starter)라고도 한다.

주의

치료적 목적을 위해서 심각한 행동문제를 가진 청소년을 그룹으로 모아서 치료를 실시하는 것은 부정적인 결과를 낳는다. 이런 발달 경로에 있는 아동은 사회적 관계에 문제가 있는 경향이 있으며 유사한 발달 궤적에 있는 다른 청소년에게 끌리며 장애가 있는 동료 사이에서 일탈 행동을 훈련하는 경향이 있다(Dishion, Spracklen, Andrews, & Patterson, 1996).

조기 발병 경로: 아동기 발병형(조기 시작자)

종단연구에 따르면, 명시적인 공격성은 2세 이후로 점점 사라져야 한다. 그러나 매우 이른 나이에 품행 문제가 나타난 어린 아동은 모든 상황에 걸쳐, 나아가서는 지역사회에까지 더 심각한 품행 행동을 일반화시킨다(Patterson & Yeorger, 2002).

이 범주에 포함되는 아동과 청소년에 대한 결과는 좋지 않으며, 몸에 깊이 밴 행동들로 인해 개입에 대해 크게 저항할 수 있다.

후기 발병 경로: 청소년기 발병형(후기 시작자)

후기 발병한 경우에 대해 가용할 만한 연구 정보들은 부족하다. 이러한 청소년들은 일탈 행동을 덜 하는 것으로 보이나, 더 일탈적인 또래 집단과 연관됨으로써 결국에 문제를 일으키게 된다. 이는 종종 부모의 부적절한 감시에 의한 것이다(Patterson et al., 1991). 이 경로는 좀 더 회복력이 있는데 초기 단계에서 더 적절한 대처 기술(사회적 그리고 행동적으로)을 발달시켜 왔기 때문이다.

기억할 것

적대적 반항장애와 품행장애 진단 기준에 대한 요인 분석을 통해, Frick과 동료들(1993)은 외현적/내재적, 파괴적/비파괴적 행동을 근거로 잠재적인 반응을 네 가지로 구분하였다([참고자료 10-1] 참고).

품행장애의 하위 유형에 관한 추가적 자료

외현적/내현적, 파괴적/비파괴적 행동 범주, 그리고 아동과 청소년의 문제행동에 대한 종단 연구로부터의 정보를 사용하여, Loeber와 Keenan(1994)은 품행장애의 잠재적인 하위 유형들을 제시하였다.

- **권위 갈등 경로** 적대적 반항장애와 같이 행동이 반항적이고 규칙 위반을 포함한다. 이 반항성은 타인에 해를 끼치지 않는다(예: 무단결석, 가출).
- **내재적 경로** 규칙 위반이 포함되지만(예: 가게 물건 훔치기, 공공기물 파손) 타인을 향한 폭력 행위는 포함되지 않는다.
- **외현적 경로** 어린 나이에 공격적이며 타인을 향한 더 심각한 공격성과 폭력 행위가 지속적으로 이어진다.
- **이중 외현적/내재적(두 경로의 결합)** 규칙 위반과 공격적 행동을 나타낸다.
- **삼중 경로** 위의 세 가지 경로 행동을 모두 나타낸다.

이 연구의 결과들은 다음과 같다. 삼중 경로 청소년들은 전반적으로 가장 최악의 결과로 보이는 반면, 이중 외현적/내재적 청소년은 비행행동에 관여할 가능성이 가장 높다. 외현적 경로의 청소년들에 대한 중재가 성공적이지 못하면, 공격성은 폭력, 범죄, 품행 문제를 유발한다. 권위 갈등 경로의 청소년들은 권위적 인물과 계속 충돌을 일으킨다. 그러나 그들은 전반적으로 모든 하위 유형 중에서 가장 좋은 결과를 보였다.

적대적 반항장애와 품행장애: 두 가지의 독특한 장애인가 하나의 장애인가

적대적 반항장애의 존재를 품행장애의 가벼운 형태 또는 전조현상으로 보는 것과 같이 적대적 반항장애와 품행장애가 연속선상에서 나타나는 것인가에 관한 많은 논의들이 있었다. 최근에는 두 장애를 별개로 보자는 주장들이 제기되고 있다. 한 가지 이유는 적대적 반항장애의 발병 연령(전형적으로 4~8세 범위)이 품행장애의 발병 연령(아동기 발병형: 10세 이전에 한 가지 증상, 청소년기 발병형: 10세 이전에 품행 문제 없음)보다 빠르다는 것이다. 또 다른 이유로는 적대적 반항장애를 가진 아동의 75%는 품행장애로 발전하지 않는다는 점이다. 적대적 반항장애와 품행장애가 둘 다 공격적인 특성을 갖고 있지만, 이 두 장애들은 공격적 행동에 대해 질적으로 구별되는 형태를 보인다고

기억할 것

적대적 반항장애가 외현적이고 비파괴적 행동과 관련되는 반면, 품행장애는 파괴적이고 타인의 권리를 침해하는 내재적 행동과 관련된다.

기억할 것

적대적 반항장애와 품행장애를 별도의 장애로 보는 것에 대해 찬성하는 주장들은 발병 연령(적대적 반항장애가 품행장애보다 일찍 발병), 연속성보다는 비연속성(적대적 반항장애를 지닌 대부분의 아동들은 품행장애로 발전하지 않는다), 공격적 행동의 질적 구분 형태(적대적 반항장애: 공격적/비파괴적, 품행장애: 파괴적 그리고 규칙 위반)를 근거로 한다.

연구에서 밝혀졌다.

요인 분석 연구 60개의 메타 분석에서, Frick과 동료들(1993)은 두 가지 차원에 의한 4개의 하위 행동을 밝히고 외현적/내현적 행동 그리고 파괴적/비파괴적 행동의 두 가지 차원으로 정렬하였다. 이 네 가지 분류로 도출된 행동 하위 유형은 [참고자료 10-1]에서 살펴볼 수 있다.

이 연구는 적대적 반항장애와 품행장애를 구별하는 항목들을 외현적(적대적 반항장애: 공격적, 적대적) 그리고 내재적(품행장애: 규칙 위반, 재산 침해) 차원에 따라 나눌 수 있다는 것을 밝혀냈다는 점에서 중요하다.

기억할 것

Frick과 동료들(1993)의 연구에서 행동문제는 Achenbach 척도의 외현화 척도를 구성하는 두 가지 증후군과 연결된다. 공격행동 척도는 적대적 반항장애에 가장 적합하고, 규칙 위반 척도는 품행장애 행동에 적합하다.

참고자료 10-1 **공격적 행동의 네 유형**

품행장애	적대적 반항장애
내재적 비파괴적(9세경)	외현적 비파괴적(4세경)
지위 위반: 무단결석, 가출, 규칙 위반, 욕설하기	적대적: 화를 잘냄, 고집스러움, 시비를 검, 반항적, 짜증스러움
내재적 파괴적(7.5세경)	외현적 파괴적(6세경)
재산 침해: 공공기물 파손, 도둑질, 방화	공격적: 괴롭힘, 싸움, 타인 비난하기, 잔인하거나 악의적임

출처: Frick et al., 1993.

파괴적 행동장애 범주

앞서 언급했듯이, 연구 결과들은 적대적 반항장애와 품행장애라는 두 가지의 독특한 장애가 존재한다는 것을 입증하고 있다(Frick et al., 1993). 그러나 적대적 반항장애와 품행장애는 반항, 공격적, 규범 파괴 행동과 같은 특징들을 공유하고 병인론, 평가, 치료에 있어서 **공통점이 많다**. 게다가 75%의 적대적 반항장애 아동이 품행장애로 진단받지는 않지만, 90%의 품행장애 청소년은 초기 진단이 적대적 반항장애였다(Rey, 1993). 다음의 내용들은 적대적 반항장애와 품행장애를 구분하지 않고 적용하여 설명한다.

병인론

생물학적, 신경학적, 유전적 요인

신경학적 연구를 통해 품행장애를 진단 받은 청소년들의 뇌는 전두엽 활동이 적다는 사실을 발견하였다(Moffit & Henry, 1989). 또 쌍생아와 입양아 연구에서 유전적 요인과 환경적 요인 모두 품행장애에 영향을 미칠 수 있다고 보고하고 있다. 생물학적 부모 또는 양부모가 반사회적 성격장애가 있거나 생물학적 부모가 알코올 의존, 기분장애, 조현병, ADHD의 병력이 있을 때 파괴적 행동장애의 위험성이 증가한다(APA, 2000).

성인을 대상으로 실시한 연구 결과, 테스토스테론 호르몬의 높은 수치가 공격적 충동성의 유전적 전이의 원인임이 밝혀졌다(Dabbs & Morris, 1990). 또한 DBH(도파민에서 노르아드레날린으로의 전환)의 낮은 수치가 몇몇 아동들에게서 감각추구 행동에 대한 높은 역치를 만들어 낼 수 있다(Quay, 1986).

정신역동이론

정신역동적인 입장을 취하는 치료자들은 공격성과 반항적 행동을 부모 사랑의 결핍, 공감의 결여, 신뢰에 대한 불능으로 인한 뿌리 깊은 감정의 표현으로 해석한다(Gabbard, 1990).

행동주의이론

행동적 틀 안에서, 불순응적이고 공격적인 행동은 학습 원리로 형성된 반응으로 만들어진다. **행동주의적 입장**을 취하는 임상가들은 환경에서 행동을 강화하고 유지하는 데 책임이 있는 요소들을 분리시키는 시도를 한다. 가족 맥락 내에서 **강압이론**(Patterson et al., 1991)은 자녀들의 요구에 대해 부모들이 반복적으로 굴복함으로써 어떻게 불순응과 공격성의 패턴이 유지되는지를 설명한다.

인지이론

인지적 관점은 어떻게 부적응적 사고가 적대적이고 반항적인 행동에 영향을 주는지에 초점이 맞추어져 있다. Dodge와 동료들의 연구에 따르면(Dodge, 1991), 공격적인 아동들은 종종 **적대적 귀인 편향**을 갖고 있으며 양가적 단서를 본질적으로 적대적(예: 희미한 웃음을 비웃음으로 해석)이거나 거부적인 것으로 잘못 해석한다. 이러한 경우에 아동들은 적대적이고 방어적으로 반응할 수 있다. 왜냐하면 그들은 타인의 의도를 적대적이거나 거절로 귀인하기 때문이다.

> **기억할 것**
>
> 전두엽 기능의 활동 감소는 행동반응 억제의 어려움, 계획능력의 어려움과 관련된다. 이러한 연관성은 ADHD와 파괴적 행동장애의 공존율이 왜 높은가를 설명해 줄 수 있다.

기억할 것

아동 불순응은 요구에 따르는 것(예: 장난감 치우기 또는 침실 청소하기)과 같이 원하지 않은 과제 수행에서 회피하거나 벗어나는 데 효과적인 방법일 수 있다. 강압이론은 이러한 상황에서 가끔씩 성공하기 때문에 부모들은 높은 수준의 강압적 반응(야단치기, 소리 지르기, 때리기)을 보인다고 예측한다.

가족 패턴, 애착, 양육 방식

가족 체계 임상가는 부모-자녀 관계에 초점을 맞춘다. 그리고 이들은 아동기 공격성을 부모의 일관성 없거나 경계 및 제한 설정으로 인한 힘의 균형을 아동이 전환시키려는 노력으로 해석한다. 애착과 양육 방식의 관점에서는 연구들은 불안정 애착과 학령전기의 공격적 행동이 연결되어 있었다는 근거를 제시하였다(Greenberg, 1999). 반면에 Baumrind(1991)는 **권위주의적 양육 방식**은 청소년기에 표현되는 잠재적인 공격성을 위한 토대를 마련한다고 주장한다.

평가와 치료

일반적으로 구조화된 그리고 반구조화된 면접 외에, 이전에 언급된 일반적 행동평정척도에서도 품행 문제에 대한 정보를 제공한다. 또한 행동 척도는 여러 행동들 중에서 나타날 수 있는 공존질환에 대한 정보도 제공한다.

다음의 구체적인 척도를 통해 적대적 반항장애와 품행장애 집단의 임상적 또는 준임상적 상태를 예측할 수 있다. ASEBA를 실시했을 때(Achenbach & Rescorla, 2001), 적대적 반항장애와 품행장애가 있는 아동들은 사회적 미성숙, 규칙 위반 행동, 공격행동, 외현화 문제, 총문제행동과 같은 증후군 척도에서 높은 점수를 받을 가능성이 있으며, ASEBA의 DSM 척도들에서도 적대적 반항장애와 품행장애 점수가 높게 나타나기 쉽다. 코너스 부모용과 교사용 평정척도(CPSR, CTSR, 1998)는 반항성 척도와 사회 문제 척도에서 높은 점수를 보이는 경향이 있으며, 코너스-웰스 청소년용 자기보고형 척도(CASS, 1997)는 가족 문제, 품행 문제, 분노조절 문제를 보일 가능성이 높다. BASC-2에서는 공격성, 품행 문제 그리고 복합적인 외현화 문제 척도가 높게 나타날 가능성이 있다(Reynolds & Kamphaus, 2004).

파괴적 행동장애에 대한 경험적으로 지지된 치료들

적대적 반항장애나 품행장애에 대한 증거 기반 치료를 찾는 데 있어 발생하는 문제 중 하나는 결과들이 파괴적 행동장애라는 넓은 범주 아래 합쳐져 있다는 것이다. Brestan과 Eyberg(1998)는 미국정신의학회 특별위원회(APA Task Force, 1995)에 의해 제정된 기준에 따라 5000명 이상의 청소년들(파괴적 행동장애: 적대적 반항장애 및 품행장애 진단)을 대상으로 한 82개의 연구들을 통해 증거 기반 치료에 대해 검토하고 평가하였다. 검토된 대다수의 프로그램들은 인지행동 방법을 기반으로 하였고 부모 요소는 있거나 없었다. 연구자들은 보다 더 높은 기준을 충족시키는 두 가지 부모훈련 프로그램을 발견하였다. 그중 하나는 어린 아동의 문제행동을 감소시키도록 개발된 부모훈련 프로그램(Webster-Stratton, 1984)과 다른 하나는 Patterson과 Gullion(1968)이 만든 『아동과 함께 생활하기(Living with Children: New Methods for Parents and Teacher)』라 불리는 매뉴얼을 기반으로 한 행동적 부모훈련 프로그램이다. 이 매뉴얼은 부모들이 중재를 위해 행동을 표적화하고 우선순위를 정하는 기술을 향상시키며 원치 않는 행동을 감소시키고 바람직한 행동을 증가시키는 강화 프로그램을 사용한다.

Brestan과 Eyberg(1998)는 아동을 위한 문제 해결 기술 프로그램(Kazdin, Esveldt-Dawson, French, & Unis, 1987)과 분노조절 프로그램(Lochman, Burch, Curry, & Lampton, 1984)을 강조하였다. 이 프로그램들은 상대적으로 많은 회기들을 통해 기술 훈련에 초점을 맞추고 있다. 문제 해결 기술 훈련(PSST; Kazdin, 1996) 프로그램은 아동들에게 예측 가능하고 논리적인 방법으로 문제를 해결하는 방법을 가르치도록 20회기의 프로그램을 개발하였다. Coping

Power(Larson & Lochman, 2002) 프로그램은 분노조절을 증진하기 위한 33회기의 프로그램이다.

적대적 반항장애에 대한 개입

적대적 반항장애 개입 프로그램은 이 장애에서 보이는 매우 저항적인 특성 때문에 어려움이 있다(Rey, 1993). 그리고 이 프로그램들은 고위험군 가족 요소를 고려하지 않아 많은 비판을 받아 왔다(Kazdin, 1996). 그러나 적대적 반항장애만을 위한 프로그램에 대해 최근에 관심이 증가하기 시작하였다.

적대적 반항장애에 대한 기존의 개입에 대한 문헌에 따르면, Greene, Ablon, Goring, Fazio와 Morse(2003)는 대다수의 프로그램이 가족의 양육 실제를 중점 목표로 하고 있으며, 이것들은 스트레스가 많고 중도 탈락 비율이 높다고 비판하였다. 연구자들은 연구 결과들이 프로그램을 수료한 가장 동기가 높은 가족들의 편향된 모습을 제시한다고 주장하였다. 또한 이들은 적대적 반항장애 아동에게서 나타나는 인지 왜곡과 결함을 명백하게 목표로 삼아야 하는 필요성에 대해 역설하였다. Greene과 동료들(2003)은 협력적 문제 해결(Collaborative Problem Solving: CPS; Greene & Ablon, 2004)이라는 대안적 중재 프로그램을 개발하였다. 이 프로그램은 감정조절, 좌절에 대한 인내력, 문제 해결, 유연성의 영역에서 적대적 반항장애 아동의 (인지)처리과정에서 보이는 결함을 다루고 있다. 협력적 문제 해결(CPS) 프로그램은 행동조절을 위한 세 가지 전략을 발달시켜 적대적 반항장애 행동을 하도록 만드는 근원적인 부모-자녀 관계의 특성에 대한 부모들의 인식을 증가시키도록 설계되었다. 협력적 문제 해결 프로그램과 Barkley 반항 청소년 프로그램(Barkley, 1997)을 사용한 부모훈련을 비교한 경험적 조사들에 따르면 적대적 반항장애 아동들은 단기간과 장기간 동안 유의미하게 개선되었다고 보고하였다.

품행장애에 대한 개입

심각한 정서 · 행동장애가 있는 아동과 청소년들은 최소한의 제한(외래환자)부터 완전한 제한(주거 치료 센터)까지의 연속적인 치료/돌봄을 제공받는다. 최근까지, 치료 효과성에 대한 대다수의 경험적 증거는 주로 임상에 근거한 연구들이었다. 가장 심각한 장애를 지닌 청소년들을 위한 주거 치료 센터(Residential Treatment Center: RTC)의 집중적 사용에도 불구하고, 실험적 상황에서의 경험적 증거가 매우 부족하였다(U. S. Department of Health and Human Services, 1999).

또 가족 보호 프로그램과 같이 가정에 기반한 대안방법은 경험적 근거가 부족하거나 결과가 불일치하였다(Meezan & McCroskey, 1996). 그러나 다중체계치료(Multi-Systemic Therapy: MST)의 효과성에 관한 연구들은 다른 대안방법인 입원치료와 비교했을 때(Schoenwald et al., 2000), 지역사회에 제공한 서비스가 비행청소년에게 성공적이라고 입증되었다(Henggeler & Borduin, 1990). 지역사회 접근(community outreach)과 인지행동 방법이 반항 행동에 대해 다중 결정 요인을 강조하는 다중체계치료 접근이 성공적이었다.

Patterson, Reid, Jones와 Conger(1975)가 개발한 특별 위탁 가정(Specialized Forster Care: SFC) 프로그램은 경험적으로 지지된 지역사회 기반의 다른 대안방법으로, Chambelain과 Reid(1991, 1998)의 연구에 의하면, 주거 치료 센터에 배치된 청소년보다 특별 위탁 가정 프로그램에 배치된 청소년들에게 더 성공적이었다고 하였다. 또 다른 연구에서, Wilmshurst(2002)는 무작위로 지역사회에 기반한 가족 보호 프로그램(인지행동 방법 사용)에 배치된 심각한 정서 · 행동 장애(EBD)가 있는 청소년들을 대상으로 하였다. 그 결과, 5일 동안 거주 대안치료를 받은 또래와 비교했을 때 유의미한 결과(통계적, 임상적)를 얻을 수 있었다.

품행 문제를 지닌 청소년에 대한 치료 프로그램 연구에서, McMahon과

Kotler(2004)는 평가와 개입 과정에서 가족의 참여가 필요하다고 강조하고 있다. 품행 문제를 촉발시키고 유지하는 데 있어 가족이 중요한 영향을 미치기 때문이다. 연구자들은 논의를 위해 몇 가지 프로그램을 선택하고 있는데, Patterson과 동료들이 개발한 오리건의 프로그램인 기능적 가족치료와 다중체계치료가 있다(더욱 자세한 자료는 McMahon & Kotler, 2004 참조).

오리건 사회학습센터 부모훈련 프로그램

Gerald Patterson과 동료들(Patterson et al., 1975)이 개발한 이 프로그램은 Brestan과 Eyberg(1998)의 집중 검토를 통해 **잘 확립된 프로그램** 중 하나다. 이 프로그램은 광범위하게 연구되고 반복 검증되었다. 그리고 유아(2.5~6.5세), 아동(6.5~12.5세), 청소년이 있는 가족들에 대한 중재와 가족치료 시간을 31시간에서 13~16시간으로 줄이는 조건을 통해 성공적으로 수정이 이루어졌다. 이 프로그램은 부모가 구체적 행동을 목표로 삼고 추적하도록 도와주는 데 초점을 맞춘다. 그리고 긍정적 행동은 증가시키고 부정적 행동은 감소시키는 강화체계(포인트 시스템, 유관성 계획)를 발달시킨다. 부모들은 문제 해결과 협상 전략을 증진시키는 훈련을 받는다.

다중체계치료

Henggeler와 동료들(1998)은 가족, 학교, 또래와 관련된 지역사회의 청소년들과의 작업을 위한 매뉴얼화된 다차원적인 프로그램을 개발하였다. 다중모델 프로그램은 가족 역량 강화를 위한 강점 기반 접근이며 가족치료, 인지행동적 접근(유관성 관리, 분노조절)과 같은 다양한 기법들을 사용한다. 다중체계적 접근은 광범위하게 연구되었으며, 다양하고 심각한 청소년 문제들(성범죄자, 상습범, 폭력범 그리고 물질 사용과 남용의 공존질환)을 갖고 있는 광범위한 청소년들에 걸쳐 다중체계치료 사용에 대한 폭넓은 경험적 근거를 제공한다(Henggeler & Borduin, 1990; Schoenwald et al., 2000).

학습 점검하기

1. 품행장애와 적대적 반항장애에 대한 내용이다. 틀린 것은?
(a) 발달적으로 적대적 반항장애는 항상 품행장애 이전에 나타난다.
(b) 적대적 반항장애 아동의 대부분은 항상 품행장애로 발달된다.
(c) 적대적 반항장애 행동들은 비행과 분노조절 문제를 포함한다.
(d) 품행장애 행동들은 타인에 대한 심각한 공격행동과 연관된다.

2. Frick과 동료들(1991)은 적대적 반항장애와 품행장애 행동들을 4개 범주로 구분할 수 있다는 것을 발견하였다. 다음 중 틀린 것은?
(a) 적대적 반항장애 행동들은 지위 위반과 관련된다.
(b) 품행장애 행동들은 재산 침해와 관련된다.
(c) 적대적 반항장애 행동들은 반항적이다.
(d) 품행장애 행동들은 무단결석과 규칙 위반과 관련된다.

3. Patterson과 동료들에 의하면, 강압이론은 부모와 품행 문제를 가진 아동 간 다음의 어떤 관계를 예측할 수 있는가?
(a) 품행 문제를 가진 아동의 부모는 돕거나 사주하도록 강요받는다.
(b) 부모와 품행 문제를 가진 아동 간에는 상호작용이 거의 없다.
(c) 적대적 부모 반응은 품행 문제 행동을 증가시킨다.
(d) 품행 문제를 가진 아동의 부모는 너무 수동적이다.

4. Jason은 애매한 얼굴 표정을 화난 얼굴로 해석한다. 그리고 공격적 반응으로 되갚는다. 이것은 다음의 어느 것의 예인가?
(a) 조기 시작자 반응
(b) 후기 시작자 반응
(c) 학습된 무기력감
(d) 적대적 귀인편향

5. 연구들은 치료 목적으로 심각한 행동문제를 보이는 아동 및 청소년을 집단으로 묶는 것은 다음과 같은 결과를 가져온다고 하였다. 맞는 것은?
(a) 유의미하게 긍정적 결과

(b) 사회적 기술을 발달시키는 기회 증가
(c) 공감 인식을 증가시킴
(d) 비행 훈련

6. Greene과 동료들(2003)은 적대적 반항장애를 위한 대부분의 치료를 다음과 같은 이유로 비판하였다.
(a) 부모훈련 요소를 포함하지 않았다.
(b) 부모를 전체 프로그램에 개입시키지 않았다.
(c) 부모를 동기화하지 않았다.
(d) 아동의 인지 왜곡과 믿음을 목표로 하는 데 실패하였다.

7. 심각한 품행 문제를 갖는 유소년을 위한 주거 치료 센터와 지역사회 기반 치료 프로그램의 효율성을 비교한 연구들에서 다음과 같은 결과를 발견하였다.
(a) 지역사회 기반 치료 프로그램은 주거 치료 센터보다 우수하다.
(b) 주거 치료 센터는 지역사회 기반 치료 프로그램보다 우수하다.
(c) 프로그램 간 치료 효율성에는 차이가 없다.
(d) 어떤 연구도 대안 프로그램을 비교하지 않았다.

정답 1: b, 2: a, 3: c, 4: d, 5: d, 6: d, 7: a

제5부

후기 발병 장애들

청소년기는 아동에서 성인으로 이행되는 과도기로, 한때는 **질풍노도**(sturm und drang, storm and stress)의 시기라고 여겨졌지만(Hall, 1904), 이제 우리는 단지 소수의 청소년만이 이 발달 시기 동안 중대한 문제에 직면한다는 것을 안다(Arnett, 1999). 그러나 이 시기 동안 일어나는 중대한 신경적, 신체적, 사회적, 정서적, 인지적 변화는, 섭식장애, 물질 사용 문제, 비행행동, 사회불안, 우울, 자살을 포함하여, 여러 영역에서 문제를 일으킬 위험을 증가시킨다(Cicchetti & Rogosh, 2002). 여기에서는 주로 청소년 이전 시기와 청소년기에 초점을 맞춘다. 이 시기는 특히 섭식장애나 물질 사용 문제에 취약할 수 있는 시기다.

섭식장애의 대다수는 청소년기에 발병하지만, DSM-5에서는 급식장애(이전에는 유아기, 아동기, 청소년기에 처음 진단되는 장애 범주에 있었던)를 섭식장애 범주에 포함시켰다. 따라서 여기에서는 급식장애와 신경성 식욕부진증, 신경성 폭식증과 같은 후기 발병 섭식장애 발달의 전신일 수 있는 회피적/제한적 음식 섭식장애 또한 이 부분에서 간단히 논의될 것이다. 청소년기 관심의 초점이 정체감과 집단소속감이라는 것을 고려해 볼 때, 신체 불만족은 미디어에서 이상적으로 그려진 날씬함에 일치하려는 추세에서 야기될 수 있다. 이것은 여자 청소년을 신경성 식욕부진증이나 신경성 폭식증의 위험으로 끌어들이고, 두 장애는 후기 청소년기의 소녀들을 만성적인 질병으로 이끄는 세 번째 원인이 된다(Rosen, 2003). 폭식장애는, 이전에 DSM-IV-TR(APA, 2000)의 부록에 있었으나 DSM에 포함되기 위한 적절성을 지지할 연구가 충분히 이루어져, 섭식장애 범주에 새롭게 추가되었다.

청소년이 물질을 가지고 위험한 행동이나 시도를 하는 것은 드문 일은 아니다. 그러나 대부분은 초기 성인기에 그만두게 된다(Kouzis & Labouvie, 1992). 몇몇 가설들이 제기되었는데 실험자(experimental)와 더 심각한 사용자(more serious users)를 구분하거나 약물이 관문으로서의 역할을 한다는 가설(관문가설)과 혹은 더 심각한 약물 사용의 디딤돌 역할을 한다는 가설(디딤돌 이론)들이 포함된다. 디딤돌 이론(stepping stone theory)은 마리화나에서 헤로인까지의 직접적인 인과관계를 제안하는 반면에, 관문가설(the gateway hypothesis)은 특정한 약물이 다른 약물의 위험을 증가시킨다고 제안한다(Kandel, 2002). 그러나 이러한 이론들은 시도자와 심각한 사용자를 구분하지 않았고, 심각한 사용자의 다양한 물질 사용 패턴을 설명하지 못하기 때문에 비판받아 왔다(Golub & Johnson, 1994).

청소년이 사용하는 주요 물질에는 알코올, 담배, 마리화나, 흡입제(inhalants)가 있다. DSM-5는 물질장애를 개념화하는 방식을 바꾸고, 더 이상 물질 의존과 물질 남용을 구분하지 않는다. 현재 DSM-5는 이 장애군을 두 그룹으로 나눈다. 하나는 물질 사용 장애(substance use disorders)이고, 다른 하나는 물질로 유발된 장애(substance-induced disorders: 중독, 금단, 관련 행동들)다. 물질은 열 가지의 범주로 나누어 볼 수 있다(알코올, 카페인, 대마, 환각제, 흡입제, 아편계, 진정제, 자극제, 담배, 기타). 물질 사용 장애에 대한 일반적인 기준은 열 가지 물질 종류에 각각 적용된다. 그리고 특정 물질과 관련된 증상과 물질의 특성에 기초하여, 각 물질의 중독과 금단에 관한 증상 특징적 기준 세트를 제시한다.

급식 및 섭식장애

제11장

이전의 DSM은 발병 연령에 기초하여 급식장애와 섭식장애를 분리하였지만, DSM-5(APA, 2013)에서는 급식 및 섭식장애(feeding and eating disorders)를 하나의 범주로 제시했다. 이것은 범주 안에 포함된 모든 장애가 "음식 소비 혹은 섭취의 변화"라는 유사한 결과를 공유하고, 손상된 신체적 건강과 심리적 안녕감의 결과를 가져온다는 이유에 근거한다(p. 329). 이번 장에는 이식증, 되새김장애, 회피적/제한적 음식섭취장애, 신경성 식욕부진증, 신경성 폭식증, 폭식장애의 여섯 가지 장애가 포함되어 있다. 이식증을 제외한 모든 급식 및 섭식장애는 상호 배타적이다. 이어지는 내용은 DSM-5 안에서 제시되는 순서로 설명하고 있다.

이식증

임상적 기술과 관련된 특징

영아는 초기에 물건을 입으로 탐색하는 방식으로 세상을 탐험하고, 특별히 잘 감독하지 않으면, 비영양성 물질을 삼키는 것은 일반적일 수 있다. 그러나 이식증(pica)의 핵심 증상은 적어도 1개월 동안 규칙적이고 지속적으로 하나 이상의 비영양성 물질을 먹는 것이다. 다른 기준으로는, 문화적 혹은 사회적 규준에 해당되지 않는 것과 행동이 발달적으로 적절하지 않은 것 등 결정적인 조건이 있다. 섭취하는 일반적인 물질로는 "종이, 비누, 천, 머리카락, 실, 모, 흙, 분필, 화장용 파우더(탤컴파우더), 페인트, 껌, 금속, 자갈, 숯 혹은 석탄, 재, 찰흙, 녹말, 얼음"(APA, 2013, p. 330)이 있다.

이식증이라는 주제는 널리 연구되지 않았기 때문에 원인에 대해 역사적으로 다양한 견해가 존재한다. 이식증에 대한 문헌에서는 "사회적으로 수용할 만한 행동부터 삶을 위협하는 행동까지"(Carter, Wheeler, & Mayton, 2004, p. 346) 다양한 방식으로 이식증을 설명하고 있다. 또한 이식증은 지적장애와 자폐스펙트럼장애를 포함하는 발달장애와 같은 다른 장애들을 동반한다.

유병률과 경과

임상 표본과 지역사회 표본에 따라 이식증의 유병률 범위는 3%에서 22%까지로 다양하다(Swift, Paqueete, Davision, & Saeed, 1999). 유병률은 확실하게 확정짓기 어렵다. 왜냐하면 이식증은 일반적으로 신경성 식욕부진증, 폭식증, 되새김과 같은 다른 급식 및 섭식장애들의 증상에 포함되기 때문이다. 이러한 장애들은 모두 비전형적이라고 여겨질 수 있는 음식 섭취의 문제를 공유한다.

병인론

이식증의 원인은 명확하지 않으며, 병인에 대한 설명은 다이어트에서부터 학습된 행동의 습득까지 다양하다. 대부분의 연구자들은 장애가 다중요인적 특징을 갖고 있으며, 인지적이고 행동적인 원인뿐만 아니라 의학적 원인(예: 기생충 감염, 소화효소의 수준이나 위산 수준, 철분 부족)의 요소도 포함시킨다(Parry-Jones & Parry-Jones, 1992).

평가와 치료

Donnelly와 Olczak(1990)의 이식증의 평가와 치료에 대한 문헌조사에서 타임아웃, 제한, 과잉교정법은 최소한의 제한적 접근법을 선호하는 시대적 추세를 반영하면서 이식증을 위한 개입으로 가장 많이 보고된 것이라고 하였다. 기능적 행동평가(functional behavioral assessment)와 행동개입계획(behavior intervention plan)은 평가와 치료에 있어서 가장 최신의 방법이며 가장 많이 사용되고 있다. 예를 들어, Hagopian과 Adelinis(2001)는 중등도 지적장애와 양극성장애로 진단된 26세 남자의 이식증을 감소시키기 위해서, 반응방지와 방향 수정(redirection)이 결합된 패러다임을 사용하였다. 반응방지법은 처음에는 공격성을 증가시켰지만 더 선호하는 음식(팝콘)으로의 방향 수정은 결국 성공적인 결과를 가져왔다. Goh와 동료들(1995)은 유사한 기법을 사용하여, 이식증 변화 프로그램(즉, 이식증은 더 좋아하는 음식으로 교환될 수 있음)을 발전시켰다. 이 프로그램은 지적장애를 가진 개인 4명 중 3명의 이식증을 감소시키는 데 성공적이었다.

되새김장애

임상적 기술과 관련된 특징

이 장애의 핵심 증상은 적어도 1개월 동안 나타나는, 반복적인 음식의 역류와 되씹기다. 역류는 의학적 상태로 인한 결과가 아니며, 다른 섭식장애로 인한 증상이 아니다. 이 장애는 유아와 지적장애인에게서 일반적이다. 음식이 역류되고 섭취되지 않기 때문에, 저체중이며, 성장 지연이 나타나고, 심지어 죽기도 한다. 되새김장애(rumination disorder)를 가진 유아의 25% 이상이 사망하게 된다. 장애와 관련된 촉발 요인은 스트레스 상황, 자극의 결핍이나 방임, 강압적인 부모-자녀 관계를 포함한다. 또한 후기 아동기와 성인에 있어서 지적장애는 되새김장애의 소인(predisposing factor)이다(APA, 2000). 발병은 대개 3개월에서 12개월 사이에 나타난다. 그러나 지적장애를 가진 사례에서는 발병이 더 늦어질 수 있다.

유병률과 경과

이 영역에서의 연구는 제한적이기 때문에, 되새김장애의 유병률은 확정짓기 어렵다. 그러나 한 연구에서는 되새김이 자기 유도적이고, 목적적이고, 즐거운 행동이며, 여성보다 남성에게서 5배 이상 많이 나타난다는 것을 밝혔다(Mayes, Humphrey, Handford, & Mitchell, 1988). 지적장애에 대한 다른 연구에서는 지적장애인 사이에서 5%에서 10% 사이의 유병률을 제시하고 있으며, 고도/최고도 수준의 지적장애, 남성, 자폐를 가진 사람들 사이에서 더 높다고 제안한다(Gravenstock, 2000).

병인론

되새김장애의 정확한 원인은 알려져 있지 않지만, 장애가 유발될 수 있는 몇 가지 가능한 조건들이 제안되었는데, 이 조건들에는 신체적 질병의 발병, 심한 스트레스나 방임, 또는 양육자와의 정상적인 애착을 방해할 수 있는 상황들이 있다. 그로 인해 아동은 자기위안의 방법으로 되새김을 한다. 또한 행동은 증가된 관심에 의해 강화될 수 있다.

평가와 치료

Gravenstock(2000)은 "정서장애나 간질에 의해 야기된 부차적이면서 주기적인 구토증상과의 진단적 혼란을 피하기 위해서"(p. 631) 행동을 가까이서 관찰할 필요가 있다고 제안하였다. Gravenstock은 또한 초기 개입과 치료가 부정적인 사회적 결과(위축, 자기자극, 배제)와 신체적 결과(탈수, 영양실조, 치아 침식)를 피하는 데 중요하다고 하였다. 연구자들은 치료 프로그램이 환경의 긍정적인 자극을 강화시키는 것, 긍정적인 행동에 주목하는 것(유관성 관리 프로그램), 필요하면 의학적 개입을 포함할 것을 제안한다.

회피적/제한적 음식섭취장애

임상적 기술과 관련된 특징

DSM-5(APA, 2013)는 유아기 또는 초기 아동기의 급식장애를 회피적/제한적 음식섭취장애(avoidant/restrictive food intake disorder)로 대체하였다. 이것은 아동이 음식섭취를 회피하거나 제한하는 동기를 강조한 것으로, 다음의 심각한 부정적인 신체적 결과가 하나 이상 나타나야 한다.

- 심각한 체중 감소 또는 기대되는 성장에 미치지 못함
- 심각한 영양 결핍
- 위장관 급식(tube feeding)이나 경구 영양 보충제(oral supplements)에 의존할 필요가 있음
- 심리사회적 기능의 감소(APA, 2013, p. 334)

이 장애는 이식증을 제외한, 다른 섭식장애와 상호 배타적이다. 장애와 관련된 다른 조건들로는 음식의 감각적 특징(예: 식감)으로 인한 회피, 혹은 이전 경험에 기초하여 예측되는 부정적 결과(예: 질식, 구토)로 인한 회피를 포함한다.

유병률과 경과

비록 DSM-5는 회피적/제한적 음식섭취장애의 유병률을 보고하지 않았지만, 음식 거부는 성장장애(Failure To Thrive: FTT)를 가져올 수 있고, 유아 입원 환자의 1%에서 5%를 차지한다(Douglas, 2002). Nicholls, Chater와 Lask(2000)는 7세에서 16세 사이의 섭식장애를 가진 아동 81명을 세 가지 척도를 가지고 비교하였다. 여기에 사용된 척도는 DSM(APA, 2000), ICD(WHO, 1993), GOS(Great Ormond Street classification system developed specifically for children; Bryant-Waugh & Lask, 1995). GOS는 식욕부진증과 폭식증 이외에 세 가지의 다른 섭식장애를 구별하였는데, 그것은 음식 회피 정서장애(food avoidance emotional disorder), 선택적 섭식(selective eating), 전반적 거부(pervasive refusal)다. GOS에 따르면, 26%의 아동이 정서장애와 함께 음식 회피의 기준을 만족하고, 13.7%가 선택적 섭식의 기준을 만족한다고 하였다. DSM-5는 회피적/제한적 섭식장애 범주와 관련될 수 있는 특징을 강조한다. 또한 DSM-5는 후기 아동기와 청

소년기에서 음식 회피 또는 제한은 불안장애, 우울장애, 또는 양극성장애의 기준에 부합하지 않는 광범위한 정서적 어려움과 관련될 수 있고, 이는 "때때로 음식 회피 정서장애로 불리는" 광범위한 문제를 나타낸다고 제안한다(p. 335).

병인론

회피적/제한적 음식섭취의 위험은 섭식행동과 관련된 의학적 문제나 위장 상태에 대한 병력, 섭식장애를 가진 부모(어머니), 또는 가족 불안과 관련이 있다. 불안장애, 강박장애, 자폐스펙트럼장애 또는 ADHD를 가지는 아동 또한 이 장애를 가질 위험이 높다.

평가와 치료

섭식 혹은 급식 문제를 가질 때, 평가에 있어서 잠재적인 생물학적 원인을 제거하는 것은 중요하다(Douglas, 2002). 회피적/제한적 음식섭취장애의 발병 요인은 여러 가지다. 만약 먹기를 강요당하는 것, 구역질, 질식 또는 식중독이나 특정 음식을 먹은 후의 발병 등과 섭식이 연합된다면, 섭식은 혐오 활동으로 조건화될 수 있다. 급식 및 섭식장애 아동은 섭식이나 급식 문제 없는 또래문제보다 부모-자녀 관계에서의 애착문제에 어려움을 더 많이 보이기 때문에, 아동이 다양한 섭식장애들을 발생시키는지를 설명하는 데 있어서 애착이론이 사용되어 왔다(Drotar, Stein, & Perrin, 1995).

이론적 모델에 따라 프로그램이 개발되는데, 섭식 혹은 급식 문제를 유관성 기반 모델(contingency-based models)(행동적인)에 적용시키거나 혹은 부모훈련이나 부모-자녀 놀이치료를 통해 부모-자녀 관계를 강화시키는 다양한 치료 프로그램을 발달시킬 수 있다.

예를 들어, Fonagy와 Target(1996)은 아동을 위한 정신역동 발달적 치료법

(psychodynamic developmental therapy for children: PDTC)에 대한 경험적 지지를 제공했다. 이 치료적 접근은 발달적 체계 안에 정신역동적 접근의 개념과 기술을 통합시킨다. 치료자는 놀이를 매개체로 사용하여, 아동이 자기조절 능력, 타인 인지 그리고 타인과 관계 맺는 능력을 증진시킬 수 있도록 한다. 이런 유형의 접근법은 회피적/제한적 음식섭취 영역의 문제에 적용될 수 있을 것이다.

실제에 적용하기

사라는 16세 청소년으로 키는 162.6cm이고 체중은 56.7kg이다. 지난주, 사라는 59kg이었고, 다음 주에는 아마 54.4kg일 것이다. 그녀의 키와 체중은 평균이지만, 사라는 자신을 잡지 모델과 비교하여 뚱뚱하다고 확신한다.

사라는 계속해서 다이어트를 하고 있으나 잘 되지 않는다. 사라는 지난 이틀 동안 굶었다. 그녀는 오늘 짜증내고 화를 냈다. 짜증과 화는 주로 순환을 시작하게 되는 반응으로 나타난다. 이제 그녀는 긴장을 풀기 위해서 폭식을 할 것이다. 사라는 2시간 동안 치즈 케이크 한 판, 큰 콜라, 치즈버거, 많은 양의 감자튀김, 한 박스의 초콜릿 칩 쿠키, 아이스크림 한 통을 먹을 것이다. 폭식 후에, 사라는 구토를 유도하여(self-induced vomiting) 몸에서 음식을 제거하기 전까지 죄책감, 우울감, 분노, 화를 느낄 것이다. 며칠 후, 전체적인 폭식 순환이 다시 시작될 것이다. 사라는 신경성 폭식증이다.

신경성 식욕부진증과 신경성 폭식증

신경성 식욕부진증과 신경성 폭식증을 가진 사람들은 몇 가지 공통적인 특징을 갖는다. 섭식장애의 발병은 종종 집중적인 다이어트 이후에 발생한다. 두 가지의 질병을 가지는 사람들은 대부분 여성이고(90%) 마른 것에 집착하면서 동시에 음식에 집착한다. 둘 다 비만이 되는 것에 대한 두려움을 가지고 있고, 몸매와 체중에 대해 왜곡된 감각을 가지고 있다.

이러한 공통적인 특징들에도 불구하고, 신경성 식욕부진증을 가진 개인과 신경성 폭식증을 가진 개인은 성격에 있어서 차이가 있다. 신경성 식욕부진증이 신경성 폭식증과 구별되는 주요한 정의적 특징은, 신경성 식욕부진증이 궁극적으로 정상적인 신체 체중을 유지시키는 것에 대한 거부(refusal)에 성공적일 것이라는 것이다.그 결과, 식욕부진증 환자는 체질량지수(Body Mass Index: BMI)가 17.5kg/m^{2}보다 낮은 점수를 갖는다(APA, 2000).

기억할 것

뉴스 매체에서는 종종 다이애나 왕세자비(Spencer Diana)와 같은 섭식장애를 가진 유명 인사들의 이야기를 전달한다. 1980년대 초, 섭식장애 유병률에 대해서 아는 사람들이 거의 없었을 때, 유명한 가수이자 연예인이었던 Karen Carpenter가 신경성 식욕부진증으로 인한 합병증으로 사망했다는 것이 밝혀지고 나서 온 나라가 충격에 빠졌다.

주의

11세에서 13세 사이의 소녀는 자신의 체중에 대한 인식이 증가하고, 체중을 줄이려고 노력한다. 하지만 이와 동시에 사춘기에 체중 증가는 일반적이다. 성숙이 늦은 소녀보다 조숙한 소녀는 섭식장애 발병에 더 취약하다(Swarr & Richards, 1996).

기억할 것

'식욕의 감소'를 의미하는, 식욕부진증(anorexia)이라는 용어에도 불구하고, 식욕부진증은 음식에 집착하고 자기 유도한 굶주림 때문에 지속적으로 배고프다.

신경성 식욕부진증

임상적 기술과 관련된 특징

신경성 식욕부진증(anorexia nervosa)의 진단적 특징은 최소한의 체중을 유지시키는 것을 거부하는 것이다. 장애를 가진 사람은 정상이라고 여겨지는 몸체중의 약 15% 이하의 체중을 유지한다(메트로폴리탄 생명보험표나 소아과 성장 차트 중 하나에 기반). DSM-IV(APA, 2000)는 BMI가 17.5kg/m^2 이하의 수치를 기준으로 한다(개인의 키에 해당하는 정상적인 체중의 85%). 식욕부진증 환자가 치명적인 수준까지 음식섭취를 감독하려는 동기의 핵심은 체중이 증가할 것이라는 극심한 두려움이다.

실제에 적용하기

트레이시는 마침내 자신에 대해서 만족했다. 그녀는 하루에 세 번 자신의 체중을 쟀고, 세 달 동안 9kg 넘게 체중을 감량했다. 트레이시는 다른 사람들에게 요리를 해 줌으로써 자신의 식욕을 억제하는 법을 배웠고, 그러고 나서 먹을 시간 없이 황급히 자리를 뜬다. 그녀는 음식에 사로잡혀 있었고, 심지어 먹는 것을 멈추려는 의지에도 사로잡혀 있었다. 그리고 트레이시는 싸움에서 이겼다는 것을 알았다. 이것은 그녀의 기준이 되었다. 이제 그녀는 자신이 체중을 충분히 감량해 왔다는 것을 안다. 이제 그녀는 자신의 엉덩이만 조금 더 감량할 수 있다면 행복할 것이다.

신경성 식욕부진증을 가진 개인은 체중 증가에 대한 두려움과 자신의 신체 사이즈와 몸매에 대한 왜곡된 인식을 가지고 있으며, 처음에는 대개 높은 칼로리의 음식을 제한하는 것으로 체중 감량을 시작한다. 식단에 제한이 심해지고, 샐러리와 같은 낮은 칼로리를 가진 몇 가지만을 허용하게 된다. 신경성 식욕부진증에 대한 DSM(APA, 2013) 진단 기준은 다음의 증상을 포함한다. ① "최소한의 정상 수준보다 체중이 작거나 아동이나 청소년에게 기대되는 최소한의 체중보다 체중이 낮다."(APA, 2013, p. 338) ② 체중이 증가하거나 비만이 되는 것에 대한 극심한 두려움을 갖는다. ③ 체중과 체형에 대한 왜곡된 인식을 갖는다. DSM은 BMI에 기초하여 심각도 정도에 대한 지침을 제공한다. 그 지침은 경도(BMI 17kg/m^2 이하), 중등도(BMI 16~16.99kg/m^2), 고도(BMI 15~15.99kg/m^2), 최고도(BMI 15kg/m^2 미만)다. 아동과 청소년 장애의 심각도를 결정하기 위해서, DSM은 미국 질병관리센터(Center for Disease Control: CDC)의 BMI 백분율 계산기 이용을 권고한다. 성인, 십대, 아동을 위한 CDC 계산기는 www.cdc.gov/healthyweight/assessing/bmi에서 찾을 수 있다.

식욕부진증을 가진 개인은 먹는 것에 대한 갈망을 조절할 수 있을 것이라는 통제감을 종종 느낀다. 다른 관련된 특징은 비효율감, 완벽주의, 억제된 정서 표현과 자발성, 경직된 사고 패턴, 환경적 영향 통제에 대한 강한 욕구를 포함한다.

본질적으로, 신경성 식욕부진증을 갖는 사람의 자기개념과 자존감은 신체상과 사실상 동일하다. 그들은 체중 감량을 성취로, 단식을 성격의 강점으로 본다. 그들은 신체 비율에 대한 왜곡된 인식 때문에, 자신의 몸에서 뼈가 돌출되었다는 것을 인식하지 못하고, 또는 영양실조가 그들을 걸어 다니는 해골처럼 보이게 하는 원인이라는 것을 인지하지 못한다. 생리학적으로, 그들의 다이어트는 중대한 건강 문제를 가져올 수 있다. 먹는 것에 대한 거부는 위장관 급식(tube feeding)과 같은 의학적 개입을 필요로 할 수 있다.

신경성 식욕부진증의 하위 유형

신경성 식욕부진증에는 두 가지 하위 유형이 있다. 대부분의 사람들이 신경성 식욕부진증을 생각할 때, **제한형**(restricting subtype)을 떠올린다. 제한형은 제한적 식단, 단식 또는 과도한 운동을 통해 낮은 체중을 유지한다. 제한형은 일반적으로 폭식과 제거(binge-and-purge) 과정이 나타나지 않는다. 신경성 식욕부진증의 **폭식/제거형**은 자신이 먹을 수 있는 것보다 더 많이 먹은 후 제거활동(스스로 구토를 유도하는 행동, 변비약)에 뒤이어 먹는 행동을 하는 폭식과 제거 과정과 관련된다. 이러한 아형을 가진 개인들은 문자 그대로의 의미에서는 폭식을 하지 않는다. 그러나 그들은 작은 양을 먹더라도, 음식을 신체에서 제거하기 위한 제거활동과 함께 먹는 행동을 한다. 일반적으로 폭식과 제거 활동은 주기적으로(매주) 나타난다.

기억할 것

식욕부진증 순환은 비만에 대한 두려움과 왜곡된 신체상 때문에 시작된다. 이것은 단식으로 이끌고, 단식은 음식에 대한 집착으로 이어진다. 따라서 불안과 우울이 각 순환의 단계에 섞여 있다.

기억할 것

Rosen, Mckeag, Hough와 Curley(1986)는 여성 운동선수 다수가 섭식장애를 가질 위험이 높다는 것을 밝혀냈다. 대학 체조선수에 대한 연구에서, 약 62%가 다이어트약(24%), 스스로 구토를 유도하는 활동(26%), 변비약(7%), 이뇨제(12%)와 같은, 자기파괴적인 체중 조절 기법을 사용한다고 하였다.

유병률과 경과

DSM-5에 따르면 유병율이 우려스럽게도 증가하고 있으며 식욕부진증의 12개월 유병률은 0.4%이고, 인구의 약 1%가 전 생애에 걸쳐 신경성 식욕부진증으로 진단받을 것이라고 보고하고 있다. 이 장애는 주로 여성에게서 발견된다(대략 90%). 또 이 장애는 대부분 중산층에서 상위층의 백인 가족의 여성 청소년에게서 나타난다(Pate, Pumariega, Hester, & Gaarner, 1992). 그러나 날씬함에 대한 집착은 전체적인 유병률을 증가시키고 있으며, 장애가 모든 사회계층과 인종집단에 걸쳐서 더 확산되고 있는 추세다. 전형적인 발병 연령은 14세에서 18세 사이다. 초기 청소년기에 발병하면 더 나은 예후를 갖는다. 이 장애는 회복률이 낮고, 단지 약 10%만이 완전히 회복한다. 반면에 50% 정도가 부분적으로 회복된다(Herzog et al., 1993). 식욕부진증을 갖는 여성의 대략 50%가 장애 후기에 폭식증으로 발전한다. 신경성 식욕부진증의 경과는 다소 예측하기 힘들다. 그러나 장애는 스트레스 사건에 의해 촉발될 수 있다. 일부 개인이 한 번의 삽화만을 나타내는 반면, 나머지는 체중 감소와 증가의 변동, 재발, 건강문제의 증가가 분명히 나타나는 더 만성적인 경과를 따를 것이다. 신경성 식욕부진증의 제한형을 가진 많은 사람들은 5년 이내에 더 보편적인 유형인 폭식/제거형으로 변화한다. 만약 이러한 변화가 상당한 체중 증가를 수반한다면, 진단 또한 신경성 식욕부진증에서 신경성 폭식증으로 바뀌게 된다. 통제되지 않는 만성적인 단식, 체중 감소는 입원이 필요할 정도로 심각한 탈수증, 전해질 불균형이라는 결과를 가져온다. 입원 기간 동안 사망률은 꽤 높은데(10%), 자살시도, 단식, 전해질 불균형 또는 합병증 때문이다(APA, 2013).

신경성 식욕부진증은 우울, 과민함, 불안, 사회적 위축, 불면증과 관련이 있다. 신경성 식욕부진증을 갖는 개인이 음식에 집착하는 것과 같이(APA, 2013), 강박 충동 특성은 공통적이다. 충동조절의 결함을 보이는 것은 신경성 식욕부진증의 폭식/제거형의 흔한 특징이며, 물질 남용 장애와의 공존질환이 흔하게 나타난다. 또한 불안(75%), 우울(73%), 성격장애(74%)와 높은 수준의

주의

DSM에 따르면 산업화된 현대사회에서 신경성 식욕부진증은 더 만연하다. 이 장애는 미국, 캐나다, 유럽, 호주, 일본, 뉴질랜드, 남아프리카에서 가장 많이 나타난다. 반면, 신경성 식욕부진증은 여성의 의사결정 역할이 작은 나라에서는 발생률이 상당히 낮다(Miller & Pumariega, 1999)

공존질환을 보인다(Deep, Nagy, Weltzin, Rao, & Kaye, 1995; Herzog, Schellberg & Deter, 1997).

신경성 폭식증

임상적 기술과 관련된 특징

신경성 폭식증(bulimia nervosa)의 주요 특징은 폭식행동에 뒤이어 체중 증가를 막기 위한 보상행동을 하는 '폭식 주기(bulimic cycle)'가 있다는 것이다. 신경성 폭식증의 진단 기준은 폭식 삽화(bulimic episode)와 체중 증가를 막기 위한 보상전략(compensatory strategies)의 반복적 사용을 포함하며, 폭식과 보상행동이 적어도 한 주에 한 번 이상, 적어도 3개월 동안 일어나야 한다는 것을 포함한다. 또한 자기평가에 있어 체형과 체중을 지나치게 강조해야 한다.

기억할 것

DSM-5(APA, 2013)에 따르면, '폭식(binge)'은 비슷한 상황에서 일반 사람들이 보통 먹는 양보다 과도하게 많은 양의 음식을(일정 시간 내에) 먹는 것으로 정의된다. '폭식행동 삽화(binge-eating episode)'는 두 가지를 포함한다.

- 과도하게 많은 양의 음식을 일정 시간 내에(예: 2시간 이내) 먹는다.
- 폭식행동 동안 먹는 것에 대한 조절 능력의 상실감을 느낀다(p. 345).

신경성 폭식증의 하위 유형

신경성 폭식증은 사용된 보상 방법의 특성에 따라 두 가지 하위 유형으로 나뉘는데, **제거형**(purging type: 스스로 구토, 이뇨제, 변비약, 관장약)과 **비제거형**

(non-purging type: 단식, 격렬한 운동)이다.

음식을 먹고 구토하는 것에 대한 죄책감과 수치심 때문에, 폭식증을 가진 개인들을 알아내기 힘들다. 폭식은 보통 다른 사람이 없는 데서 일어나고, 빠른 속도로 음식을 먹는다. 폭식 삽화를 촉발시키는 상황들은 우울한 감정, 환경적 스트레스 사건들, 과민함, 긴장감, 단식 등이다.

기억할 것

각각의 섭식장애는 두 가지 하위 유형을 갖는다.

신경성 식욕부진증의 하위 유형은 '어떻게 체중을 적게 유지하느냐(방법)'에 따라 제한형과 폭식/제거형으로 나뉜다.

신경성 폭식증의 하위 유형은 '먹은 것을 없애는 데 사용하는 보상전략의 특성'에 따라 제거형과 비제거형으로 나뉜다.

각각의 하위 유형 간 유사함이 존재하는데, 신경성 식욕부진증의 폭식/제거형과 신경성 폭식증의 제거형이 유사하다. 또한 신경성 식욕부진증의 제한형과 폭식증의 비제거형은 체중을 통제하기 위해 단식과 격렬한 운동을 사용한다는 면에서 유사하다.

신경성 폭식증을 가진 개인들은 섭취 칼로리를 몸에서 없애기 위해 보상행동을 하지만, 이러한 반복적인 구토행위는 여러 부작용을 야기한다. 신체적으로는 위산(acids)이 식도를 점점 약화시키고, 치아를 부식시킨다. 연구 결과에 의하면, 반복된 구토는 그렇지 않은 사람에 비해 더 배고픔을 느끼게 하며, 음식에 만족을 덜 느끼게 한다(Wooley & Wooley, 1985). 그러므로 신경성 폭식증을 가진 개인들은 더 강렬한 배고픔을 느끼고, 더 위험한 폭식/제거 삽화행동을 반복하게 된다.

DSM-5는 신경성 폭식증 삽화의 평균 빈도에 따라 장애의 심각도를 세분화한다(경도: 일주일에 1~3삽화/ 중등도: 일주일에 4~7삽화 / 고도: 일주일에 8~13삽화 /최고도: 일주일에 14회 이상).

기억할 것

폭식주기는 강력한 식욕을 불러일으키는 긴장감이나 과민함에 의해 시작된다. 이러한 충동은 먹는 것에 대한 조절능력을 상실하게 하며, 폭식 삽화를 유발시킨다. 폭식 삽화 이후, 개인은 죄책감, 우울함, 속이 더부룩함을 느끼고, 먹은 음식을 제거하기 위해 보상행동을 한다(제거형/비제거형). 보상행동 뒤, 신경성 폭식증이 있는 사람들은 다시 통제감을 느낀다.

유병률과 경과

12개월 유병률은 1~1.5%이고, 평생 유병률은 약 1~3%다. 남녀 유병률은 남자 1명 대 여자 10명의 비율이다. 발병 연령은 신경성 식욕부진증보다는 나중에 발병하고, 보통 후기 청소년기, 초기 성인기에 발병한다. 보통 만성적이며, 재발률이 높다. 신경성 폭식증이 있는 사람들은 체중에 변동이 있긴 하나 주로 평균 체중을 유지한다. 신경성 폭식증으로 진단받은 개인들의 대략 10~15%는 평생 중 어느 지점에서는 신경성 식욕부진증의 진단 기준을 만족시킨다. 이렇게 신경성 폭식증에서 신경성 식욕부진증으로 교차진단을 받은 사람들은 신경성 폭식증으로 되돌아가거나, 두 장애를 왔다 갔다 하게 된다. 게다가, 처음엔 신경성 폭식증으로 진단받았던 사람들이 점차 보상행동 없이 폭식 삽화를 경험하면 결국 폭식장애의 진단 기준을 충족시키게 된다(이 장의 마지막에서 논의됨).

발달 과정을 통해 많은 청소년 여학생들이 실험적인 다이어트(experimental diets)와 보상적 체중 감소 행동을 한다. 대학생 대상의 한 연구에서는 50%의 학생들은 주기적으로 폭식을 하고, 몇몇 학생들은 적어도 한 번은 구토(6%), 변비약(8%)을 복용해 먹은 것을 없애기 위한 보상행동을 한다고 보고하였다(Mitchelll, Pyle, & Miner, 1982). Attie와 Brooks-Gunn(1995)은 섭식장애는 청소년기와 성인기의 시작이라는 스트레스 수준이 높은 두 가지 인생의 전환기에 대한 반응으로 발병하는 것으로 보았다.

섭식장애의 병인론

섭식장애의 발달 경로에 관한 몇 가지 가능한 설명이 있다. 섭식장애는 생물학적, 심리적, 환경적(가족과 또래 스트레스 요인) 요인들의 복잡한 상호작용에 의한 결과물이다. 신경성 식욕부진증과 신경성 폭식증의 유사점과 차이점은 이 장에서 계속 강조된다.

앞서 논의한 것처럼, 두 장애가 교차진단 되듯이 두 가지 섭식장애가 많은 부분에서 유사한 특징을 지니고 있음에도 불구하고 두 장애의 전형적 특징을 비교할 때, 신경성 식욕부진증과 신경성 폭식증 간에는 차이점이 존재한다. [참고자료 11-1]에 전형적인 차이점들을 요약해 놓았다.

참고자료 11-1 **신경성 식욕부진증(제한형)과 신경성 폭식증의 차이점**

신경성 식욕부진증(제한형)	신경성 폭식증
• 이른 시기에 발병: 14~18세 • 체중의 결과로 무월경이 나타남 • 부모-자녀 갈등의 회피 경향성이 더 큼: 드러난 갈등이 적음 • 비만의 가족력이 덜 함 • 사회적 위축, 감소된 성욕과 같은 내재적 문제 • 우울, 강박 충동 성격장애와의 높은 공존질환 경향성	• 늦은 시기 발병: 15~21세 • 불규칙한 월경주기가 더 흔함 • 더 강렬하고, 적대적이고, 드러나는 부모-자녀 갈등 • 비만의 가족력이 더 크게 존재 • 물질 남용과 성적 난잡함과 같은 외현적 문제 경향성 • 불안장애, 우울, 물질 남용, 강박 충동 특성, 경계선 성격장애와 높은 공존질환 경향성

기억할 것

신경성 식욕부진증과 신경성 폭식증 두 장애의 유사점은 다음과 같다.

- 주로 심한 다이어트 후 발병
- 비만에 대한 두려움
- 날씬함과 음식에 대한 집착
- 왜곡된 신체상과 체중

연구들에 따르면 신경성 식욕부진증의 발병은 폭식증보다 이르고, 신경성 식욕부진증 제한형과 신경성 폭식증 폭식/제거형과 같이 반대되고 독특한 유형을 비교한 연구들에서 이들의 가족 특성, 성격 특성에 있어서 차이가 나타난다고 하였다. 신경성 식욕부진증 사람들은 완고하고 완벽주의이며 마름의 추구에 강박적인 반면, 신경성 폭식증 사람들은 더 외향적이고, 친사회적인 경향이 있다. 신경성 식욕부진증의 사람들은 성적으로 미숙하지만, 신경성 폭식증의 사람들은 충동을 제어하는 데 매우 어려움이 있으며 성에 더 적극적이다(Halmi, 1995).

신경성 식욕부진증과 신경성 폭식증 두 장애를 지닌 사람들의 가족 특성에도 차이가 있는데, 신경성 폭식증을 갖는 사람들은 명백히 병리적인 가족 특성을 가진다.

생물학적, 유전적, 신경전달물질의 역할

섭식장애를 가진 친척이 있을 경우, 섭식장애가 발병할 위험이 6배나 더 높다는 연구 결과가 있다(Strober, Freeman, Lampert, Diamond, & Kaye, 2000). 또한 쌍생아 연구에서, 일란성 쌍생아 중 한 명이 신경성 폭식증이라면, 나머지 한 명이 이 장애를 보일 확률이 23%로 밝혀졌다(Walters & Kendler, 1995). 낮은 수준의 세로토닌 또한 앞서 살펴본 장애와 마찬가지로, 섭식장애와 관련이 있다(Carrasco, Diaz-Marsa, Hollander, Cesar, & Saiz-Ruiz, 2000).

기억할 것

낮은 수준의 세로토닌은 우울장애와 강박장애와 관련되어 있다.

Garner, Garfinkel과 O'Shaughnessy(1985)의 연구에서 개인의 **체중 기준치**(weight set point)는 초기의 식사패턴과 가족의 내력(유전)과 결합되어 정의된다고 제안했다. 이 연구자들은 다이어트만 하는 것이 왜 효과가 없는지에 대한 설명을 체중 기준치 이론으로 설명한다. 체중을 줄이기 위해 음식을 먹지 않는 것은 체내 조절기능을 상쇄시키기 위해 대사율을 높이는 것과 병행되어야 한다. 유전적으로, 어머니의 비만이 자녀의 신경성 폭식증과 관련 있는 것으로 보인다.

기억할 것

연구자들은 체중 기준치는 시상하부가 보낸 메시지에 대해 반응하는 체내 체중조절자라고 제안했다. 활성화된 외측시상하부(LH)는 배고프다는 메시지를 보낸다. 복내측시상하부(VH)의 자극은 배고프지 않다는 메시지를 보내는 역할을 한다. 만약 체중이 체중 기준치보다 낮아지게 되면, 외측시상하부는 배고픔을 느끼는 메시지를 활성화시키고, 대사율은 기준치를 보존하기 위해 낮춰진다. 만약 체중이 체중 기준치보다 높아지게 된다면, 복내측시상하부가 식욕을 감소시키고, 대사율은 높아지게 된다.

기질과 성격

신경성 식욕부진증을 가진 사람들의 거의 절반은 제한형이고, 나머지 반은 폭식/제거형의 특성으로 설명된다. 두 유형은 서로 다른 특성을 지니는데, 폭식/제거형은 신경성 폭식증의 많은 특성과 유사하다. 제한형은 더 억제적이고, 완벽주의적이고, 불안정하고, 확인적이며, 높은 수준의 자기통제적인 특성을 보인다. 반면, 폭식/제거형은 더 사교적이고, 외향적이며, 충동 통제의 문제를 가지는 경향이 있다(Casper, Hedeker, & McClogh, 1992).

가족 영향

가족역동(Family dynamics)은 섭식 문제의 촉발과 유지에 있어 주요 역할을 한다. 섭식 문제가 있는 여성의 어머니는 완벽주의 성향을 가지는 경향성이 있으며, 그들 스스로 다이어트를 한다. Bruch(1991)는 **효율적 부모**(effective parents)는 자녀의 요구에 민감하게 반응하고, 생물학적 요구(배고픔)와 정서적 요구(양육)에 대해 적절한 반응을 보인다고 하였다. 반면, **비효율적 부모**(ineffective parents)는 자녀가 배고픈 것이 아니라 불안하고 과민한 반응을 보일 때 음식을 주는 것으로 위안을 주는 등 부적절하게 반응한다고 주장한다. 이 경우, 부적절한 반응은 두 가지 기능을 하게 된다. 첫째, 이러한 반응은 아이들 스스로 배고픔을 느끼는 신호체계의 형성을 막는다. 둘째, 아이들은 음식과 위안(comfort)을 연합한다.

Minuchin, Rosman과 Baker(1978)는 **신경성 식욕부진증 가족**의 네 가지 특성을 기술했다. 첫째, 밀착됨, 둘째, 과잉보호, 셋째, 경직성, 넷째, 갈등의 부정이다. 이러한 가족들은 외모에 과도하게 관심을 가지며, 그것들의 영향을 과도하게 통제하고자 한다. 가족의 통제하에서 아동의 독립성 발달은 매우 억제적이며, 신경성 식욕부진증은 여자 아동들에게 그들의 음식섭취를 통제하는 능력을 부여하며, 이러는 동안 그들의 성숙은 지연되고(여성기 시작의 결여), 의존적인 상태가 지속된다.

반면, **신경성 폭식증 가족**은 통제집단에 비해 더 정신병리학적(우울, 물질 남용)인 특성을 갖는다. Fairburn, Welch, Doll, Davies와 O'Connor(1997)는 갈등을 회피하는 신경성 식욕부진증 가족에 비해 신경성 폭식증 가족들은 서로에게 더 적대적이며, 부모-자녀 사이에 갈등과 대립이 있다고 말한다. 또한 서로를 비난하고 통제하

기억할 것

신경성 식욕부진증 가족은 밀착되고, 경직되고, 통제적인 특성을 갖는 반면, 신경성 폭식증 가족은 더욱 적대적이고, 덜 양육적이며, 덜 응집적이다.

는 관계적 공격성과 관련된다고 하였다.

사회환경적 영향

개인들의 이상적인 신체상(body image)에 비해 자신의 신체상을 어떻게 지각하는지에 관한 연구들은 신체상과 관련된 불만족이 지난 25년간 유의미하게 증가되어 왔다고 보고한다. 1972년의 응답과 비교해, 자신의 신체상에 관한 여성들의 불만족 비율은 2배로 증가했다(25%에서 56%로). 여성이 신체상에 대해 남성보다 덜 만족했음에도 불구하고, 남성 또한 같은 기간 동안 그들의 신체상에 관한 불만족 비율이 15%에서 43%로 상당히 증가하는 경향을 보였다(Garner, Cooke, & Marano, 1997). 9세, 10세 여자 아동들을 연구한 한 연구에서, 연구자들은 9세 아동들의 31~81%, 10세 아동의 46~81%가 뚱뚱해지는 것에 대한 두려움을 표했고, 다이어트를 해 봤으며, 폭식 삽화를 경험했다고 보고했다(Mellin, Irwin, & Scully, 1992).

인지행동이론

섭식장애를 가진 개인들의 사고 과정에서 인지 왜곡은 명백하다. 부정적 자기평가, 음식에 대한 강박적 집착은 부적응적인 사고의 전형적 특징이다. 행동적으로 신경성 식욕부진증의 주기와 신경성 폭식증의 주기는 부적 강화를 받으며, 자기영속화 된다.

섭식장애의 평가와 치료

이전에 논의했던 광범위한 평가 도구들과 더불어, 섭식장애척도(Eating

Disorder Inventory-2: EDI-2; Garner, 1991)는 신경성 폭식증과 신경성 식욕부진증과 관련된 일반적인 심리적 그리고 행동적 특징에 대한 자기보고 평가 도구다. 8개의 하위 척도는 날씬함에 대한 갈망(drive for thinness), 폭식증(bulimia), 신체불만족(body dissatisfaction), 비효율성(ineffectiveness), 완벽주의(perfectionism), 대인관계 불신(interpersonal distrust), 내수용성 자각(interoceptive awareness), 성숙에 대한 두려움(maturity fears)이다.

신경성 식욕부진증의 개입과 치료

의학적 개입

섭식장애를 겪는 사람들은 신체적 합병증이 심각해질 수 있기 때문에 의사와 긴밀한 관계를 유지하는 것이 매우 중요하다. 신경성 식욕부진증의 세 가지 치료목표는, 첫째, 체중 증가, 둘째, 기저의 부적응적인 사고, 행동, 대인관계의 해결, 셋째, 체중 증가의 유지다.

행동적 개입

행동적 개입은 식욕부진 주기에서 바람직한 행동의 대치와 개입을 목표로 한다. 병원 환경에서 식욕부진증 환자에 대한 행동계획은 핸드폰 사용, TV, 화장 허용과 같은 분명한 보상과 식사(eating) 행위를 서로 교환하는 것이다.

인지행동치료

신경성 식욕부진증을 위한 몇몇 인지행동 프로그램이 개발되어 왔다. 인지치료와 가족치료를 결합한 프로그램은 16개월 프로그램에서 64%의 성공률(목표 체중에 도달)을 보였다. 1년 뒤 추적연구에서도 82%가 증가된 체중을 유지하고 있었다(Robin, Bedway, Diegel, & Gilroy, 1996). 인지 기반 프로그램 구성요소들로는 섭식장애의 인식 독려, 적당한 체중 목표와 태도 형성, 목표달성과 보상의 연합, (음식의 제거를 막기 위해) 식습관 관찰(monitoring), 부적응적인 사고 패턴(완벽주의, 부정적 사고)에 대한 인식 촉진, 이완 기술의 습득, 신경성 식욕부진증의 재발방지 등이 있다. 개인치료에서는 심리사회적 스트레스 요인들(가족, 또래들)을 다루며, 불안과 우울 등 공존질환 문제도 직접적으로 다룬다. 인지행동 프로그램은 개인치료와 집단치료를 기본으로 하되, 종종 가족도 같이 치료에 참여한다.

가족 개입

Minuchin과 동료들(1978)은 신경성 식욕부진증 가족과 작업할 수 있는 몇 가지 기술을 개발했다. 섭식장애의 가족역동을 관찰하는 것이 가장 중요한데, 치료는 식사를 하는 동안 이루어진다. 가족 체계 개입은 가족의 밀착에 초점을 맞추고, 결혼생활 또는 가족 갈등을 신경성 식욕부진증 아동에게 집중함으로써 회피하려는 경향성에 초점을 맞춘다.

신경성 폭식증의 개입과 치료

의학적 개입

신경성 폭식증은 신경성 식욕부진증에 비해 의학적으로 덜 위협적이지만, 의학적 부작용에 관해서는 주의해야 할 필요가 있다. 또한, 플루옥세틴(프로작) 같은 항우울제(SSRIs)는 신경성 폭식증을 가진 사람들의 우울 증상과 고양된 기분을 줄여 주는 데 효과적이며, 폭식 삽화에서 식욕을 줄여 주는 데 효과적이다 (Bezchlibnyk-Butler & Jeffries, 1997).

인지행동치료

인지행동 방법을 사용해 신체상과 자존감의 연결 같은 부적응적인 사고를 재구성하는데, 이것은 앞서 신경성 식욕부진증에서도 강조되었다. 폭식/제거형에서 고칼로리 음식(아이스크림, 과자 등)을 폭식하는 것을 감시하는 것은 필요하다. 한편, 종종 신경성 식욕부진증과 신경성 폭식증을 같은 섭식장애군으로 보고 함께 집단치료를 하기도 한다.

가족 개입

신경성 폭식증 가족은 신경성 식욕부진증 가족보다 전형적으로 훨씬 더 변덕스럽고 불안하다. 따라서 치료는 적절한 의사소통 방법과 갈등해결의 적절한 방법을 알게 하고, 적절한 경계선을 재구성하도록 돕는 직접적인 방법으로 진행된다.

폭식장애

임상적 기술과 관련 특징

DSM의 이전 버전(DSM-4; APA, 2000)에서, 폭식장애(Binge-Eating Disorder: BED)는 앞으로 연구를 위해 제안된 진단 기준과 부록 2에 수록되어 있었다. 폭식행동 조절능력의 손상이 상당한 고통을 유발한다는 명백한 증거들이 많아짐에 따라 DSM-5에서는 섭식장애 안에 폭식장애를 포함하게 되었다. 폭식행동 삽화는, 첫째, 2시간 이내 상당히 많은 양의 음식을 섭취하고, 둘째, 먹는 것에 대한 조절능력의 상실감을 느낀다. 이 두 가지를 포함해 다음에 제시되는 기준들 중 세 가지 이상과 연관된다.

- 평소보다 많은 양을 급하게 먹는다.
- 불편하게 배가 부를 때까지 먹는다.
- 신체적으로 배고프지 않지만, 많은 양의 음식을 먹는다.

- 많이 먹는 것에 대한 부끄러운 느낌 때문에 혼자서 먹는다.
- 폭식 후 역겨운 느낌, 우울 혹은 죄책감을 느낀다.

신경성 식욕부진증과 신경성 폭식증과는 다르게, 폭식장애는 보상행동(스스로 구토, 변비약 복용, 단식, 과도한 운동 등)이 나타나지 않는다. 그러나 죄책감, 당혹스러움, 역겨움, 우울감을 느끼는 것은 두 장애와 유사하다. 한편, 어떤 보상행동이 장애의 정의 기준에 포함되어야 하는지에 대한 논쟁이 있다. DSM-5(APA, 2013)에서는 폭식장애는 "부적절한 보상행동의 반복적 사용과 관련되지 않는다."(p. 350)를 채택하였다. 예상하듯이 제거행동 없이 빈번한 폭식행동 삽화는 과체중, 비만과 같은 체중 문제를 보이게 된다. 폭식장애의 발병 연령은 후기 청소년기, 초기 성인기이며, 폭식장애는 우울과 흔히 공존질환으로 나타난다.

DSM-5는 폭식 삽화의 빈번한 정도에 따라 심각도를 구분해 세분화한다(경도: 일주일에 1~3삽화, 중등도: 일주일에 4~7삽화, 고도: 일주일에 8~13삽화, 최고도: 일주일에 14회 이상).

유병률과 경과

폭식장애의 1년 유병률은 성인 여성에서 1.6%이며, 성인 남성에서 0.8%다(APA, 2013). 이 장애는 백인 여성에게 많이 나타나는 것과 마찬가지로 민족적 그리고 인종적 소수 집단에서도 만연한 장애다. DSM-5에 따르면, 폭식장애는 청소년기 또는 초기 성인기에 보통 시작된다(p. 352). Decaluwe와 Braet(2003)의 연구에서, 196명의 아동과 청소년(10~16세) 중에서 비만(obese) 기준에 맞는 경우는 1%밖에 없었으며, 9%는 객관적 폭식 삽화(Objective Bulimic Episode: OBE; 먹는 것의 조절능력 상실)를 가지고 있지만 DSM의 기준을 모두 만족시키지는 않았다. 연구자들은 OBE는 남성보다 여성에게 더 흔하며, 폭식(binge eating)보다 과식(overeating)이 더 흔하다고 결론을 내렸다. 객관적 폭식 삽화 경험이 있는 아동은 그렇지 않은 아동보다 체중이 더 나가며, 섭식 문제와 관련된 정신병리를 더 많이 보이는 경향이 있었다. 발달적으로, 과체중은 폭식행동에 선행하는 것으로 보이며, 객관적 폭식 삽화를 처음 보이기 시작하는 평균 연령은 10.8세다.

병인론

폭식장애는 유전되는 경향성이 있으며, 정상적이거나, 과체중 또는 비만인 사람들에게서 일어날 수 있다. 폭식장애는 과체중과 비만을 해결하려는 사람들에게 흔하다. 다이어트를 하거나, 살을 뺀 뒤 장애가 발병하는 신경성 식욕부진증, 신경성 폭식증과는 달리, 폭식장애를 가진 사람들은 장애 발병 후 다이어트를 하거나 체중을 감소시키려는 노력을 한다. 폭식장애 없이 과체중 혹은 비만인 사람과 비교해, 폭식장애를 지닌 사람들은 고통 수준이 높고, 정신병리학적 공존질환으로 인해 폭식 시 더 많은 칼로리를 섭취하며, 더 심각한 기능적 손상을 가진다. 폭식장애를 진단받은 사람들은 양극성장애, 우울, 불안장애를 같이 진단받을 가능성이 높다.

진단과 평가

치료를 원하는 비만 아동과 청소년들의 연구에서, Decaluwe와 Braet(2003)는 객관적 폭식 삽화(OBE) 증상과 같은 심각한 섭식 문제를 보이는 여아와 남아의 하위 그룹을 발견하였다. 연구자들은 비만 아동과 청소년을 위한 치료 프로그램 개발 시 '폭식증상의 평가'가 중요함을 강조했다.

섭식장애에서 이미 논의된 몇몇 프로그램은 폭식장애 치료에 적용될 수 있다. 식습관을 개선하기 위해 고안된 행동적, 인지행동적, 심리교육적 프로그램이 포함된다. Telch, Agras와 Linehan(2003)은 변증법적 행동치료(Dialectical Behavior Therapy: DBT)를 채택했으며, 폭식장애를 진단받은 여성 집단의 치료에 이 기술을 적용했다. 폭식행동과 병리적 섭식 정도를 측정했을 때, 통제집단에 비해 변증법적 행동치료로 치료받은 여성들은 상당한 개선을 보였으며, 변증법적 행동치료가 끝날 즈음에 89%의 여성들은 폭식을 중단했다. 6개월 후 추적연구에서 56%의 여성이 폭식을 계속해서 자제하고 있었다. 연구자들은 이러한 변증법적 행동치료 결과와 앞으로 더 심도 있는 연구를 통해, 변증법적 행동치료가 폭식장애의 잠재적 치료법으로 사용될 수 있다고 하였다.

기억할 것

변증법적 행동치료는 처음에 Linehan과 동료들(2001)에 의해 개발되었으며, 경계성 성격장애(정서조절, 자기조절의 심각한 문제를 겪는)를 보이는 성인들에게 성공적인 치료법이었다. 변증법적 행동치료는 인지행동 방법(집단치료-사회적 기술, 스트레스 상황 다루는 법)과 마음챙김, 수용, 변화에 초점을 둔 정신역동적 치료를 결합한 통합적 프로그램이다.

학습 점검하기

1. DSM에 따르면, 신경성 식욕부진증의 진단 시 체중 유지 기준은?
(a) 최소 기대치의 75%
(b) 최소 기대치의 85%
(c) 최소 기대치의 90%
(d) 최소 기대치의 95%

2. 다음 중 신경성 식욕부진증과 신경성 폭식증에 대한 설명이다. 맞는 것은?
(a) 식욕부진증의 발병은 항상 신경성 폭식증보다 빠르다.
(b) 신경성 폭식증은 제한된 식단과 관련된다.
(c) 식욕부진증은 폭식증으로 발달하는 경우가 드물다.
(d) 충동조절 결함은 식욕부진증의 특징이다.

3. DSM-5에 따르면, 폭식 삽화에 대한 설명이다. 맞는 것은?
(a) 제한된 시간 안에 과도한 양의 음식 소비
(b) 의례적 섭식 습관
(c) 과식에 의한 통제 상실감
(d) A와 C 모두

4. 신경성 식욕부진증에 대한 설명은 어느 것인가?
(a) 보편적이다.
(b) 미국에서만 두드러진다.
(c) 산업화 사회에서 더 많이 나타난다.
(d) 낮은 사회경제적 지위의 인구에게서 더 많이 나타난다.

5. 다음 중 신경성 폭식증의 비제거형의 예가 아닌 것은?
(a) 단식
(b) 과도한 운동
(c) 이뇨제
(d) 제한된 식단

6. 다음 중 신경성 식욕부진증과 신경성 폭식증의 유사점에 대한 설명이다. 틀린 것은?
(a) 비만에 대한 두려움
(b) 성적 억제
(c) 체형에 대한 왜곡된 감각
(d) 집중적 다이어트 후의 발병

7. 다음 중 Salvador Minuchin과 동료들(1978)에 의해 기술된 신경성 식욕부진증 가족에 대한 설명이 아닌 것은?
(a) 공개된 적대감
(b) 밀착
(c) 과잉보호
(d) 경직성

정답 1: b, 2: a, 3: d, 4: c, 5: c, 6: b, 7: a

물질 관련 장애

제12장

2000년도 미국에서 실시된 7학년에서 12학년 십대 10,000명 이상을 대상으로 한 연구에서 9% 이상이 지난 1년간 총기를 사용한 적이 있으며, 25%는 지난 30일간 흡연을 한 적이 있고, 7학년과 8학년의 1/7이 성관계 경험이 있다고 보고되었다(Blum et al., 2000). 이런 결과들이 이전 결과들에 비추어 몇몇 영역에서 개선을 보여 주었다 할지라도 이 보고서는 많은 십대들이 고위험행동을 지속하고 있다는 것을 의미한다. Blum과 동료들(2000)은 십대의 고위험행동에 기여하는 세 가지 요소에는 학업 실패, 비구조화된 자유시간의 비율, 또래 활동의 특징이 포함된다고 밝혔다.

DSM-5에서는 물질 관련 및 중독 장애의 범주에 포함되는 장애를 개념화하는 방식에 많은 변화가 있었다. DSM의 물질 관련 및 중독 장애의 범주에는 약물 과다 사용과 관련해서 장애를 분류하고 있으며, 약물 과다 사용은 뇌의 보상 체계 활성화와 관련되어 있다. 이 범주에는 도박, 인터넷 게임과 같은 중독행동도 포함되어 있으며, 이러한 중독행동도 뇌의 보상 체계 활성화와 관련되어 있다.

DSM은 더 이상 물질 의존과 물질 남용을 구분하지 않고, 대신에 물질사용장애와 물질로 유발된 장애(중독, 금단, 관련 행동들) 두 가지로 분류하고 있다. 이것은 열 가지 종류의 물질과 관련되어 있으며 그 종류에는 알코올, 카페인, 대마, 환각제, 흡입제, 아편계, 진정제, 자극제, 담배 등이 있다.

물질사용장애

임상적 기술과 관련된 특징

물질사용장애(substance use disorder)의 진단 기준은 카페인을 제외한 모든 물질에 적용되며 네 가지 영역(물질 사용에 대한 통제 상실, 사회적 손상, 위험한 사용, 약리적/신체적 변화)에서 임상적으로 유의한 손상을 발생시키는 물질 사용으로 인한 구체적인 행동 패턴과 관련된다.

- 물질 사용에 대한 통제 상실
  - 의도했던 것보다 많은 양 혹은 오랜 기간 동안 물질 사용
  - 중단하려는 노력의 실패
  - 물질을 구하거나 사용하는 데 과도한 시간 소모
  - 물질 사용 욕구의 강렬함, 물질 사용에 대한 갈망
- 사회적 손상
  - 물질 사용으로 인해 중요 역할 수행 실패
  - 사회적, 대인관계적 문제에도 불구하고 지속적으로 물질 사용
  - 물질 사용으로 인한 사회적, 직업적 기회의 감소
- 위험한 사용
  - 신체적 해가 되는 상황에서의 반복적 사용

-부정적 결과를 인식함에도 불구하고 지속적으로 물질 사용

• 생리적 반응으로 내성과 금단의 증가

-내성: 원하는 효과를 위해 사용량의 증가를 원하는 것, 동일한 사용량에는 적은 효과를 보는 것

-금단: 증상으로서의 금단, 금단을 줄이기 위해 물질 사용(APA, 2013, pp. 483-484)

심각도는 증상들의 수에 따라 결정되며, 2~3개의 증상을 보이는 경도에서부터, 4~5개의 증상을 보이는 중등도, 6개 이상의 증상을 보이는 고도 수준까지 있다.

기억할 것

내성은 원하는 효과를 보기 위해 더 많은 물질을 필요로 하거나 혹은 동일한 용량을 지속적으로 사용했을 때 더 적은 효과를 얻는 것을 말한다. 금단 증상은 구체적인 생리적 또는 심리적 반응으로 물질 중단 시 불편감이 유발되는 것을 말한다. 이러한 금단 증상을 경감시키기 위해 물질을 다시 사용하거나 전에 사용한 물질과 비슷한 물질을 사용하게 된다.

기억할 것

카페인은 열 가지 종류의 물질 중 유일하게 물질사용장애의 진단 기준에 속하지 않는 물질이다. DSM-5에서는 "현재 카페인 사용 장애(caffeine use disorder)의 임상적 유의성과 유병률을 결정하기 위한 자료가 충분치 않다."(p. 504)고 밝혔지만, 또한 DSM-5에서는 카페인에 대한 물질로 유발된 장애의 증상으로서 중독과 금단을 보인다고 설명한다.

물질로 유발된 장애

임상적 기술과 관련된 특징

열 가지 종류의 물질로 알코올, 카페인, 대마, 환각제(펜시클리딘, 기타 환각제), 흡입제, 아편계, 진정제, 수면제 혹은 항불안제, 자극제, 담배가 있다. 물질의 종류에 따라 각기 다른 중독과 금단 증상이 나타난다. DSM에서는 이 범주의 물질들 이외에도 처방전 없이 살 수 있는 약과 처방된 약 모두 물질 관련 장애를 유발할 수 있다고 명시한다. 사용된 물질의 특징에 따라 중독과 금단의 증상이 달라질 수 있다. 예를 들어, 알코올 중독은 행동 문제(신체적, 심리적 변화)와 관련되어 공격적 행동이나 기분의 급격한 변동, 판단력 손상으로 나타날 수 있다. 불분명한 언어, 협응 문제, 불안정한 걸음걸이, 눈 떨림, 기억력과 주의력의 손상, 혼미함 혹은 혼수상태 중 하나 이상이 나타나는 것이 알코올 사용의 지표라고 할 수 있다. 대마 중독은 다양한 증상을 야기하는데, 증상에는 운동협응 손상, 희열감, 불안, 사회적 위축이 있다. 또한 두통, 식욕의 증가, 입마름, 빈맥(매분100회 이상의 심박수) 중 2개 이상을 동반한다.

물질 중독

물질 섭취로 인해 일련의 증상들의 집합(물질 특이 증후군)을 보일 때 중독되었다고 말한다. 각각의 물질들은 각기 다른 물질 특이 증후군(substance-specifie sydrome)을 가지고 있다. 이 증후군은 가역적이므로 물질의 효과가 사라지면 중독행동이 중독 전의 수준으로 돌아간다. 중독행동에는 공격성, 기분 가변성, 인지 손상, 판단력 손상이 포함된다.

물질 중독은 지각, 정신운동적 행동(반사), 집중과 주의, 인지 처리과정을 포함한 몇 가지 감각기능에 영향을 준다. 또한 중독은 성격과 대인관계 행동에 영향을 줄 수 있다. 알코올은 처음에는 덜 억제적으로 사회적 행동을 하게 하며, 표면적으로는 사회적으로 용이하게 하지만, 반복적 사용은 사회적 위축을 야기한다. DSM에 따르면 몇몇 물질의 중독에 대한 반응은 비슷하다. 암페타민과 코카인은 둘 다 과대감과 과잉행동을 유발하고, 알코올 중독은 진정제, 수면제, 항불안제와 비슷한 특징을 가지고 있다. 청소년기 및 청년기에 공통적으로 사용하는 물질은 [참고자료 12-1]에 제시되었다. 중독의 몇몇 공통된 특징도 표에 서술되어 있다.

기억할 것

물질이 중추신경계 기능에 영향을 미쳐 중독이 발생한다. 각각의 물질은 개인마다 다른 방식으로 다른 시간대에 중추신경계에 영향을 준다. 예를 들어, 알코올은 한 사람을 시비 거는 사람으로 만들 수도 있고 들뜨게 할 수도 있다.

참고자료 12-1 **청소년기 및 청년기에 흔하게 사용되는 약물과 증상들**

약물명	사용 방법	은어	중독증상
마리화나	가장 일반적인 사용방법은 건초를 마리화나 담배에 말아 넣어 흡연	weed, pot, bud, herb, grass, reefer, ganja, green, Mary Jane, cheeba, dope, smoke	• 약 2~3시간 동안 기분 고양
마리화나 + 독한 술	항상 마리화나와 PCP를 같이 사용	loveboat	• 편집증적 증상, 주의집중 어려움, 초조, 의심 • 공통적 중독 경험: 기분 고양, 감각 인식 증가, 식욕 증가, 졸림, 어지러움증, 불안과 편집증, 단기 기억 문제

GHB(gamma-hydroxybuty-rate)	투명, 무취한 물질로 음료에 섞어서 음용	GHB, gamma oh, goop, jib, liquid ecstacy, sleep, soap, booster, Somatomax	• 탈억제, 방향감각 상실, 혼란(데이트 강간약으로 알려짐) • 금단(불안, 떨림, 섬망, 환각)
LSD(D-lysergic acid diethylamide)	알약, 흡수지 사용	acid, dots, hits, blotter, purple haze, barrels, sugar cube, Elvis, blue cheer, electric Kool-Aid, Zen	• 동공 확대, 떨림, 상기됨, 오한, 시간 오지각, 이인증 • 부정적 환각 경험 효과: 편집증, 망상, 불안, 기분의 급격한 변동
PCP (phencyclidine)	다른 약물들과 섞어 사용함 코로 흡입하거나 입으로 섭취, 흡연, 주사	PCP: angel dust(천사의 가루), amoeba, sherms, STP, emblaming fluid, peace pills, animal tank PCP + 마리화나: wet, greens, killer weed, leak, dippers PCP + 엑스터시: elephant flipping, pikachu	• 복용량 적은 경우: 졸림, 동공 수축, 운동 기술 손상 • 복용량 많은 경우: 괴이한 행동

출처: Haryland 의과대학, 물질남용센터에서 제공하는 웹사이트 www.justfacts.org에서 발췌(2014. 1. 18. 기준).

물질 금단

물질 금단은 지속적이고 반복적이며 장기적으로 복용되던 물질을 중단했을 때 나타나는 구체적인 행동의 집합(물질 특이 증후군)을 말한다. 이 증후군은 일상생활에서 중요한 영역의 기능에 손상과 고통을 초래한다. 금단은 종종 높은 수준의 불편감과 고통을 동반하며 생리적, 심리적 기능에 영향을 준다. 물질 사용자는 금단 증상들을 경감시키기 위해 물질 사용을 갈망한다. 금단 증상 유발 물질은 알코올, 코카인, 아편, 진정제가 있다. 대부분의 금단 증상들은 중독 증상과 반대된다.

유병률과 경과

연령 수준과 물질을 기반으로 한 유병률은 [참고자료 12-2]에 평생 유병률로 제시되었다. 발달에 따른 물질 사용 경로가 조사되어 왔으며, 발병 연령이 낮아지고 있기 때문에 11~12세를 대상으로 약물 사용 교육을 실시할 것을 제안하고 있다(Fitzgerald, Davies, Zucker, & Klinger, 1994). 물질 과다 사용 청소년을 대상으로 회고적 면접을 실시한 결과, 이른 물질 사용(15세 이전)이 과다 사용을 초래할 수 있고 품행 문제가 증가할수록 물질 과다 사용의 위험성이 증가하는 것으로 나타났다(Robins & McEvoy, 1990).

물질의 특성에 따라 유병률은 달라진다. 예를 들어, 알코올은 청소년과 성인 모두 공통적으로 사용하며, 12~17세 청소년 유병률은 4.6%이고 성인 유병률은 8.5%이다. 대마초는 12~17세 청소년에서 약 3.4%, 성인에서 약 1.5%의 유병률을 나타낸다(APA, 2013).

성인을 중심으로 확립된 DSM 진단 기준 이외에, 알코올과 약물 사용이 어느 시점부터 문제가 되는지 또는 청소년에게 적절한 물질 사용에 대한 진단 기준은 무엇인지는 불명확하다(Winters, Latimer & Stinchfield, 2001).

미시간 대학교에서 1975년부터 미국국립약물남용연구소(National Institute on Drug Abuse: NIDA)의 승인을 받아 청소년들의 불법 약물 사용에 대한 자료를 수집하였다. 초기에는 '미래 추적하기(Monitoring the Future study: MTF; Johnston, O'Malley, Bachman, & Schulenberg, 2013)에서 12학년만을 대상으로 물질 사용에 대해 조사하였고, 1991년 이후로는 10학년과 8학년에 대해서도 조사를 실시하였다. 최근에는 전국적으로 공립, 사립학교 학생 50,000명을 대상으로 하고 있다. 2010년에서 2013년까지의 결과를 비교한 내용은 [참고자료 12-2]에서 확인할 수 있다. 조사 결과는 최근 약물 사용에 대한 중요한 정보를 제공한다. 자료는 연도가 지남에 따라 보고되는 사용량이 꾸준히 감소하는 것을 보여 주지만 몇몇 지역에서는 여전히 유병률이 매우 높다. 2013년 결과를 보면, 연령 증가에 따라 불법 약물 사용량이 증가하여, 8학년 20%, 10학년 38%, 12학년 50%로 나타났다. 모든 학년에서 알코올 사용이 가장 현저하다. 8학년의 23%가 지난 1년 동안 술을 마신 적이 있다고 보고했으며, 11%는 30일 안에 술을 마신 적이 있다고 보고했다. 고등학생인 10학년의 거의 절반(47%)과 12학년의 약 2/3(62%)가 지난 1년 동안 술을 마신 적이 있다고 보고했으며, 10학년의 25%와 12학년의 39%는 지난 30일 안에 술을 마신 적이 있다고 보고했다. 또한 담배와 마리화나/하시시가 가장 많이 사용되는 물질에 포함되었다. 흡입제는 연령에 따라 증가하기보다는 감소하는 몇 안 되는 물질 중 하나였다.

참고자료 12-2 **미래 추적하기: 2010년과 2013년의 8, 10, 12학년 청소년들의 물질 사용 평생 유병률 비교**

약물	8학년(중2)		10학년(고1)		12학년(고3)	
	2010	2013	2010	2013	2010	2013
불법 약물	21.4	20.3	37.0	38.8	48.2	50.4
마리화나	17.3	16.5	33.4	35.8	43.8	45.5
흡입제	14.5	10.8	12.0	8.7	9.0	6.9
LSD	1.8	1.4	3.0	2.7	4.0	3.9
코카인	2.6	1.7	3.7	3.3	5.5	4.5
크랙	1.5	1.2	1.8	1.5	2.4	1.8
헤로인	1.3	1.0	1.3	1.0	1.6	1.0
진정제	4.4	2.9	7.3	5.5	8.5	7.7
술(알코올)	35.8	27.8	58.2	52.1	71.0	68.2
술(알코올): 지난 30일 이내	13.8	10.2	28.9	25.7	41.2	39.2
담배	20.0	14.8	33.0	25.7	42.2	38.1
담배: 최소 하루 1/2갑	.9	.7	2.4	1.5	4.7	3.4
스테로이드	1.1	1.1	1.6	1.3	5.5	3.4
MDMA	3.3	1.8	6.4	5.7	7.3	7.1

출처: Natioanl Institute on Drug Abuse 웹사이트(www.drugabuse.gov).

Johnson과 동료들(2013)은 대부분의 최근 연구에서 담배 흡연은 감소하고 있으며, 최근의 유병률은 조사 이래로 가장 낮다고 보고하고 있다. 다른 긍정적 추세로는 모든 학년에서 알코올 사용의 현저한 감소를 보이고 있으며, 고등학생의 불법 약물 사용이 감소(특히 합성 마리화나)하여, 2012년에 11.3%에서 2013년에 7.9%의 비율을 보이고 있다는 점이다. 합성 자극제 약물(bath salts)에 대한 위험성 인식이 2012년에 추가되어 조사되었는데, 고학년들 사이에서 이에 대한 인식이 늘어 약물이 해롭다는 사실을 받아들이는 비율이 전년도 33.2%에서 59.5%로 상승했다. 또한 비코딘(Vicodin)과 옥시콘틴(Oxycontin)과 같은 처방 약물의 비의학적 사용이 감소했으며, 흡입제의 사용이 줄었다는 점도 긍정적 추세에 포함된다. 그러나 연구들은 모든 약물 사용자의 1년간 혹은 1개월간 마리화나 사용의 현저한 증가와 10학년 학생들이 해로움에 대한 지각이 없는 채로 일상적으로 마리화나를 사용하는 비율이 증가하고 있다는 점을 들어 부정적인 추세에 대해서도 지적하고 있다. 12학년에서 1년 동안의 혹은 최근의 암페타민의 비의학적 사용 또한 늘었다고 보고되었다.

청소년의 실험적인 약물 사용의 대부분은 평생의 심각한 중독으로 이어지지 않는다. 사실상, 청소년이 초기 성인기에 진입하면 약물 사용을 중단한다(Kouzis & Labouvie, 1992). 그러나 몇몇은 발달 경로가 긍정적이지 않다. 물질에 지나치게 반복적으로 의존한 청소년은 빈약한 결과를 발달시키며 소년 범죄나 십대 임신, 학업 실패를 할 높은 위험성을 가진다(Newcomb & Felix-Ortiz, 1992).

물질 사용에 대한 민족 다양성 연구에서 알코올, 바비튜레이트, 암페타민, 환각제의 사용을 비교했다. 그 결과, 해당 약물들은 백인 남성에게 가장 많이 사용되었으며 헤로인, 크랙, 코카인 남용은 히스패닉 청소년에게 가장 많이 나타났다. 미국 원주민 청소년은 알코올 남용 경향이 있었다(Vik, Brown, & Myers, 1997).

기억할 것

미국과 유럽에서 시행된 조사들의 결과를 비교하면 물질 사용의 문화 차이는 분명하다. '미래 추적하기(MTF)'(Johnston, O'Malley, Bachman, & Schulenberg, 2008)의 2007년 결과와 알코올 및 약물에 대한 유럽 학교 조사 프로젝트(The European School Survey Project on Alcohol and other Drugs: ESPAD)(Hibell et al., 2009)의 결과를 비교해 본 결과, 미국과 유럽의 15세와 16세의 물질 사용 비율을 비교했을 때 가장 높은 평생 유병률을 보인 것은 미국에서는 알코올(61.7%), 담배(34.6%), 대마(31%), 기타 불법 약물(18.2%), 흡입제(13.6%)였고, 유럽에서는 알코올(66%), 담배(58%), 대마(19%), 흡입제(9%)였다.

병인론

생물학적, 유전적, 신경전달물질의 역할

생물학적 관점에 따르면 유전적 영향은 알코올사용장애 위험 변인의 40~60%를 설명하며, 대마사용장애 위험 변인의 30~80%를 설명한다(APA, 2013). 쌍생아 간 알코올 남용의 조기 조사에 따르면 쌍생아 중 한 명이 알코올 남용을 하게 되면 나머지 한 명의 남용 가능성은 54%에 이른다(Kaij, 1960). 태어난 후 입양된 알코올 중독자의 자녀에 대한 연구는 추가적 정보를 제공하는데, 이런 자녀들은 생물학적 부모가 알코올 중독자가 아닌 경우보다 알코올을 남용하게 될 비율이 더 높았다(Cadoret, Yates, Troughton, Woodworth, & Stewart, 1993).

신경전달물질의 기능과 유전적 전이에 대한 연구는 알코올 의존성을 가지고 있는 사람의 대부분과 코카인 중독자의 적어도 절반이 도파민 수용기(D2)의 이상을 보인다고 하였다(Lawford et al., 1997). 중독에 대한 가장 일반적인 이론은 반복적 물질 사용이 자연적으로 발생하는 신경전달물질의 효과와 비슷한 효과를 보이기 때문에 신체의 신경전달물질 생산성이 떨어진다는 것이다

(Goldstein, 1994). 예를 들어, 이완을 위한 알코올 섭취의 효과는 GABA 신경전달물질의 불안 감소 효과를 모방한다. 반복적으로 알코올을 섭취하면서 뇌는 GABA에 대한 필요를 느끼지 못하게 되고 생산성이 감소된다. 그리고 내성이 증가함에 따라 동일한 효과를 위해 더 많은 알코올을 필요로 한다.

행동적 관점

행동적 관점에서 약물에 의해 변화된 상태(긴장의 감소 혹은 기분의 고양)는 보상 대체일 수 있다. 왜냐하면 물질 사용은 뇌의 보상 체계의 활성화와 관련되어 있기 때문이다. 물질에 중독되었거나 내성과 금단의 생리적 증상을 보이는 사람은 긴장을 감소시키고, 자기 보상을 위해 물질 탐닉을 지속하며, 이로 인해 물질 사용의 위험성이 증가된다. 긴장의 감소는 알코올과 마리화나를 포함하여 몇몇 약물이 갖는 초기 부작용이다. 높은 수준의 스트레스를 받고 긴장을 하면 많은 사람들은 긴장을 줄이기 위해 **자가 치료**를 할 수 있다. 물질을 남용하는 사람들이 높은 수준의 우울과 불안을 갖고 있다는 연구에서 이러한 제안이 지지되고 있다.

> **기억할 것**
>
> GABA의 증가된 사용과 감소된 생산은 자연적인 GABA의 기능을 흉내내기 위해 약물에 의존하게 만든다.

사회문화적 관점

가족이나 또래가 청소년의 음주를 허용하는 경우에 허용하지 않는 청소년들보다 음주 문제를 더 많이 가질 수 있다. 학령 전부터 고등학교까지 약 100명의 아동을 추적한 Shelder과 Block(1990)의 종단 연구에서 물질 사용(마리화나)을 세 가지 범주로 나눌 수 있다는 것을 발견하였다. **다빈도 사용자**(frequent users: 적어도 주마다 한 번은 사용, 다른 약물을 사용해 본 적이 있음)와 **약물을 사용하지 않는 사람**(abstainers: 어떤 약물도 시도해 본 적이 없음), **실험자**

(experimenters: 몇 번 시도해 본 적이 있고 다른 하나의 약물을 시도해 봤음)로 나누어 분석하였다. 결과는 (그 당시에 가장 흔히 사용되던) 마리화나 실험자가 가장 정상적이고 잘 적응하는 십대인 것으로 밝혀졌다. 다빈도 사용자는 가장 안 좋은 프로파일을 보였다. 그들은 초등학교를 불안정하고 고통스럽게 시작했고 이러한 문제를 가진 십대들은 사회적이고 정서적인 문제들을 지속적으로 경험했으며, 적대적이고 반사회적인 행동이 명백하게 지속되었다. 비사용자 또한 부적응적이었는데, 과잉통제되고 소심하며 위축되는 경향이 있었다.

Dishion, McCord와 Poulin(1999)은 오리건 대학교에서 점점 더 심각한 비행행동을 하고 약물 남용의 고위험군이라고 생각되는 11세에서 14세 아동을 대상으로 하는 12주 개입 프로그램을 개발하였다. 6~8학년 아동 158명을 표집하여(남자 83명, 여자 75명) 네 가지 집단[또래집단, 또래+부모 집단, 오직 부모 집단, 통제집단(개입이 없는)] 중 한 집단에 무선적으로 할당하여 청소년 변화 프로그램(Adolescent Transition Program: ATP)을 실시하였다. 청소년 변화 프로그램은 정서관리, 관계형성, 제한 설정과 약물에 대해 NO라고 말하는 것, 부모집단에게는 의사소통 기술과 문제관리와 같은 영역에서의 기술 증진에 초점을 두었다.

이 연구에서는 또래의 영향이 가장 크고, 약물에 대한 시도가 가장 많은 시기에 부정적 또래 영향, 즉 일탈 훈련이 어떻게 규칙 파괴 행동과 약물 사용을 부추기는지에 대해 극적인 결과를 보여 주었다. 이러한 맥락에서 낮은 자존감을 가진 청소년 또는 소외감을 느끼는 청소년들은 수용되기 위해 또는 또래 지위를 강화하기 위해 약물 사용에 더 취약해질 수 있다.

기억할 것

12주 프로그램의 후반부에서 세 집단은 모두 통제집단에 비해 기술이 늘었고 부모-자녀 관계가 향상되었다. 그러나 3년 후 추적연구에서 또래집단의 청소년들은 또래집단이 아니었던 청소년들에 비해 2배의 담배 사용을 보고했고 75%는 더 많은 비행행동을 보고했다. 그리고 처음에 가장 적은 비행행동을 보였던 아동들이 부정적인 쪽으로 큰 변화를 보였다.

취약성-스트레스 모델

약물 사용이나 남용의 성격상, 병인이 다중 요소의 결합으로부터 기인하는 경향이 매우 높다. 여러 요인을 결합하여 약물 남용 발달을 설명하려는 모델 중 하나는 **취약성-스트레스 모델**(Windle & Tubman, 1999)이다. 이 모델은 개인의 특징(알코올 중독의 집안 내력, 유전적 전이, 성격/기질)에 기반해서 스트레스에 대처하기 위한 약물 관련 시도들에 어떻게 더 취약한지에 대해 살펴본다. 상황이 가장 좋을 때에는 대처 기술이 적절하지만 환경적 요인(가족, 학교, 또래, 경제)가 좋지 않을 때 유발되는 스트레스는, 이를 완화하고 자기조절하기 위해서 약물을 사용하는 것에 더 쉽게 반응하도록 만들 수도 있다.

위험 요인과 보호 요인

여러 가지 요인들이 여러 수준에 걸쳐서 청소년들을 물질 사용과 물질 남용 위험에 노출시킬 수 있는 영향력을 갖는다. 개인적 수준에서 알코올 중독 부모와의 유전적 연결은 환경적 압박이 증가할 때 물질 사용에 대한 위험을 증가시킬 수 있다. 낮은 자존감, 우울, 불안, 주의 관련 문제들도 물질 사용에 대한 위험을 증가시킨다. 물질을 사용하는 또래와의 관계나 약물에의 접근이 쉬운 동네에 사는 것 또한 아동들을 위험하게 한다. 대조적으로 지지적인 가족, 학교나 지역사회에 소속되었다는 느낌, 학업 성취는 모두 물질 사용으로부터 아동을 완충해 주는 보호 요인이다.

미국국립약물남용연구소(NIDA)는 최근에 『아동과 청소년의 약물 사용 예방: 부모, 교육자, 지역사회 지도자들을 위한 연구 기반 가이드』의 제2판을 출간했다. 이 책은 미국국립약물남용연구소(NIDA) 웹사이트(www.drugabuse.gov)에서도 이용 가능하다. 이 책에서는 16가지 예방 원칙과 위험 요인과 보호 요인, 예방 계획, 기존의 연구에 기반한 예방 프로그램을 소개하였다. 첫 네 가지 원칙들은 예방에 있어서 보호 요인과 위험 요인의 중요성을 강조한다. 이러한 예방 프로그램들은 보호 요인을 강화시키고 위험을 감소시킨다. 이러한 원칙들은 위험 요인과 보호 요인에 관한 여러 가지 사실을 언급하는데, 후기에는 물질 남용 또래와의 관계가 더 주요한 위험이 되는 데 반해, 초기에는 가족 영향력이 더 크게 작용한다는 연령과 관련된 변화를 포함한다(Dishion et al., 1999). 위험 요인과 보호 요인의 영향이 개인, 가족, 또래, 학교, 지역사회 환경 모두와 관련이 있음을 고려한다면, 영향의 영역(domain) 또한 중요한 요인이 될 수 있다.

주의

물질 사용 관련 설문에서 사용 빈도가 항상 보고되지는 않는다. 특히 이번 설문조사에서는 알코올이나 담배 그리고 마리화나를 시도해 보는 비율이 청소년기에 많다는 것이 중요하다. 간단히 주요 약물들에 대한 평생 유병률만 [참고자료 12-2]에 기재하였으며, 1년, 30일, 가끔, 매일 사용 비율을 포함하는 결과들도 참고할 것을 권유한다.

주의

폭음(binge drinking)이라는 용어는 한번에 많은 소비를 언급할 때 사용된다(같은 음주 회기 동안 다섯 잔 이상의 음주). 약물 사용에 대한 유병률은 종종 섭취하는 약물의 양보다는 약물의 사용 빈도를 언급한다. 한 조사에서 대략 33%의 고등학교 3학년, 25%의 2학년들이 적어도 한 달에 두 번 폭음을 한다고 보고하였다(Johson & Pandina, 2000).

연구자들은 증가하는 심각도와 비교하여 약물 유형에 관해서도 조사하였다. 그 결과, 약물 사용에서 가장 흔한 진행은 알코올과 담배로 시작하고, 그러고 나서 마리화나로 진행한다고 하였다. 코카인이나 헤로인 같은 중독성 약물 시장으로 들어서는 것은 약물 사용의 나중 단계에서 일어난다. **관문현상**(초기 가벼운 약물 사용이 중독성 약물 사용으로 이어지는 것)에 대한 조사는 알코올이나 담배, 마리화나 같은 약물 경험이 있는 아동들의 대다수가 심각한 약물을 섭취하는 단계로 나아가지 않는다고 밝혔다(Waldron, 1998). 습관적이고 강박적인 패턴의 약물 사용 발달로 진행하는 위험에 있는 아동들은 종종 다른 공존질환을 가지거나 (짧게 논의했었던) 위험 요인과 연관되어 있다.

약물 사용을 하는 많은 아동들은 공존질환을 가지고 있다. 우울, 불안, 파괴적 행동장애, 섭식장애 그리고 ADHD를 포함하는 여러 다른 장애들은 심각한 약물 사용과 연결되어 있다. 많은 사람이 ADHD와 함께 우울 그리고 물질사용장애를 모두 갖는다(Kaplan, 1998). 국가공존질환연구(National Comorbidity Study)는 불안장애을 가지고 있는 사람들은 불안하지 않은 또래들에 비해서 물질 사용에 관련될 확률이 2~3배 더 높다고 보고한다(Kendler, Gallagher, Abelson, & Kessler, 1996).

ADHD와 물질 남용

Barkely와 동료들(1990)은 ADHD 아동들의 8년 추적연구에서 ADHD를 가진 과잉행동적인 십대들은 과잉행동적이지 않은 또래들보다 유의미하게 더 쉽게 알코올이나 담배를 사용한다는 것을 발견하였다. ADHD 아동들을 청소년기까지 추적한 최근의 연구는 ADHD 아동이 ADHD가 아닌 또래들보다 높은 수준의 물질 사용(알코올, 담배, 불법 약물 사용)을 한다고 보고한다(Molina & Pelham, 2003). 그리고 연구자는 아동기의 ADHD 진단을 물질 사용의 가족력을 갖는 것과 같은 강한 예측 요인으로 보고 있으며, 이러한 위험은 알코올, 담배, 마리화나, 다른 약물에 걸쳐 물질 특정적인 것으로 보이지 않는다고 하였다. 연구자는 이런 결과가 학업 실패에 의해 개입되는 부주의에서부터 물질 남용까지의 발달 경로를 나타낸다고 제안하였으며, 실행기능 결함은 이러한 물질 사용으로의 연결에 있어서 가장 기본이 될 것이라고 제안하였다.

주의

Molina와 Pelham(2003)의 연구 결과에서 놀라운 점은 물질 남용에 취약한 대상이 과잉행동/충동 증상 또는 적대적 반항장애(ODD)/품행장애(CD) 증상의 심각도가 아니라 부주의 심각도에 의해 예측된다는 점이다.

주의

ADHD 아동들의 치료에 있어 각성제의 사용은 나중에 물질 사용의 비율을 증가시킬 것이라는 우려가 존재해 왔다. 그러나 연구 결과들은 이러한 가설을 지지하지 않는다. 사실, ADHD의 성공적인 치료는 이후의 물질 사용에 대한 보호 요인으로 작용한다. ADHD 치료를 받지 않았던 성인은 물질 사용 문제에 있어서 더 높은 비율을 나타낸다 (Biederman et al., 1999).

치 료

최근에 성인과 비교하여 아동 약물 남용의 독특한 특징에 대해 관심이 증가하고 있는데, 이러한 특징들을 특별히 청소년들을 위해 설계된 프로그램에 통합시키고자 하는 요구가 있어 왔다(Deas, Riggs, Langenbuncher, Goldman, & Brown, 2000).

12단계 모델

12단계 모델(12-Step Models)은 마약중독갱생회(Narcotics Anonymous)와 알코올중독갱생회(Alcoholics Anonymous)에 의해 개발된 12단계 방식을 토대로 한 모델이다(Kassel & Jackson, 2001). 마약중독갱생회와 알코올중독갱생회는 중독이 진행형 질병이며, 치료에는 절제가 요구된다는 확신에 기반을 두고 설립되었다. 전통적으로 12단계 프로그램은 지역사회를 기반으로 한 모임이다. 여기서는 고백과 이야기를 공유하는 것을 통해서, 그리고 위기 개입을 위한 또래 멘토와 연결할 수 있는 기회를 제공함으로써 서로의 절제를 지지하는 회복 중인 구성원들과의 잦은 만남이 이루어진다. 프로그램에 포함되는 개인들의 익명성 때문에 12단계 프로그램의 대다수의 결과에 대한 경험적 증거가 부족하다. 그러나 Brown(1993)은 알코올중독갱생회나 마약중독갱생회 그리고 코카인중독갱생회 같은 12단계 집단들이 회복된 청소년들에 의해서 지지받고 있고 광범위하게 참여하고 있다고 밝혔다. 반면에 12단계 미네소타 모델의 조사는 프로그램에 참가한 청소년들이 치료를 받지 않은 청소년들에 비해 더 나은 결과를 나타냈다고 보고하였다(Kassel & Jackson, 2001).

인지행동치료

인지행동치료(Cognitive Behavioral Therapy: CBT)를 사용하는 물질 프로그램은 환경적 촉발물에 대한 조건 반응으로서 발달된 부적응적 사고 패턴을 재구조화하기 위한 여러 목표에 초점을 둔다. 기저가 되는 전제들은 학습이론과 가정에 기반하는데, 물질 사용이 환경적 단서나 촉발물, 남용 습관을 유지하고 촉발시키는 결과들(사회적으로 강화된 사건, 생리학적 각성)에 대한 반응으로서 발달한다고 본다(Waldron & Kern-Jones, 2004).

기억할 것

Waldron와 Kern-Jones(2004)는 사회학습모델(Bandura, 1977) 내에서 어떻게 인지적 관점의 구축이 물질 사용의 시작과 유지에 있어서 여러 요인들(다중 요인)을 고려하게 하는지에 대해 논의한다. 이러한 인지적 관점은 관찰과 모방학습(또래와 부모)의 기제를 통해 사회적 강화, 자기효능감 그리고 신념체계와 관련된 발달 영역에 영향을 준다.

인지행동치료를 사용하는 프로그램들은 촉발 요인의 인식과 그 촉발 요인들에 반응하는 적응 방식을 발달시키는 것을 통해서 주로 자기관리 기술을 강화하는 것에 초점을 둔다. 이러한 프로그램들의 중요한 구성요소는 자기 감시, 승인/거절 기술, 특정 촉발 요인의 회피, 문제 해결, 이완훈련 그리고 적응적인 대처에 대한 다른 접근들을 포함한다(Motani, Abrams, Kadden, & Cooney, 1989). 프로그램에서 가장 중요한 점은 재발방지를 구성요소에 포함시키는 것이다. 인지행동치료 프로그램의 경험적 조사는 개인적으로, 집단으로, 혹은 가족과 함께 진행된 프로그램들의 효율성에 대해 조사하였다.

Liddle과 Hogue(2001)의 연구에서 개인 인지행동치료 또는 가족치료를 받은 청소년들이 내재화 혹은 외현화 문제의 유의미한 감소와 약물 사용의 감소를 보인다는 것을 발견하였다. Liddle과 Hogue(2001) 그리고 Waldron과 Kern-Jones(2004)는 아동들을 위한 인지행동치료 프로그램에서만 작용하는 지연 요인을 발견했다. Liddle과 Hogue는 인지행동치료 기술을 견고화하기 위해 시간이 요구되는데, 치료 후에는 명백하지 않지만 나중의 추적연구에서 지연된 긍정적 결과로서 나타났다고 하였다. 인지행동치료에 대한 다른 연구와 이러한 초기의 발견들은 개인적으로, 집단으로, 또는 가족과 함께 진행한 인지행동치료 프로그램이 아동들이 가지는 물질 사용 문제를 치료하는 효과적인 방법일 수도 있다고 제안한다. 그러나 Waldron과 Kern-Jones(2004)가 제안한 것처럼 이러한 프로그램들이 어떻게 성공적일 수 있는지에 대한 조사들은 고위험 아동들을 대상으로 한 다른 연구들에서 발견된 의원성 영향에 대해서도 설명해야 한다(Azrin, Donohue, Besalel, Kogan, & Acierno, 1994; Dishion et al., 1999). 이를 통해 궁극적으로 어떻게 가장 지지적이고 해롭지 않은 치료를 실시하느냐에 관한 통찰을 얻을 수 있을 것이다.

가족 기반 치료

물질 문제의 대안치료에서 가족을 포함한 연구로는 인지행동치료와 다중체계치료(Multi-Systemic Therapy: MST; Henggeler et al., 1998), 기능적 행동 가족치료(functional behavioral family therapy; Emery, 2001), 다차원적 가족치료(Multi-Dimensional Family Therapy: MDFT; Liddle, 2009) 접근이 있다. 치료에 가족적 요소를 포함시킨 프로그램들은 참가자들의 참여 증가와 프로그램 효율성 증가를 증명해 왔다(Stanton & Shadish, 1997). 행동적 가족치료를 대안치료(과정 지향 치료)와 비교하는 연구에서 Azrin과 동료들(1994)은 가족치료가 과정 지향적 집단에서 나타난 약물 사용 증가와 비교하여 알코올과 약물 사용의 감소에 있어서 50%의 성공율을 보였다고 보고했다. 또 다른 비교 연구에서 Donohue와

Azrin(2001)은 가족 행동치료가 문제 해결적 방법을 사용하는 프로그램보다 우수하다는 것을 발견했다.

Liddle, Rowe, Dakof, Henderson과 Greenbaum(2009)은 여러 상황(치료실 기반, 가정 기반, 주간 치료, 단기집중적 외래, 입원)에서 다차원적 가족치료를 심각도의 수준(3~6개월의 지속기간 또는 매주 1~3번)과 문제의 특징에 근거해 다양한 방식으로 적용하는 데 성공하였다. 치료자들은 여러 자료(청소년, 부모, 가족, 가족 외 체계)로부터 자료를 모으고 목표를 성취하는 것을 돕기 위해 어떻게 긍정적 느낌과 정서적 결속성을 강화할지에 초점을 맞춘다. 이 프로그램은 물질 사용 감소에 있어서 성공적이었다(성공 비율 41~66%). 그리고 다른 치료 프로그램들과 비교했을 때 성공적인 증상 감소(30~85%)를 나타냈다(Liddle et al., 2009).

예 방

미국에서 1994년 이후로 약물 남용을 예방하기 위한 교육 프로그램의 공급을 지원하기 위해 연방자금이 조성되었다. 1998년 이후로 Safe and Drug-Free Schools and Communities Act(SDFSCA)가 개정되어 연방허가 요구사항에 있어서 경험 기반 프로그램(증거 기반 교육과정)을 사용하도록 하였다. 불법 약물과 니코틴, 알코올의 해로운 효과에 대한 인식과 약물이 제공되었을 때 어떻게 적극적이고 효과적으로 거절하는지에 대한 정보를 포함하며, 약물 사용과 남용을 감소시키기 위해 여러 연구들을 통해서 효과적이라고 증명되어 온 것들을 통합한 프로그램은 중학교 학생들을 대상으로 한 담배나 알코올 그리고 다른 약물들의 초기 사용을 감소시키는 데 상당히 성공적이었다.

Ringwalt와 동료들(2002)에 의하면 자금 가용성과 경험 기반 프로그램을 포함하는 것을 의무로 함에도 불구하고 75%의 중학교가 연구에 의해 지지되지 않은 프로그램들을 사용한다고 보고했다. 사실, 대다수의 중학교에서 사용되는 교육과정인 약물 남용 저항교육(Drug Abuse Resistant Education program: DARE)

은 광범위하게 연구되어 왔고, 약물 사용과 예방에서 효과적이지 못하다고 보고되었다. DARE 외에 공립, 사립학교들에서 사용되는 프로그램 중 연구에 의해 증명된 2개의 가장 유명한 프로그램은 Project Alert와 생활기술훈련이다.

생활기술훈련 프로그램(Life Skills Training program: LST)은 물질을 남용하는 또래와의 어울림 그리고 학업 수행의 문제를 이유로 약물 사용의 위험에 있는 소수의 학생들을 대상으로 실시한 결과, 약물 사용과 남용을 감소시키는 것에 효과적이라고 보고되었다(Botvin, Griffin, Diaz, & Ifill-Williams, 2001; Griffin, Botvin, Nichols, & Doyle, 2003). 비록 생활기술훈련 프로그램은 초기에 교외에 있는 학교들의 백인 학생들에게 검증되었지만 그 이후로 이 학교 기반 예방 프로그램은 소수 민족 인구(아프리카계 미국인, 히스패닉)와 사회경제적 지위에 걸쳐서 그 효과성이 증명되어 왔다. 생활기술훈련 프로그램의 유용성은 뉴욕 도시 내에 있는 29개의 학교들에서 프로그램 효과성에 대한 통제된 연구를 통해서 입증되었다. 생활기술훈련 프로그램은 정규교육 교사에 의해서 7학년들에게 15회기(45분)가 진행되었다. 각 회기에서는 사회 기술, 약물 거부, 개인적 관리에 대한 정보를 제공한다. 뉴욕 약물교육 프로그램을 이수한 학생들과 비교하여 생활기술훈련 프로그램을 등록한 학생들은 생활기술훈련 프로그램을 등록하지 않은 또래들에 비해 알코올, 담배, 그리고 흡입제 남용에서 낮은 비율을 보였다.

기억할 것

예방지침(NIDA, 2003a)에서는 학교 프로그램들이 연령에 적절한 행동들에 초점을 맞추고 공격성이나 자기조절(학령 전)과 같이 나중에 부적응적인 행동과 관련된 위험 요인을 감소시키는 개입을 해야만 한다고 제안한다.

초등학생을 대상으로 한 프로그램에서는 정서적 인식, 사회적 문제 해결, 증가된 의사소통, 학업적 지원을 목표에 포함해야만 한다.

중학교나 고등학교 학생을 대상으로 한 프로그램은 공부 습관 향상, 학업적 지지, 약물 저항 기술, 자기효능감, 그리고 마약을 반대하는 태도들에 초점을 두어야 한다.

예방계획의 원칙들(NIDA, 2003a)은 가족, 학교, 지역사회 내에서 목표로 하게 되는 여러 중요한 연구 기반 영역들을 강조한다. 가족 프로그램은 약물 인식, 부모 기술 프로그램, 감시 · 감독 증가 그리고 제한설정과 지속적인 훈육에 대한 요구를 포함해야만 한다.

기억할 것

물질 사용을 감소시키는 데 있어서 효과가 없다는 연구 결과가 보고되었음에도 DARE 프로그램은 미국의 학교에서 물질 사용의 예방을 위해 가장 흔히 사용되는 프로그램 중 하나다(West & O'Neal, 2004).

가족과 학교가 결합된 프로그램은 소속감과 응집성을 향상시키는 것에 있어서 지역사회의 효율성을 강화시킨다.

학습 점검하기

1. 세계적으로 청년기에 가장 흔하게 사용하는 물질은?
(a) 대마초
(b) 알코올
(c) 담배
(d) 흡입제

2. 존은 술을 한 잔 마시고서 불안이 감소되고 사회성이 좋아진 느낌이 들었다. 이제는 반 정도의 효과를 느끼려면 술을 세 잔 마셔야 한다. 이것을 무엇이라고 하는가?
(a) 의존성
(b) 내성
(c) 금단
(d) 물질에 대한 증가된 민감성

3. DSM에 따르면 개인은 내성이나 금단 증상을 보이지 않고서도 물질사용장애 기준에 해당한다고 하였다. 사실인가?

4. 2013년에 수집된 미래 추적하기(MFT) 연구 결과에서 다음 중 무엇이 사실이 아닌가?
(a) 흡연 수준은 지속적으로 감소세이며 가장 낮은 비율을 보고하였다.
(b) 연령이 증가할수록 모든 물질 사용의 감소세가 나타난다.
(c) 대마초 사용의 위해에 대한 태도가 느슨해졌다.
(d) 담배와 마리화나는 가장 많이 사용되는 물질이다.

5. 한 연구 결과에 의하면 고등학생의 3분의 1이나 되는 인구가 한 달에 적어도 한 번은 폭음(한 번에 다섯 잔 이상)을 한다고 하였다. 사실인가?

6. ADHD와 물질 사용의 공존질환에 대한 연구결과다. 맞는 것은?
(a) 과잉행동 십대들은 비과잉행동 또래에 비해 담배와 알코올을 더 많이 사용한다.
(b) 부주의 증상의 심각도는 물질 사용의 위험을 예측한다.
(c) ADHD는 가족력만큼 물질 사용을 강하게 예측한다.
(d) 연구자들은 a, b, c 모두 밝혀냈다.

7. 12단계 프로그램이 물질 사용 문제를 갖는 청소년을 위한 대안치료로 보임에도 불구하고, 경험적 지지를 획득하는 데 어려움을 보인다. 그 이유는?
(a) 높은 프로그램 탈락률
(b) 프로그램과 관련된 익명성
(c) 체계적 접근의 부족
(d) 관심의 부족

8. 물질 사용 문제를 갖는 청소년을 위한 대안치료에 대한 최근 조사들은 가족을 치료에 포함시키는 것이 다음과 같은 결과를 가져온다고 하였다. 어느 것인가?
(a) 참여와 프로그램 효율성을 높일 수 있다.
(b) 프로그램 성공을 방해한다.
(c) 개인 과정 중심 치료보다 우수하지 못하다.
(d) 사실상 불가능하다.

정답 1: b, 2: b, 3: 사실, 4: b, 5: 사실, 6: d, 7: b, 8: a

제6부

아동과 청소년 정신병리학의 특별 주제

제13장 외상 및 스트레스 관련 장애

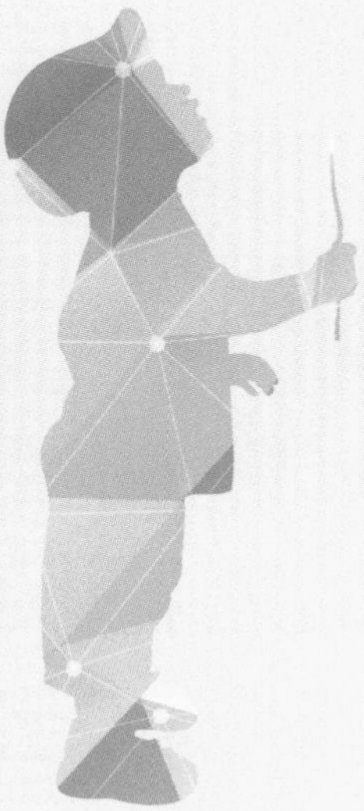

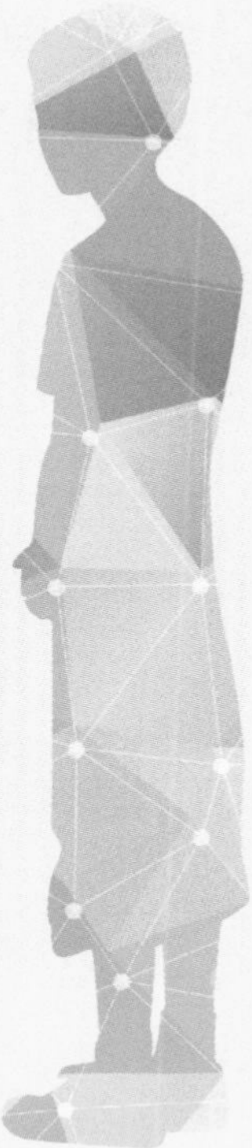

마지막 부분에서는 아직까지 언급되지 않았던 외상 및 스트레스 관련 장애에 대해 다루고자 한다.

DSM-5는 스트레스와 관련된 장애를 재조직화하였으며, 외상 및 스트레스 관련 장애 장 안에서 관련 장애들을 논의한다. 이 장에서는 알려진 스트레스 요인(적응장애)에 대한 일시적 반응에서부터 초기 아동기 양육에 있어 심각한 결핍(반응성 애착장애, 탈억제성 사회적 유대감 장애), 혹은 외상 사건의 경험이나 목격의 영향에 의한(외상후 스트레스장애, 급성 스트레스장애) 외상의 장기적이고 근원적 영향까지의 영역을 포함한다. 이전에는 이러한 장애들이 불안장애(외상후 스트레스장애, 급성 스트레스장애) 영역, 유아기, 아동기, 청소년기에 보통 처음 진단되는 장애(애착장애) 영역과 같이 여러 장에 나누어서 기술되었다. DSM-5에서 새로워진 부분은 애착장애가 두 가지 장애로 나누어졌다는 것이다[과거에 반응성 애착장애는 두 가지 표현형(억제형과 탈억제형)을 가진 것으로 보았음]. 그리고 학령전기 아동(6세 이전)에 있어서 외상후 스트레스장애에 대한 새로운 진단 기준이 제시되었다.

외상 및 스트레스 관련 장애

환경적인 스트레스 요인은 매일 일어날 수 있다. 몇몇 스트레스 요인들은 다른 것들보다 더 강력하고 더 장기적이며, 그 결과 심각한 정서적 영향을 초래할 수 있다. 스트레스가 일시적인 상태의 고통을 야기할 때에는 그 장애를 적응장애로 기술한다. 그러나 스트레스 요인이 재난의 성격이라면 그 여파로 외상후 스트레스장애(PTSD)나 급성 스트레스장애가 생길 것이다. 몇몇 아동들은 양육자가 최소한의 사회적 · 정서적 · 신체적 지지만을 제공한 결과로, 심각한 형태의 초기 외상을 경험한다. 이런 경우에 아동들은 반응성 애착장애(RAD)나 탈억제성 사회적 유대감 장애(DSED)로 발전할 것이다. 이런 장애들 모두가 심각한 고통을 야기하는 스트레스 요인에 노출된다는 특징을 공유한다는 점에서, DSM-5는 이 장애들 모두를 외상 및 스트레스 관련 장애의 그룹으로 묶고 DSM-IV의 불안장애(외상후 스트레스장애, 급성스트레스장애), 적응장애, 유아기, 아동기, 청소년기에 보통 처음 진단되는 장애(애착장애) 장에서 제외했다.

적응장애

임상적 기술과 관련된 특징

DSM-5(APA, 2013)에서 적응장애는 심각하게 고통스러운 정서적 그리고 행동적 반응을 야기하는 인식 가능한 스트레스 요인에 대한 심리적인 반응으로 정의된다. 이런 반응은 주어진 상황에서 기대되는 것보다 현저하게 더 강렬해야 하고, 기능에서의 유의미한 손상을 초래한다. Wenar와 Kerig(2000)는 적응장애를 정상적인 행동과 정신병리의 중간 다리로 분류했다. 반응은 스트레스 사건으로부터 3개월 내에 시작되어야 하며, 스트레스 요인이 제거된 후 6개월 이상 지속되지 않아야 한다. 스트레스 요인은 단일 사건이나 사고(예: 실직, 관계의 종료), 반복되는 사건(연간 세금 문제), 만성적인 사건(빈곤)일 수 있으며, 개인이나 집단 전체(가족)에 영향을 끼칠 수 있다.

> **기억할 것**
>
> 요구되는 대처 능력이 우리의 대처 가능 능력을 초과했을 때, 스트레스는 고통이 된다.

유병률과 경과

적응장애의 유병률은 지역사회 표본에서는 5~20%이고, 임상 표본에서는 50%까지 높게 나타난다(APA, 2013).

스트레스 요인 대처의 어려움은 다양한 증상들을 동반하는 적응장애의 발병을 유발할 것이다. DSM-5는 적응장애가 **불안**을 동반하는지(두려움, 걱정, 안절부절못함, 분리불안), **우울감**을 동반하는지(과민함, 침울함, 슬픔, 위축), **불안과 우울 기분**이 함께 동반하는지, 품행 장애를 동반하는지(공격성, 규칙 위반, 무단 결석), **정서문제와 품행문제**가 함께 동반하는 적응장애인지에 따라 명시자를 제공하고 있다. 적응 문제에 대해 아는 것은 장애가 다른 더 심각한 장애로 악화되는 것을 막을 수 있는 개입을 제공하는 데 있어서 중요하다.

개인이 스트레스 요인에 어떻게 반응하는지는 개인의 문화적 배경, 발달단계, 기질, 성별에 따라 다양하게 나타난다. 여성이 남성에 비해 2배 더 적응장애 진단을 받기 쉽지만, 남아와 여아의 진단 비율은 동일하다. 아동과 청소년의 유병률은 2%와 8% 사이에서 서로 다르며, 높은 스트레스 환경에 사는 아동이 위험에 취약하다. 아동들의 경우, 두통과 복통이 가장 흔한 신체증상인 반면에(Alfven, 2001), '몹시 화가 난' 기분을 느끼는 것은 스트레스 요인에 대한 가장 흔한 인지적/정서적 반응이다(Sharrer & Ryan-Wenger, 1995).

실제에 적용하기

에릭의 아버지가 전근을 가게 되었으나, 에릭은 이사를 가고 싶지 않았다. 에릭의 부모가 집을 매물로 내놓자, 에릭은 자신의 방에 구매자들이 볼 수 있도록 귀신들린 집이라는 메시지를 써 놓았다. 결국 부모는 에릭의 계획을 알아챘고, 집은 팔렸다. 가족은 시카고에서 보스턴으로 이사를 갔다. 에릭은 한동안 극심하게 위축되었다. 그는 새로운 학급친구 사귀기를 거부했다. 중학교에 입학하는 것도 충분히 힘든 일인데, 새로운 학교에서 시작하는 것은 더 심각했다. 에릭은 자신의 또래, 학업, 교사에 관련된 문제에 대해서 끊임없이 부모를 비난했다. 그러나 스타 농구선수였던 에릭은 농구 시즌이 시작되자 빠르게 팀을 꾸리고 교우관계를 발달시켰다. 이는 에릭의 환경을 완벽하게 바꿔 놓았으며, 에릭에게 새로운 활력을 주었다.

이 사례에서 전학이나 이사가 아이들에게 스트레스를 주는 정상적인 사건임에도 불구하고 에릭의 반응은 극심하고, 쇠약하게 만들며, 그의 가족적 · 사회적 · 학업적 기능에 있어서 심각한 손상을 초래했다. 그러나 말 그대로, 새로운 환경에 대한 에릭의 적응 문제는 결국에는 해결되었고, 에릭은 새로운 주변 환경과 관계를 맺을 수 있게 되었다.

기억할 것

스트레스에 대처하는 아동의 능력을 결정하는 기질의 가장 중요한 요인 중 하나는 의도적 통제(effortful control)의 자기조절체계다(Rothbart, 2003; Rothbart & Bates, 2006). 의도적 통제는 스트레스 요인에 대해 정서조절과 행동적 반응을 억제하기 위한(더 적응적 반응을 위해 행동적 억제가 필요할 때 우세반응을 억제) 자발적인 능력을 말한다.

대처 양식에 관한 63개 연구의 메타분석에서 Compas, Conner-Smith, Saltzman, Thomsen과 Wadsworth(2001)는 아동과 청소년은 능동적 대처(인지적 의사결정, 문제 해결), 사회적 지지 찾기(정서 기반 지지)와 같은 **관여적 대처**(engaged coping)와 주의산만과 회피(부정적 감정 회피)와 같은 **비관여적 대처**(disengaged coping) 차원에 의한 네 가지 잠정적인 대처 양식이 존재한다는 것을 밝혀냈다. 연구자들은 문제에 초점을 맞추고 관여적 대처 양식을 사용하는 아이들이 비관여적 대처 양식을 사용하는 아이들보다 더 잘 적응하는 경향이 있다고 결론 내렸다.

초기 아동기, 중기 아동기, 청소년기에 가장 스트레스를 주는 몇몇 사건들에는 적응 반응을 촉발할 수 있는 것들이 있는데, 이는 학교, 가족, 환경에서의 스트레스 요인에 대한 적응하는 것이다.

학교 스트레스 요인에 대한 적응 초등학교 입학(6세)과 중학교 진학(12세)은 아동의 두통, 복통, 신체통증 호소 문제로 인한 공중보건서비스 사용을 증가시킨다(Schor, 1986). 스트레스는 학교 장면과 기대에서의 변화와 관련될 수 있다. 소규모 수업과 친밀한 선생님의 지도를 받던 것에서 대규모 강의와 여러 선생님들, 높은 기대치, 지도 및 관리를 덜 받게 되는 것으로 전환되는 것과 연관된다(Seidman, Aber, & French, 2004).

가족 스트레스 요인에 대한 적응 아동에게 스트레스 요인이 될 수 있는 가족 조건은 예측 불가능한 것과 구조의 결핍이 있다. 이런 문제들은 동기, 자기가치감에 영향을 끼칠 수 있고, 행동조절(주의, 작업 기억), 읽기, 부모의 언어적 반응성 영역을 포함하는 영역들에 부정적인 결과를 가져온다(Evans, Gonnella, Marcynyszyn, Gentile, & Salpekar, 2005). 스트레스를 주는 현저한 갈등을 가진 가족 환경에 사는 청소년은 만성적으로 정서적 각성을 하기 쉽고 다른 스트레스 사건들에 대해 증가된 반응성을 보이기 쉽다(Repetti, Taylor, & Seeman, 2002).

환경 스트레스 요인에 대한 적응 이른 나이에 스트레스 수준이 높은 삶의 전환과 폭력적인 이웃에게 노출되는 것은 이후에 공격적 행동으로 발달할 수 있는 위험성을 증가시킨다(Attar, Guerra, & Tolan, 1994). 스트레스와 스트레스를 주는 생활사건을 경험하는 것은 아동과 청소년의 정신건강에 부정적인 방향으로 영향을 미친다고 입증되어 왔다(Grant, Compas, Thurm, & McMahon, 2004).

애착장애

임상적 기술과 관련된 특징

기본적인 정서적·감정적 욕구가 충족되지 않는 심각하게 박탈된 환경에서 자란 아동이나, 양육자가 반복해서 바뀌는 경험을 한 아동, 애착을 형성하는 데 최소한의 기회만을 제공받는 환경에서 자란 아동은 타인과 관계를 형성하는 능력에서 정서 문제의 두 가지 형태 중 하나를 발달시킬 수 있다. 하나는 반응성 애착장애로 성인 양육자에게 극심한 위축과 억제된 반응을 보이는 것으로 특징지어지며, 다른 하나는 탈억제성 사회적 유대감 장애로 친하지 않은 성인과 무분별하게 관계 맺으려 시도함으로써 특징지어진다. 두 장애 모두 아이가 최소 9개월 이상이 되어야 진단 내릴 수 있다.

DSM-IV(APA, 2000)에서는 두 가지 서로 다른 표현형인 억제형과 탈억제형을 가진 단 하나의 애착장애인 반응성 애착장애만 있었다. DSM-5는 이 유형들을 ICD(WHO, 1993)에서 장애를 어떻게 개념화하고 있는지를 반영하여, 2개의 별개 장애로 개념화하고 있다. 학대당했거나, 보호시설에 있거나, 이전에 보호시설에 있었던 아동들 중에서 반응성 애착장애나 탈억제성 사회적 유대감 장애가 많이 나타난다(Rutter et al., 2007; Zeanah, Smyke, & Dumitrescu, 2002).

반응성 애착장애

임상적 기술과 관련된 특징

반응성 애착장애(Reactive Attachment Disorder: RAD)로 진단받은 아동은 양육자에게 두 가지 중요한 방식으로 유의미하게 억제 행동과 위축 행동을 보인다. 첫째, 아동은 고통을 받을 때 양육자에게 위안을 구하지 않는다. 둘째, 아동이 고통을 받을 때 편안해질 수 없다. 행동 패턴은 타인에 대한 최소한의 사회적·감정적 반응성과 제한된 긍정적 감정 그리고 과민성, 슬픔 또는 무서움의 삽화 중 최소 2개를 나타내야 한다(APA, 2013, p. 265). 반응성 애착장애 진단은 반응성 애착장애 증상이 5세 이전에 있었다는 증거를 필요로 하고, 이런 특징은 자폐스펙트럼장애의 증상으로 더 잘 설명되지 않아야 한다.

탈억제성 사회적 유대감 장애

임상적 기술과 관련된 특징

탈억제성 사회적 유대감 장애(Disinhibited Social Engagement Disorder: DSED)

진단을 받은 아동은 낯선 성인에 대한 무분별한 행동으로 특징지어지는데, 다음 중 최소 두 가지 이상의 행동 양식이 드러난다. 즉, 낯선 성인에게 접근하고 상호작용하는 데 신중함이 거의 없음, 과도하게 친숙한 언어적 또는 신체적 행동, 낯선 환경에서 양육자와 모험하는 데 있어 경계가 거의 없음, 낯선 성인을 따라가는 데 있어 주저하지 않음 등의 행동을 보인다. 이러한 행동들은 ADHD의 충동성으로 더 잘 설명되지 않아야 한다.

애착장애의 유병률과 경과

보호기관에서 입양된 아동들의 종단연구에 근거하여, Gleason과 동료들(2011)은 애착장애의 두 가지 개별적인 형태의 개념화가 필요함을 주장했다. 연구자들은 보호기관의 아이들 중 17.6%가 탈억제성 사회적 유대감 장애 특성을 가진 반면, 4.1%가 반응성 애착장애 특성을 나타냈다고 밝혔다. DSM-5에 의하면 반응성 애착장애는 드문 장애이고, 심각한 박탈에 노출된 아동의 10% 미만으로 나타난다. 탈억제성 사회적 유대감 장애의 유병률은 심각한 박탈에 노출되었던 인구의 20%에서 나타났다.

애착장애가 심각한 정서적 · 신체적 학대 조건을 포함하는 병적 양육(pathogenic care) 혹은 특정 형태의 보호기관에서의 양육이 원인인 점을 보았을 때, 많은 아동들이 애착장애와 외상후 스트레스장애 둘 다의 진단 기준을 충족시킨다는 것은 놀라운 일이 아니다(Hinshaw-Fuselier, Boris, & Zeanah, 1999).

외상후 스트레스장애

외상후 스트레스장애(Post-Traumatic Stress Disorder: PTSD)와 급성 스트레스

장애는 스트레스 요인에 의해 촉발된다. 스트레스의 성격이 아주 극심해서 개인의 삶에 매우 깊게 영향을 미칠 수 있다. 급성 스트레스장애의 특징은 외상 사건의 유형을 기술함에 있어 외상후 스트레스장애 기준과 똑같지만, 급성 스트레스장애의 지속기간은 한 달을 넘기지 않는다.

임상적 기술과 관련된 특징

DSM-5는 외상후 스트레스장애를 몇 가지 새로운 방식으로 개념화하였다. 외상후 스트레스장애 진단에 있어서 크게 두 가지 기준으로 나뉘는데, 성인, 청소년, 6세 이상 아동을 위한 진단 기준(표준 기준)과 6세 이하 아동을 위한 진단 기준(학령전기 아동을 위한 진단 기준)이다. 먼저 표준형의 진단 기준에 대해 기술하면서 기준이 어떻게 학령전기 아동에게 적절하게 수정되었는지에 대해서 다룰 것이다. 다음의 범주에 제시되는 증상들은 한 달 이상 지속되었다는 근거가 있어야 하며, 진단 기준이 사건 이후 6개월까지 모든 기준을 만족하지 못할 경우에는 '지연되어 표현되는 경우'라는 명시자를 붙일 수 있다. 표준형은 다음의 5개 군집 기준을 갖고 있다. A는 사건이 외상 사건의 기준을 충족하는지 아닌지를 결정짓는 기준을 제공한다. B에서부터 E는 4개 증상 군집 내에 포함되는 증상들을 기술하고 있다.

- **진단 기준 A–외상 사건:** DSM-5는 외상 사건을 실제적이거나 위협적인 죽음, 심각한 부상, 또는 성폭력에의 노출로 기술하고 있으며, 이는 다음과 같은 기준 중 하나를 충족해야 한다. 그 기준은 외상사건을 직접 경험, 사건을 목격, 외상 사건이 가족이나 친구에게 일어난 것을 알게 됨, 반복적인 외상 사건의 노출(예: 변사체 처리의 최초 대처자) 등이다.
- **진단 기준 B–침습 증상의 경험:** 이 범주에서 한 가지 이상의 증상이 나타나야 한다. 예를 들어, 반복적인 꿈, 기억, 플래시백, 아동의 경우 외상 사건

을 주제로 한 반복적인 놀이 등이 있다.

- **진단 기준 C-회피행동:** 외상 기억이나 사고 회피, 외상 기억을 불러일으키는 사람/장소/사건 회피에서 한 가지 이상의 증상을 나타내야 한다.
- **진단 기준 D-인지나 감정의 부정적 변화:** 새로 추가된 범주이며, 다음에서 두 가지 이상의 증상이 나타나야 한다. 즉, 사건에 대한 기억 상실, 부정적 신념, 자기비난, 부정적인 감정 상태, 타인과 멀어짐 등이다.
- **진단 기준 E-각성과 반응성의 증상:** 최소 두 가지 이상의 과각성, 과반응성 증상이 나타나야 한다. 예를 들어, 짜증 내거나 분노폭발, 무모하거나 자기파괴적인 행동, 과장된 놀람 반응, 집중력의 문제, 수면 교란이 포함된다(APA, 2013, pp. 272-273)

외상후 스트레스장애의 학령전기 대상 기준은 다음과 같이 표준형을 변화시켰다.

- **진단 기준 A-외상 사건:** 사건은 표준형과 같은 방식으로 기술되어 있지만 최초 대처자 부분은 제외한다.
- **진단 기준 B-침습 증상의 경험:** 한 가지 이상의 증상이 필요하며, 증상들은 발달적으로 더 적절한 방식으로 기술되어 있다(예: 외상적인 놀이를 통한 재현).
- **진단 기준 C-회피 또는 인지와 감정의 부정적 변화:** 2개의 성인 기준이 학령전기 아동 기준에서는 하나로 통합되었다. 이 범주에서는 한 가지 증상만이 필요하다.
- **진단 기준 D-각성과 반응성의 증상:** 2개 이상의 증상이 필요하다.

증상의 기간은 표준형과 같으며, 최소 1개월 이상이어야 한다.

실제에 적용하기

후안은 17세의 라틴 아메리칸계 청소년이다. 학기 말에 학업 · 정서 문제를 이유로 학교 심리학자에 의해 의뢰되었다. 성적은 떨어지고, 첫 학기에 학점을 전혀 받지 못할 위기에 있었다. 상담사는 후안이 이전 학기 말에 그가 운전한 차로 치명적인 교통사고를 냈고, 그로 인해 가장 친한 친구가 죽었다고 설명했다. 후안은 입원했었으며, 갈비뼈가 부러져 거의 움직일 수 없음에도 친구 장례식장에 가야 한다고 주장했다고 하였다.

심리학자가 후안을 만났을 때, 처음에는 사고에 대해 이야기하는 것을 주저하였다. 하지만 라포가 형성된 이후에 잠이 부족하여 무기력함, 피로함을 느낀다는 것과 학교 일과에서 집중력의 문제가 있다는 것을 인정하였다.

그는 친구의 죽음에 대해 그를 탓하는 친구들과 같은 학급에 있는 것을 원치 않았기 때문에 학교를 그만두길 원했고, 더욱이 미래 계획을 세워야 하는 이유를 찾을 수 없었다. 그는 죽은 친구가 살아 있는 것 같은 생생한 꿈을 꾼다고 하였다. 그는 종종 깜짝 놀라며 잠에서 깼다. 그리고 사고가 어떻게 일어났는지 전혀 기억이 없었고, 목격자는 다른 자동차가 관련되었다는 것을 말하였음에도 자세히 기억하지 못하였다.

후안은 여자 친구가 있음에도 불구하고 어떤 느낌도 갖지 못하였고, 거의 몇 달 동안은 혼자 지내려 하였다. 그는 죽은 친구의 가족과 매우 가깝게 지냈었지만 장례식 이후로는 보지 않았다.

이 경우, 후안은 심각한 부상을 당했고, 친구가 죽는 외상 경험을 하였다. 그는 돌발적으로 일어난 자동차 사건 때문에 무기력함을 느꼈다. 후안은 의심할 여지없이 살아남은 것에 대한 죄책감을 가지고 있었다. 이러한 성격의 사건에 직면했을 때 개인은 두려움, 공포, 무기력함으로 반응하게 된다. 어린 아동은 이런 느낌들을 종종 혼란스럽고 불안한 행동으로 표현한다.

기억할 것

아동들은 괴물 혹은 구조하는 것과 같은 주제의 놀이 또는 꿈을 통해 외상 재현의 행동을 발달적으로 재경험할 수 있다. 그리고 고통을 두통 또는 복통과 같은 신체적 호소로 나타낼 수 있다(Carrion, Weems, Ray, & Reiss, 2002).

주의

DSM-5에서는 발달하는 아동의 특징에 더욱 적절하도록 학령전기 아동에 대한 외상후 스트레스장애 증상의 진단 기준을 수정하였다. 수정하기 전 기준의 거의 절반이 (18개 중 8개) 내부 상태의 경험에 대한 언어적 설명을 요구하기 때문에 기존의 기준에 대해 많은 불편함이 있었다. 언어 기술이 제한된 학령 전 아동에게는 부적합하였다 (Scheeringa, Zeanah, Myers, & Putnam, 2005).

증상에 관련된 다른 특징들로는 죄책감의 증가 또는 생존자 죄책감이 포함될 수 있다. 아동과 청소년과의 작업에서 특히 중요하게 다루어야 할 특징들이 [참고자료 13-1]에 제시되어 있다(APA, 2000, 2013).

참고자료 13-1 **아동과 청소년의 외상후 스트레스장애와 관련된 특징**

성적 또는 신체적 학대를 받은 생존자들 또는 폭력을 목격한 아동에게 나타나는 증상들은 다음과 같다.

- 정서조절의 어려움
- 자기파괴적이고 충동적인 행동
- 신체적 호소
- 수치심을 느낌
- 무력감과 절망감을 느낌
- 사회적 위축
- 적대감
- 지속적으로 방어하거나 위협을 느낌
- 성격의 변화
- 사회적 관계의 손상
- 영구적인 손상의 느낌들
- 해리 증상

실제에 적용하기

정서적 마비(emotional numbing)는 외상후 스트레스장애 아동에게 흔히 나타나는 일반적인 증상은 아니지만(Carrion et al., 2002), 모든 수준에서 관찰되고 있다. 몇몇 연구에서는 재경험하는 것이 학령기 아동에게서 보이는 가장 흔한 증상이라고 보고하였다(Carrion et al., 2002; LaGreca, Silverman, Vernberg, & Prinstein, 1996).

Weems, Saltzman, Reiss와 Carrion(2003)의 외상후 스트레스장애 아동의 증상에 대한 최근 연구에서 정서적 마비와 과각성 간 관계에 대해 언급하였다. 연구자들은 성인 집단에서 이런 두 가지 증상 집단 사이의 관계를 아동에게도 적용할 수 있는지에 대한 이론에 특히 관심을 보였다(Litz, 1992). 가설은 정서적 마비가 과각성의 결과로 인한 정서적 소진에 의해 발생된다는 것이다. 대인관계 외상의 피해자인 59명의 아동 표본에서(평균 10세 6개월) 연구자는 정서적 마비와 과각성 사이의 효과의 방향이 예측한 바와 같다는 예비 증거를 발견하였다. 즉, 아동의 정서적 마비가 인지적 · 정서적 자원의 고갈(과각성)로 인한 정서적 소진으로 인해 발생할 수 있음을 제안한다.

유병률과 경과

아동과 청소년의 외상후 스트레스장애의 유병률의 일관된 추정치를 얻는 것은 매우 어렵다. 왜냐하면 외상 경험의 특징상 외상이 단일 사건(자연재해) 또는 반복된 사건(아동 학대)인지의 여부와 표본이 지역사회 또는 임상 인구인지의 여부에 따라 다양한 변수가 있기 때문이다. 성인의 추정치는 8% 정도이고, 청소년 인구(평균 17세)의 비율은 최소 6.3%로 보고되고 있다(Giaconia et al., 1994). 어린 청소년(12~17세) 대상의 최신 연구에서 보고된 유병률은 남자는

3.7%, 여자는 6.3%다(Kilpatrick et al., 2003). 임상 표본의 유병율은 상당히 높다. 예를 들어, McLeer, Deblinger, Henry와 Orvaschel(1992)의 성적 학대 아동(3~16세)의 연구에서 43.9%가 외상후 스트레스장애 진단 기준에 해당하는 것을 발견하였다.

학령전기 아동의 외상 증상은 과각성, 두려움, 공격 반응, 분리불안, 과민성의 증가, 분노발작, 악몽, 수면 문제로 나타날 수 있다(Graham-Bermann et al., 2008). 학령기 아동은 수면 문제가 공통적인 증상이고 악몽과 야경증, 몽유병, 야뇨증이 증가하는 경향에 주목해야 한다(Amaya-Jackson & March, 1995b). 이 연령대 아동들은 행동에 있어 마비와 회피 증상이 안절부절못하고 주의집중을 못하는 문제로 나타나는데, 주의와 집중의 문제는 학업 실패로 명백히 나타난다(Malmquist, 1986). 아동들은 학교 훈련과 화재 경보에 대해 놀람 반응이 촉발되어 과잉반응을 보일 수 있다(March, Amaya-Jackson, & Pynoos, 1994).

또한 몇몇 아동들에 있어서 무감각과 회피 증상은 부산함, 집중력 저하, 경계심 그리고 행동 문제의 형태를 취할 수 있다는 것도 언급되었다(Malmquist, 1986).

아동은 사건을 생각나게 할 수 있는 생각, 장소, 놀이 주제, 구체적인 물건들을 회피할 수 있다. 외상 노출은 또한 위험 감수 행동(risk taking behavior)의 일시적 상승으로 이어질 수 있다(Pynoos, 1990). 어린 아동의 경우 문제가 특히 취침시간쯤에 드러나는데 어둠에 대한 두려움, 또는 악몽을 예상하여 혼자 자는 것에 대한 두려움을 표현할 수 있다. 청소년기의 외상후 스트레스장애는 더욱 위험 감수 행동에 관여하게 할 수 있고, 공격적인 충동성과 생존자의 죄책감을 더욱 나타낼 수 있다(Pynoos & Nader, 1993).

기억할 것

외상 반응은 아동의 연령, 발달 수준 그리고 인지적 능력 또는 인지적 제한에 따라 달라질 수 있다. 더욱이 반응은 사건에 대한 노출 정도와 근접성에 좌우되는데, 실제 외상에 더 근접할수록 더 지속적이고 심각한 증상을 갖는다(Pynoos, 1994).

주의

외상후 스트레스장애가 어린 연령에 진단되지 않는 것에는 몇 가지 이유가 있다. 아동과 관련된 사람들(부모, 교사, 상담사)은 아이가 이상이 없으며, 어린 아동에 있어서 외상 충격은 일시적일 것이라 합리화함으로써 스스로를 안심시키기 위해 외상에 대한 영향을 최소화하려 할 수 있다. 만성적인 외상적 환경으로부터 부모화된 아동은 외상의 영향을 최소화시킴으로써 양육자를 보호하려고 노력할지 모른다. 또한 외상후 스트레스장애 아동은 장기간의 재경험을 장기간의 회피와 무감각으로 바꿀 수 있으며, 이는 외상후 스트레스장애 문제를 해결한 것처럼 잘못 해석하게 만들 수 있다(AACAP, 1998a).

실제에 적용하기

리키는 **과잉행동**을 보이고, **주의산만**하고 **충동적**이다. 교사는 그가 ADHD일 것이라고 확신하였다. 하지만 교사는 그가 지속적이고 심각한 가정 폭력의 목격자였음을 알지 못하였다. 또한 과잉행동, 주의산만과 충동성은 불안한 아동뿐만 아니라 외상후 스트레스장애 아동에서도 나타날 수 있다는 것도 몰랐다. 외상후 스트레스장애와 ADHD 사이에 높은 공존율이 있으며, 일부 외상후 스트레스장애 아동은 ADHD 증상을 함께 나타낸다(Cuffe, McCullough, & Pumariega, 1994; McLeer et al., 1992).

기억할 것

Pynoos와 Nader(1993)는 청소년이 외상 노출의 영향에 특히 취약하다고 제안한다. 발달상으로 아동은 연령이 증가하면서 환경과의 상호작용이 증가되고 잠재되어 있는 스트레스 요인에 대한 노출이 증가할 수 있다. 더욱이 청소년은 위험 감수 행동을 통해 외상에 반응하는 경향이 있고, 이는 더 많은 스트레스를 경험할 수 있는 확률을 증가시킬 수 있다. Pynoos(1994)에 따르면 청소년기의 심각한 외상 영향은 파괴적이고, 인생에 변화를 가져올 수 있다고 하였다. 이것은 긍정적인 성장 궤도를 방해할 수 있으며, 과거의 경험과 미래에 대한 기대를 통합할 수 있는 기회를 박탈할 수 있다.

기억할 것

외상후 스트레스장애는 공존질환 비율이 높은 특성을 가지고 있으며, 우울, 불안, 그리고 약물 남용에 대한 위험률의 증가가 관찰되고 있다(Pfefferbaum, 1997). 몇몇 연구자는 외상후 스트레스장애를 아동에게 있어 우울장애 발달의 병인으로 추측한다(Yehuda & McFarlane, 1995). McDermott와 Palmer(2002)는 연구 결과에 근거하여 외상의 후유증으로, 어린 아동은 우울 증상에 더 취약할 수 있고, 중학생은 정서적으로 고통을 주는 모든 외상후 스트레스 증상에 취약할 수 있다고 제안하였다.

주의

Pynoos(1994)는 외상이 어떻게 발달적으로 영향을 주는지에 대한 두 가지 중요한 방식, 즉 근접(proximal)과 원접(distal)에 대해 논의하였다. 더 즉각적이거나 근접적인 면에서 외상은 최근 획득한 기술과 역량에 영향을 줄 수 있다. 이런 방법으로 외상은 응고화 과정을 방해하고 사실상 퇴행행동을 초래한다. 더 장기간 또는 원접의 영향은 미래의 위험 감수의 증가, 위협 평가의 증가 그리고 부적절한 자기귀인을 통해 전반적인 성격 형성에 영향을 줄 수 있다.

후안의 초기 사례 연구처럼, 외상후 스트레스장애의 피해자는 상당한 생존자 죄책감을 경험할 수 있다. 후안의 사례의 경우 외상의 원인이 된 사고의 책임이 자신에게 있기 때문에 특히 심각했다. Pynoos와 Nader(1993)은 외상의 결과로 가족 구성원이나 친구가 죽었다면 상황이 더욱 복잡해진다고 제안한다. 종종 외상과 슬픔 반응 사이의 상호작용은 죽음을 둘러싼 외상 환경에 계속 초점을 두게 만들고, 궁극적으로는 애도 과정과 적응을 방해한다.

주의

연구 결과들은 여성의 외상후 스트레스장애에 대한 위험이 더 높다고 제안하는데 외상에 노출될 때 남성의 외상후 스트레스장애 증상의 발달보다 5배 더 높을 수 있다고 보고한다(Breslau, Davis, Andreski, & Peterson, 1991). 아동에 있어서 남아는 여아만큼 명확하게 인식되는 증상이 나타나지 않을지 모르며, 남아들은 외상후 스트레스장애 진단 도구와 면접에 의해 확인되는 불안이나 우울과 같은 내재화 증상을 보이는 대신에 행동화로 나타날 수 있다고 제안한다(Ostrov, Offer, & Howard, 1989).

기억할 것

애착 연구에서 외상을 경험한 영아는 Ainsworth의 낯선 상황 연구에서(Ainsworth, Blehar, Waters, & Wall, 1978) 부모가 돌아왔을 때 혼란스러운 반응을 보였고, 재결합 시 코르티솔의 수준이 높아졌다(Spangler & Grossmann, 1999). 반면에, 안정 애착 영아의 어머니는 취약한(행동상 억제된) 자녀의 코르티솔 반응을 낮춤으로써 스트레스를 완화시켰다(Nachmias, Gunnar, Mangelsdorf, Parritz, & Buss, 1996).

병인론

생물학적, 유전적, 신경학적 연관성

높은 스트레스 수준의 사건은 신체와 뇌에 물리적인 변화를 만들어 낸다는 증거가 있다. 신경전달물질인 **노르에피네프린**의 비정상적인 활동과 호르몬인 **코르티솔**의 높은 수준 모두 이러한 과정에 관련되어 있다(Baker et al., 1999). 또한 고조된 각성이 지속되어 시간이 지날수록 미래의 스트레스 상황을 관리하는 **해마**(스트레스 호르몬을 조절하는 뇌의 일부분)의 기능을 변형시킬 수 있다는 증거가 있다(Bremner, 1999).

기억할 것

가난, 부모의 정신질환, 십대 부모와 같은 환경적 조건은 아동에게 좋지 않은 결과를 가져올 수 있는 고위험 요인으로 알려져 있다(Zeanah, Boris, & Larrieu, 1997). 당연히, 압도되고 고통받는 부모는 자녀의 요구에 덜 지지적이기 쉽다.

기억할 것

외상 사건 노출에 대한 위험을 증가시키는 요인들도 밝혀지고 있다. 낮은 교육 수준, 남성, 외향성, 초기 행동문제 그리고 정신 문제의 가족력 모두가 외상 사건에 대한 노출 기회를 증가시킨다(Breslau et al., 1991).

외상후 스트레스장애에 대한 취약성을 증가시키는 경향이 있는 특정 요인으로는 아동기 성적 또는 신체적 외상 경험, 낮은 자존감, 10세 전에 부모로부터 분리되거나, 이전에 정신장애가 있었거나, 부모, 형제의 정신장애 유무, 여성(Davidson, 1993), 그리고 기존에 불안 또는 우울을 갖고 있느냐가 포함된다(Breslau et al., 1991).

아동기의 만성적인 외상후 스트레스장애의 발달은 개인 효율성의 부족(Joseph, Brewin, Yule, & Williams, 1993)과 통재 소재와 같은 성격 변인과 관련되어 있으며, 기존에 특성 불안이 있거나 또는 부정적인 정서성은 더 심각한 외상후 스트레스장애 증상의 발달을 예견한다(Lonigan et al., 1994).

외상후 스트레스장애의 하위 유형

개인이 노출된 외상의 유형에 따라 하위 유형을 구분해야 한다는 주장이 제기되어 왔다. Terr(1991)에 따르면 단일 **유형 Ⅰ 외상**(singular Type I traumas; 주요한 외상 사건들: 차량 사고, 다리 붕괴 등)과 반복된 **유형 Ⅱ 외상**(repeated Type II traumas; 다양하고 장기간의 신체적 또는 성적 학대) 사이의 구분이 있어야 한다고 하였다. Terr에 따르면 유형 I 외상은 재경험, 회피, 과각성을 보이는 반응의 패턴을 유발하며, 유형 II 외상은 거부, 마비 또는 해리 그리고 분노와 같은 증상이 더 만연하게 나타날 것이라고 하였다.

Horowitz와 동료들(1995)은 정신과에 방문한 여자 청소년 67%가 외상후 스트레스장애 기준에 해당한다는 것을 발견하였고, 한 연구는 성적 학대의 경험이 있는 아동의 외상후 스트레스장애에 대한 위험은 21%나 된다고 하였다(Deblinger, McLeer, Atkins, Ralphe, & Foa, 1989). 성적 학대를 경험한 어린 소녀는 성인기에 가정 폭력의 피해자

주의

어린 나이에 폭력이나 학대에 노출되는 것은 십대 임신, 초기 성행위, 섭식장애, 약물 사용, 불안장애와 우울장애, 자살시도와 정서장애와 같은 청소년기의 높은 고위험 행동의 발생 정도를 증가시키는 토대가 된다(Horowitz, Weine, & Jekel, 1995).

가 되거나 피해를 반복 경험할 확률이 2~3배 더 높았다(Cloitre, Tardiff, Marzuk, Leon, & Potera, 1996). 더욱이, Deblinger와 동료들(1989)은 성적 학대를 받은 아동의 외상후 스트레스장애 증상 프로파일은 다른 유형의 학대와 다르고, 부적절한 성적 행동과 재경험의 증상을 더 많이 갖는다고 주장하였다.

주의

Pynoos(1994)는 아동의 외상에 대한 부모의 반응이 긍적적(아동을 진정시키고 침착하게 하려는 행동) 혹은 부정적(전염효과를 유발함으로써 정서적 민감성을 악화시키는 것) 영향을 끼칠 수 있다고 주장하였다.

폭력의 목격 가정과 주변 환경에서 폭력과 학대에 노출되면 폭력 외상에 대한 심각한 외상후 스트레스장애 반응을 일으킬 수 있고 이후의 삶에서 정신병리학적 문제를 야기할 수 있다. 가정 폭력을 목격한 아동은 직접적인 피해자가 아니더라도, 폭력을 목격하지 않은 아동에 비해 심각하게 높은 외상후 스트레스장애 점수를 보고했다(Kilpatrick & Williams, 1997). Berton과 Stabb(1996)은 설문에 참가한 수도권 지역의 고등학생의 29%가 지역사회 내 폭력에 노출되며 외상후 스트레스장애에 취약해지기에 충분한 증상을 가지고 있다고 보고하였다. 아동기 폭력과 학대에 대한 노출의 결과로, 사회적 회피, 미래에 대한 단절감, 삶의 기회가 박탈될 수 있다.

기억할 것

외상후 스트레스장애의 장기적 영향에 대한 학자들의 연구 결과에 따르면, 어떤 아동에게는 외상후 스트레스장애의 영향이 매우 파괴적일 수 있다. Greene와 Ablon(2004)은 버팔로 크리크 댐 붕괴 사건에 노출된 아동들을 추적연구하였다. 사고 2년 후 외상후 스트레스장애 증상을 보였던 37%의 아동들 중, 17년 후 추적연구 시 7%가 지속적으로 외상후 스트레스장애의 기준을 충족시키는 것으로 나타났다.

외상후 스트레스장애의 행동적 · 인지적 모델

인지행동 모델을 지지하는 사람들은 학습이론의 관점에서 외상 사건에 대한 아동의 반응을 해석한다. 이 관점에서는, 외상 사건을 재경험하는 것은 조건화된 공포 반응과 같다고 본다. 외상 사건이 다시 일어날 것 같지 않더라도 소거는 일어나지 않는다. 왜냐하면 공포는 자극일반화와 증가된 연결을 통해 지속적으로 다시 활성화되기 때문이다. 정서적 과정은 미래의 위협에 대해 어떻게 평가할지 변화시킬 수 있으며 비교적 해가 없는 사건도 잠재적 위협의 신호로 간주하게 한다(Foa & Kozak, 1986). 다른 인지이론가들은 부적응적 인지 가설과 평가가 미래에 대한 역기능적 신념을 야기한다고 강조하였다(Ehlers & Clark, 2000).

주의

Brewin, Dagleish와 Joseph(1996)은 외상 기억은 의식적인 노력에 의해 쉽게 접근하지 못하나 상황적 단서에 의해 촉발되기 때문에, 외상 기억은 다른 기억과는 다르게 상황적으로 접근 가능한 기억(Situationally Accessible Memories: SAMs)으로 활성화될 것이라고 제안하였다.

기억할 것

양육자가 너무 주의를 기울이거나 반대로 충분한 관심을 주지 않게 되면 아동의 외상후 스트레스장애에 영향을 미치게 된다. McFarlane(1987)은 부모의 외상후 스트레스장애에 대한 회피가 외상후 스트레스장애를 더 심화시키는 결과를 가져온다는 결과와 함께, 외상후 스트레스장애 아동에 대한 어머니의 과보호가 가장 안 좋은 결과로 이끌 수 있다는 것을 밝혔다. 부모-자녀 관계 개선, 스트레스 경험을 다루는 것에 초점을 둔 개입법은 아동의 외상후 스트레스장애에 대한 상당히 향상된 결과를 보였다(Olds et al., 1998).

애착과 양육 모델

많은 연구에서 부모 변인이 여러 방법으로 아동의 외상후 스트레스장애 증상에 영향을 줄 수 있다는 것이 밝혀졌다. Scheeringa와 Zeanah(2001)가 검토한 17개의 논문에서 DSM-IV 진단 기준을 사용하여 부모와 아동의 외상에 대한 반응을 평가하였다. 1개를 제외한 모든 연구에서, 연구자들은 덜 적응적인 부모 기능과 덜 적응적인 아동 기능 간 유의미한 외상 후 연합을 발견했다. 그들의 결과에 근거하여, 연구자는 발달을 통해서 주양육자와의 관계가 외상후 스트레스장애의 표현에 가장 중요하다는 것을 핵심 신념으로 하는 **외상후 스트레스장애의 관계적 맥락모델**(model of the relational context)을 개발했다. Scheeringa와 Zeanah(2001)는 '복합 효과(compound effect)'를 설명하기 위해 **관계적 외상후 스트레스장애** 개념을 사용하였는데, 복합 효과란 "외상 후 증상이 성인 양육자와 어린 아동에게서 같이 나타나는 것으로 한쪽(주로 성인)의 증상이 다른 쪽의 증상을 악화시킨다."(p. 809) 부모와 아동이 반드시 같은 사건을 외상으로 경험하지 않더라도, 외상 반응은 부정적인 방식으로 다른 사람의 증상에 영향을 미친다. [참고자료 13-2]에서 세 가지 패턴에 대해 요약하였다.

참고자료 13-2 **관계적 외상후 스트레스장애: 반응 패턴과 아동에 대한 결과**

부모의 반응 패턴	설명/이유	결과
위축/무반응/비가용성	부모가 아동에 대해 정서적으로 비가용적이다. 아동의 증상에 의해 다시 일깨워지는 부모의 미해결된 과거 외상이 아동의 증상을 피하도록 만든다.	아동의 외상후 스트레스장애 증상을 더 심각하게 만든다.
과보호/위축시키는 패턴	부모는 침습적으로 외상을 재경험시키는 경향이 있다. 부모가 외상에 노출되지 않았더라도, 부모는 아동을 외상으로부터 지키지 못했다는 것에 죄책감을 느낀다.	아동의 외상후 스트레스장애 증상을 더 심각하게 만든다.
재연시킴/위태롭게 만듦/겁주는 패턴	부모가 외상에 사로잡혀 있다. 부모가 스트레스 받은 아동에게 특정 사건에 대한 질문과 비판을 퍼붓는다.	아동의 회피 반응이 증가할 수 있다. 양육자는 무의식적으로 아동을 미래 외상에 처하게 할 위험이 있다.

출처: Scheering & Zeanah, 2001.

Scheeringa와 Zeanah(2001)에 의해 제안된 관계적 외상후 스트레스장애 모델은 외상에 노출된 성인에 관한 애착 논문을 통해 지지되었다. 애착의 관점에서, 영아의 혼란 애착에 대한 연구는 미해결된 외상을 갖거나 외상 경험에 사로잡혔거나 압도된 양육자와 혼란 애착을 연결시키는데, 이러한 양육자는 자신의 영아나 어린 아동을 두려워하거나 겁주게 된다.

Lyons-Ruth와 Jacobvitz(1999)는 애착 관계가 적절하더라도 만약 외상이 매우 심각하다면(외상후 스트레스장애가 될 정도로), 아동이나 성인의 애착 전략을 혼란에 빠트릴 수 있을 정도로 악화시킬 수 있다고 설명하였다. 미해결된 외상을 가진 양육자는 미해결된 두려움을 다시 깨우는 것에 매우 낮은 역치를 가질 수 있는데, 이는 혼란 애착 반응을 촉발시키고 혼란스런 애착 반응이 세대간 전이되도록 이끈다. 이 '스트레스 관련 체질모델(stress-relational-diathesis model)'에서, 연구자는 초기 모성 박탈은 충분한 스트레스가 일어날 때까지 잠재요인으로 있다가 비전형적이고 부적응적인 행동을 다시 나타나게 한다고 제안한다.

기억할 것

Main과 Solomon(1986)은 Ainsworth의 낯선 상황 절차에서 부모가 돌아왔을 때 이상한 행동(불안, 울기, 경직, 상충/모순되는 행동, 혼수상태 같은 표현)을 보이는 몇몇 아동에 대해 혼란 애착 패턴이라는 용어를 사용했다. 보통 애착 욕구는 스트레스 상황에서 고조되지만, 혼란 애착 아동은 부모가 편안함의 원천인 동시에 공포의 원천이며, 이는 양육자에게 다가가다가 도망치는 상반된 행동을 나타나게 한다. 이 접근/회피 반응 패턴은 (학대의 피해자로서) 두려워하는 부모나 학대 경험을 가진 부모(Lyons-Ruth & Jacobvitz, 1999), 혹은 겁먹은 부모와 연관되어 있다. 이러한 부모는 미해결된 외상이나 상실을 가지고 있다(Main & Hesse, 1990).

기억할 것

스트레스는 다음을 포함하여 모든 기능 수준에 영향을 줄 수 있다.

- 인지적: 부적응적 사고, 기억 문제, 주의집중 문제, 극도의 경계심, 세부 기억 인출 실패, 미래에 대한 단절된 감각
- 정서적: 불안, 과민함, 불안정한 정서, 제한된 정서, 외상 관련 꿈, 두려움과 회피, 공포증
- 행동적: 외상놀이(외상과 관련된 놀이), 과잉행동, 퇴행, 분노폭발, 충동성, 산만함
- 신체–생리학적: 놀람 반응, 두통, 복통, 피로, 수면 부족

평 가

Richards와 Bates(1997)는 인지적, 정서적, 행동적 그리고 신체적 반응에서 나타나는 외상후 스트레스장애 증상에 대해 논의했다. 이들은 이 영역에서 더 잘 극복하기 위해 특정 치료 전략을 목표로 하는 것이 외상후 스트레스장애 아동이 스트레스를 더 잘 관리하도록 하는 것에 효과적일 수 있다고 제안했다.

임상적으로 구조화된 혹은 반구조화된 면접 외에 이전에 논의한 바 있는 일반적인 아동 행동평가척도를 통해 전반적인 불안, 우울, 정신상태를 측정할 수 있다. 청소년용 성격검사(Personality Inventory for Youth: PIY; Lachar & Gruber, 1995)는 가정과 학교 환경에서의 생장증상을 평가하는 신체화 척도를 포함하는 정서적 · 행동적 적응평가척도들을 포함한다. 아동용 외상 증상 평정척도(Trauma Symptom Checklist for Children: TSCC; Briere, 1996)는 8세에서 16세 아동의 외상 사건에 대한 영향을 평가하기 위해 개발되었다. 아동은 5개의 임상 하위 척도(불안, 우울, 분노, 외상후 스트레스, 분열)에 4점 척도로 그들의 반응을 평정한다. 선택형으로 성적 문제를 측정하는 여섯 번째 척도도 포함된다. 그 밖에 임상 하위 척도 외에 회피나 증상부인(과소반응)과 과장된/고양된 반응(과민

반응)을 측정하는 도구가 있다.

치 료

외상 중심 인지행동치료(TF-CBT)

최근의 보고에 따르면, AACAP(2010)는 외상후 스트레스장애를 경험하는 아동의 치료에 대한 종합적인 계획을 개발할 필요가 있다는 것을 인정하였다. 치료계획은 아동의 학교 지원팀과 의사와의 상담을 포함해야 하며 외상 중심 치료가 포함된다. 일반적인 형식의 인지행동치료 프로그램과는 다르게 아동이나 청소년이 외상과 관련된 주제를 말하는 것에 주저하는 것과 회피하는 것을 극복하도록 하기 때문에 외상 중심 인지행동치료(TF-CBT)가 더 우수한 것으로 증명되었다(Cohen, Deblinger, Mannarino, & Steer, 2004). 외상 관련 증상의 완화를 위해 치료에 부모를 포함시키는 것도 성공적이었다(Deblinger, Lippmann, & Steer, 1999). 또한 AACAP(2010)는 SSRI(선택적 세로토닌 재흡수 억제제)를 사용한 치료는 아동의 우울, 불안, 강박장애 증상에 도움이 될 수 있을 것이라고 하였다. 가장 좋은 임상 시행은 외상 중심 인지행동치료 단독으로 실시하다가, 만약 꼭 필요하다면 선택적 세로토닌 재흡수 억제제와 외상 중심 인지행동치료를 결합한 것으로 변경하는 것이 바람직하다고 제안하였다.

Cohen과 동료들(2004)은 성적 학대로 인한 외상후 스트레스장애를 가진 아동(8~14세) 224명을 대상으로 한, 무선화된 외상 중심 인지행동치료의 통제 연구를 평가했다. 인지행동 프로그램, 외상 중심 인지행동치료, 대안치료[아동중심치료(CCT)]는 매뉴얼화되어 아동과 부모 모두에게 12주(12회기)에 걸쳐 진행되었다. 외상 중심 인지행동치료 프로그램은 정서표현, 정서관리, 인지적 학대 처리과정에 있어 기술을 강조한다. 아동중심치료 프로그램은 학대를 다루는 데 있어 부모-자녀 관계의 강화와 신뢰 구축에 목표를 두는 자아 지지적 대안치료다. 외상 중심 인지행동치료 프로그램에 참가했던 아동들은 아동중심치료 프로그램 아동과 비교하여 외상후 스트레스장애 학대 관련 영역(행동문제, 사회적 문제, 수치심, 우울, 학대 귀인)에서 상당히 큰 성과를 보였다. 게다가, 외상 중심 인지행동치료 프로그램에 참여한 부모 역시 우울감을 거의 보이지 않았고 아동에게 더 지지적이었다. 연구자는 외상 중심 인지행동치료가 성적 학대를 경험한 아동에게 효과적인 치료 개입이라고 결론지었다.

외상 적응 증후군

Velkamp와 Miller(1994)는 시작부터 해결까지 아동이 어떻게 스트레스에 반응을 하는지 개념화하는 5단계 모델을 개발했다. 이 모델은 목표 개입과 모니터링 과정에 대한 좋은 체계를 제공한다.

실제에 적용하기

외상 적응 증후군(Trauma Accommodation Syndrome)

1단계: 외상적 혹은 생명을 위협하는 사건

2단계: 두려움, 무력함, 공포

3단계: 재연: 반복놀이, 악몽, 재발을 유도하는 침습적 사고나 이미지의 회피, 이러한 행동은 비조직화되고 불안한 행동을 유발

4단계: 재평가와 재경험

5단계: 인지 재평가, 해결, 수용, 적응

출처: Velkamp & Miller, 1994에서 채택됨.

학습 점검하기

1. DSM-5의 외상후 스트레스장애의 진단 기준에 해당하는 것은?
(a) 침습적 증상을 경험
(b) 부정적 사고와 기분
(c) 회피행동과 각성과 반응성 증상들
(d) a, b, c 모두

2. 아동들에게서 반복적 이미지는 반복적 놀이 형태로 나타날 수 있다. 사실인가?

3. 다음 중 어떤 것이 외상후 스트레스장애의 전형적 증상이 아닌가?
(a) 외상후 스트레스장애 사건 장소를 반복적으로 재방문하려는 욕구
(b) 수면 방해/악몽
(c) 정서적 마비
(d) 분노와 과민함

4. 다음 중 아동의 외상후 스트레스장애의 증상이 아닌 것은?
(a) 혼란되고 안절부절못하는 행동
(b) 매달리기
(c) 울기
(d) 플래시백

5. 외상후 스트레스장애는 원래 DSM에 처음부터 포함되던 장애였다. 사실인가?

6. Scheeringa와 동료들(1995)에 의하면, 어린 아동에 있어서 외상후 스트레스장애에 대한 DSM-IV 기준은 다음과 같다고 하였다. 맞는 것은?
(a) 기준의 반 정도가 언어적 묘사를 요구하기 때문에 부적절하다.
(b) 기준이 관찰될 수 있기 때문에 적절하다.
(c) 어린 아동은 외상후 스트레스장애를 경험하지 않기 때문에 부적절하다.
(d) 4세 이상 아동에게 적절하다.

7. 다음 중 어느 것이 호주 산불에 대한 아동들의 반응에 대해 조사한 McDermott와 Palmer(2002)의 연구 결과에 해당하는가?

(a) 중학생들이 가장 정서적 고통을 많이 보고하였다

(b) 어린 아동(4~6학년)이 가장 정서적 고통을 많이 보고하였다.

(c) 청소년이 가장 정서적 고통을 많이 보고하였다.

(d) 연령과 관련된 차이가 없었다.

8. 다음 중 어떤 것이 외상후 스트레스장애를 발달시키는 위험 요인인가?

(a) 여성

(b) 성적 학대 경험

(c) 가정에서 폭력과 학대에 노출

(d) 위 모두

정답 1: d, 2: 사실, 3: a, 4: d, 5: 거짓, 6: a, 7: a, 8: d

부록 1 윤리강령

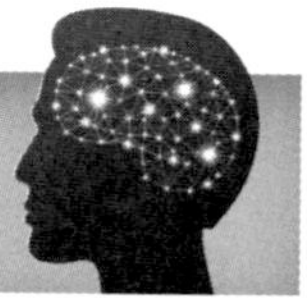

미국상담학회 윤리강령 – 미국상담학회(2005).

미국상담학회(ACA)는 1952년에 창설되었으며, 52,000명 이상의 회원으로 구성되어 있다. 미국상담학회의 윤리강령은 회원들의 상담 가이드라인과 표준을 위한 윤리적 행동원칙을 제공한다. 윤리강령은 미국상담학회 웹사이트 http://www.counseling.org/Resources/aca-code-of-ethics.pdf에서 확인 가능하다.

미국심리학회 윤리강령: 심리학자의 윤리 원칙과 활동에 대한 규정 – 미국심리학회(2002, 2010).

1953년 이래로 아홉 번 개정되었으며, 2003년 6월 1일에 새로운 윤리강령이 발효되었다. 미국심리학회는 150,000명 이상의 회원, 53개의 분과가 있는, 전세계에서 가장 큰 심리학회다. 윤리강령은 심리학자들에게 전문적이고 과학적인 업무 수행에 원칙과 기준을 제공하고 있다. 2002년 12월에 발행된 *American Psychologist*(57권, 12호)에 윤리강령이 발표되었으며, 인터넷 웹사이트 http://www.apa.org/ethics/code/principles.pdf에서 확인 가능하다. 이것은 2010년에 개정된 최근 버전이다.

학교상담을 위한 윤리강령 – 미국학교상담학회(2010).

미국학교상담학회(ACSA)는 1952년 창설되었으며, 15,000명의 회원으로 구성되어 있다. 윤리강령은 학교상담서비스를 제공할 때 요구되는 윤리적 행동에 대한 원칙을 제공한다. 최근 버전은 2010년에 개정되었으며, 인터넷 웹사이트 http://www.schoolcounselor.org/asca/media/asca/home/EthicalStandards2010.pdf에서 확인 가능하다.

전문적인 윤리 원칙 및 수행 매뉴얼: 학교심리서비스 제공을 위한 가이드라인 – 미국전국학교심리학자협회(2010).

미국전국학교심리학자협회(NASP)는 1969년에 창설되었으며, 전 세계적인 학교심리학자협회다. 미국전국학교심리학자협회는 학교심리학자들에게 학교심리서비스 제공 시 전문적인 수행을 위한 종합적인 기준을 제공하기 위해 발전되었다. 윤리강령은 인터넷 웹사이트 http://www.nasponline.org/standards/2010standards/1_%20Ethical%20Principles.pdf에서 확인 가능하다.

부록 2 평가 도구 및 관련 자료 정보

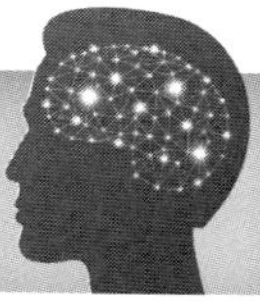

구조화된/반구조화된 임상 면접

-아동용 불안장애 면접 스케줄(K-SADS)

Ambrosini, P. J. (2000). Historical development and present status of the Schedule for Affective Disorders and Schizophrenia for School-Age Children (K-SADS). *Journal of the American Academy of Child & Adolescent Psychiatry, 39*, 49-58.

-아동청소년용 진단면접 컴퓨터 프로그램(DICA-IV)

Reich, W., Welner, Z., Herjanic, B., & MHS Staff. (1997). *Diagnostic Interview for Children and Adolescents computer program (DICA-IV)*. North Tonawanda, NY: Multi-Health System.

-아동용 진단면접 스케줄 IV(NIMH DISC-IV)

Shaffer, D., Fisher, P., Lucas, C., Dulcan, M. K., & Schwab-Stone, M. E. (2000). NIMH Diagnostic Interview Schedule for Children, Version IV (NIMH DISC-IV): Description, differences from previous versions, and reliability of some common diagnoses. *Journal of the American Academy of Child & Adolescent Psychiatry, 39*, 28-38.

-DSM-IV의 불안장애 면접 스케줄(ADIS for DSM-IV)

Silverman, W. K., & Albano, A. M. (1996). *Anxiety Disorders Interview Schedule for Children for DSM-IV (child and parent versions)*. San Antonio, TX: The Psychological Corporation.

행동평가척도 및 자기보고 측정

-유아 행동평가척도(CBCL)

Achenbach, T. M. (1991). *Manual for the Child Behavior Checklist 4-8 and the 1991 Profile*. Burlington: University of Vermont, Department of Psychiatry.

-아동청소년 행동평가척도(CBCL)

Achenbach, T. M., & Rescorla, L. A. (2001). *Manual for the ASEBA school-age forms and profiles*. Burlington, VT: ASEBA.

-벡 청소년용 정서사회성 손상 척도(BYI)

Beck, A., Beck, J., & Jolly, J. (2005). *The Beck Youth Inventories of Emotional and Social Impairment (BYI)*. San Antonio, TX: The Psychological Corporation.

-아동용 사회공포 및 불안 척도(SPAI-C)

Beidel, D., Turner, S. M., & Fink, C. M. (1996). Assessment of childhood social phobia: Construct, convergent and discriminative validity of the Social Phobia and Anxiety Inventory for Children (SPAI-C). *Psychological Assessment, 8*, 235-240.

-아동용 외상 증상 평정척도(TSCC)

Briere, J. (1996). *Trauma Symptom Checklist for Children: Professional manual*. Odessa, FL: Psychological Assessment Resources.

-브라운 주의력결핍장애 척도

Brown, T. E. (2001). *Brown Attention-Deficit Disorder Scales manual*. San Antonio, TX: The Psychological Corporation.

-코너스 평정척도

Conners, C. K. (1998). *Conners Rating Scales-Revised technical manual*. North

Tonawanda, NY: Multi-Health Systems.

Conners, C. K. (2008). *Conners* (3rd ed.; Conners 3). North Tonawanda, NY: Multi-Health Systems.

-섭식장애척도(EDI-2)

Garner, D. M. (1991). *The Eating Disorder Inventory-2*. Odessa, FL: Psychological Assessment Resources.

-실행기능 행동평정척도(BRIEF)

Gioia, G. A., Isquith, P. K., Guy, S. C., & Kenworthy, L. (2000). *Behavior Rating Inventory of Executive Function (BRIEF) professional manual*. Odessa, FL: Psychological Assessment Resources.

-길리암 자폐 평정척도(GARS)

Gilliam, J. E. (1995). *Gilliam Autism Rating Scale (GARS)*. Austin, TX: Pro-Ed.

-예일-브라운 강박척도(CY-BOCS)

Goodman, W., Rasmussen, S., & Price, L. (1988). *The Children's Yale Brown Obsessive-Compulsive Scale (CY-BOCS)*. New Haven: Connecticut Mental Health Center, Clinical Neuroscience Research Unit.

-아동용 절망감척도

Kazdin, A. E., Rodgers, A., & Colbus, D. (1986). The Hopelessness Scale for Children: Psychometric characteristics and concurrent validity. *Journal of Consulting and Clinical Psychology, 54*, 241-245.

-아동용 우울척도(CDI)

Kovacs, M. (2003). *Child Depression Inventory*. North Tonawanda, NY: Multi-Health Systems.

-청소년용 성격검사(PIY)

Lachar, D., & Gruber, C. P. (1995). *Personality Inventory for Youth (PIY) manual*. Los Angeles, CA: Western Psychological Services.

-아동용 다차원적 불안척도(MASC)

March, J. S. (1997). *The Multidimensional Anxiety Scale for Children (MASC)*.

North Tonawanda, NY: Multi-Health Systems.

–아스퍼거 증후군 진단척도(ASDS)

Myles, B. S., Bock, S. J., & Simpson, R. L. (2001). *Asperger Syndrome Diagnostic Scale (ASDS) examiner's manual.* Austin, TX: Pro-Ed.

–청소년 우울 및 불안 척도

Newcomer, P. L., Barenbaum, E. M., & Bryant, B. R. (1994). *DAYS: Depression and Anxiety in Youth Scale*. Austin, TX: Pro–Ed.

–아동용 두려움척도(FSSC–R)

Ollendick, T. H. (1983). Reliability and validity of the Revised Fear Survey Schedule for Children (FSSC–R). *Behavior Research and Therapy, 21*, 234–245.

–아동용 행동평가체계(BASC 2)

Reynolds, C. R., & Kamphaus, R. W. (2004). *Behavior Assessment System for Children: BASC 2 manual*. Circle Pines, MN: American Guidance Service.

–레이놀즈 아동불안척도(RCMAS-2)

Reynolds, C. R., & Richmond, B. O. (2008). *Revised Child Manifest Anxiety Scale-2*. Los Angeles, CA: Western Psychological Services.

–레이놀즈 청소년 우울척도(RADS)

Reynolds, W. M. (2002). *Reynolds Adolescent Depression Scale (RADS)*. Odessa, FL: Psychological Assessment Resources.

–레이놀즈 아동 우울척도(RCDS)

Reynolds, W. M. (1989). *Reynolds Child Depression Scale (RCDS)*. Odessa, FL: Psychological Assessment Resources.

–청소년 정신건강 질문지(APS)

Reynolds, W. M. (1998). *Adolescent Mental Health Questionnaire (APS)*. Odessa, FL: Psychological Assessment Resources.

–아동기 자폐평정척도(CARS)

Schopler, E., Reichler, R., & Renner, B. R. (1993). *Childhood Autism Rating Scale*

(CARS). Los Angeles, CA: Western Psychological Services.
-상태 및 특성 불안척도(STAIC)
Spielberger, C. D., Edwards, C. D., Lushene, R. E., Montouri, J., & Platzek, D. (1973). *Manual for the State-Trait Anxiety Inventory for Children (STAIC)*. Palo Alto, CA: Consulting Psychologists Press.

지적/인지적 기능 및 적응행동

-차별적 능력검사(DAS)
Elliott, C. D. (2007). *Differential Ability Scales* (2nd ed.). San Antonio, TX: The Psychological Corporation.
-적응행동평가체계(ABAS)
Harrison, P., & Oakland, T. (2003). *Adaptive Behavior Assessment System (ABAS) and the ABAS-Second edition with downward extension*. San Antonio, TX: The Psychological Corporation.
-적응행동척도-학교(ABS-S2)
Lambert, N., Nihira, K., & Leland, H. (1993). *ABS-S2: The Adaptive Behavior Scale-School* (2nd ed.). Austin, TX: Pro-Ed.
-스텐포드 비네 지능검사
Roid, G. H. (2003). *Manual for the Stanford Binet Intelligence Scales* (5th ed.). Itasca, IL: Riverside.
-바인랜드 적응행동척도
Sparrow, S. S., Balla, D. A., & Cicchetti, D. V. (1984). *Vineland Adaptive Behavior Scales*. Circle Pines, MN: American Guidance Service.
-웩슬러 유아용 지능검사(WPPSI-III)
Wechsler, D. (2002). *Manual for the Wechsler Preschool and Primary Scale of Intelligence* (3rd ed.; WPPSI-III). San Antonio, TX: The Psychological Corporation.
-웩슬러 아동용 지능검사(WISC-IV)

Wechsler, D. (2003). *Manual for the Wechsler Intelligence Scale for Children* (4th ed.; WISC-IV). San Antonio, TX: The Psychological Corporation.

참고문헌

Sattler, J. M. (2008). *Assessment of children: Cognitive foundations* (5th ed.). La Mesa, CA: Jerome M. Sattler.

Sattler, J. M. (2014). *Foundations of behavioral, social, & clinical assessment of children*. San Diego, CA: Jerome M. Sattler.

부록 3 장애인 등에 대한 특수교육법*

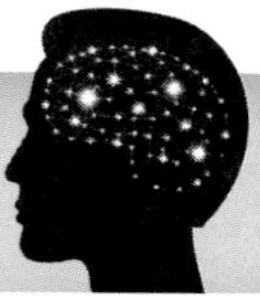

법률 제14160호(평생교육법) 일부개정 2016. 05. 29.

제1장 총칙

제1조 (목적) 이 법은 「교육기본법」 제18조에 따라 국가 및 지방자치단체가 장애인 및 특별한 교육적 요구가 있는 사람에게 통합된 교육환경을 제공하고 생애주기에 따라 장애유형 · 장애정도의 특성을 고려한 교육을 실시하여 이들이 자아실현과 사회통합을 하는 데 기여함을 목적으로 한다.

제2조 (정의) 이 법에서 사용하는 용어의 정의는 다음과 같다. [개정 2012. 3. 21 제11384호(「초 · 중등교육법」)]

1. "특수교육"이란 특수교육대상자의 교육적 요구를 충족시키기 위하여 특성에 적합한 교육과정 및 제2호에 따른 특수교육 관련서비스 제공을 통하여 이루어지는 교육을 말한다.

2. "특수교육 관련서비스"란 특수교육대상자의 교육을 효율적으로 실시하기 위하여 필요한 인적 · 물적 자원을 제공하는 서비스로서 상담지원 · 가족지원 · 치료지

*원서의 부록 3은 「미국 장애인교육법」을 다루고 있다. 역서에는 우리 나라 장애인교육법 관련 내용을 싣는 것이 독자에게 도움이 되리라 판단하여 한국 장애인교육법 내용을 수록하였다. 이 내용은 원서에는 없는 내용임을 밝힌다.

원 · 보조인력지원 · 보조공학기기지원 · 학습보조기기지원 · 통학지원 및 정보접근 지원 등을 말한다.

3. "특수교육대상자"란 제15조에 따라 특수교육을 필요로 하는 사람으로 선정된 사람을 말한다.

4. "특수교육교원"이란 「초 · 중등교육법」 제2조 제4호에 따른 특수학교 교원자격증을 가진 자로서 특수교육대상자의 교육을 담당하는 교원을 말한다.

5. "보호자"란 친권자 · 후견인, 그 밖의 사람으로서 특수교육대상자를 사실상 보호하는 사람을 말한다.

6. "통합교육"이란 특수교육대상자가 일반학교에서 장애유형 · 장애정도에 따라 차별을 받지 아니하고 또래와 함께 개개인의 교육적 요구에 적합한 교육을 받는 것을 말한다.

7. "개별화교육"이란 각급학교의 장이 특수교육대상자 개인의 능력을 계발하기 위하여 장애유형 및 장애특성에 적합한 교육목표 · 교육방법 · 교육내용 · 특수교육 관련서비스 등이 포함된 계획을 수립하여 실시하는 교육을 말한다.

8. "순회교육"이란 특수교육교원 및 특수교육 관련서비스 담당 인력이 각급학교나 의료기관, 가정 또는 복지시설(장애인복지시설, 아동복지시설 등을 말한다. 이하 같다.) 등에 있는 특수교육대상자를 직접 방문하여 실시하는 교육을 말한다.

9. "진로 및 직업교육"이란 특수교육대상자의 학교에서 사회 등으로의 원활한 이동을 위하여 관련 기관의 협력을 통하여 직업재활훈련 · 자립생활훈련 등을 실시하는 것을 말한다.

10. "특수교육기관"이란 특수교육대상자에게 유치원 · 초등학교 · 중학교 또는 고등학교(전공과를 포함한다. 이하 같다.)의 과정을 교육하는 특수학교 및 특수학급을 말한다.

11. "특수학급"이란 특수교육대상자의 통합교육을 실시하기 위하여 일반학교에 설치된 학급을 말한다.

12. "각급학교"란 「유아교육법」 제2조 제2호에 따른 유치원 및 「초 · 중등교육법」 제2조에 따른 학교를 말한다.

제3조 (의무교육 등) ① 특수교육대상자에 대하여는 「교육기본법」 제8조에도 불

구하고 유치원 · 초등학교 · 중학교 및 고등학교 과정의 교육은 의무교육으로 하고, 제24조에 따른 전공과와 만 3세 미만의 장애영아교육은 무상으로 한다.

② 만 3세부터 만 17세까지의 특수교육대상자는 제1항에 따른 의무교육을 받을 권리를 가진다. 다만, 출석일수의 부족 등으로 인하여 진급 또는 졸업을 하지 못하거나, 제19조 제3항에 따라 취학의무를 유예하거나 면제받은 자가 다시 취학할 때의 그 학년이 취학의무를 면제 또는 유예받지 아니하고 계속 취학하였을 때의 학년과 차이가 있는 경우에는 그 해당 연수(年數)를 더한 연령까지 의무교육을 받을 권리를 가진다.

③ 제1항에 따른 의무교육 및 무상교육에 드는 비용은 대통령령으로 정하는 바에 따라 국가 또는 지방자치단체가 부담한다.

제4조 (차별의 금지) ① 각급학교의 장 또는 대학(「고등교육법」 제2조에 따른 학교를 말한다. 이하 같다.)의 장은 특수교육대상자가 그 학교에 입학하고자 하는 경우에는 그가 지닌 장애를 이유로 입학의 지원을 거부하거나 입학전형 합격자의 입학을 거부하는 등 교육기회에 있어서 차별을 하여서는 아니 된다.

② 국가, 지방자치단체, 각급학교의 장 또는 대학의 장은 다음 각 호의 사항에 관하여 장애인의 특성을 고려한 교육시행을 목적으로 함이 명백한 경우 외에는 특수교육대상자 및 보호자를 차별하여서는 아니 된다.

1. 제28조에 따른 특수교육 관련서비스 제공에서의 차별
2. 수업참여 배제 및 교내외 활동 참여 배제
3. 개별화교육지원팀에의 참여 등 보호자 참여에서의 차별
4. 대학의 입학전형절차에서 장애로 인하여 필요한 수험편의의 내용을 조사 · 확인하기 위한 경우 외에 별도의 면접이나 신체검사를 요구하는 등 입학전형 과정에서의 차별

제3장 특수교육대상자의 선정 및 학교배치 등

제14조 (장애의 조기발견 등) ① 교육장 또는 교육감은 영유아의 장애 및 장애 가능성을 조기에 발견하기 위하여 지역주민과 관련 기관을 대상으로 홍보를 실시하고, 해당 지역 내 보건소와 병원 또는 의원(醫院)에서 선별검사를 무상으로 실시하여

야 한다.

② 교육장 또는 교육감은 제1항에 따른 선별검사를 효율적으로 실시하기 위하여 지방자치단체 및 보건소와 병 · 의원 간에 긴밀한 협조체제를 구축하여야 한다.

③ 보호자 또는 각급학교의 장은 제15조 제1항 각 호에 따른 장애를 가지고 있거나 장애를 가지고 있다고 의심되는 영유아 및 학생을 발견한 때에는 교육장 또는 교육감에게 진단 · 평가를 의뢰하여야 한다. 다만, 각급학교의 장이 진단 · 평가를 의뢰하는 경우에는 보호자의 사전 동의를 받아야 한다.

④ 교육장 또는 교육감은 제3항에 따라 진단 · 평가를 의뢰받은 경우 즉시 특수교육지원센터에 회부하여 진단 · 평가를 실시하고, 그 진단 · 평가의 결과를 해당 영유아 및 학생의 보호자에게 통보하여야 한다.

⑤ 제1항의 선별검사의 절차와 내용, 그 밖에 검사에 필요한 사항과 제3항의 사전 동의 절차 및 제4항에 따른 통보 절차에 필요한 사항은 대통령령으로 정한다.

제15조 (특수교육대상자의 선정) ① 교육장 또는 교육감은 다음 각 호의 어느 하나에 해당하는 사람 중 특수교육을 필요로 하는 사람으로 진단 · 평가된 사람을 특수교육대상자로 선정한다. [개정 2016. 2. 3.]

1. 시각장애
2. 청각장애
3. 지적장애
4. 지체장애
5. 정서 · 행동장애
6. 자폐성장애(이와 관련된 장애를 포함한다.)
7. 의사소통장애
8. 학습장애
9. 건강장애
10. 발달지체
11. 그 밖에 대통령령으로 정하는 장애

② 교육장 또는 교육감이 제1항에 따라 특수교육대상자를 선정할 때에는 제16조 제1항에 따른 진단 · 평가결과를 기초로 하여 고등학교 과정은 교육감이 시 · 도특수

교육운영위원회의 심사를 거쳐, 중학교 과정 이하의 각급학교는 교육장이 시 · 군 · 구특수교육운영위원회의 심사를 거쳐 이를 결정한다.

제16조 (특수교육대상자의 선정절차 및 교육지원 내용의 결정) ① 특수교육지원센터는 진단 · 평가가 회부된 후 30일 이내에 진단 · 평가를 시행하여야 한다.

② 특수교육지원센터는 제1항에 따른 진단 · 평가를 통하여 특수교육대상자로의 선정 여부 및 필요한 교육지원 내용에 대한 최종의견을 작성하여 교육장 또는 교육감에게 보고하여야 한다.

③ 교육장 또는 교육감은 특수교육지원센터로부터 최종의견을 통지받은 때부터 2주일 이내에 특수교육대상자로의 선정 여부 및 제공할 교육지원 내용을 결정하여 부모 등 보호자에게 서면으로 통지하여야 한다. 교육지원 내용에는 특수교육, 진로 및 직업교육, 특수교육 관련서비스 등 구체적인 내용이 포함되어야 한다.

④ 제1항에 따른 진단 · 평가의 과정에서는 부모 등 보호자의 의견진술의 기회가 충분히 보장되어야 한다.

제17조 (특수교육대상자의 배치 및 교육) ① 교육장 또는 교육감은 제15조에 따라 특수교육대상자로 선정된 자를 해당 특수교육운영위원회의 심사를 거쳐 다음 각 호의 어느 하나에 배치하여 교육하여야 한다.

1. 일반학교의 일반학급
2. 일반학교의 특수학급
3. 특수학교

② 교육장 또는 교육감은 제1항에 따라 특수교육대상자를 배치할 때에는 특수교육대상자의 장애정도 · 능력 · 보호자의 의견 등을 종합적으로 판단하여 거주지에서 가장 가까운 곳에 배치하여야 한다.

③ 교육감이 관할 구역 내에 거주하는 특수교육대상자를 다른 시 · 도에 소재하는 각급학교 등에 배치하고자 할 때에는 해당 시 · 도 교육감(국립학교의 경우에는 해당 학교의 장을 말한다.)과 협의하여야 한다.

④ 제3항에 따라 특수교육대상자의 배치를 요구받은 교육감 또는 국립학교의 장은 대통령령으로 정하는 특별한 사유가 없는 한 이에 응하여야 한다.

⑤ 제1항부터 제4항까지의 규정에 따른 특수교육대상자의 배치 등에 관하여 필요

한 사항은 대통령령으로 정한다.

[별표] 〈개정 2016. 6. 21.〉 특수교육대상자 선정 기준(제10조 관련)

1. 시각장애를 지닌 특수교육대상자

시각계의 손상이 심하여 시각기능을 전혀 이용하지 못하거나 보조공학기기의 지원을 받아야 시각적 과제를 수행할 수 있는 사람으로서 시각에 의한 학습이 곤란하여 특정의 광학기구 · 학습매체 등을 통하여 학습하거나 촉각 또는 청각을 학습의 주요 수단으로 사용하는 사람

2. 청각장애를 지닌 특수교육대상자

청력 손실이 심하여 보청기를 착용해도 청각을 통한 의사소통이 불가능 또는 곤란한 상태이거나, 청력이 남아 있어도 보청기를 착용해야 청각을 통한 의사소통이 가능하여 청각에 의한 교육적 성취가 어려운 사람

3. 지적장애를 지닌 특수교육대상자

지적 기능과 적응행동상의 어려움이 함께 존재하여 교육적 성취에 어려움이 있는 사람

4. 지체장애를 지닌 특수교육대상자

기능 · 형태상 장애를 가지고 있거나 몸통을 지탱하거나 팔다리의 움직임 등에 어려움을 겪는 신체적 조건이나 상태로 인해 교육적 성취에 어려움이 있는 사람

5. 정서 · 행동장애를 지닌 특수교육대상자

장기간에 걸쳐 다음 각 목의 어느 하나에 해당하여, 특별한 교육적 조치가 필요한 사람

가. 지적 · 감각적 · 건강상의 이유로 설명할 수 없는 학습상의 어려움을 지닌 사람

나. 또래나 교사와의 대인관계에 어려움이 있어 학습에 어려움을 겪는 사람

다. 일반적인 상황에서 부적절한 행동이나 감정을 나타내어 학습에 어려움이 있는 사람

라. 전반적인 불행감이나 우울증을 나타내어 학습에 어려움이 있는 사람

마. 학교나 개인 문제에 관련된 신체적인 통증이나 공포를 나타내어 학습에 어

려움이 있는 사람

6. 자폐성장애를 지닌 특수교육대상자

사회적 상호작용과 의사소통에 결함이 있고, 제한적이고 반복적인 관심과 활동을 보임으로써 교육적 성취 및 일상생활 적응에 도움이 필요한 사람

7. 의사소통장애를 지닌 특수교육대상자

다음 각 목의 어느 하나에 해당하여 특별한 교육적 조치가 필요한 사람

가. 언어의 수용 및 표현 능력이 인지능력에 비하여 현저하게 부족한 사람

나. 조음능력이 현저히 부족하여 의사소통이 어려운 사람

다. 말 유창성이 현저히 부족하여 의사소통이 어려운 사람

라. 기능적 음성장애가 있어 의사소통이 어려운 사람

8. 학습장애를 지닌 특수교육대상자

개인의 내적 요인으로 인하여 듣기, 말하기, 주의집중, 지각(知覺), 기억, 문제 해결 등의 학습기능이나 읽기, 쓰기, 수학 등 학업 성취 영역에서 현저하게 어려움이 있는 사람

9. 건강장애를 지닌 특수교육대상자

만성질환으로 인하여 3개월 이상의 장기입원 또는 통원치료 등 계속적인 의료 적 지원이 필요하여 학교생활 및 학업 수행에 어려움이 있는 사람

10. 발달지체를 보이는 특수교육대상자

신체, 인지, 의사소통, 사회·정서, 적응행동 중 하나 이상의 발달이 또래에 비하여 현저하게 지체되어 특별한 교육적 조치가 필요한 영아 및 9세 미만의 아동

참고문헌

Abu-Arefeh, I., & Russell, G. (1994). Prevalence of headache and migraine in school children. *British Medical Journal, 309,* 765-769.

Achenbach, T. M. (1966). The classification of children's psychiatric symptoms: A factor analytic study. *Psychological Monographs, 80* (7, whole no. 609).

Achenbach, T. M. (1991). *Manual for the Child Behavior Checklist/4-18 and 1991 profile.* Burlington: University of Vermont, Department of Psychiatry.

Achenbach, T. M., McConaughy, S. H., & Howell, C. T. (1987). Child and adolescent behavioral and emotional problems: Implications of cross-informant correlations for situational specificity. *Psychological Bulletin, 101,* 213-232.

Achenbach, T. M., & Rescorla, L. A. (2001). *Manual for the ASEBA School-Age Forms and Profiles.* Burlington: University of Vermont, Research Center for Children, Youth, and Families.

Aguilar, B., Sroufe, L. A., Egeland, B., & Carlson, E. (2000). Distinguishing the early-onset/persistent and adolescent-onset antisocial behavior types: From birth to 16 years. *Development and Psychopathology, 12,* 109-132.

Ainsworth, M. C., Blehar, M. S., Waters, E., & Wall, S. (1978). *Patterns of attachment: A psychological study of the strange situation.* Hillsdale, NJ: Erlbaum.

Albano, A. M., Chorpita, B. F., & Barlow, D. H. (1996). Childhood anxiety disorders. In E. J. Mash & R. A. Barkley (Eds.), *Child psychopathology* (pp. 279-329). New York, NY: Guilford

Press.

Alfven, G. (2001). Understanding the nature of multiple pains in children. *Journal of Pediatrics, 138*(2), 156-158.

Allen, L., & Majidi-Ahi, S. (2001). African American children. In J. T. Gibbs & L. N. Huang (Eds.), *Children of color* (pp. 143-170). San Francisco, CA: Jossey-Bass.

Aman, M. G., Hammer, D., & Rohahn, J. (1993). Mental retardation. In T. H. Ollendick & M. Hersen (Eds.), *Handbook of child and adolescent assessment* (pp. 321-345). Needham Heights, MA: Allyn & Bacon.

Amaya-Jackson, L., & March, J. (1995). Posttraumatic stress disorder. In J. S. March (Ed.), *Anxiety disorders in children and adolescents* (pp. 276-300). New York, NY: Guilford Press.

American Academy of Child and Adolescent Psychiatry (AACAP). (1997). Official Action. Practice parameters for the assessment and treatment of children and adolescents with bipolar disorder. *Journal of the American Academy of Child and Adolescent Psychiatry, 36,* 138-157.

American Academy of Child and Adolescent Psychiatry (AACAP). (1998a). Practice parameters for the assessment and treatment of children and adolescents with depressive disorders. *Journal of the American Academy of Child and Adolescent Psychiatry, 10*(Suppl.), 63S-83S.

American Academy of Child and Adolescent Psychiatry (AACAP). (2010). Practice parameters for the assessment and treatment of children and adolescents with posttraumatic stress disorder. *Journal of the American Academy of Child and Adolescent Psychiatry, 49,* 414-430.

American Association on Intellectual and Developmental Disabilities. (2009a). *Intellectual disability: Definition, classification and systems of support* (11th ed.). Washington, DC: Author.

American Association on Intellectual and Developmental Disabilities. (2009b). *Intellectual disability.* Retrieved from www.aaidd.org/intellectualdisabilitybook/content_2348.cfm?navID=267

American Association on Mental Retardation (AAMR). (2002). *Mental retardation: Definition, classification, and systems of support* (10th ed.). Washington, DC: Author.

American Psychiatric Association (APA). (1952). *Diagnostic and statistical manual of mental disorder.* Washington, DC: Author.

American Psychiatric Association (APA). (1968). *Diagnostic and statistical manual of mental disorder* (2nd ed.). Washington, DC: Author.

American Psychiatric Association (APA). (1980). *Diagnostic and statistical manual of mental disorder* (3rd ed.). Washington, DC: Author.

American Psychiatric Association (APA). (1987). *Diagnostic and statistical manual of mental disorder* (3rd rev. ed.). Washington, DC: Author.

American Psychiatric Association (APA). (1994). *Diagnostic and statistical manual of mental disorder* (4th ed.). Washington, DC: Author.

American Psychiatric Association (APA). (2000). *Diagnostic and statistical manual of mental disorder* (4th ed., text revision). Washington, DC: Author.

American Psychiatric Association (APA). (2013). *Diagnostic and statistical manual of mental disorder* (5th ed.). Arlington, VA: American Psychiatric Publishing.

American Psychological Association (APA). (1996). *APA guidelines for providers of psychological services to ethnic, linguistic, and culturally diverse populations.* Retrieved from www.apa.org/divisions/div45/resources.html

American Psychological Association, Task Force on Psychological Intervention Guidelines. (1995). *Template for developing guidelines: Interventions for mental disorders and psychological aspects of physical disorders.* Washington, DC: Author.

Andrews, G., Pine, D. S., Hobbs, M. J., Anderson, T. M., & Sunderland, M. (2009). Neurodevelopmental disorders: Cluster 2 of the proposed meta-structure for DSM-V and ICD-11. *Psycholoigcal Medicine, 39*(12), 2013-2023.

Angold, A., Erkanli, A., Farmer, E. M. Z., Fairbank, J. A., Burns, B. A., Keeler, G. S., & Costello, E. J. (2002). Psychiatric disorder, impairment, and services use in rural African American and White youth. *Archives of General Psychiatry, 59,* 893-901.

Angold, A. E., Costello, E. J., & Erkanli, A. (1999). Comorbidity. *Journal of Child Psychology and Psychiatry, 40,* 57-87.

Angst, J. (2007). The bipolar spectrum. *British Journal of Psychiatry, 190,* 189-191.

Arnett, J. J. (1999). Adolescent storm and stress, reconsidered. *American Psychologist, 54,* 317-326.

Aseltine, R. H. (2003). Evaluation of a school-based suicide prevention program. *Adolescent and Family Health, 3,* 81-88.

Aseltine, R. H., & DiMartino, R. (2004). An outcome evaluation of the SOS suicide prevention program. *American Journal of Public Health, 94,* 446-451.

Aseltine, R. H., James, A., Schilling, E. A., & Glanovsky, J. (2007). Evaluating the SOS suicide prevention program: A replication and extension. *BMC Public Health*. Retrieved from http://www.biomedcentral.com/1471-2458/7/161.

Attar, B. K., Guerra, N. G., & Tolan, P. H. (1994). Neighborhood disadvantage, stressful life events and adjustments in urban elementary-school children. *Journal of Clinical Child & Adolescent Psychology, 23,* 391-400.

Attie, I., & Brooks-Gunn, J. (1995). The development of eating regulation across the life span. In D. Cicchetti & D. J. Cohen (Eds.), *Developmental psychopathology: Vol. 2. Risk disorder and adaptation* (pp. 332-368). New York, NY: Wiley.

Azrin, N. H., Donohue, B., Besalel, V. A., Kogan, E. S., & Acierno, R. (1994). Youth drug abuse treatment: A controlled outcome study. *Journal of Child and Adolescent Substance Abuse, 3,* 1-16.

Bailey, A., Phillips, W., & Rutter, M. (1996). Autism: Toward an integration of clinical, genetic, neuropsychological, and neurobiological perspectives. *Journal of Child Psychology and Psychiatry, 37,* 89-126.

Baker, D. G., West, S. A., Nicholson, W. E., Ekhator, N., Kasckow, J., Hill, K. K., … Geracioti, T. D. (1999). Serial CSF corticotropin-releasing hormone levels and adrenocortical activity in combat veterans with posttraumatic stress disorder. *American Journal of Psychiatry, 156,* 585-588.

Bandura, A. (1977). *Social learning theory*. Englewood Cliffs, NJ: Prentice Hall.

Bandura, A. (1985). A model of causality in social learning theory. In M. Mahony & A. Freeman (Eds.), *Cognition and therapy* (pp. 81-99). New York, NY: Plenum Press.

Bandura, A. (1986). *Social foundations of thought and action: A social cognitive theory*. Englewood Cliffs, NJ: Prentice Hall.

Barbaresi, W. J., Katusic, S. K., Collagin, R. C., Weaver, A. L., & Jacobsen, S. J. (2005). Math learning disorder: Incidence in a population-based birth cohort, 1976-82. Rochester, Minn. *Ambulatory Pediatrics, 5,* 281-289.

Barkley, R. A. (1997). Behavior inhibition, sustained attention, and executive function. *Psychological Bulletin, 121,* 65-94.

Barkley, R. A. (1998). *Attention-deficit hyperactivity disorder: A handbook for diagnosis and treatment* (2nd ed.). New York, NY: Guilford Press.

Barkley, R. A. (2006a). Primary symptoms, diagnostic criteria, prevalence, and gender differences. In R. A. Barkley (Ed.), *Attention-deficit hyperactivity disorder: A handbook for diagnosis and treatment* (3rd ed., pp. 76-121). New York, NY: Guilford Press.

Barkley, R. A. (2006b). Associated cognitive, developmental, and health problems. In R. A. Barkley (Ed.), *Attention-deficit hyperactivity disorder: A handbook for diagnosis and treatment* (3rd ed., pp. 122-183). New York, NY: Guilford Press.

Barkley, R. A. (2006c). Comorbid disorder, social and family adjustment, and subtyping. In R. A. Barkley (Ed.), *Attention-deficit hyperactivity disorder: A handbook of diagnosis and treatment* (3rd ed., pp. 184-218). New York, NY: Guilford Press.

Barkley, R. A., & Cunningham, C. E. (1978). Do stimulant drugs improve the academic performance of hyperkinetic children? A review of outcome research. *Clinical Pediatrics, 17,* 85-92.

Barkley, R. A., Fischer, M., Edelbrock, C. S., & Smallish, L. (1990). The adolescent outcome of hyperactive children diagnosed by research criteria: 1. An 8-year perspective follow-up study. *Journal of the American Academy of Child and Adolescent Psychiatry, 32,* 233-256.

Barkley, R. A., & Gordon, M. (2002). Research on comorbidity, adaptive functioning, and cognitive impairments in adults with ADHD: Implications for a clinical practice. In S. Goldstein & A. T. Ellison (Eds.), *Clinician's guide to adult ADHD: Assessment and intervention* (pp. 43-69). San Diego, CA: Academic Press.

Barkmann, C., Braehler, E., Schulte-Markwort, M., & Richterich, A. (2011). Chronic somatic complaints in adolescents: Prevalence, predictive validity of the parent reports, and associations with social class, health status and psychosocial distress. *Social Psychiatry & Psychiatric Epidemiology, 46,* 1003-1011.

Barlow, D. H. (2002). *Anxiety and its disorders: The nature and treatment of anxiety and panic* (2nd ed.). New York, NY: Guilford Press.

Barnett, A. L. (2008). Motor assessment in DCD: From identification to intervention. *International Journal of Disability Development and Education, 55*(2), 113-129.

Barrett, P. M., Healey-Farrell, I., Piacentini, J., & March, J. S. (2004). Obsessive-compulsive disorder in childhood and adolescence: Description and treatment. In P. M. Barrett & T. H. Ollendick (Eds.), *Handbook of interventions that work with children and adolescents* (pp. 187-216). West Sussex, UK: Wiley.

Barrett, P. M., Rappee, R. M., Dadds, M. M., & Ryan, S. M. (1996). Family enhancement of cognitive style in anxious and aggressive children. *Journal of the American Academy of Child and Adolescent Psychiatry, 24,* 187-203.

Barrios, B. A., & Hartmann, D. P. (1997). Fears and anxieties. In E. J. Mash & R. A. Barkley (Eds.), *Treatment of childhood disorders* (pp. 249-337). New York, NY: Guilford Press.

Batsche, G. M., & Knoff, H. M. (1995). Linking assessment to intervention. In A. Thomas & J. Grimes (Eds.), *Best practices in school psychology III* (pp. 569-586). Washington, DC: National Association of School Psychologists.

Baumrind, D. (1971). Current pattern of parental authority. *Developmental Psychology Monographs, 4*(1, part 2).

Baumrind, D. (1991). The influences of parenting style on adolescent competence and substance use. *Journal of Early Adolescence, 11,* 56-95.

Beck, A. T. (1976). *Cognitive therapy and emotional disorders.* New York, NY: International University Press.

Beck, A. T. (1997). Cognitive therapy: Reflections. In J. K. Zeig (Ed.), *The evolution of psychotherapy: The third conference* (pp. 55-68). New York, NY: Brunner/Mazel.

Beidel, D. C., Turner, S. M., & Morris, T. L. (1999). Psychopathology of childhood social phobia. *Journal of the American Academy of Child and Adolescent Psychiatry, 38,* 643-650.

Bellugi, U., Jarvinen-Pasley, A., Doyle, T., Reilly, J., Reiss, A., & Korenberg, J. (2007). Affect, social behavior and the brain in Williams syndrome. *Current Directions in Psychological Science, 10,* 99-104.

Berninger, V. W., & Hart, T. M. (1992). A developmental neuropsychological perspective for reading and writing acquisition. *Educational Psychologist, 27*(4), 415-434.

Bernstein, G. A., & Borchardt, C. M. (1991). Anxiety disorders of childhood and adolescence: A critical review. *Journal of the American Academy of Child and Adolescent Psychiatry, 30,* 519-532.

Berton, M. W., & Stabb, D. D. (1996). Exposure to violence and post-traumatic stress disorder in urban adolescents. *Adolescence, 31,* 489-498.

Bezchlibnyk-Butler, K. Z., & Jeffries, J. J. (1997). *Clinical handbook of psychotropic drugs.* Toronto, Canada: Hogrefe & Huber.

Biederman, J., Faraone, S., & Lapey, K. (1992). Comorbidity of diagnosis in attention-deficit hyperactivity disorder. In G. Weiss (Ed.), *Child and adolescent psychiatry clinics in North America: Attention deficit disorder* (pp. 335-360). Philadelphia, PA: W. B. Saunders.

Biederman, J., Mick, E., & Farone, S. V. (2002). Influence of gender on attention deficit hyperactivity disorder in children referred to a psychiatric clinic. *American Journal of Psychiatry, 159,* 36-42.

Biederman, J., Rosenbaum, J. F., Boldue-Murphy, E. A., Faraone, S. V., Chaloff, J., Hirshfeld, D. R., & Kagan, J. (1993). A 3-year follow-up of children with and without behavioral inhibition. *Journal of the American Academy of Child and Adolescent Psychiatry, 32,* 814-821.

Biederman, J., Wilens, T., Mick, E., Spencer, T., & Faraone, S. V. (1999). Pharmacotherapy of attention-deficit/hyperactivity disorder reduces risk for substance use disorder. *Pediatrics, 104,* e20.

Biederman, J., Wozniak, J., Kiely, K., Ablon, S., Faraone, S., Mick, E., … Kraus, I. (1995). CBCL clinical scales discriminate prepubertal children with structured interview-derived diagnosis of mania from those with ADHD. *Journal of the American Academy of Child and Adolescent Psychiatry, 34,* 464-471.

Biere, D. F., Reeve, R. A., Champion, G. D., & Addicoat, L. (1990). The Faces Pain Scale for the self-assessment of the severity of pain experienced by children: Development, initial validation, and preliminary investigation for ration scale properties. *Pain, 4,* 139-150.

Bird, H. (1996). Epidemiology of childhood disorders in a cross-cultural context. *Journal of Child Psychology and Psychiatry, 37,* 35-49.

Bird, H. R., Gould, M. S., & Staghezza, B. (1992). Aggregating data from multiple informants in child psychiatry epidemiological research. *Journal of the American Academy of Child and Adolescent Psychiatry, 31,* 78-85.

Birmaher, B. (2013). Bipolar disorder in children and adolescents. *Child and Adolescent Mental Health, 18*(3), 140-148.

Black, B. (1995). Separation anxiety disorder and panic disorder. In J. S. March (Ed.), *Anxiety disorders in children and adolescents.* New York, NY: Guilford Press.

Bloomquist, M. L. (1996). *Skills training for children with behavior disorders: A parent and therapist guidebook.* New York, NY: Guilford Press.

Blum, R. W., Beuhring, T., Shew, M., Bearinger, L., Sieving, R., & Resnick, M. D. (2000). The effects of race/ethnicity, income, and family structure on adolescent risk behaviors. *American*

Journal of Public Health, 90, 1885-1891.

Bonanno, G., Papa, A., Lalande, K., Westphal, M., & Coifman, K. (2004). The importance of being flexible: The ability to both enhance and suppress emotional expression predicts long-term adjustment. *Psychological Science, 15,* 482-487.

Borge, A., Nordhagen, B., Botten, G., & Bakketeig, L. S. (1994). Prevalence and persistence of stomach ache and headache among children: Follow-up of a cohort on Norwegian children from 4 to 10 years of age. *Acta Pediatrics, 83,* 433-437.

Borowsky, I. W., Ireland, M., & Resnick, M. D. (2001). Adolescent suicide attempts: Risks and protectors. *Pediatrics, 107,* 485-495.

Botvin, G. J., Griffin, K. W., Diaz, T., & Ifill-Williams, M. (2001). Preventing binge drinking during early adolescence: One- and two-year follow-up of a school-based preventive intervention. *Psychology of Addictive Behaviors, 15,* 360-365.

Bremner, J. D. (1999). Does stress damage the brain? *Biological Psychiatry, 45,* 797-805.

Brems, C. (2008). *A comprehensive guide to child psychotherapy and counseling.* Long Grove, IL: Waveland Press.

Brent, D. S. (1995). Risk factors for adolescent suicide and suicidal behavior: Mental and substance abuse disorders, family environmental factors, and life stress. *Suicide Life-Threatening Behaviors, 25,* 52-63.

Breslau, N., Davis, G., Andreski, P., & Peterson, E. (1991). Traumatic events and posttraumatic stress disorder in an urban population of young adults. *Archives of General Psychiatry, 48,* 218-222.

Breslau, N., Paneth, N. S., & Lucia, V. (2004). The lingering academic deficits of low birth weight children. *Pediatrics, 114*(4), 1035-1040.

Brestan, E. V., & Eyberg, S. M. (1998). Effective psychosocial treatments of conduct-disordered children and adolescents: 29 years, 82 studies, and 5,272 kids. *Journal of Clinical Child Psychology, 27,* 180-189.

Brewin, C. R., Dagleish, T., & Joseph, S. (1996). A dual representation theory of posttraumatic stress disorder. *Psychological Review, 103,* 670-686.

Bronfenbrenner, U. (1979). *The ecology of human development.* Cambridge, MA: Harvard University Press.

Bronfenbrenner, U. (1989). Ecological systems theory. *Annals of Child Development, 6,* 187-249.

Bronfenbrenner, U., & Morris, P. A. (1998). The ecology of developmental process. In R. M. Lerner (Ed.), *Handbook of child psychology: Vol. 1. Theoretical models of human development* (5th ed., pp. 535-584). New York, NY: Wiley.

Brooke, J. S., & Pelham, W. E. (2003). Childhood predictors of adolescent substance use in a longitudinal study of children with ADHD. *Journal of Abnormal Psychology, 112,* 497-508.

Brotman, M. A., Rich, B. A., Schmajuk, M., Reising, M., Monk, C. S., & Dickstein, D. P. (2007). Attention bias to threat faces in children with bipolar disorder and comorbid lifetime anxiety disorders. *Biological Psychiatry, 61,* 819-821.

Brown, S. A. (1993). Recovery patterns in adolescent substance abusers. In J. S. Baer, G. A. Marlatt, & R. J. McMahon (Eds.), *Addictive behaviors across the lifespan: Prevention, treatment, and policy issues* (pp. 161-183). Newbury Park, CA: Sage.

Brown, T. E. (2005). *Attention deficit disorder: The unfocused mind in children and adults.* New Haven, CT: Yale University Press.

Bruch, H. (1991). The sleeping beauty: Escape from change. In S. I. Greenspan & H. L. Pollock (Eds.), *The course of life, Vol. 4: Adolescence.* Madison, CT: International Universities Press.

Bryant, D. P., Bryant, B. R., Gersten, R., Scammacca, N., Funk, C., Winter, A., … & Pool, C. (2008). The effects of Tier 2 intervention on first-grade mathematics performance of first-grade students who are at risk for mathematics difficulties. *Learning Disability Quarterly, 31,* 47-63.

Bryant-Waugh, R., & Lask, B. (1995). Eating disorders in children. *Journal of Child Psychology and Psychiatry, 36,* 191-202.

Buka, S. L., Stichick, T. L., Birdthistle, I., & Earls, F. (2001). Youth exposure to violence: Prevalence, risks, and consequences. *American Journal of Orthopsychiatry, 71,* 298-310.

Cadoret, R., Yates, W. R., Troughton, E., Woodworth, G., & Stewart, M. A. (1995). Adoption study demonstrating two genetic pathways to drug abuse. *Archives of General Psychiatry, 52,* 42-52.

Campbell, S. B., March, C. L., Pierce, E. W., Ewing, L. J., & Szumowski, E. K. (1991). Hart-to-manage preschool boys: Family context and the stability of externalizing behavior. *Journal of Abnormal Child Psychology, 19,* 301-318.

Campo, J. V., & Fritsch, S. L. (1994). Somatization in children and adolescents. *Journal of the American Academy of Child and Adolescent Psychiatry, 33,* 1223-1235.

Cantwell, D. P. (1994). *Therapeutic management of attention deficit disorder: Participant workbook.* New York, NY: SCP Communications.

Carlberg, C., & Kavale, K. (1980). The efficacy of special versus regular class placement for exceptional children: A meta-analysis. *The Journal of Special Education, 14,* 295-308.

Carroll, L. (1865/1992). *Alice's adventures in wonderland.* Toronto, Canada: Tor Books.

Carrasco, J. L., Diaz-Marsa, M., Hollander, E., Cesar, J., & Saiz-Ruiz, J. (2000). Decreased platelet monoamine oxidase activity in female bulimia nervosa. *European Neuropsychopharmacology, 10*(2), 113-117.

Carrion, V. G., Weems, C. F., Ray, R., & Reiss, A. L. (2002). Towards an empirical definition of pediatric PTSD: The phenomenology of PTSD symptoms in youth. *Journal of the American Academy of Child and Adolescent Psychiatry, 41,* 166-173.

Carter, A. S., Grigorenko, E. L., & Pauls, D. L. (1995). A Russian adaptation of the Child Behavior Checklist: Psychometric properties and associations with child and maternal affective symptomatology and family functioning. *Journal of Abnormal Child Psychology, 23,* 661-684.

Carter, S. L., Wheeler, J. J., & Mayton, M. (2004). Pica: A review of recent assessment and treatment procedures. *Education and Training in Developmental Disabilities, 39*(4), 346-358.

Casper, R. C., Hedeker, D., & McClough, J. F. (1992). Personality dimensions in eating disorders and their relevance for subtyping. *Journal of the American Academy of Child and Adolescent Psychiatry, 31,* 830-840.

Centers for Disease Control (CDC; 2005). Youth Risk Behavior Surveillance (YRBS, 2005). *Morbidity and Mortality Weekly Report 55*(SS55).

Centers for Disease Control and Prevention (CDC). (2009). Prevalence of autism spectrum disorders–Autism and Developmental Disabilities Monitoring Network, United States, 2006. *Morbidity and Mortality Weekly Report, 58*(SS10), 1-20.

Chamberlain, P., & Reid, J. (1991). Using a specialized foster care community treatment model for children and adolescents leaving the state mental hospital. *Journal of Community Psychology, 19,* 266-276.

Chamberlain, P., & Reid, J. (1998). Comparison of two community alternatives to incarceration for chronic juvenile offenders. *Journal of Consulting and Clinical Psychology, 66,* 624-633.

Chan, S., & Lee, E. (2004). Families with Asian roots. In E. W. Lynch & M. J. Hanson (Eds.),

Developing cross-cultural competence (3rd ed., pp. 219-298). Baltimore, MD: Paul H. Brookes.

Chorpita, B. F. (2002). The tripartite model and dimensions of anxiety and depression: An examination of structure in a large school sample. *Journal of Abnormal Child Psychology, 30,* 177-190.

Chorpita, B. F., Plummer, C. P., & Moffitt, C. (2000). Relations of tripartite dimensions of emotion to childhood anxietyand mood disorders. *Journal of Abnormal Child Psychology, 28,* 299-310.

Cicchetti, D., & Rogosch, F. (2002). A developmental psychopathology perspective on adolescence. *Journal of Consulting and Clinical Psychology, 70,* 6-20.

Cicchetti, D., & Toth, S. L. (1991). A developmental perspective on internalizing and externalizing disorders. In D. Cicchetti & L. Toth (Eds.), *Internalizing and externalizing expressions of dysfunction* (pp. 1-19). Hillsdale, NJ: Erlbaum.

Cicchetti, D., & Toth, S. L. (1998). The development of depression in children and adolescence. *American Psychologist, 53*(2), 221-241.

Clark, D. B., & Baker, B. L. (1983). Predicting outcome in parent training. *Journal of Consulting and Clinical Psychology, 51,* 309-311.

Cloitre, M., Tardiff, K., Marzuk, P. M., Leon, A. C., & Potera, L. (1996). Childhood abuse and subsequent sexual assault among female inpatients. *Journal of Traumatic Stress, 9,* 473-482.

Cobham, V. E., Dadds, M. R., & Spence, S. H. (1998). The role of parental anxiety in the treatment of childhood anxiety. *Journal of Consulting and Clinical Psychology, 66,* 893-905.

Coghill, D., & Sonuga-Barke, E. J. (2012). Annual research review: Categories versus dimensions in the classification and conceptualization of child and adolescent mental disorders–Implications of recent empirical study. *Journal of Child Psychology and Psychiatry, 53,* 469-489.

Cohen, J. A., Deblinger, E., Mannarino, A. P., & Steer, R. A. (2004). A multisite, randomized controlled trial for children with sexual abuse-related PTSD symptoms. *Journal of the American Academy of Child and Adolescent Psychiatry, 43,* 393-402.

Coie, J. D., Dodge, K., & Coppotelli, H. (1982). Dimensions and types of social status: A cross-age perspective. *Developmental Psychology, 18,* 557-570.

Comer, R. J. (2013). *Abnormal psychology* (8th ed.). New York, NY: Worth.

Compas, B. E., Connor-Smith, J. K., Saltzman, H., Thomsen, A., & Wadsworth, M. E. (2001). Coping with stress during childhood and adolescence: Problems, progress and potential in theory and research. *Psychological Bulletin, 127,* 87-127.

Copeland, W. E., Angold, A., Costello, E. J., & Egger, H. (2013). Prevalence, comorbidity and correlates of DSM-5 proposed disruptive mood dysregulation disorder. *American Journal of Psychiatry, 170,* 173-179.

Cornoldi, C., Venneri, A., Marconato, R., Molin, A., & Montinari, C. (2003). A rapid screening measure for the identification of visuospatial learning disability in schools. *Journal of Learning Disabilities, 36,* 299-306.

Cosgrove, V. E., Rhee, S. H., Gelhorn, H. L., Boeldt, D., Corley, R. C., & Ehringer, M. A. (2011). Structure and etiology of co-occurring internalizing and externalizing disorders in adolescence. *Journal of Abnormal Child Psychology, 39*(1), 109-123.

Costello, E. J., Angold, A., Burns, B. J., Stangel, D. K., Tweed, D. L., Erkanli, A., & Worthman, C. M. (1996). The Great Smoky Mountains Study of Youth: Goals, design, methods, and the prevalence of *DSM-III-R* disorders. *Archives of General Psychiatry, 53,* 1129-1136.

Costello, J., Pine, D., Hammen, C., March, J., Plotsky, P. M., & Weissman, M. (2002). Development and natural history of mood disorders. *Biological Psychiatry, 52*(6), 529-542.

Craske, M. G., Kircanski, K., Epstein, A., Wittchen, H. U., & Pine, D. S. (2010). Panic disorder: A review of DSM-IV panic disorder and proposals for DSM-V. *Depression and Anxiety, 27,* 93-112.

Cuffe, S. P., McCullough, E. L., & Pumariega, A. J. (1994). Comorbidity of attention-deficit/hyperactivity disorder and posttraumatic stress disorder. *Journal of Child and Family Studies, 3,* 327-336.

Cummins, J. (1984). *Bilingual special education: Issues in assessment and pedagogy.* San Diego, CA: College-Hill.

Dabbs, J., & Morris, R. (1990). Testosterone, social class, and antisocial behavior in a sample of 4,462 men. *Psychological Science, 1,* 209-211.

Davidson, J. (1993). Issues in the diagnosis of post-traumatic stress disorder. In R. S. Pynoos (Ed.), *Posttraumatic stress disorder: A clinical review* (pp. 1-15). Lutherville, MD: Sidran Press.

Dawson, G., & Osterling, J. (1996). Early intervention in autism: Effectiveness and common elements of current approaches. In M. J. Guralnick (Ed.), *The effectiveness of early interventions: Second-generation research* (pp. 307-326). Baltimore, MD: Paul H. Brookes.

Deas, D., Riggs, P., Langenbuncher, J., Goldman, M., & Brown, S. (2000). Adolescents are not adults: Developmental considerations in alcohol users. *Alcoholism: Clinical and Experimental Research, 24,* 232-237.

Deater-Deckard, K., Dodge, K., Bates, K. A., & Pettit, G. S. (1996). Physical discipline among African-American and European-American mothers: Links to children's externalizing behaviors. *Developmental Psychology, 32,* 1065-1072.

Deblinger, E., Lippmann, J., & Steer, R. (1999). Sexually abused children suffering posttraumatic stress symptoms: Initial treatment outcome findings. *Child Maltreatment, 1*(4), 310-321.

Deblinger, E., McLeer, S. V., Atkins, M. S., Ralphe, D., & Foa, E. (1989). Posttraumatic stress in sexually abused, physically abused, and nonabused children. *Child Abuse and Neglect, 13,* 403-408.

Decaluwe, V., & Braet, C. (2003). Prevalence of binge-eating disorder in obese children and adolescents seeking weight-loss treatment. *International Journal of Obesity, 27,* 404-409.

Deep, A. L., Nagy, L. M., Weltzin, T. E., Rao, R., & Kaye, W. H. (1995). Premorbid onset of psychopathology in long-term recovered anorexia nervosa. *International Journal of Eating Disorders, 17,* 291-297.

DeFries, J. C., & Alarcon, M. (1996). Genetics of specific reading disability. *Mental Retardation & Developmental Disabilities Research Reviews, 2,* 39-48.

Demonet, J., Taylor, M. J., & Chaix, Y. (2004). Developmental dyslexia. *Lancet, 363,* 1451-1460.

Deveney, D. M., Connolly, M., Haring, C. T., Bones, B. L., Reynolds, R. C., Kim, P., … Leibenluft, E. (2013). Neural mechanisms of frustration in chronically irritable children. *American Journal of Psychiatry, 170,* 1186-1194.

Diller, L. H. (1996). The run on Ritalin: Attention deficit disorder and stimulant treatments in the 1990's. *Hastings Center Report, 26,* 12-18.

Dishion, T. J., McCord, J., & Poulin, F. (1999). When interventions harm: Peer groups and problem behavior. *American Psychologist, 54,* 755-764.

Dishion, T. J., Spracklen, K. M., Andrews, D. W., & Patterson, G. R. (1996). Deviancy training in male adolescent friendships. *Behavior Therapy, 27,* 373-390.

Dodge, K. A. (1991). The structure and function of reactive and proactive aggression. In D. J.

Pepler & K. H. Rubin (Eds.), *The development and treatment of childhood aggression* (pp. 201-218). Hillsdale, NJ: Erlbaum.

Dodge, K., Bates, J., & Pettit, G. (1990). Mechanisms in the cycle of violence. *Science, 250,* 1678-1683.

Donahue, B., & Azrin, N. (2001). Family behaviour therapy. In E. F. Wagner & H. B. Waldron (Eds.), *Innovations in adolescent substance abuse interventions* (pp. 205-227). Oxford, UK: Elsevier Science.

Donnelly, D. R., & Olczak, P. V. (1990). The effect of differential reinforcement of incompatible behaviors (DRI) on pica for cigarettes in persons with intellectual disability. *Behavior Modification, 14,* 81-96.

Douglas, J. (2002). Psychological treatment of food refusal in young children. *Child and Adolescent Mental Health, 7*(4), 173-180.

Drotar, D., Stein, R., & Perrin, E. (1995). Methodological issues in using the Child Behavior Checklist and its related instruments in clinical child psychology research. *Journal of Clinical Child Psychology, 21*(2), 184-192.

Dunston, P. J. (1992). A critique of graphic organizer research. *Reading Research and Instruction, 31,* 57-65.

Durlak, J. (1998). Common risk and protective factors in successful prevention programs. *American Journal of Orthopsychiatry, 68,* 512-520.

Dykman, R. A., & Ackerman, P. T. (1992). Attention deficit disorder and specific reading disability: Separate but often overlapping disorders. In S. Shaywitz & B. Shaywitz (Eds.), *Attention deficit disorder comes of age: Toward the twenty-first century* (pp. 165-184). Austin, TX: Pro-Ed.

Ebesutani, C., Smith, A., Bernstein, A., & Chorpita, B. F. (2011). A bifactor model of negative affectivity: Fear and distress components among younger and older youth. *Psychological Assessment, 23,* 679-691.

Edelbrock, C. S., & Costello, A. J. (1988). Structured psychiatric interviews for children. In M. Rutteer, A. H. Tuma, & I. Lann (Eds.), *Assessment diagnosis in child psychopathology* (pp. 87-112). New York, NY: Guilford Press.

Ehlers, A., & Clark, D. M. (2000). A cognitive model of posttraumatic stress disorder. *Behavior Research and Therapy, 38,* 319-345.

Eisenmajer, R., Prior, M., Leekam, S., Wing, L., Gould, L., Welham, M., & Ong, B. (1996). Comparison of clinical symptoms in autism and Asperger's disorder. *Journal of the American Academy of Child and Adolescent Psychiatry, 35,* 1523-1531.

Eley, T. C. (1999). Behavioral genetics as a tool for developmental psychology: Anxiety and depression in children and adolescents. *Clinical Child and Family Psychology Review, 2,* 21-36.

Elia, J., & Rapoport, J. L. (1991). Ritalin versus dextroamphetamine in ADHD: Both should be tried. In L. L. Greenhill & B. B. Osmon (Eds.), *Ritalin: Theory and patient management* (pp. 69-74). New York, NY: Mary Ann Liebert.

Elkind, D., & Bowen, R. (1979). Imaginary audience behavior in children and adolescents. *Developmental Psychology, 15,* 38-44.

Emery, R. E. (2001). Behavioral family intervention: Less "behavior" and more "family." In A. Booth, A. C. Crouter, & M. Clements (Eds.), *Couples in conflict* (pp. 241-249). Mahwah, NJ: Erlbaum.

Eminson, M., Benjamin, S., Shortall, A., Woods, T., & Faragher, B. (1996). Physical symptoms and illness attitudes in adolescents: An epidemiological study. *Journal of Child Psychological and Psychiatry, 37,* 519-528.

Essau, C. A., Conradt, J., & Petermann, F. (1999). Prevalence, comorbidity, and psychosocial impairment of somatoform disorders in adolescents. *Psychology, Health, and Medicine, 4,* 169-180.

Essau, C. A., Conradt, J., & Petermann, F. (2000). Frequency, comorbidity, and psychosocial impairment of specific phobia in adolescents. *Journal of Clinical Child Psychology, 29,* 221-232.

Evans, G. W., Gonnella, C., Marcynyszyn, L. A., Gentile, L., & Salpekar, N. (2005). The role of chaos in poverty and children's socioemotional adjustment. *Psychological Science, 16,* 560-565.

Fabrega, H. (1990). Hispanic mental health research: A case for cultural psychiatry. *Hispanic Journal of Behavioral Science, 12,* 339-365.

Fairburn, C. G., Welch, S. I., Doll, H. A., Davies, B. A., & O'Connor, M. E. (1997). Risk factors for bulimia nervosa: A community-based case-control study. *Archives of General Psychiatry, 54,* 509-517.

Federal Register. (1999, March 12). Education Department [FR Doc 12405-12672] p. 12422, Vol. 64, No. 48. Retrieved from www.admin@gpo.gov

Federal Register (2006, August). Retrieved from http://idea.ed.gov/download/finalregulations.pdf.

Ferrer, E., Bennett, A., Shaywitz, J. M., Holahan, J. M., Marchione, K., & Shaywitz, S. E. (2010). Uncoupling of reading and IQ over time: Empirical evidence for a definition of dyslexia. *Psychological Science, 21*(93), 93-101.

Fischer, R. L., & Fischer, S. (1996). Antidepressants for children: Is scientific support necessary? *Journal of Nervous and Mental Disease, 184,* 99-102.

Fitzgerald, H. E., Davies, W. H., Zucker, R. A., & Klinger, M. T. (1994). Developmental system theory and substance abuse: A conceptual and methodological framework for analyzing patterns of variation in families. In L. L. Abate (Ed.), *Handbook of developmental family psychology and psychopathology* (pp. 350-372). New York, NY: Wiley.

Fitzpatrick, K. M., & Boldizar, J. P. (1993). The prevalence and consequences of exposure to violence among African American youth. *Journal of the American Academy of Adolescent Psychiatry, 32,* 424-430.

Flannery-Schroeder, E., & Kendall, P. C. (2000). Group and individual cognitive-behavioral treatments for youth with anxiety disorders: A randomized clinical trial. *Cognitive Therapy and Research, 244,* 251-278.

Fleming, J. E., & Offord, D. R. (1990). Epidemiology of childhood depressive disorders: A critical review. *Journal of the American Academy of Child and Adolescent Psychiatry, 29,* 571-580.

Foa, E. B., & Kozak, M. J. (1986). Emotional processing of fear: Exposure to corrective information. *Psychological Bulletin, 99,* 220-235.

Fonagy, P., & Target, M. (1996). A contemporary psychoanalytical perspective: Psychodynamic developmental therapy. In E. D. Hibbs & P. S. Jensen (Eds.), *Psychosocial treatments for child and adolescent disorders: Empirically based strategies for clinical practice* (pp. 619-638). Washington, DC: American Psychological Association.

Forehand, R., & Kotchick, B. (1996). Cultural diversity: A wake-up call for parent training. *Behavior Therapy, 27,* 187-206.

Forness, S. R., & Kavale, K. A. (1991). Social skill deficits as a primary learning disability: A note on problems with the ICLD diagnostic criteria. *Learning Disability Research and Practice, 6,*

44-49.

Fox, N. A., Henderson, H. A., Marshall, P. J., Nichols, K. D., & Ghera, M. (2005). Behavioral inhibition: Linking biology and behavior within a developmental framework. *Annual Review of Psychology, 56,* 235-262.

Fox, N. A., & Pine, D. S. (2012). Temperament and the emergence of anxiety disorders. *Journal of the American Academy of Child and Adolescent Psychiatry, 51*(2), 125-128.

Frances, A. (2011, July 22). DSM-5 approves new fad diagnosis for child psychiatry: Antipsychotic use likely to rise. *Psychiatric Times.* Retrieved from http://www.psychiatrictimes.com/print/article/10168/1912195.

Francis, G., & Ollendick, T. H. (1988). Social withdrawal. In M. Hersen & C. G. Last (Eds.), *Child behavior therapy casebook* (pp. 31-41). New York, NY: Plenum Press.

Frick, P. J., & Kamphaus, R. W. (2001). Standardized rating scales in the assessment of children's behavioral and emotional problems. In C. E. Walker & M. C. Roberts (Eds.), *Handbook of clinical child psychology* (pp. 190-204). New York, NY: Wiley.

Frick, P. J., Kamphaus, R. W., Lahey, B. B., Loeber, R., Christ, M. A. G., Hart, E. L., & Tannenbaum, L. E. (1991). Academic underachievement and the disruptive behavior disorders. *Journal of Consulting and Clinical Psychology, 59,* 289-294.

Frick, P. J., Lahey, B. B., Loeber, R., Tannenbaum, L., Van Horn, Y., Christ, M. A., Hart, E. L., & Hanson, K. (1993). Oppositional defiant disorder and conduct disorder: A meta-analytic review of factor analyses and cross validation in a clinic sample. *Clinical Psychology Review, 13,* 319-340.

Frith, C. D., & Frith, U. (1999). Interacting minds—A biological basis. *Science, 286,* 1692-1696.

Fritz, G. K., Fritsch, S., & Hagino, O. (1997). Somatoform disorders in children and adolescents: A review of the past 10 years. *Journal of the American Academy of Child and Adolescent Psychiatry, 36,* 1329-1338.

Fryer, A. J., Mannuzza, S., Chapman, R. F., Liebowitz, M. R., & Klein, D. F. (1993). A direct interview family study of social phobia. *Archives of General Psychiatry, 50,* 286-293.

Fuchs, D., & Fuchs, L. (2005). Peer-assisted learning strategies: Promoting word recognition, fluency and reading comprehension in young children. *Journal of Special Education, 39,* 34-44.

Gabbard, G. O. (1990). *Psychodynamic psychiatry in clinical practice.* Washington, DC:

American Psychiatric Press.

Garber, J., Walker, L. S., & Seman, J. (1991). Somatization symptoms in a community sample of children and adolescents: Further validation of the Children's Somatization Inventory. *Journal of Consulting and Clinical Psychology, 199,* 588-595.

Garber, J., Zeman, J., & Walker, L. S. (1990). Recurrent abdominal pain in children: Psychiatric diagnoses and parental psychopathology. *Journal of the American Academy of Child and Adolescent Psychiatry, 29,* 648-656.

Garland, A. F., & Zigler, E. (1993). Adolescent suicide prevention: Current research and social policy implications. *American Psychologist, 48,* 169-182.

Garner, D. M., Cooke, A. K., & Marano, H. E. (1997). The 1997 body image survey results. *Psychology Today,* (Jan.-Feb.), 30-44.

Garner, D. M., Garfinkel, P. E., & O'Shaughnessy, M. (1985). The validity of the distinction between bulimia with and without anorexia nervosa. *American Journal of Psychiatry, 142,* 581-587.

Garralda, E. E. (1999). Practitioner review: Assessment and management of somatisation in childhood and adolescence: A practical perspective. *Journal of Child Psychology and Psychiatry, 40,* 1159-1167.

Geary, D. C. (2000). Mathematical disorders: An overview for educators. *Perspectives, 26,* 6-9.

Geary, D. C. (2003). Learning disabilities in arithmetic. In H. L. Swanson, K. R. Harris, & S. Graham (Eds.), *Handbook of learning disabilities* (pp. 199-212). New York, NY: Guilford Press.

Geary, D. (2004). Mathematics and learning disabilities. *Journal of Learning Disabilities, 37*(1), 4-15.

Geller, B. (2001). A prepubertal and early adolescent bipolar disorder phenotype has poor one-year outcome. *The Brown University Child and Adolescent Psychopharmacology Update, 3,* 1-5.

Geller, B., & Luby, J. (1997). Child and adolescent bipolar disorder: A review of the past 10 years. *Journal of the American Academy of Child and Adolescent Psychiatry, 36,* 1168-1176.

Geller, B., Sun, K., Zimerman, B., Luby, J., Frazier, J., & Williams, M. (1995). Complex and rapid-cycling in bipolar children and adolescents: A preliminary study. *Journal of Affective Disorder, 34,* 259-268.

Geller, D. A., Biederman, J., Farapme, S., Agranat, A., Cradlock, K., Hagermoser, L., … Coffey, B. (2001). Disentangling chronological age from age of onset in childrenand adolescents with obsessive-compulsive disorder. *International Journal of Neuropsychopharmacology, 4,* 169-178.

Geller, D. A., Biederman, J., Stewart, S., Mullin, E., Martin, B., Spencer, A., & Faraone, S. V. (2003). Which SSRI? A meta-analysis of pharmacotherapy trials in pediatric obsessive-compulsive disorder. *American Journal of Psychiatry, 160*(11), 1919-1928.

Gerber, P. J., & Reiff, H. B. (1994). *Learning disabilities in adulthood: Persisting problems and evolving issues.* Boston, MA: Andover Medical.

Gersten, R., Jordan, N. C., & Flojo, J. R. (2005). Early identification and interventions for students with mathematics difficulties. *Journal of Learning Disabilities, 38,* 293-304.

Giaconia, R. M., Reinherz, H. Z., Silverman, A. B., Pakiz, B., Frost, A. K., & Cohen, E. (1994). Ages of onset of psychiatric disorders in a community population of older adolescents. *Journal of the American Academy of Child and Adolescent Psychiatry, 33,* 706-717.

Gibbs, J. T., & Huang, L. (2001). A conceptual framework for the psychological assessment and treatment of minority youth. In J. T. Gibbs & L. A. Huang (Eds.), *Children of color* (pp. 1-32). San Francisco, CA: Jossey-Bass.

Gibbs, J. T., & Huang, L. N. (2003). *Children of color* (2nd ed.). San Francisco, CA: Jossey-Bass.

Gilliam, W. S., & Shabar, G. (2006). Preschool and child care expulsion and suspension. *Infants & Young Children, 19,* 228-245.

Gleason, M. M., Fox, N. A., Drury, S., Smyke, A., Egger, H., Nelson, C., Gregas, M. C., & Zeanah, C. H. (2011). Validity of evidence-derived criteria for reactive attachment disorder: Indiscriminately social/disinhibited and emotionally withdrawn/inhibited types. *Journal of the American Academy of Child and Adolescent Psychiatry, 50*(3), 216-231.

Goh, H. L., Iwata, B. A., Shore, B. A., Deleon, I. G., Lerman, D. C., Ulrich, S. M., & Smith, R. G. (1995). An analysis of the reinforcing properties of hand mouthing. *Journal of Applied Behavior Analysis, 28,* 269-283.

Goldstein, A. (1994). *Addiction: From biology to drug policy.* New York, NY: W. H. Freeman.

Goldstein, S. (2005). Current literature on ADHD. *Journal of Attention Disorders, 9*(2), 452-456.

Golub, A., & Johnson, B. D. (1994). The shifting importance of alcohol and marijuana as gateway substances among serious drug abusers. *Journal of Studies on Alcohol, 55,* 607-614.

Goodwin, R. D., & Gotlib, I. H. (2004). Panic attacks and psychopathology among youth. *Acta Psychiatry Scandanavia, 109,* 216-221.

Gould, S. J. (1981). *The mismeasure of man.* New York, NY: W. W. Norton.

Graham, S., Harris, K. R., & Larsen, L. (2001). Prevention and intervention of writing difficulties for students with learning disabilities. *Learning Disabilities Research and Practice, 16,* 74-84.

Graham-Bermann, S. A., Howell, K., Habarath, J., Krishnan, S., Loree, A., & Bermann, E. A. (2008). Toward assessing traumatic events and stress symptoms in preschool children from low-income families. *American Journal of Orthopsychiatry, 78*(2), 220-228.

Grant, K. E., Compas, B. E., Thurm, A. E., & McMahon, S. D. (2004). Stressors and child and adolescent psychopathology: Measurement issues and prospective effects. *Journal of Clinical Child and Adolescent Psychology, 33,* 412-425.

Gravenstock, S. (2000). Eating disorders in adults with intellectual disabilities. *Journal of Intellectual Disability Research, 44*(6), 625-637.

Greenberg, M. T. (1999). Attachment and psychopathology in childhood. In J. Cassidy & P. R. Shaver (Eds.), *Handbook of attachment* (pp. 469-496). New York, NY: Guilford Press.

Greene, R. W., & Ablon, J. S. (2004). *The collaborative problem-solving approach: Cognitive-behavioral treatment of oppositional defiant disorder.* New York, NY: Guilford Press.

Greene, R. W., Ablon, J. S., Goring, J. C., Fazio, V., & Morse, L. R. (2003). Treatment of oppositional defiant disorder in children and adolescents. In P. M. Barrett & T. H. Ollendick (Eds.), *Handbook of interventions that work with children and adolescents* (pp. 369-393). Chichester, England: Wiley.

Greene, R. W., Biederman, J., Faraone, S. V., Sienna, M., & Garcia-Jetton, J. (1997). Adolescent outcome of boys with attention-deficit/hyperactivity disorder and social disability: Results from a 4-year longitudinal follow-up study. *Journal of Consulting and Clinical Psychology, 65,* 758-787.

Gresham, F. M., & Elliott, S. N. (1990). *Social skills rating system.* Circle Pines, MN: American Guidance Service.

Griffin, K. W., Botvin, G. J., Nichols, T. R., & Doyle, M. M. (2003). Effectiveness of a universal drug abuse prevention approach for youth at high risk for substance use initiation. *Preventive Medicine, 36,* 1-7.

Gross, J. (2002). Emotion regulation: Affective, cognitive, and social consequences.

Psychophysiology, 39, 281-291.

Gross-Tsur, V., Shalev, R. S., Manor, O., & Amir, N. (1995). Developmental right hemisphere syndrome: Clinical spectrum of the nonverbal learning disability. *Journal of Learning Disabilities, 28,* 80-86.

Guerra, N. G., Graham, S., & Tolan, P. H. (2011). Raising healthy children: Translating child development into research and practice. *Child Development, 82*(1), 7-16.

Guralnick, M. J. (1998). Effectiveness of early intervention for vulnerable children: A developmental perspective. *American Journal of Mental Retardation, 102,* 319-345.

Guyer, B., MacDorman, M. F., Martin, J. A., Peters, K. D., & Strobino, D. M. (1998). Annual summary of vital statistics–1997. *Pediatrics, 102,* 1333-1349.

Hagopian, L. P., & Adelinis, J. D. (2001). Response blocking with and without redirection for the treatment of pica. *Journal of Applied Behavior Analysis, 34,* 527-530.

Hall, G. S. (1904). *Adolescence.* New York, NY: Appleton.

Hallowell, E. M. (1995). Coaching: An adjunct of the treatment of ADHD. *The ADHD Report, 3,* 7-9.

Halmi, K. A. (1995). Current concepts and definitions. In G. Szmukler, C. Dare, & J. Treasure (Eds.), *Handbook of eating disorders: Theory, treatment, and research* (pp. 5-27). Chichester, UK: Wiley.

Hammen, C. (1991). The family-environmental context of depression: A perspective on children's risk. In D. Cicchetti & S. L. Toth (Eds.), *Rochester symposium on developmental psychopathology, 4,* 251-281.

Handen, B. L. (1998). Mental retardation. In E. J. Mash & R. A. Barkley (Eds.), *Treatment of childhood disorders* (pp. 369-415). New York, NY: Guilford Press.

Handen, B. L., & Abramson, L. Y. (2001). Development of gender differences in depression: An elaborated cognitive vulnerability-transactionsl stress theory. *Psychological Bulletin, 127,* 773-796.

Harter, S., & Marold, D. (1994). Psychosocial risk factors contributing to adolescent suicidal ideation. In G. G. Noam & S. Borst (Eds.), *Children, youth, and suicide: Developmental perspectives* (pp. 71-92). San Francisco, CA: Jossey-Bass.

Haynes, S. N., & O'Brien, W. H. (1990). Functional analysis in behavior therapy. *Clinical Psychology Review, 10*(6), 649-668.

Hayward, C., Wilson, K. A., Lagle, K., Killen, J. D., & Taylor, C. B. (2004). Parent-reported predictors of adolescent panic attacks. *Journal of the American Academy of Child and Adolescent Psychiatry, 43,* 613-620.

Henggeler, S. W., & Borduin, C. M. (1990). *Family therapyand beyond: A multisystemic approach to treating the behavior problems of children and adolescents.* Pacific Grove, CA: Brooks/Cole.

Henggeler, S. W., Melton, G. B., & Smith, L. A. (1992). Family preservation using multisystemic therapy: An effective alternative to incarcerating serious juvenile offenders. *Journal of Consulting and Clinical Psychology, 60,* 953-961.

Henggeler, S. W., Schoenwald, S. K., Borduin, C. M., Rowland, M. D., & Cunninghan, P. B. (1998). *Multisystemic treatment of antisocial behavior in youth.* New York, NY: Guilford Press.

Herzog, D. B., Sacks, N. R., Keller, M. B., Lavori, P. W., von Ranson, K. B., & Gray, H. N. (1993). Patterns and predictors of recovery in anorexia nervosa and bulimia nervosa. *Journal of Child Psychology and Psychiatry, 32,* 962-966.

Herzog, W., Schellberg, D., & Deter, H. C. (1997). First recovery in anorexia nervosa patients in the long-term course: A discrete-time survival analysis. *Journal of Consulting and Clinical Psychology, 65,* 169-177.

Hibell, B., Guttormsson, U., Ahlström, S., Balakireva, O., Bjarnason, T., Kokkevi, A., & Kraus, L. (2009). The 2007 ESPAD report: Substance use among students in 35 European countries. Stockholm, Sweden: The Swedish Council for Information on Alcohol and Other Drugs.

Hinshaw, S. P., Heller, T., & McHale, J. P. (1992). Covert antisocial behavior in boys with attention deficit hyperactivity disorder: External validation and effects of methylphenidate. *Journal of Consulting and Clinical Psychology, 60,* 274-281.

Hinshaw-Fuselier, S., Boris, N. W., & Zeanah, C. H. (1999). Reactive attachment disorder in maltreated twins. *Infant Mental Health Journal, 20,* 42-59.

Hirschfeld, R. M., Holzer, C., Calabrese, J. R., Weissman, M., Reed, M., Davies, M., … Hazard, E. (2003). Validity of the mood disorder questionnaire: A general population study. *American Journal of Psychiatry, 160*(1), 178-180.

Hocutt, A. M. (1996). Effectiveness of special education: Is placement the critical factor? *The Future of Children, 6,* 77-102.

Hoffman, E. C., & Mattis, S. G. (2000). A developmental adaptation of panic control treatment for panic disorder in adolescence. *Cognitive and Behavioral Practice, 7,* 253-261.

Hofstede, G. (1980). *Culture's consequences: International differences in work-related values.* Beverly Hills, CA: Sage.

Holmbeck, G. N., Greenley, R. N., & Franks, E. A. (2004). Developmental issues in evidence-based practice. In P. M. Barrett & E. H. Ollendick (Eds.), *Handbook of interventions that work with children and adolescents: Prevention and treatment* (pp. 27-48). Chichester, UK: Wiley.

Hooper, S. R., Swartz, C. W., Wakely, M. B., de Kruif, R. E., & Montgomery, J. W. (2002). Executive functions in elementary school children with and without problems in written expression. *Journal of Learning Disabilities, 35*(1), 57-68.

Horowitz, K., Weine, S., & Jekel, J. (1995). PTSD symptoms in urban adolescent girls: Compounded community trauma. *Journal of the American Academy of Child and Adolescent Psychiatry, 34,* 1353-1361.

Hotopf, M. (2002). Childhood experience of illness as a risk factor for medically unexplained symptoms. *Scandinavian Journal of Psychology, 43,* 139-146.

Howlin, P. (1987). Asperger's syndrome-Does it exist and what can be done about it? In *Proceedings of the First International Symposium on Specific Speech and Language Disorders in Children.* London, UK: AFASIC.

Hsieh, M., & Stright, A. D. (2012). Adolescents' emotion regulation strategies, self-concept, and internalizing problems. *Journal of Early Adolescence, 32*(6), 876-901.

Hudson, J. L., & Rapee, R. M. (2000). The origins of social phobia. *Behavior Modification, 24,* 102-129.

Hurth, J., Shaw, E., Izeman, S., Whaley, K., & Rogers, S. (1999). Areas of agreement about effective practices among programs serving young children with autism spectrum disorders. *Infants and Young Children, 12,* 17-26.

Imhof, M. (2004). Effects of color stimulation on handwriting performance on children with ADHD without and with additional learning disabilities. *European Child & Adolescent Psychiatry, 13,* 191-198.

Interagency Committee on Learning Disabilities (ICLD). (1987). *Learning disabilities: A report to the U.S. Congress.* Bethesda, MD: National Institute of Health.

Jick, H., & Kaye, J. (2003). Epidemiology and possible causes of autism. *Pharmacotherapy, 23,* 1524-1530.

Joe, J. R., & Malach, R. S. (2004). Families with Native American roots. In E. W. Lynch & M. J. Hanson (Eds.), *Developing cross-cultural competence* (3rd ed., pp. 109-140). Baltimore, MD: Paul H. Brookes.

Johnson, E. E., Humphrey, M., Mellard, D. F., Woods, K., & Swanson, H. L. (2010). Cognitive processing deficits and students with specific learning disabilities: A selective meta-analysis of the literature. *Learning Disability Quarterly, 33,* 3-18.

Johnson, V., & Pandina, R. (2000). Alcohol problems among a community sample: Longitudinal influences of stress, coping, and gender. *Substance Use and Misuse, 35,* 669-686.

Johnston, L. D., O'Malley, P. M., Bachman, J. G., & Schulenberg, J. E. (2008). *Monitoring the Future national results on adolescent drug use: Overview of key findings, 2007* (NIH Publication No. 08-6418). Bethesda, MD: National Institute on Drug Abuse.

Johnston, L. D., O'Malley, P. M., Bachman, J. G., & Schulenberg, J. E. (2013, December 18). American teens more cautious about using synthetic drugs. Ann Arbor, MI: University of Michigan News Service. Retrieved from http://www.monitoringthefuture.org

Jones, A. P., Laurens, K. R., Herba, C. M., Barker, G., & Viding, E. (2009). Amygdala hypoactivity to fearful faces in boys with conduct problems and callous-unemotional traits. *The American Journal of Psychiatry, 166*(1), 95-102.

Jones, M. B., & Offord, D. R. (1989). Reduction of antisocial behavior in poor children in nonschool skill development. *Journal of Child Psychology and Psychiatry, 30,* 737-750.

Joseph, S. A., Brewin, C. R., Yule, W., & Williams, R. (1993). Causal attributions and post-traumatic stress in adolescents. *Journal of Child Psychology and Psychiatry, 34,* 247-253.

Kadesjo, B., & Gillberg, C. (1999). Developmental coordination disorder in Swedish 7-year-old children. *Journal of the American Academy of Child and Adolescent Psychiatry, 38,* 820-828.

Kaij, L. (1960). *Alcoholism in twins: Studies on the etiology and sequels of abuse of alcohol.* Stockholm, Sweden: Almquist & Wiksell.

Kandel, D. B. (2002). Examining the gateway hypothesis. In D. B. Kandel (Ed.), *Stages and pathways of drug involvement* (pp. 3-15). Cambridge, UK: Cambridge University Press.

Kaplan, A. (1998). Practice parameters offer guidance on substance use disorders in children, adolescents. *Psychiatric Times, XV*(4).

Kaslow, N. J., & Thompson, M. P. (1998). Applying the criteria for empirically supported treatments to studies of psychosocial interventions for child and adolescent depression. *Journal of Clinical Child Psychology, 27,* 146-155.

Kassel, J. D., & Jackson, S. I. (2001). Twelve-step-based interventions for adolescents. In E. F. Wagner & H. B. Waldron (Eds.), *Innovations in adolescent substance abuse interventions* (pp. 329-342). Oxford, UK: Elsevier Science.

Kavale, K. A. (2005). Identifying specific learning disability: Is response to intervention the answer? *Journal of Learning Disabilities, 38,* 553-562.

Kavale, K. A., & Forness, S. R. (1996). Social skill deficits and learning disabilities: A meta-analysis. *Journal of Learning Disabilities, 29,* 226-237.

Kavale, K. A., Forness, S. R., & MacMillan, D. L. (1998). The politics of learning disabilities: A rejoinder. *Learning Disability Quarterly, 21,* 306-317.

Kazdin, A. E. (1996). Problem solving and parent management in treating aggressive and antisocial behavior. In E. D. Hibbs & P. S. Jensen (Eds.), *Psychosocial treatments for child and adolescent disorders* (pp. 377-408). Washington, DC: American Psychological Association.

Kazdin, A. E., Esveldt-Dawson, K., French, N. H., & Unis, A. S. (1987). Problem-solving skills training and parent management training in the treatment of antisocial behavior in children. *Journal of Consulting and Clinical Psychology, 66,* 76-85.

Kearney, C. A., Albano, A. M., Eisen, A. R., Allan, E. D., & Barlow, D. H. (1997). The phenomenology of panic disorder in youngsters: An empirical study of a clinical sample. *Journal of Anxiety Disorders, 11,* 49-62.

Kelley, M., Power, T. G., & Wimbush, D. D. (1992). Determinants of disciplinary practices in low-income Black mothers. *Child Development, 63,* 573-582.

Kendall, P. C. (1994). Treating anxiety disorders in children: Results of a randomized clinical trial. *Journal of Consulting and Clinical Psychology, 62,* 100-110.

Kendall, P. C. (2000). *Cognitive behavioral therapy for anxious children: Treatment manual* (2nd ed.). Aramore, PA: Workbook.

Kendall, P. C., Chansky, T. E., Kane, M. T., Kim, R. S., Kortlander, E., Ronan, K. R., Sessa, F. M., & Siqueland, L. (1992). *Anxiety disorders in youth: Cognitive behavioral interventions.* Needham Heights, MA: Allyn & Bacon.

Kendall, P. C,. & Ronan, K. R. (1990). Assessment of children's anxieties, fears, and phobias: Cognitive-behavioral models and methods. In C. R. Reynolds & R. W. Kamphaus (Eds.), *Handbook of psychological and educational assessment of children* (Vol. 2, pp. 223-244). New York, NY: Guilford Press.

Kendler, K. S., Gallagher, T. J., Abelson, J. M., & Kessler, R. C. (1996). Lifetime prevalence, demographic risk factors, and diagnostic validity of nonaffective psychosis as assessed in a U.S. community sample: The National Comorbidity Survey. *Archives of General Psychiatry, 53,* 1022-1031.

Kiernan, C., & Kiernan, D. (1994). Challenging behaviour in schools for pupils with sever learning difficulties. *Mental Handicap Research, 7,* 117-201.

Kiernan, C., & Qureshi, H. (1993). Challenging behaviour. In C. Kiernan (Ed.), *Research to practice? Implications of research on the challenging behaviour of people with learning disabilities* (pp. 53-87). Kidderminster, UK: British Institute of Learning Disabilities.

Kilpatrick, D. G., Ruggiero, K. J., Acierno, R., Saunders, B. E., Resnick, H. S., & Best, C. L. (2003). Violence and risk of PTSD, major depression, substance abuse/dependence, and comorbidity: Results from the National Survey of Adolescents. *Journal of Consulting and Clinical Psychology, 71*(4), 692-700.

Kilpatrick, K. L., & Williams, L. M. (1997). Post-traumatic stress disorder in child witness to domestic violence. *Journal of Orthopsychiatry, 67,* 639-644.

Kim, A.-H., Vaughn, S., Wanzek, J., & Wei, S. (2004). Graphic organizers and their effects on the reading comprehension of students with LD: A synthesis of research. *Journal of Learning Disabilities, 37,* 105-118.

Kim, W. J. (1995). A training guideline of cultural competence for child and adolescent psychiatric residencies. *Child Psychiatry and Human Development, 26,* 125-136.

King, N. J., Ollendick, T. H., Mattis, S. G., Yang, B., & Tonge, B. (1997). Nonclinical panic attacks in adolescents: Prevalence symptomatology and associated features. *Behaviour Change, 13,* 171-183.

Kinzl, J. F., Traweger, C., & Biebi, W. (1995). Family background and sexual abuse associated with somatization. *Psychotherapy and Psychosomatic Disorders, 64,* 82-87.

Kirby, A., Sugden, D. A., Beveridge, S., & Edwards, L. (2008). Support and identification of students with developmental coordination disorder (DCD) in further and higher education.

Journal of Research in Special Educational Needs, 3(8), 120-131.

Klinger, L. G., & Dawson, G. (1996). Autistic disorder. In E. J. Mash & R. A. Barkley (Eds.), *Child psychopathology* (pp. 311-313). New York, NY: Guilford Press.

Knopik, V. (2001). Differential genetic etiology of reading-related difficulties as a function of IQ. *Dissertation Abstracts International: Section B: The Sciences & Engineering, 61,* 6729.

Koocher, G. P., & Keith-Spiegel, P. C. (1990). *Children, ethics, and the law: Professional issues and cases.* Lincoln: University of Nebraska Press.

Kotchick, B. A., & Forehand, R. (2002). Putting parenting in perspective: A discussion of the contextual factors that shape parenting practices. *Journal of Child and Family Studies, 11,* 255-270.

Kouzis, A. C., & Labouvie, E. W. (1992). Use intensity, functional elaboration, and contextual constraint as facets of adolescent alcohol and marijuana use. *Psychology of Addictive Behaviors, 6,* 188-195.

Kovacs, M., Akiskal, H. S., Gatsonis, C., & Parrone, P. L. (1994). Childhood dysthymic disorder: Clinical features and prospective naturalistic outcome. *Archives of General Psychiatry, 51,* 365-374.

Kovacs, M., & Devlin, B. (1998). Internalizing disorders in childhood. *Journal of Child Psychology and Psychiatry and Allied Disciplines, 39,* 47-63.

Kovas, Y., Haworth, C. M., Harlaar, N., Petrill, S. A., Dale, P. S., & Plomin, R. (2007). Overlap and specificity of genetic and environmental influences on mathematics and reading disability in 10-year-old-twins. *Journal of Child Psychology and Psychiatry, 48*(9), 914-922.

Kronenberger, W. G., & Meyer, R. G. (2001). *The child clinician's handbook* (2nd ed.). Needham Heights, MA: Allyn & Bacon.

Kuhn, M., & Stahl, S. (2003). Fluency: A review of developmental and remedial practices. *Journal of Educational Psychology, 95,* 3-21.

Kunce, L., & Mesibov, G. B. (1998). Educational approaches to high-functioning autism and Asperger syndrome. In E. Schopler & G. B. Mesibov (Eds.), *Asperger syndrome or high-functioning autism? Current issues in autism* (pp. 227-261). New York, NY: Plenum Press.

LaFromboise, T. D., & Graff Low, K. (2001). American Indian children and adolescents. In J. T. Gibbs & L. N. Huang (Eds.), *Children of color* (pp. 112-142). San Francisco, CA: Jossey-Bass.

La Greca, A. M., Silverman, W. K., Vernberg, E. M., & Prinstein, M. (1996). Symptoms of posttraumatic stress in children after Hurricane Andrew: A prospective study. *Journal of Consulting and Clinical Psychology, 64,* 712-723.

Laing, S. V., Fernyhough, C., Turner, C., & Freeston, M. H. (2009). Fear, worry, and ritualistic behaviour in childhood: Developmental trends and interrelations. *Infant and Child Development, 18*(4), 351-366.

Larson, J., & Lochman, J. E. (2002). *Helping school children cope with anger: A cognitive-behavioral intervention.* New York, NY: Guilford Press.

Last, C. G., Hersen, M., Kazdin, A. E., Finkelstein, R., & Strauss, C. C. (1987). Comparison of DSM-III separation anxiety and overanxious disorder: Demographic characteristics and patterns of comorbidity. *Journal of the American Academy of Child and Adolescent Psychiatry, 26,* 527-531.

Last, C. G., Hersen, M., Kazdin, A. E., Orvaschel, H., & Perrin, S. (1991). Anxiety disorders in children and their families. *Archives of General Psychiatry, 48*(10), 928-934.

Last, C. G., Perrin, S., Hersen, M., & Kazdin, A. E. (1992). *DSM-III-R* anxiety disorders in children: Sociodemographic and clinical characteristics. *Journal of the American Academy of Child and Adolescent Psychiatry, 31,* 1070-1076.

Last, C. G., Perrin, S., Hersen, M., & Kazdin, A. E. (1996). A prospective study of child anxiety disorders. *Journal of the American Academy of Child and Adolescent Psychiatry, 35,* 1502-1510.

Lawford, B., Young, R. M., Powell, J. A., Gibson, J. N., Feeney, G. F. X., Ritchie, T. L., … Noble, E. P. (1997). Association of the D2 dopamine receptor A1 allele with alcoholism: Medical severity of alcoholism and type of controls. *Biology and Psychiatry, 41,* 386-393.

Lazear, K., Doan, J., & Roggenbaum, S. (2003). *Youth suicide prevention school-based guide–Issue brief 9: Culturally and linguistically diverse populations.* Tampa, FL: Department of Child and Family Studies, Division of State and Local Support, Louis de la Parte Florida Mental Health Institute, University of South Florida. (FMHI Series Publication #218-9).

Learning Disabilities Association of America. (2010). The Learning Disabilities Association of America's white paper on evaluation, identification and eligibility criteria for students with specific learning disabilities. Retrieved from http://ldaamerica.org/wp-content/uploads/2013/10/LDA-White-Paper-on-IDEA-Evaluation-Criteria-for-SLD.pdf

LeCroy, C. W. (1994). Social skills training. In C. W. LeCroy (Ed.), *Handbook of child and adolescent treatment manuals* (pp. 170-199). New York, NY: Lexington.

Lee, C. C. (1997). *Multicultural issues in counseling: New approaches to diversity* (2nd ed.). Alexandria, VA: American Counseling Association.

Lehmkuhl, G., Blanz, B., Lehmkuhl, U., & Braun-Scharm, H. (1989). Conversion disorder (*DSM-III* 300.11): Symptomatology and course in childhood and adolescence. *European Archives of Psychiatry and Neurological Sciences, 238,* 155-160.

Leinbenluft, E. (2011). Severe mood dysregulation, irritability, and the diagnostic boundaries of bipolar disorder in youths. *American Journal of Psychiatry, 168,* 129-142.

Leslie, A. (1988). Diagnosis and treatment of hysterical conversion reactions. *Archives of Disease in Childhood, 63,* 506-511.

Levine, M. (1999). How can we differentiate between ADHD, bipolar disorder in children? *The Brown University Child and Adolescent Psychopharmacology Update, 8,* 4-5.

Lewinsohn, P. M., Clarke, G. N., Rhode, P., Hops, H., & Seeley, J. (1996). A course in coping: A cognitive-behavioral approach to the treatment of adolescent depression. In E. D. Hibbs & P. S. Jensen (Eds.), *Psychosocial treatments for child and adolescent disorders: Empirically based strategies for clinical practice* (pp. 109-135). Washington, DC: American Psychological Association.

Lewinsohn, P. M., Clarke, G. N., Seeley, J. R., & Rohde, P. (1994). Major depression in community adolescents: Age at onset, episode duration, and time of recurrence. *Journal of the American Academy of Child and Adolescent Psychiatry, 33,* 809-818.

Liddle, H. A. (2009). Treating adolescent substance abuse using multidimensional family therapy. In J. R. Weisz & A. E. Kazdin (Eds.), *Evidence-based psychotherapies for children and adolescents* (2nd ed., pp. 416-434). New York, NY: Guilford Press.

Liddle, H. A., & Hogue, A. (2001). Multidimensional family therapy for adolescent substance abuse. In E. F. Wagner & H. B. Waldron (Eds.), *Innovations in adolescent substance abuse interventions* (pp. 229-261). Oxford, UK: Elsevier Science.

Liddle, H. A., Rowe, C. L., Dakof, G., Henderson, C. E., & Greenbaum, P. (2009). Multidimensional family therapy for young adolescent substance abuse: Twelve-month outcomes of a randomized controlled trial. *Journal of Consulting and Clinical Psychology, 77,* 12-25.

Liebman, W. M. (1978). Recurrent abdominal pain in children: A retrospective survey of 119 patients. *Clinical Pediatrics, 17,* 149-153.

Linehan, M. M., Comtois, K. A., Murray, A., Brown, N. Z., Gallop, R. J., & Heard, H. L. (2001). Tow-year randomized trial + follow-up of a dialectical behavior therapy vs. therapy by experts for suicidal behaviors and borderline personality disorder. *Archives of General Psychiatry, 63,* 757-766.

Litz, B. T. (1992). Emotional numbing in combat-related post-traumatic stress disorder: A critical review and reformulation. *Clinical Psychology Review, 12,* 417-432.

Lloyd, G. K., Fletcher, A., & Minchin, M. C. W. (1992). GABA agonists as potential anxiolytics. In C. D. Burows, S. M. Roth, & R. Noyes, Jr., (Eds.), *Handbook of anxiety* (Vol. 5, pp. 35-58). Oxford, UK: Elsevier.

Lochman, J. E., Burch, P. R., Curry, J. F., & Lampron, L. B. (1984). Treatment and generalization effects of cognitive-behavioral and goal-setting interventions with aggressive boys. *Journal of Consulting and Clinical Psychology, 53,* 915-916.

Loeber, R., Green, S. M., Lahey, B. B., Christ, M. A., & Frick, P. J. (1992). Developmental sequences in the age of onset of disruptive child behaviors. *Journal of Child and Family Studies, 1,* 21-41.

Loeber, R., & Keenan, K. (1994). Interaction between conduct disorder and its comorbid conditions: Effects of age and gender. *Clinical Psychology Review, 14,* 497-523.

Loeber, R., & Stouthamer-Loeber, M. (1998). Development of juvenile aggression and violence: Some common misconceptions and controversies. *American Psychologist, 53,* 242-259.

Lonigan, C. J., Carey, M. P., & Finch, A. J. Jr. (1994). Anxiety and depression in children and adolescents: Negative affectivity and the utility of self reports. *Journal of Consulting and Clinical Psychology, 62,* 1000-1008.

Lonigan, C. J., Shannon, M. P., Saylor, C. M., Finch, A. J., & Sallee, F. R. (1994). Children exposed to disaster: II. Risk factors for the development of post-traumatic symptomatology. *Journal of the American Academy of Child and Adolescent Psychiatry, 33,* 94-105.

Lovaas, O. I. (1987). Behavioral treatment and normal educational and intellectual functioning of young autistic children. *Journal of Consulting and Clinical Psychology, 55,* 3-9.

Lovett, M., Barron, R. W., & Benson, N. (2003). *Effective remediation of word identification and decoding difficulties in school-age children with reading disabilities.* New York, NY: Guilford Press.

Luby, J. L., Heffelfinger, A., Mrakotsky, C., Brown, K., Hessler, M., Wallis, J., & Spitznagel, E. (2003). The clinical picture of depression in preschool children. *Journal of the American Academy of Child and Adolescent Psychiatry, 42,* 340-348.

Luby, J. L., Sullivan, J., Belden, A., Stalets, M., Blankenship, S., & Spitznagel, E. (2006). An observational analysis of behavior in depressed preschoolers: Further validation of early onset depression. *Journal of the American Academy of Child and Adolescent Psychiatry, 45,* 203-212.

Lynch, E. W. (2004). Developing cross-cultural competence. In E. W. Lynch & M. J. Hanson (Eds.), *Developing cross-cultural competence* (3rd ed., pp. 41-78). Baltimore, MD: Paul H. Brookes.

Lyon, G. R., & Shaywitz, S. E. (2003). Part I: Defining dyslexia, comorbidity, teachers' knowledge of language and reading. *Annals of Dyslexia, 53,* 1-14.

Lyons-Ruth, K., & Jacobvitz, D. (1999). Attachment disorganization: Unresolved loss, relational violence, and lapses in behavioral and attentional strategies. In J. Cassidy & P. R. Shaver (Eds.), *Handbook of attachment: Theory, research, and clinical applications* (pp. 520-554). New York, NY: Guilford Press.

MacArthur, C. A. (2000). New tools for writing: Assistive technology for students with writing difficulties. *Topics in Language Disorders, 20,* 85-100.

Macintosh, K. E., & Dissanayake, C. (2004). Annotation: The similarities and differences between autistic disorder and Asperger's disorder. A review of the empirical evidence. *Journal of Child Psychology and Psychiatry, 45*(3), 421-434.

Macklem, G. (2008). The importance of emotional regulation in child and adolescent functioning and school success. In G. Macklem (Ed.), *Practitioner's guide to emotion regulation in school-aged children* (pp. 1-12). New York, NY: Springer.

MacMillan, D. L., & Forness, S. R. (1998). The role of IQ in special education placement decisions: Primary and determinative or peripheral and inconsequential. *Remedial and Special Education, 19,* 239-253.

Main, M., & Hesse, E. (1990). Parents' unresolved traumatic experiences are related to infant disorganized attachment status: Is frightened and/or frightening parental behavior the linking mechanism? In M. T. Greenberg, D. Cicchetti, & E. M. Cummings (Eds.), *Attachment in the preschool years: Theory, research, and intervention* (pp. 161-182). Chicago, IL: University of

Chicago Press.

Main, M., & Solomon, J. (1986). Discovery of a new, insecure-disorganized/disoriented attachment pattern. In T. B. Braxelton & M. W. Yogman (Eds.), *Affective development in infancy* (pp. 95-124). Norwood, NJ: Ablex.

Main, M., & Weston, D. (1981). The quality of the toddler's relationship to mother and to father: Related to conflict behavior and the readiness to establish new relationships. *Child Development, 52,* 932-940.

Mak, W., & Rosenblatt, A. (2002). Demographic influences on psychiatric diagnoses among youth served in California systems of care. *Journal of Child and Family Studies, 11,* 165-178.

Malmquist, C. P. (1986). Children who witness parental murder: Posttraumatic aspects. *Journal of the American Academy of Child and Adolescent Psychiatry, 25,* 320-325.

Malphurs, J. E., Field, T. M., Larraine, C., Pickens, J., Yando, R., & Bendell, D. (1996). Altering withdrawn and intrusive interaction behaviors of depressed mothers. *Infant Mental Health Journal, 17,* 152-160.

March, J., Amaya-Jackson, L., & Pynoos, R. S. (1994). Pediatric posttraumatic stress disorder. In J. W. Weiner (Ed.), *Textbook of child and adolescent psychiatry* (pp. 507-527). Washington, DC: American Psychiatric Press.

March, J., Frances, A., Carpenter, D., & Kahn, D. (1997). Expert consensus guidelines: Treatment of obsessive compulsive disorder. *Journal of Clinical Psychology, 58,* 1.

Margulies, D. M., Weintraub, S., Basile, J., Grover, P. J., & Carson, G. A. (2012). Will disruptive mood dysregulation disorder reduce false diagnosis of bipolar disorder in children? *Bipolar Disorders, 14,* 488-496.

Marsh, R., Gerber, A. J., & Peterson, B. S. (2008). Neuroimaging studies of normal brain development and their relevance for understanding childhood neuropsychiatric disorders. *Journal of the American Academy of Child and Adolescent Psychiatry, 47*(11), 1233-1251.

Mash, E. J., & Terdal, L. G. (1997). Assessment of child land family disturbance: A behavioral-systems approach. In E. J. Mash & L. G. Terdal (Eds.), *Assessment of childhood disorders* (3rd ed., pp. 3-70). New York, NY: Guilford Press.

Mathyssek, C. M., Olino, T. M., Verhulst, F. C., & van Oort, F. (2012). Childhood internalizing and externalizing problems predict the onset of clinical panic attacks over adolescence: The TRAILS Study. *PLOS ONE, 7,* 1-6.

Matson, L. J., & Ollendick, H. T. (1988). *Enhancing children's social skills*. New York, NY: Pergamon Press.

Matsumoto, D. (2000). *Culture and psychology* (2nd ed.). Belmont, CA: Wadsworth.

Mattson, A. J., Sheer, D. E., & Fletcher, J. M. (1992). Electrophysiological evidence of lateralized disturbances in children with learning disabilities. *Journal of Clinical and Experimental Neuropsychology, 14,* 707-716.

Mayes, S. D., & Calhoun, S. L. (2007). Challenging the assumptions about the frequency and coexistence of learning disability types. *School Psychology International, 28*(4), 437-448.

Mayes, S. D., Calhoun, S. L., & Lane, S. E. (2005). Diagnosing children's writing disabilities: Different tests give different results. *Perceptual and Motor Skills, 101,* 72-78.

Mayes, S. D., Humphrey, F., Handford, H. A., & Mitchell, J. (1988). Rumination disorder: Differential diagnosis. *Journal of the American Academy of Child and Adolescent Psychiatry, 27*(3), 300-302.

Mazzocco, M. M., Feigenson, L., & Halberda, J. (2011). Impaired acuity of the approximate number system underlies mathematical learning disability (dyscalculia). *Child Development, 82*(4), 1224-1237.

McAdoo, H. P. (1997). *Black families* (3rd ed.). Beverly Hills, CA: Sage.

McCabe, K., Yeh, M., Hough, R. L., Landsverk, J., Hurlburt, M., Culver, S., & Reynolds, B. (1999). Racial/ethnic representation across five public sectors of care for youth. *Journal of Emotional and Behavioral Disorders, 7,* 72-82.

McClennan, J. M., & Weery, J. (2003). Evidence-based treatments in child and adolescent psychiatry: An inventory. *Journal of the American Academy of Child and Adolescent Psychiatry, 42*(12), 1388-1400.

McConaughy, S. H., & Skiba, R. (1993). Comorbidity of externalizing and internalizing problems. *School Psychology review, 22*(3), 421-436.

McDermott, B. M., & Palmer, L. J. (2002). Postdisaster emotional distress, depression, and event-related variables: Findings across child and adolescent developmental stages. *Australian and New Zealand Journal of Psychiatry, 36,* 754-761.

McFall, R. (1982). A review and reformulation of the concept of social skills. *Behavioral Assessment, 4,* 1-33.

McFarlane, A. (1987). Post-traumatic phenomena in a longitudinal study of children following a natural disaster. *Journal of the American Academy of Child and Adolescent Psychiatry, 26,* 764-769.

McLeer, S., Deblinger, E., Henry, D., & Orvaschel, H. (1992). Sexually abused children at high risk for post-traumatic stress disorder. *Journal of the American Academy of Child and Adolescent Psychiatry, 32,* 875-879.

McLoyd, C. V. (1998). Children in poverty: Development, public policy and practice. In W. Damon (Series Ed.) & E. E. Siegel & K. A. Renniger (Vol. Eds.), *Handbook of child psychology: Vol. 4. Child psychology in practice* (5th ed., pp. 135-208). New York, NY: Wiley.

McMahon, R. J., & Kotler, J. S. (2004). Treatment of conduct problems in children and adolescents. In P. M. Barrett & T. H. Ollendick (Eds.), *Handbook of interventions that work with children and adolescents* (pp. 395-425). Chichester, UK: Wiley.

Meezan, W., & McCroskey, J. (1996). Improving family functioning through family preservation services: Results of the Los Angeles experiment. *Family Preservation Journal, 46,* 21-32.

Mellin, L. M., Irwin, C., & Scully, S. (1992). Prevalence of disordered eating in girls: A survey of middle class children. *Journal of the American Dietetic Association, 92,* 851-853.

Michaelson, R. (1993). Flood volunteers build emotional levees. *APA Monitor, 24,* 30.

Mikolajewski, A., Allan, N. P., Hart, S., Lonigan, C. J., & Taylor, J. (2013). Negative affect shares genetic and environmental influences with symptoms of childhood internalizing and externalizing disorders. *Journal of Abnormal Child Psychology, 41,* 411-423.

Miller, J. N., & Ozonoff, S. (2000). The external validity of Asperger disorder: Lack of evidence from the domain of neuropsychology. *Journal of Abnormal Psychology, 109,* 227-238.

Miller, M. N., & Pumariega, B. (1999). Culture and eating disorders. *Psychiatric Times, XVI*(2). Retrieved from www.psychiatrictimes.com/p990238.html

Minuchin, S. (1985). Families and individual development: Provocations from the field of family therapy. *Child Development, 56,* 289-302.

Minuchin, S., Rosman, B. L., & Baker, L. (1978). *Psychosomatic families: Anorexia nervosa in context.* Cambridge, MA: Harvard University Press.

Mitchell, J. E., Pyle, R. L., & Miner, R. A. (1982). Gastic dilation as a complication of bulimia. *Psychosomatics, 23,* 96-97.

Moffit, E. E. (1990). Juvenile delinquency and attention deficit disorder: Boy's developmental trajectories from age 3 to 15. *Child Development, 61,* 893-910.

Moffit, T. E., & Henry, B. (1989). Neurological assessment of executive functions in self-reported delinquents. *Development and Psychopathology, 1,* 105-118.

Molina, B. S., Hinshaw, S. P., Swanson, J. M., Arnold, L. E., Vitiello, B., Jensen, P. S., ··· Houck, P. R. (2009). The MTA at 8 years: Prospective follow-up of children treated for combined-type ADHD in a multisite study. *Journal of the American Academy of Child and Adolescent Psychiatry, 48*(5), 484-500.

Molina, B. S., & Pelham, W. E. (2003). Childhood predictors of adolescent substance use in a longitudinal study of children with ADHD. *Journal of Abnormal Psychology, 112,* 497-507.

Monti, P. M., Abrams, D. B., Kadden, R. M., & Cooney, N. L. (1989). *Treating alcohol dependence: A coping skills guide.* New York, NY: Guilford Press.

Morris, C. A. (2006a). The dysmorphology, genetics, and natural history of Williams-Beuren syndrome. In C. A. Morris, H. M. Lenhoff, & P. P. Wang (Eds.), *Williams-Beuren syndrome: Research, evaluation and treatment* (pp. 3-17). Baltimore, MD: Johns Hopkins University Press.

Morris, C. A. (2006b). Genotype-phenotype correlations in Williams-Beuren syndrome. In C. A. Morris, H. M. Lenhoff, & P. P. Wang (Eds.), *Williams-Beuren Syndrome: Research, evaluation and treatment* (pp. 59-82). Baltimore, MD: Johns Hopkins University Press.

Morris, R. D., Stuebing, K. K., Fletcher, J. M., Shaywitz, S. E., Lyon, G. R., Shankweiler, D. P., ··· Shaywitz, B. A. (1998). Subtypes of reading disability: Variability around a phonological core. *Journal of Educational Psychology, 90,* 347-373.

MTA Cooperative Group. (1999). A 14-month randomized clinical trial of treatment strategies for attention-deficit/hyperactivity disorder. *Archives of General Psychiatry, 56,* 1073-1086.

Muris, P., Luermans, J., Merckelbach, E., & Mayer, R. (2000). Danger is lurking everywhere: the relation between anxiety and threat perception abnormalities in normal children. *Journal of Behavior Therapy and Experimental Psychiatry, 31,* 123-136.

Muris, P., Meesters, C., Merekelbach, H., Sermon, A., & Zwakhalen, S. (1998). Worry in normal children. *Journal of the American Academy of Child and Adolescent Psychiatry, 37,* 703-710.

Nachmias, M., Gunnar, M., Mangelsdorf, S., Parritz, R., & Buss, K. (1996). Behavioral inhibition and stress reactivity: The moderating role of attachment security. *Child Development, 67,* 508-522.

Nagata, D. K. (2001). The assessment and treatment of Japanese American children and adolescents. In J. T. Gibbs & L. N. Huang (Eds.), *Children of color* (pp. 68-111). San Francisco, CA: Jossey-Bass.

National Institute on Drug Abuse (NIDA). (2003a). *Preventing drug use among children and adolescents: A research-based guide for parents, educators, and community leaders* (2nd ed.). Bethesda, MD: U.S. Department of Health and Human Services, National Institutes of Health, National Institute on Drug Abuse

National Institute on Drug Abuse (NIDA). (2003b). *Monitoring the future.* Survey results for 2003. Retrieved online at www.drugabuse.gov/related-topics/trends-statistics/monitoring-future

National Institute of Mental Health (NIMH). (2000a). *Depression in children and adolescents: A facts sheet for physicians.* Retrieved online at www.nimh.nih.gov

National Institute of Mental Health (NIMH). (2000b). *Fact sheet-Child and adolescent bipolar disorder: An update from the National Institute of Mental Health.* Retrieved from www.nimh.nih.gov.

National Joint Committee on Learning Disabilities (NJCLD). (1987). Learning disabilities: Issues on definition. *Journal of Learning Disabilities, 20,* 107-108.

Newacheck, P. E., & Halfon, N. (2000). Prevalence, impact and trends in childhood disability due to asthma. *Archives of Pediatric and Adolescent Medicine, 154*(3), 287-293.

Newcomb, M. D., & Felix-Ortiz, M. (1992). Multiple protective and risk factors for drug use and abuse: Cross-sectional and prospective findings. *Journal of Personality and Social Psychology, 63,* 280-296.

Nicholls, D., Chater, R., & Lask, B. (2000). Children into DSM don't go: A comparison of classification systems for eating disorders in childhood and early adolescence. *International Journal of Eating Disorders, 28,* 317-324.

Nietzel, M. T., Bernstein, D. A., & Milich, R. (1994). *Introduction to clinical psychology* (4th ed.). Englewood Cliffs, NJ: Prentice Hall.

Norgate, R. (1998). Reducing self-injurious behavior in a child with severe learning difficulties: Enhancing predictability and structure. *Educational Psychology in Practice, 14,* 176-182.

Offord, D. R., Boyle, M. W., & Racine, Y. (1989). Ontario Child Health Study: Correlates of disorder. *Journal of the American Academy of Child and Adolescent Psychiatry, 28,* 855-860.

Offord, D. R., Boyle, M. W., & Szatmari, P. (1987). Ontario Child Health Study, II: Six-month prevalence of disorder and rates of service utilization. *Archives of General Psychiatry, 44,* 832-836.

Ogbu, J. U. (1981). Origins of human competence: A cultural-ecological perspective. *Child Development, 52,* 413-429.

Okamoto, Y., & Case, R. (1996). Exploring the microstructure of children's central conceptual structures in the domain of number. *Monographs of the Society for Research in Child Development, 61,* 27-59.

Olds, D., Henderson, C., Kitzman, H., Eckenrode, J., Cole, R., & Tatelbaum, R. (1998). The promise of home visitation: Results of two randomized trials. *Journal of Community Psychology, 26,* 5-21.

Ollendick, T. H. (2001). Self reported anxiety in children and adolescents: A three-year follow-up study. *Journal of Genetic Psychology, 162,* 5-19.

Ollendick, T. H., & King, N. J. (1998). Empirically supported treatment for children with phobic and anxiety disorders: Current status. *Journal of Clinical Child Psychology, 27,* 156-167.

Ollendick, T. H., & King, N. J. (2004). Empirically supported treatments for children and adolescents: Advances toward evidence-based practice. In P. M. Barrett & T. H. Ollendick (Eds.), *Handbook of interventions that work with children and adolescents* (pp. 3-26). West Sussex, UK: Wiley.

Ollendick, T. H., Mattis, S. G., & King, N. J. (1994). Panic in children and adolescents: A review. *Journal of Child Psychology and Psychiatry and Allied Disciplines, 35,* 113-134.

Ostrov, E., Offer, D., & Howard, K. I. (1989). Gender differences in adolescent symptomatology: A normative study. *Journal of the American Academy of Child and Adolescent Psychiatry, 28,* 394-398.

Overholser, J., Hemstreet, A. H., Spirito, A., & Vyse, S. (1989). Suicide awareness programs in the schools: Effects of gender and personal experience. *Journal of the American Academy of Child and Adolescent Psychiatry, 28,* 925-930.

Panerai, S., Ferrante, L., & Zingale, M. (2002). Benefits of the Treatment and Education of Autistic and Communication Handicapped Children (TEACCH) program as compared with a non-specific approach. *Journal of Intellectual Disability Research, 46,* 318-327.

Parker, D., Hoffman, S. F., Sawilowsky, S., & Rolands, L. (2011). An examination of the effects of ADHD coaching on university students' executive functioning. *Journal of Post-secondary Education and Disability, 24*(2), 115-132.

Parker, J., & Asher, S. R. (1987). Peer relations and later personal adjustment: Are low-accepted children at risk? *Psychological Bulletin, 102,* 357-389.

Parry-Jones, B., & Parry-Jones, W. L. (1992). Pica: Symptom or eating disorder? A historical assessment. *British Journal of Psychiatry, 160,* 341-354.

Pate, J. E., Pumariega, A. J., Hester, C., & Gaarner, D. M. (1992). Cross-cultural patterns in eating disorders: A review. *Journal of the American Academy of Child and Adolescent Psychiatry, 31,* 802-808.

Patterson, C., Kupersmidt, J., & Vaden, N. (1990). Income level, gender, ethnicity and household composition as predictors of children's school-based competence. *Child Development, 61,* 485-494.

Patterson, G., Reid, J., Jones, R., & Conger, R. (1975). *A social learning approach to family intervention, Vol. 1: Families with aggressive children.* Eugene, OR: Castalia.

Patterson, G. R., & Capaldi, D. M. (1990). A mediational model for boys'depressed mood. In J. Rolf, A. S. Masten, D. Cicchetti, K. H. Nuechterlein, & S. Weintraub (Eds.), *Risk and protective factors in the development of psychopathology* (pp. 141-163). Cambridge, UK: Cambridge University Press.

Patterson, G. R., Capaldi, D., & Bank, L. (1991). An early starter model for predicting delinquency. In D. Pepler & K. H. Rubin (Eds.), *The development and treatment of childhood aggression* (pp. 139-168). Hillsdale, NJ: Erlbaum.

Patterson, G. R., & Gullion, M. E. (1968). *Living with children: New methods for parents and teachers.* Champaign, IL: Research Press.

Patterson, G. R., & Yoerger, K. (2002). A developmental model for early- and late-onset delinquency. In J. B. Reid, G. R. Patterson, & J. Snyder (Eds.), *Antisocial behavior in children and adolescents: A developmental analysis and model for intervention* (pp. 147-172). Washington, DC: American Psychological Association.

Pelham, E. E., & Milich, R. (1991). Individual differences in response to Ritalin in classwork and social behavior. In L. L. Grennhill & B. B. Osmon (Eds.), *Ritalin: Theory and patient management* (pp. 203-221). New York, NY: Mary Ann Liebert.

Pelham, W. E. Jr., Wheeler, T., & Chronis, A. (1998). Empirically supported psychosocial treatments for attention-deficit/hyperactivity disorder. *Journal of Clinical Child Psychology, 27,* 190-205.

Pennington, B. (2009). *Diagnosing learning disorders: A neuropsychological framework* (2nd ed.). New York, NY: Guilford Press.

Pennington, G., & Gilger, J. (1996). *How is dyslexia transmitted?* Baltimore, MD: York.

Perez-Edgar, K., & Fox, N. A. (2005). Temperament and anxiety disorders. *Child and Adolescent Psychiatry Clinics of North America, 14,* 681-706.

Peterson, L., & Roberts, M. C. (1991). Treatment of children's problems. In C. E. Walker (Ed.), *Clinical psychology: Historical and research foundations.* New York, NY: Plenum Press.

Pfefferbaum, B. (1997). Posttraumatic stress disorder in children: A review of the past 10 years. *Journal of the American Academy of Child and Adolescent Psychiatry, 36,* 1503-1511.

Pickersgill, M. J., Valentine, J. D., Pincus, T., & Foustok, H. (1999). Girls'fearfulness as a product of mothers' fearfulness and fathers' authoritarianism. *Psychological Reports, 85,* 759-760.

Pine, D. S., Helfinstein, S. M., Bar-Haim, Y., Nelson, E., & Fox, N. A. (2009). Challenges in developing novel treatments for childhood disorders: Lessons from research on anxiety. *Neuropsychopharmacology, 34,* 213-228.

Pionek-Stone, B., Kratochwill, T. R., Sladezcek, L., & Serlin, R. C. (2002). Treatment of selective mutism: A best evidence synthesis. *School Psychology Quarterly, 17,* 168-190.

Pittman, L. D., & Chase-Lansdale, P. L. (2001). African American adolescent girls in impoverished communities: Parenting style and adolescent outcomes. *Journal of Research on Adolescence, 11*(2), 199-224.

Pope, H. G., Phillips, K. A., & Olivardia, R. (2000b). *The Adonis complex: The secret crisis of male body obsession.* New York: Free Press.

Prior, M., Eisenmajer, R., Leekam, S., Wing, L., Gould, J., Ong, B., & Dowe, D. (1998). Are there subgroups within the autistic spectrum? A cluster analysis of a group of children with autistic spectrum disorders. *Journal of Child Psychology and Psychiatry, 39,* 893-902.

Puig-Antich, J., Geotz, D., & Davies, M. (1989). A controlled family history study of prepubertal major depressive disorder. *Archives of General Psychiatry, 46,* 406-418.

Pynoos, R. S. (1990). Post-traumatic stress disorder in children and adolescents. In B. Grafinkel, G. Carlson, & E. Weller (Eds.), *Psychiatric disorders in children and adolescents* (pp. 48-63). Philadelphia, PA: W. B. Saunders.

Pynoos, R. S. (1994). Traumatic stress and developmental psychopathology in children and adolescents. In R. S. Pynoos (Ed.), *Posttraumatic stress disorder: A clinical review* (pp. 64-98). Lutherville, MD: Sidran Press.

Pynoos, R. S., & Nader, K. (1993). Issues in the treatment of posttraumatic stress in children and adolescents. In J. P. Wilson & B. Raphael (Eds.), *International handbook of traumatic stress syndromes* (pp. 535-549). New York, NY: Plenum Press.

Quay, H. C. (1986). Conduct disorders. In H. C. Quay & J. S. Werry (Eds.), *Psychopathological disorders of childhood* (3rd ed., pp. 1-34). New York, NY: Wiley.

Ramirez, O. (2001). Mexican American children and adolescents. In J. T. Gibbs & L. N. Huang (Eds.), *Children of color* (pp. 215-239). San Francisco, CA: Jossey-Bass.

Rao, S. M., Mayer, A., & Harrington, D. L. (2001). The evolution of brain activation during temporal processing. *Nature Neuroscience, 4*(3), 317-323.

Rapee, R. M. (1997). Potential role of childrearing practices in the development of anxiety and depression. *Clinical Psychology Review, 17,* 47-67.

Rechsley, D. J. (2003). IDEA Reauthorization: Outcomes criteria and the bright future of school psychology. Presentation to the Florida Association of School Psychologists, Palm Harbor, Florida.

Reebye, P., Moretti, M. M., & Gulliver, L. (1995). Conduct disorder and substance use disorder: Comorbidity in a clinical sample of preadolescents and adolescents. *Canadian Journal of Psychiatry, 40,* 313-319.

Regan, J. J., & Regan, W. (1989). Somatoform disorders. In C. G. Last & M. Hersen (Eds.), *Handbook of child psychiatric diagnoses* (pp. 343-355). New York, NY: Wiley.

Reid, R., & Ortiz-Lienemann, T. (2006). Self-regulated strategy development for written expression with students with attention deficit/hyperactivity disorder. *Exceptional Child, 73*(1), 53-68.

Reiss, S. (1991). Expectancy model of fear, anxiety, and panic. *Clinical Psychology Review, 11,* 141-153.

Renaud, J., Birmaher, B., Wassick, C. C., & Bridge, J. (1999). Use of selective serotonin reuptake inhibitors for the treatment of childhood panic disorder: A pilot study. *Journal of Child and Adolescent Psychopharmacology, 9,* 73-83.

Repetti, R. L., Taylor, S. E., & Seeman, T. E. (2002). Risky families: Family social environments and the mental and physical health of offspring. *Psychological Bulletin, 128,* 330-336.

Rey, J. M. (1993). Oppositional defiant disorder. *American Journal of Psychiatry, 150,* 1769-1777.

Richards, T., & Bates, C. (1997). Recognizing posttraumatic stress in children. *Journal of School Health, 67,* 441-443.

Ringwalt, C. L., Ennett, S. T., Vincus, A. A., Thorne, J., Rohrbach, L. A., & Simons-Rudolph, A. (2002). The prevalence of effective substance use prevention curricula in U.S. middle schools. *Prevention Science, 3,* 257-265.

Robin, A. L., Bedway, M., Diegel, P. T., & Gilroy, M. (1996). Therapy for adolescent anorexia nervosa: Addressing cognition, feelings, and the family's role. In E. D. Hibbs & P. S. Jensen (Eds.), *Psychosocial treatments for child and adolescent disorders: Empirically-based strategies for clinical practice* (pp. 239-259). Washington, DC: American Psychological Association.

Robins, L. N., & McEvoy, L. (1990). Conduct problems as predictors of substance abuse. In L. E. Robins & M. Rutter (Eds.), *Straight and devious pathways from childhood to adulthood* (pp. 182-204). Cambridge, UK: Cambridge University Press.

Robinson, D. P., Greene, J. W., & Walker, L. S. (1988). Functional somatic complaints in adolescents: Relationship to negative life events, self concept, and family characteristics. *The Journal of Pediatrics, 113,* 588-593.

Rogers, H. R. (1986). *Poor women, poor families.* Armonk, NY: Sharpe.

Rogers, M. R., Ingraham, C. L., Bursztyn, A., Cajigas-Segredo, N., Esquivel, G., Hess, R. S., … Lopez, E. C. (1999). Best practices in providing psychological services to racially, ethnically, culturally, and linguistically diverse individuals in the schools. *School Psychology International, 20,* 243-264.

Rogers, S. J. (1998). Empirically supported comprehensive treatments for young children with autism. *Journal of Clinical Child Psychology, 27,* 168-179.

Rogler, L. H. (1999). Methodological sources of cultural insensitivity in mental health research. *American Psychologist, 54*(6), 424-433.

Rosen, D. (2003). Eating disorders in children and young adolescents: Etiology, classification, clinical features, and treatment. *Adolescent Medicine-The Spectrum of Disordered Eating: Anorexia Nervosa, Bulimia Nervosa and Obesity: State of the Art Review, 14,* 49-59.

Rosen, L. W., McKeag, D. B., Hough, D. O., & Curley, V. (1986). Pathogenic weight-control behavior in female athletes. *The Physician and Sports Medicine, 14*(1), 79-86.

Rosenheim, M. K., & Testa, M. F. (1992). *Early parenthood and coming of age in the 1990's.* New Brunswick, NJ: Rutgers University Press.

Rosenthal, D. A., & Berven, N. L. (1999). Effects of client race on clinical judgment. *Rehabilitation Counseling Bulletin, 42*(3), 243-264.

Rosenthal, R., & Jacobson, L. (1968). *Pygmalion in the classroom: Teacher expectation and pupils' "intellectual development."* New York, NY: Rinehart & Winston.

Rothbart, M. K. (2003). Temperament and the pursuit of an integrated developmental psychology. *Merrill-Palmer Quarterly, 50,* 492-505.

Rothbart, M. K., & Bates, J. E. (2006). Temperament. In N. Eisenberg (Ed.), *Handbook of child psychology: Vol. 3. Social, emotional, and personality development* (6th ed., pp. 99-166). Hoboken, NJ: Wiley.

Rourke, B. P. (1989). *Nonverbal learning disabilities: The syndrome and the model.* New York, NY: Guilford Press.

Rourke, B. P. (1995). *Syndrome of nonverbal learning disabilities.* New York, NY: Guilford Press.

Rourke, B. P., Ahmad, S., Collins, D., Jayman-Abello, B., Hayman-Abello, S., & Warriner, E. M. (2002). Child clinical/pediatric neuropsychology: Some recent advances. *Annual Review of Psychology, 53,* 309-339.

Rubio-Stipec, M., Walker, A., Murphy, J., & Fitzmaurice, G. (2002). Dimensional measures of psychopathology: The probability of being classified with a psychiatric disorder using empirically derived symptom scales. *Social Psychiatry and Psychiatric Epidemiology, 37,* 553-560.

Rucklidge, J. J., & Tanock, R. (2001). Psychiatric, psychosocial and cognitive functioning of female adolescents with ADHD. *Journal of the American Academy of Child and Adolescent Psychiatry, 40,* 530-540.

Rutter, M. (1978). Diagnosis and definition. In M. Rutter & E. Schopler (Eds.), *Autism: A reappraisal of concepts and treatment.* New York, NY: Plenum Press.

Rutter, M., Beckett, C., Castle, J., Colvert, E., Kreppner, J., Mehta, M., Stevens, S., & Sonuga-Barke, E. (2007). Effects of profound early institutional deprivation: An overview of findings from a UK longitudinal study of Romanian adoptees. *European Journal of Developmental*

Psychology, 4(3), 332-350.

Ryan, N. D., Puig-Antich, J., Ambrosini, P., Rabinovich, H., Nelson, B., Iyengar, S., & Twomey, J. (1987). The clinical picture of major depression in children and adolescents. *Archives of General Psychiatry, 44,* 854-861.

Saavedra, L. M., & Silverman, W. K. (2002). Classification of anxiety disorders in children: What a difference two decades make. *International Review of Psychiatry, 14,* 87-101.

Sameroff, A. (1993). Models of development and developmental risk. In C. H. Zeanah, Jr. (Ed.), *Handbook of infant mental health* (pp. 3-13). New York, NY: Guilford Press.

Sameroff, A. J., & Chandler, M. J. (1975). Reproductive risk and the continuum of caretaking casualty. In F. D. Horowitz, M. Hetherington, S. Scarr-Salapatek, & G. Siegel (Eds.), *Review of child development research* (Vol. 4, pp. 187-244). Chicago, IL: University of Chicago Press.

Sattler, J. (2002). *Assessment of children: Behavioral and clinical applications* (4th ed.). LaMesa, CA: Author.

Saxena, S., Brody, A. L., & Maidment, K. M. (1999). Localized orbitolfrontal and subcortical metabolic changes and predictors of response to paroxetine treatment in obsessive-compulsive disorder. *Neuropsychopharmacology, 21*(6), 683-693.

Scheeringa, M. S., & Zeanah, C. H. (2001). A relational perspective on PTSD in early childhood. *Journal of Traumatic Stress, 14,* 799-815.

Scheeringa, M. S., Zeanah, C. H., Myers, L., & Putnam, F. W. (2005). Predictive validity in a prospective follow-up of PTSD in preschool children. *Journal of the American Academy of Child & Adolescent Psychiatry, 44*(9), 561-570.

Schoenwald, S. K., Ward, D. M., Henggeler, S. W., & Rowland, M. D. (2000). Multisystemic therapy versus hospitalization for crisis stabilization of youth: Placement outcomes 4 months postreferral. *Mental Health Services Research, 2,* 3-12.

Schopler, R. (1985). Editorial: Convergence of learning disability, higher-level autism, and Asperger's syndrome. *Journal of Autism and Developmental Disorders, 15,* 359.

Schopler, R. (1994). A statewide program for the treatment and education of autistic and related communication handicapped children (TEACCH). *Psychology and Pervasive Developmental Disorders, 3,* 91-103.

Schor, E. (1986). Use of health care services by children and diagnoses received during presumably stressful life transitions. *Pediatrics, 77,* 834-841.

Seidman, E., Aber, J., & French, S. (2004). The organization of schooling and adolescent development. In K. Maton, C. Schellenbach, B. Leadbeater, & A. Solarz (Eds.), *Investing in children and youth, families and communities: Strengths-based research and policy,* (pp. 233-250). Washington, DC: American Psychological Association.

Seligman, M. E. P. (1975). *Helplessness.* San Francisco, CA: W. H. Freeman.

Seligman, M., & Peterson, C. (1986). A learned helpless perspective on childhood depression: Theory and research. In M. Rutter, C. E. Izard, & P. B. Read (Eds.), *Depression in young people* (pp. 223-249). New York, NY: Guilford Press.

Seltzer, W. (1985). Conversion disorder in childhood and adolescence: A familial/cultural approach, Part I. *Family System Medicine, 3,* 261-280.

Semrud-Clikeman, M. (2005). Neuropsychological aspects for evaluating learning disabilities. *Journal of Learning Disabilities, 38,* 563-568.

Semrud-Clikeman, M., Biederman, J., Sprich-Buckminster, S., Lehman, B. K., Faraone, S. V., & Norman, D. (1992). Comorbidity between ADDH and learning disability: A review and report in a clinically referred sample. *Journal of the American Academy of Child and Adolescent Psychiatry, 31,* 439-448.

Shaffer, D., & Craft, L. (1999). Methods of adolescent suicide prevention. *Journal of Clinical Psychiatry, 60,* 70-74.

Shaffer, D., Gould, M. S., Fisher, P., Trautment, P., Moreau, D., Kleinman, M., & Flory, M. (1996). Psychiatric diagnoses in child and adolescent suicide. *Archives of General Psychiatry, 53,* 339-348.

Sharrer, V. W., & Ryan-Wenger, M. (1995). A longitudinal study of age and gender differences of stressors and coping strategies in school-aged children. *Journal of Pediatric Health Care, 9,* 123-130.

Shaywitz, S. (2003). *Overcoming dyslexia: A new and complete science-based program for reading problems at any level.* New York, NY: Alfred A. Knopf.

Shaywitz, S. E., Morris, R., & Shaywitz, B. A. (2008). The education of dyslexia children from childhood to young adulthood. *Annual Review of Psychology, 59,* 451-475.

Shaywitz, S. E., & Shaywitz, B. A. (2008). Paying attention to reading: The neurobiology of reading and dyslexia. *Development and Psychopathology, 20,* 1329-1349.

Shedler, J., & Block, J. (1990). Adolescent drug use and psychological health. *American Psychologist, 45,* 612-630.

Sheeber, L., Hops, H., & Davis, B. (2001). Family processes in adolescent depression. *Clinical Child and Family Psychology Review, 4,* 19-35.

Sherman, D. K., Iacono, W. G., & McGue, M. K. (1997). Attention deficit hyperactivity disorder dimensions: A twin study of inattention and impulsivity-hyperactivity. *Journal of the American Academy of Child and Adolescent Psychiatry, 36,* 745-733.

Siegel, M., & Barthel, R. P. (1986). Conversion disorders on a child psychiatry consultation service. *Psychosomatics, 27,* 201-204.

Silverman, W. K., & Ginsburg, G. S. (1995). Specific phobias and generalized anxiety disorder. In J. S. March (Ed.), *Anxiety disorders in children and adolescents* (pp. 151-180). New York, NY: Guilford Press.

Silverman, W. K., & Nelles, W. B. (2001). The influence of gender on children's ratings of fear in self and same-aged peers. *Journal of Genetic Psychology, 148,* 17-21.

Silverman, W. K., & Saavedra, L. M. (2004). Assessment and diagnosis in evidence-based practice. In P. M. Barrett & T. H. Ollendick (Eds.), *Handbook of interventions that work with children and adolescents* (pp. 49-70). West Sussex, UK: Wiley.

Silverman, W. K., Saavedra, L. M., & Pina, A. A. (2001). Test-retest reliability of anxiety symptoms and diagnoses using the Anxiety Disorders Interview Schedule for *DSM-IV:* Child and Parent Versions (ADIS for *DSM-IV*:C/P). *Journal of the American Academy of Child and Adolescent Psychiatry, 40,* 937-944.

Slaff, B. (1989). History of child and adolescent psychiatry ideas and organizations in the United States: A twentieth-century review. In S. C. Feinstein (Eds.), *Adolescent psychiatry: Developmental and clinical studies* (Vol. 16, pp. 31-52). Chicago, IL: University of Chicago Press.

Smucker, M. R., Craighead, W. E., Craighead, L. W., & Green, B. J. (1986). Normative and reliability data for the Children's Depression Inventory. *Journal of Abnormal Child Psychology, 14,* 25-39.

Sonuga-Barke, E. J., Daley, D., Thompson, M., Laver-Bredbury, C., & Weeks, A. (2001). Parent-based therapies for preschool attention-deficit/hyperactivity disorder: A randomized, controlled trial with a community sample. *Journal of the American Academy of Child and*

Adolescent Psychiatry, 40, 402-408.

Spaccarelli, S., Cotler, S., & Penman, D. (1992). Problem-solving skills training as a supplement to behavioral parent training. *Cognitive Therapy and Research, 27,* 171-186.

Spangler, G., & Grossman, K. (1999). Individual and psychological correlates of attachment disorganization in infancy. In J. Solomon & C. George (Eds.), *Attachment disorganization* (pp. 95-126). New York, NY: Guilford Press.

Spence, S. (1997). Structure of anxiety symptoms in children: A confirmatory factor analytic study. *Journal of Abnormal Psychology, 106,* 280-297.

Spitz, A. (1946). Anaclitic depression. *Psychoanalytic Study of the Child, 2,* 313-342.

Sroufe, L. A. (2007). The concept of development in developmental psychopathology. *Child Perspectives, 3,* 178-193..

Sroufe, L. A., & Rutter, M. (1984). The domain of developmental psychopathology. *Child Development, 55,* 17-29.

Stanger, C., & Lewis, M. (1993). Agreement among parents, teachers, and children on internalizing and externalizing behavior problems. *Journal of Clinical Child Psychology, 22,* 107-115.

Stanovich, K. E. (1986). Matthew effects in reading: Some consequences of individual differences in the acquisition of literacy. *Reading Research Quarterly, 21,* 360-407.

Stanton, M. D., & Shadish, W. R. (1997). Outcome, attrition, and family/couples treatment for drug abuse: A review of the controlled, comparative studies. *Psychological Bulletin, 122,* 170-191.

Stark, K. D., Swearer, S., Jurkowski, C., Sommer, D., & Bowen, B. (1996). Targeting the child and the family: A holistic approach to treating child and adolescent depressive disorders. In E. D. Hibbs & P. S. Jensen (Eds.), *Psychosocial treatments for child and adolescent disorders: Empirically based strategies for clinical practice* (pp. 207-238). Washington, DC: American Psychological Association.

Stein, M. B., Jang, K. L., & Livesley, W. J. (1999). Heritability of anxiety sensitivity: A twin study. *American Journal of Psychiatry, 156,* 246-251.

Steiner, H. (2000). Evaluation and management of violent behavior in bipolar adolescents. In *Program and Abstracts from the American Psychiatric Association, 153rd Annual Meeting, Abstract 19D.* Retrieved from www.medscape.com/viewarticle/420304.

Steinhausen, H., & Juzi, C. (1996). Elective mutism: An analysis of 100 cases. *Journal of the American Academy of Child and Adolescent Psychiatry, 35,* 606-614.

Stevenson, H. W., Chen, C., & Uttal, D. H. (1990). Beliefs and achievement: A study of Black, White, and Hispanic children. *Child Development, 16,* 508-523.

Stingaris, A. (2011). Irritability in children and adolescents: A challenge for DSM-5. *European Child and Adolescent Psychiatry, 20,* 61-66.

Stone, W. L., & La Greca, A. M. (1990). The social status of children with learning disabilities: A reexamination. *Journal of Learning Disabilities, 23,* 32-37.

Strauss, C. C., Lease, C. A., Last, C. G., & Francis, G. (1988). Overanxious disorder: An examination of developmental differences. *Journal of Abnormal Child Psychology, 16,* 433-443.

Strober, M., Morrell, W., Lanpert, C., & Burroughs, J. (1990). Relapse following discontinuation of lithium maintenance therapy in adolescents with bipolar illness: A naturalistic study. *American Journal of Psychiatry, 147,* 457-461.

Strober, M., Freeman, R., Lampert, C., Diamond, J., & Kaye, W. (2000). Controlled family study of anorexia nervosa and bulimia nervosa: Evidence of shared liability and transmission of partial syndromes. *American Journal of Psychiatry, 157*(3), 393-401.

Stuart, R. (2004). Twelve practical suggestions for achieving multicultural competence. *Professional Psychology: Research and Practice, 35,* 3-9.

Sugden, D., Kirby, A., & Dunford, C. (2008). Issues surrounding children with developmental coordination disorder. *International Journal of Disability, 2*(55), 173-187.

Swanson, H. L. (2009). Neuroscience and RTI: A complementary role. In E. Fletcher-Janzen & C. R. Reynolds (Eds.), *Neuropsychological perspectives on learning disabilities in the era of RTI: Recommendations for diagnosis and intervention* (pp. 28-53). Hoboken, NJ: Wiley.

Swanson, H. L., & Jerman, O. (2006). Math disabilities: A selective meta-analysis of the literature. *Review of Educational Research, 76,* 249-274.

Swanson, J., Arnold, L. E., Kraemer, H., Hechman, L., Molina, B., Hinshaw, S., ··· Wigal, T. (2008). Evidence, interpretation, and qualification from multiple reports of long-term outcomes in the Multimodal Treatment Study of Children with ADHD (MTA), Part II: Supporting details. *Journal of Attention Disorders, 12*(1), 15-43.

Swarr, A. E., & Richards, M. H. (1996). Longitudinal effects of adolescent girls'pubertal development, perceptions of pubertal timing, and parental relations on eating problems. *Developmental Psychology, 32,* 636-646.

Swift, I., Paquette, D., Davison, K., & Saeed, H. (1999). Pica and trace metal deficiencies in adults with developmental disabilities. *British Journal of Developmental Disabilities, 45,* 111-117.

Szatmari, P., Boyle, M., & Offord, D. R. (1989). ADDH and conduct disorder: Degree of diagnostic overlap and differences among correlates. *Journal of the American Academy of Child and Adolescent Psychiatry, 28,* 865-872.

Taylor, A. (1986). *Loneliness, goal orientation, and sociometric status: Mildly retarded children's adaptation to the mainstream classroom.* Paper presented at the annual meeting of the American Educational Research Association, San Francisco, CA.

Taylor, D. C., Szatmari, P., Boyle, M. H., & Offord, D. (1996). Somatization and the vocabulary of everyday bodily experiences and concerns: A community study of adolescents. *Journal of the American Academy of Child and Adolescent Psychiatry, 35,* 491-499.

Telch, C. F., Agras, W. S., & Linehan, M. M. (2001). Dialectical behavior therapy for binge eating disorder. *Journal of Consulting and Clinical Psychology, 69*(6), 1061-1065.

Teplin, L. A., Abram, K. M., McClelland, G. M., Dulcan, M. K., & Mericle, A. A. (2002). Psychiatric disorders in youth in juvenile detention. *Archives of General Psychiatry, 59,* 1133-1143.

Terr, L. C. (1991). Childhood traumas: An outline and overview. *American Journal of Psychiatry, 148,* 10-20.

Thapar, A., Harold, G., & McGuffin, P. (1998). Life events and depressive symptoms in childhood: Shared genes or shared adversity? A research note. *Journal of Child Psychology and Psychiatry, 39,* 1153-1158.

Thomas, A., & Chess, S. (1977). *Temperament and development.* New York, NY: Brunner/Mazel.

Tremblay, R. E., Japel, C., Perusse, D., McDuff, P., Boivin, M., Zoccolillo, M., & Montplaisir, J. (1999). The search for the age of "onset" of physical aggression: Rousseau and Bandura revisited. *Criminal Behaviour and Mental Health, 9,* 8-23.

Tucker, D. M., Leckman, J. F., Scahill, L., & Guita, E. (1996). A putative postreptococcal case of OCD with chronic tic disorder, not otherwise specified. *Journal of the American Academy of*

Child and Adolescent Psychiatry, 35(12), 1684-1691.

Tueth, M. J., Murphy, T. K., & Evans, D. L. (1998). Special considerations: Use of lithium in children, adolescents, and elderly populations. *Journal of Clinical Psychiatry, 59,* 66-73.

U.S. Census Bureau. (1996). *Statistical abstract of the United States, 1996* (116th ed.). Washington, DC: U.S. Department of Commerce.

U.S. Census Bureau. (2009, May). Census Bureau estimates nearly half of children under age 5 are minorities. Retrieved from www.census.gov/newsroom/releases/archives/population/cb09-75.html.

U.S. Department of Health and Human Services (USDHHS). (1999). *Mental health: A report of the surgeon general.* Rockville, MD: U.S. Department of Health and Human Services, Public Health Service, Office of the Surgeon General.

U.S. Department of Health and Human Services (USDHHS). (2001). *Mental health: Culture, race, and ethnicity. A supplement to Mental Health: A report of the Surgeon General.* Rockville, MD: U.S. Department of Health and Human Services, Public Health Service, Office of the Surgeon General.

U.S. Environmental Protection Agency (EPA). (2014). Learn about lead. Retrieved on January 26, 2014, from http://www2.epa.gov/lead/learn-about-lead

Vaivre-Douret, L., Lalanne, C., Ingster-Moati, I., Boddaert, N., Cabrot, D., Dufier, J., … Falissard, B. (2011). Subtypes of developmental coordination disorder: Research on their nature and etiology. *Developmental Neuropsychology, 36*(5), 614-643.

Vaughn, S., Hogan, A., Kouzekanam, K., & Shapiro, S. (1990). Peer acceptance, self-perceptions, and social skills of learning disabled students prior to identification. *Journal of Educational Psychology, 82,* 101-106.

Vaughn, S., Linar-Thompson, S., & Hickman, P. (2003). Response to treatment as a way of identifying students with learning disabilities. *Exceptional Children, 69,* 391-409.

Velkamp, L. J., & Miller, T. W. (1994). *Clinical handbook of child abuse and neglect.* Madison, CT: International University Press.

Vellutino, F. R., Scanlon, D. M., Small, S., & Fanuele, D. P. (2006). Response to intervention as a vehicle for distinguishing between children with and without reading disabilities: Evidence for the role of kindergarten and first-grade interventions. *Journal of Learning Disabilities, 39,* 157-169.

Versi, M. (1995). Differential effects of cognitive behavior modification on seriously emotionally disturbed adolescents exhibiting internalizing and externalizing problems. *Journal of Child and Family Studies, 4,* 279-292.

Viding, E., Jones, A. P., Frick, P. J., Moffitt, T. E., & Plomin, R. (2008). Heritability of antisocial behaviour at 9: Do callous-unemotional traits matter? *Developmental Science, 11,* 17-22.

Vik, P. W., Brown, S. A., & Myers, M. G. (1997). Adolescent substance abuse problems. In E. J. Mash & L. G. Terdal (Eds.), *Assessment of childhood disorders* (pp. 717-748). New York, NY: Guilford Press.

Waldron, H. B. (1998). Substance abuse disorders. In T. Ollendick (Ed.), *Comprehensive clinical psychology* (Vol. 5, pp. 539-563). Oxford, UK: Elsevier Science.

Waldron, H. B., & Kern-Jones, S. (2004). Treatment of substance abuse disorders in children and adolescents. In P. M. Barrett & T. H. Ollendick (Eds.), *Handbook of interventions that work with children and adolescents: Prevention and treatment* (pp. 329-342). Chichester, UK: Wiley.

Walker, L. S., Garber, J., & Greene, J. W. (1991). Psychosocial correlates of recurrent childhood pain: A comparison of pediatric patients with recurrent abdominal pain, organic illness, and psychiatric disorders. *Journal of Abnormal Child Psychology, 102,* 248-258.

Walker, S. (2002). Culturally competent protection of children's mental health. *Child Abuse Review, 2,* 380-393.

Walters, E. E., & Kendler, K. S. (1995). Anorexia nervosa and anorexia-like syndromes in a population-based female twin sample. *American Journal of Psychiatry, 152,* 64-71.

Wang, P. P. (2006). The behavioral neuroscience of Williams-Beuren syndrome: An overview. In C. A. Morris, H. M. Lenhoff, & P. P. Wang (Eds.), *Williams-Beuren syndrome: Research, evaluation and treatment* (pp. 147-158). Baltimore, MD: Johns Hopkins University Press.

Warren, S. L., Huston, L., Egeland, B., & Sroufe, L. A. (1997). Child and adolescent anxiety disorders and early attachment. *Journal of the American Academy of Child and Adolescent Psychiatry, 36,* 637-644.

Webster-Stratton, C. (1984). Randomized trial of two parent-training programs for families with conduct-disordered children. *Journal of Consulting and Clinical Psychology, 52,* 666-678.

Weddle, K. D., & McKenry, P. C. (1995). Self-destructive behaviors among Black youth: Suicide and homicide. In R. L. Taylor (Ed.), *African American youth: Their social and economic status in the United States* (pp. 203-224). New York, NY: Praeger.

Weems, C. F., Saltzman, K. M., Reiss, A. L., & Carrion, V. G. (2003). A prospective test of the association between hyperarousal and emotional numbing in youth with a history of traumatic stress. *Journal of Clinical Child and Adolescent Psychology, 32,* 166-171.

Weiss, M. D., Worling, D. E., & Wasdell, M. B. (2003). A chart review study of the inattentive and combined types of ADHD. *Journal of Attention Disorders, 7*(1), 1-9.

Wenar, C., & Kerig, P. (2000). *Developmental psychopathology* (4th ed.). Boston, MA: McGraw-Hill.

Wender, P. H., & Klein, D. F. (1981). *Mind, mood and medicine.* New York, NY: Meridian.

West, S. I., & O'Neal, K. K. (2004). Project D.A.R.E.: Outcome effectiveness revisited. *American Journal of Public Health, 94,* 1027-1029.

Wielkiewicz, R. M. (1995). *Behavior management in the schools* (2nd ed.). Boston, MA: Allyn & Bacon.

Willis, W. (2004). Families with African American roots. In E. W. Lynch & M. J. Hanson (Eds.), *Developing cross-cultural competence* (3rd ed., pp. 141-178). Baltimore, MD: Paul H. Brookes.

Wilmshurst, L. (2002). Treatment programs for youth with emotional and behavioral disorders: An outcomes study of two alternate approaches. *Mental Health Services Research, 4,* 85-96.

Wilson, W. J., & Aponte, R. (1985). Urban poverty. *Annual Review of Sociology, 11,* 231-258.

Windle, M., & Tubman, J. G. (1999). Children of alcoholics. In W. K. Silverman & T. H. Ollendick (Eds.), *Developmental issues in the clinical treatment of children* (pp. 393-414). Boston, MA: Allyn & Bacon.

Wing, L. (1981). Asperger's syndrome: A clinical account. *Psychological Medicine, 11,* 115-129.

Winters, K. C., Latimer, W. W., & Stinchfield, R. (2001). Assessing adolescent substance use. In E. F. Wagner & H. B. Waldron (Eds.), *Innovations in adolescent substance abuse interventions* (pp. 1-29). Oxford, UK: Elsevier Science.

Witelson, S. (1977). Developmental dyslexia: Two right hemispheres and none left. *Science, 195,* 309-311.

Wolpe, J. (1958). *Psychotherapy by reciprocal inhibition.* Stanford, CA: Stanford University Press.

Wolraich, M. L. (2001). Current assessment and treatment practices in ADHD. In P. S. Jensen & J. R. Cooper (Eds.), *Attention deficit hyperactivity disorder: State of the science-best practices*(pp. 1-23). Kingston, NJ: Civic Research Institute.

Wong, B. (1978). The effects of directive cues on the organization of memory and recall in good and poor readers. *Journal of Educational Research, 72,* 32-38.

Wong, M. G. (1995). Chinese Americans. In P. G. Min (Ed.), *Asian Americans: Contemporary trends and issues* (pp. 58-94). Beverly Hills: Sage.

Wooley, S. C., & Wooley, O. W. (1985). Intense outpatient and residential treatment for bulimia. In D. M. Garner & P. E. Garfinkel (Eds.), *Handbook of psychotherapy for anorexia nervosa and bulimia* (pp. 391-430). New York, NY: Guilford Press.

World Health Organization (WHO). (1993). *The ICD-10 classification of mental and behavioral disorders: Clinical descriptions and diagnostic guidelines.* Geneva, Switzerland: Author.

Yeh, C. J., & Huang, K. (2000). Interdependence in ethnic identity and self: Implications for theory and practice. *Journal of Counseling and Development, 78,* 420-429.

Yehuda, R., & McFarlane, A. C. (1995). Conflict between current knowledge about posttraumatic stress disorder and the original conceptual basis. *American Journal of Psychiatry, 152,* 1705-1713.

Ysseldyke, J. E., Thurlow, M. L., Christenson, S. L., & Muyskens, P. (1991). Classroom and home learning differences between students labeled as educable mentally retarded and their peers. *Education and Training in Mental Retardation, 26,* 3-17.

Zeanah, C. H., Boris, N. W., & Larrieu, J. A. (1997). Infant development and developmental risk: A review of the past 10 years. *Journal of the American Academy of Child and Adolescent Psychiatry, 36,* 165-178.

Zeanah, C. H., Smyke, A. T., & Dumitrescu, A. (2002). Attachment disturbances in young children. II: Indiscriminate behavior and institutional care. *Journal of the American Academy of Child and Adolescent Psychiatry, 41,* 983-989.

Zeman, J., Cassano, M., Perry-Parrish, C., & Stegall, S. (2006). Emotion regulation in children and adolescents. *Journal of Developmental and Behavioral Pediatrics, 27,* 155-168.

Zoccolillo, M., & Cloniger, C. R. (1985). Parental breakdown associated with somatization disorder (hysteria). *British Journal of Psychiatry, 147,* 443-446.

Zolog, T. C., Jane-Ballabriga, M. C., Bonillo-Martin, A., Canals-Sans, J., Hernandez-Martinez, C., Romero-Acosta, K., & Domenech-Llaberia, E. (2011). Somatic complaints and symptoms of anxiety and depression in a school-based sample of preadolescents and early adolescents: Functional impairment and implications for treatment. *Journal of Cognitive and Behavioral Psychotherapies, 11,* 191-208.

찾아보기

인명

내용

저자 소개

Linda Wilmshurst는(PhD, ABPP) 토론토 대학교에서 박사를 받았으며, 미국심리전문가위원회(ABPP)의 임상심리사 자격, North Carolina에서 심리학자 자격, 노스캐롤라이나와 플로리다에서 학교심리사 자격을 가지고 있다. 또한 현재 엘론 대학교 심리학과의 교수로 발달정신병리학, 심리학개론, 학교심리학, 정신병리학을 가르치고 있다. 저서로는 *Clinical and Educational Child Psychology: An Ecological-Transactional Approach to Understanding Child Problems and Interventions*, *Abnormal Child Psychology: A Developmental Perspective*와 *Essentials of Child Psychopathology*가 있으며, Alan W. Brue와 두 권의 책(*A Parent's Guide to Special Education*과 *A Complete Guide to Special Education*)을 공동저술하였다.

역자 소개

최은실(Choi Eunsil)
이화여자대학교 대학원 심리학 석사
이화여자대학교 대학원 심리학 박사
전 서울시아동청소년정신건강시설 동작아이존 시설장
현 가톨릭대학교 심리학과 교수

〈대표 역서〉
성인 및 노인심리학(공역, 시그마프레스, 2015)
인간의 발달(공역, 학지사, 2015)
발달정신병리 사례집(공역, 시그마프레스, 2016)

김호정(Kim Hojung)
이화여자대학교 대학원 심리학 석사
이화여자대학교 대학원 심리학 박사
현 가톨릭대학교 강사
(사)아이코리아 아동발달연구소 연구원

〈대표 역서〉
Bayley-III 임상적 활용과 해석(공역, 시그마프레스, 2016)
발달정신병리 사례집(공역, 시그마프레스, 2016)

발달정신병리학

Essentials of Child and Adolescent Psychopathology(2nd ed.)

2017년 2월 15일 1판 1쇄 발행
2023년 10월 20일 1판 5쇄 발행

지은이 • Linda Wilmshurst
옮긴이 • 최은실 · 김호정
펴낸이 • 김 진 환
펴낸곳 • (주) 학지사
04031 서울특별시 마포구 양화로 15길 20 마인드월드빌딩 5층
대표전화 • 02) 330-5114 팩스 • 02) 324-2345
등록번호 • 제313-2006-000265호
홈페이지 • http://www.hakjisa.co.kr
인스타그램 • https://www.instagram.com/hakjisabook

ISBN 978-89-997-1137-4 93180

정가 20,000원

역자와의 협약으로 인지는 생략합니다.
파본은 구입처에서 교환하여 드립니다.